国家社科基金
后期资助项目
GUOJIA SHEKE JIJIN HOUQI ZIZHU XIANGMU

大禹传说与会稽山文化演变研究

Legend of Yu the Great and the Evolution of Mount Kuaiji Culture

张炎兴 著

中华书局
ZHONGHUA BOOK COMPANY

图书在版编目（CIP）数据

大禹传说与会稽山文化演变研究/张炎兴著. —北京：中华书局，2018.10

（国家社科基金后期资助项目）

ISBN 978-7-101-13353-0

Ⅰ.大…　Ⅱ.张…　Ⅲ.山-文化史-绍兴　Ⅳ.K928.3

中国版本图书馆 CIP 数据核字（2018）第 159040 号

书　　名	大禹传说与会稽山文化演变研究
著　　者	张炎兴
丛 书 名	国家社科基金后期资助项目
责任编辑	俞国林　周毅泽
出版发行	中华书局
	（北京市丰台区太平桥西里 38 号　100073）
	http://www.zhbc.com.cn
	E-mail：zhbc@ zhbc.com.cn
印　　刷	北京瑞古冠中印刷厂
版　　次	2018 年 10 月北京第 1 版
	2018 年 10 月北京第 1 次印刷
规　　格	开本/710×1000 毫米　1/16
	印张 19¾　插页 3　字数 350 千字
印　　数	1-1500 册
国际书号	ISBN 978-7-101-13353-0
定　　价	78.00 元

国家社科基金后期资助项目出版说明

　　后期资助项目是国家社科基金设立的一类重要项目，旨在鼓励广大社科研究者潜心治学，支持基础研究多出优秀成果。它是经过严格评审，从接近完成的科研成果中遴选立项的。为扩大后期资助项目的影响，更好地推动学术发展，促进成果转化，全国哲学社会科学规划办公室按照"统一设计、统一标识、统一版式、形成系列"的总体要求，组织出版国家社科基金后期资助项目成果。

全国哲学社会科学规划办公室

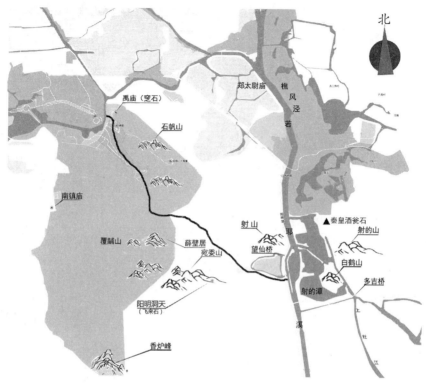

会稽山（覆釜山、宛委山、石帆山）**示意图**（应海珉绘制）

如图所示，会稽山（覆釜山、宛委山、石帆山）是海侵消退后，越族由山地重新走向平原的最后一座山脉，是绍兴上古时期的圣地之所在。

从射的潭至禹庙之路，即是越族走出山地的最后一段山路，历史上曾称为观岭。观岭两边，以会稽山南北的飞来石和窆石为核心，渐渐演化成与大禹传说关系紧密的阳明洞天和禹庙。由此，以覆釜山为核心，包括宛委山、石帆山在内的诸山，成为人文会稽山核心区域之所在。

目　录

导　言

一、研究对象

浙江绍兴的会稽山,可从自然地理和人文地理两个角度去解读。

从自然地理的角度看,会稽山指的是浙东的会稽山脉。会稽山脉地跨浙江的三市九县(市、区),即绍兴市的越城区、柯桥区、上虞区、诸暨市、嵊州市,杭州市的萧山区,以及金华市的浦江县、义乌市、东阳市,为浦阳江和曹娥江的分水岭。会稽山主峰东白山,在诸暨、嵊州、东阳三县(市)的交界处,为浙东最高峰。会稽山的山地呈西南—东北走向,从东白山起,会稽山脉沿主脉向东北延伸,山势渐低,最后没入宁绍平原,露出的山峰成为平原上的孤丘。

从人文地理角度看,会稽山指的是绍兴市城区东南、偏南越城区和柯桥区境内的诸山,主峰为秦望山。由于大禹传说的广泛流传,越城区和柯桥区境内的诸山,从远古时期开始,就充满了传奇色彩。本书要论述的就是作为人文地理的位于绍兴市城区东南偏南的会稽山。

大禹传说是由大禹治水神话演变而来的具有一定历史性故事的总称。在演变过程中,大禹传说逐渐从全国性传说发展为各种地方性的传说,在浙江绍兴,因大禹传说而得名的会稽山,是中国古代帝王加封祭祀的五大镇山之一。随着历史的发展,大禹传说在会稽山上的两处标志性遗迹——会稽山北麓的窆石和南麓的飞来石,逐渐演化成禹庙和阳明洞天,并且两者相互呼应,从而让会稽山文化构成一个有机的整体。本书试图通过对绍兴会稽山有关典籍的整理、摩崖碑刻的考释以及会稽山周边的田野调查,通过对会稽山来历以及存在于会稽山上儒教①的禹庙和道教的阳明洞天

---

① 本书将在比较宽泛的意义上来理解宗教,认为宗教是:"与超自然威力有关的任何一整套态度、信念和习俗,不管这种超自然威力是力量、神、鬼、精灵还是妖魔。"(〔美〕C·恩伯、M·恩伯:《文化的变异》,杜杉杉译,辽宁人民出版社,1988年版,第466页)宗教神学家说过:"在人类精神生活所有机能的深层,宗教都可以找到自己的家园。宗教是人类精神生活所有机能的基础,它居于人类精神整体中的深层。'深层'一词是什么意思呢? 它的意思是,宗教指向人类精神生活中终极的、无限的、无条件的一面。宗教,就这个词的最广泛和最根本的意义而言,是指一种终极的眷注。"(〔美〕保罗·蒂利希:《文化神学》,陈新权、王平译,工人出版社,1988年版,第7页)本书将以终极性和超越性作为衡量和论述中国宗教的标准,从而将儒教也纳入到宗教的范围之中。

来龙去脉的考证,揭示出禹庙和阳明洞天的演化过程及隐藏在禹庙和阳明洞天背后的世界图像。

具体而言,这一研究具有以下三个主题:

第一,大禹传说是中国主流文化的一部分,本书将要研究,作为一个远古的传说,大禹传说是如何从中原传播到古越,进而与一座山脉相结合形成会稽山的;会稽山上又是如何出现了南北麓的飞来石和宛石,进而演化出儒教的禹庙和道教的阳明洞天的,会稽山的儒道互补具有何种特色?

第二,作为1982年国务院公布的首批24个中国历史文化名城之一,绍兴历史上人才辈出、灿若星河,是中外闻名的名士之乡。会稽山上禹庙和阳明洞天儒道互补式的演化过程,是一个地方神圣意义的不断创造过程。本书将研究,会稽山儒道互补神圣意义的创造,是如何对一个地方的精神气质以及绍兴名士文化的形成产生重大影响的,以加深文化对地方发展影响的理解。

第三,雅斯贝斯认为,公元前800年至前200年间的人类文明中存在过一个世界轴心时代,奠定了以后人类精神文明的走向。世界上不同文明的轴心时代具有不同的特征,本书将通过会稽山文化演化的研究,通过远古大禹传说对绍兴地方文化的影响,以个案的方式来验证中国的轴心时代文明是如何影响中国古代文明走向的,进而寻找中华文化历数千年而长盛不衰的奥秘所在。

二、天下体系——禹迹:古典中国的世界秩序图像

大禹传说源于中国的先秦时期,要揭示大禹传说与会稽山上禹庙和阳明洞天演化过程的关系,以及隐藏在会稽山文化背后的世界图像,首先需要对一些与大禹传说有关的背景概念有一基本把握,主要涉及"天下"理论、"天人合一"和儒道关系、轴心时代的世界图像三个方面。

(一)人文政教天下——"禹迹"

建构起早期中国自我认知、人文政教制度与宇宙观念、世界图像的是周朝时期出现的"天下"理论,在认识自己所处世界的基础上,"天下"理论在人文政教制度层面上形成了独特的理解。

就认识自己所处的世界层面而言,"普天之下,莫非王土"(《诗经·小雅·北山》)的"天下"概念支配了远古中国对世界的认知和想象。"天下"

是中国古人从所见的现实世界状况出发,延伸和想象出来的天圆地方式的世界空间结构。圆天之下的方地即为"天下",由于地为方形,"天下"可按几何原则划为"九州",方形的"九州"之外无法占据部分就是"四海"。圆天和方地存在一个几何中心,"居天地之中者曰中国,居天地之偏者曰四夷"[①],"中国"处于"天下"的中心,"中国"之外则是"四夷"。

就人文政教制度层面而言,在想象的"天下"体系中,"中国"不仅居于地理的中心,更居于文明的中心。基于"天下"从中心到四夷的同心圆圈层结构,早期中国构建了"荒服制度"。在同心圆圈层结构中,根据距离王畿的空间距离和对华夏文明的归依程度,从中心到四夷,既是地理上的中心到边缘,更是文化上的文明到野蛮,两者结合建构起"荒服制度"。中国借德、礼、政、刑的运用,形成了与天下万邦之间的统治关系、亲疏关系、德化关系,"天下"体系成为包括中国本土核心区域、周边羁縻府州、外围朝贡属国的从国内扩展到国际的秩序体系。"王者无外",礼义诗书的中国人有责任将自己的文化向外推展,帮助四夷能一体濡染德教,从而由野蛮社会进入文明社会。

甘怀真指出[②],周朝时期天下观的起源,可上溯到大禹神话与传说。周初的"天下"概念,尤其是"天子治天下"概念的形成,与"禹敷土"的传说有关。禹敷土的传说见于《书·禹贡》。《书·禹贡》是一篇有关夏代传说的重要文献,以"禹敷土,随山刊木,奠高山大川"为主题,分天下为冀、兖、青、徐、扬、荆、豫、梁、雍九州,述其山川形势,土宜物产,并按道里远近分为五服,各有职贡。禹敷土的传说意味着,土地是天(上帝)交付禹创造的,而民赖土地为生,因此与禹及其后代传承王位建立了关系,这是东亚王权正当性理论的原型,也是天下理论的原型。即为什么人间存在王权的支配形式,尤其是天子(王)与民的关系,是因为民所赖以为生的土地是原始阶段的王者所创造。因此,自西周初年以来,随着中原王权的扩张,周王权为了加强自身支配的正当性,运用当时广为存在的大禹神话传说,又将天下定义为了"禹迹"。

---

① [宋]石介:《徂徕石先生文集》卷十《中国论》,中华书局,1984年版,第116页。
② 甘怀真:《天下概念成立的再探索》,《北京大学中国古文献研究中心集刊》(第9辑),北京大学出版社,2010年版,第333~349页。

(二)"天人合一"与儒道关系

"天下"概念由"天"派生而来。"天"有三层含义:"天何言哉?四时行焉,百物生焉"(《论语·阳货》),"天"是独行自在的自然之天;"天者,百神之大君也。事天不备,虽事百神犹无益也"(《春秋繁露·郊语》),"天"也是超越自然力量的主宰之天;"道之大原出于天,天不变,道亦不变"(《汉书·董仲舒传》),"天"更是是承载理性法则和伦理精神的义理之天。"天生烝民,有物有则"(《诗经·大雅·烝民》),人的肉体来自自然之天,性命则来自义理之天,古典中国的"天下"理论隐含了处理天人关系的宇宙观念和世界想象,涉及天、地、人之间的秩序安顿,人性、民心、天道之间的贯通和沟通,内在超越与外在超越、此岸世界与彼岸世界的沟通等问题。

围绕着以"天"为核心的信仰体系,中国古代先民构筑了一个秩序井然、繁荣祥和的"天国",把自身对现实的渴求化作包括大禹在内的神灵世界。张光直曾经论述过中国古代文明的宇宙观念和世界想象:

> 中国古代文明的一个可以说是最为令人注目的特征,是从意识形态上说来它是在一个整体性的宇宙形成论的框架里创造出来的。用牟复礼(F.W.Mote)氏的话来说,"真正中国的宇宙起源论是一种有机物性的程序的起源论,就是说整个宇宙的所有的组成部分都属于同一个有机的整体,而且它们全都以参与者的身份在一个自发自生的生命程序之中互相作用"。……中国古代文明的这种世界观——有人称之为"联系性的宇宙观"……①

张光直认为中国古代文明的意识形态是一种"整体性的宇宙形成论",整个宇宙的各个组成部分属于同一个有机整体,都以参与者的身份在一个自发自生的生命程序之中互相作用着。张光直进一步指出,这种"整体性的宇宙形成论"与上古时代的巫术传统有密切关系。巫术式整体宇宙结构是一种多层结构,以中间层为中心,分为中间层以下的下层世界和中间层以上的上层世界。下层世界与上层世界又分成若干层次,每层经常有神灵式的统治者和超自然式的居民,分别统治着天界和地界。天地之间的沟通,必须以特定的人物—巫师和工具—巫术为中介,人们经由巫师,藉动物伴侣

---

① 〔美〕张光直:《美术、神话与祭祀》,郭净、陈星译,辽宁教育出版社,1988年版,第118页。

和装饰着动物形象的法器得以与神灵相沟通。因此,巫术式宇宙具有整体一元论的特征,此世与彼世并不截然划分,人们与超自然的神灵之间也不存在不可逾越的鸿沟。中国的意识形态就建立在这种巫术式整体宇宙结构之上。

"至迟于公元前2世纪,作为一种基本思维方式,天、人相对之分析范畴已在中国思想史上牢牢地建立起来了。"[①]在巫术式整体宇宙结构的基础上,古代中国形成了被钱穆先生称之为整个中国传统文化思想之归宿处的"天人合一"观[②]。天、人二字经常分别指超越领域和现实领域,《郭店楚简·语丛一》所言的"易,所以会天道、人道也",是最早明确有"天人合一"思想表述的文本,《周易》的"天人合一"观念则进一步说明"天"和"人"存在着一种相即不离的内在关系,不能研究"天道"而不涉及"人道",也不能研究"人道"而不涉"天道"。因此,"天人合一""不仅是一根本的哲学命题,而且构成了中国哲学的一种思维方式"[③],它是一把钥匙,可以开启中国精神世界的众多门户。

本书所称的儒道,将放置于"天人合一"观下来理解。

本书儒道中的"儒"指的儒家或儒教。儒家是战国时期产生的对中国文化产生重大影响的一个学术流派,儒家的释经之学称儒学,儒教则是儒学和传统的宗教信仰相结合的产物,因此,儒学是儒教的灵魂。在这一意义上,儒家、儒教并称应无问题。本书儒道中的"道"指的道家或道教。道家和道教有很大区别,道家是先秦时期的学术派别之一,而道教则是东汉时期形成的一种宗教。然道家和道教又均以"道"为核心,道家思想对个人生命价值的重视,使其易于与医道方技相结合产生出"得道成仙、长生不死"的终极信仰。先秦道家所主张的哲学范畴的"道",经历了一个从抽象哲学概念演变为宗教神学概念的过程,在道教中被神化为作为信仰对象的至上神。因此,在这一意义上,道家、道教并称也无问题。

"天人合一"观一方面援引天道论证人道,另一方面又按照人道来塑造天道。儒道两家,儒家的思想偏重于"以天合人",往往根据人道的主观理想去塑造天道;道家的思想则偏重于"以人合天",极力使人道的主观理想

---

① 余英时:《论天人之际:中国古代思想起源试探》,中华书局,2014年版,第63页。
② 钱穆:《中国文化对人类未来可有的贡献》,《中国文化》1991年第4期,第93~94页。
③ 汤一介:《儒学十论及外五篇》,北京大学出版社,2009年版,第28页。

符合天道自然无为的客观规律。儒道两家均认为,道为宇宙万有之本原,经过对道的践履,个体可通达至生命价值之终极境域。儒道不同之处在于:"儒家在将道确认为存在之本体的同时,又将它确认为道德的本体,故生命价值必借道德践履才能充分实现;而道家则将道还原为生命本身,故唯有向自然生命之本真状态的回归才可能是通达于道的真正途径。"①

曾点向往:"莫春者,春服既成,冠者五六人,童子六七人,浴乎沂,风乎舞雩,咏而归。"(《论语·先进篇》)"吾与点也",得到了老师孔子的高度认可。尽管这是一种天地及世间万物相互充融、流润之"乐",然究其根源,还是一种"世间"之"乐"。儒家以道德践履为还原个体之存在本质的必由之路,所以需要个体积极介入社会的公共生活,去关注社会的政治伦理问题。儒家强调制名(礼)教以规范人性,认为社会的人重于个体的人,个人服从社会是天经地义的事,强调个人对于社会的责任和义务。庄子对待世间人伦是"知其不可奈何而安之若命,德之至也"(《庄子·人世间》),表现出来一种深深的无奈,并不把尘世看作是心灵上可以安顿的家园,欲摆脱现世的"安命",经由"齐物"达到超越性的"逍遥"。道家认为,儒家人伦的道德践履,并不是天道对于人的生命的必然要求,道的实质只是生命本身,个体的人高于社会的人,"养生"或实现生命自身的完善、克尽天道之于人的生命的本质赋予,才是道的最高价值。因此,道家要求个体实现心灵的自我转向,穿越社会的现行制度与价值规范,回归于生命的本然存在。

"儒、道两家遂开辟出了既具有本质同一性而又具有实践差异性的两种不同的生活世界与价值世界"②,构成了儒道互补的基础。

(三)轴心时代的世界图像

本书将要研究的是,大禹传说的演化与一座文化名山以及一个地方精神气质形成之间的关系,因此,还必须将"天下"理论放置在轴心时代背景下来论述。

雅斯贝斯指出,公元前 800 至公元前 200 年之间,人类文明出现了重大精神突破的轴心时代:

> 哲学家首次出现了。人敢于依靠个人自身。中国的隐士和云游

---

① 董平:《"儒道互补"原论》,《浙江大学学报(人文社会科学版)》2007 年第 5 期,第 59 页。
② 董平:《"儒道互补"原论》,《浙江大学学报(人文社会科学版)》2007 年第 5 期,第 59 页。

哲人，印度的苦行者，希腊的哲学家和以色列的先知，尽管其信仰、思想内容和内在气质迥然不同，但都统统属于哲学家之列。人证明自己有能力，从精神上将自己和整个宇宙进行对比。他在自身内部发现了将他提高到自身和世界之上的本原。①

在轴心时代里，世界各个文明都出现了伟大的精神导师——古希腊有苏格拉底、柏拉图和亚里士多德，以色列有犹太教的先知们，古印度有释迦牟尼，中国则有孔子、老子以及诸子的出现。在那个时代，古希腊、以色列、中国和印度的古代文化都发生了"终极关怀的觉醒"，先哲们超越和突破了原有的文明形态，开始用理智的方法、道德的方式来看待这个世界，从而影响到人类生活的精神走向，形塑出了西方、印度、中国、伊斯兰等不同的文明形态。

　　对于轴心时代的意义，比雅斯贝斯稍早的马克斯·韦伯有过更清晰的论述。在《宗教与世界》之《比较宗教学导论——世界诸宗教之经济伦理》一章中，韦伯论述道：

　　　　直接支配人类行为的是物质上与精神上的利益，而不是理念。但是由"理念"所创造出来的"世界图像"，常如铁道上的转辙器，决定了轨道的方向，在这轨道上，利益的动力推动着人类的行为。人们希望"自何处"被解救出来、希望被解救到"何处去"，以及——让我们也别忘了——"要如何"才能被拯救，这些问题的解答全在于个人的世界图像。②

在这段著名的论述中，韦伯所称的由理念创造的世界图像，共有三层含义：一是世界图像是对现实世界的态度，这种态度认为现实世界秩序是一种有意义的世界秩序；二是世界图像是由世界各大文明的知识阶层以原始巫术为基础，升华而成的一种系统且合理化的知性形构；三是世界各大文明的世界图像，深受诸民族地理、政治、社会诸因素的影响，很大程度上取决于诸民族生活样式形成期的决定性时代，及为这类生活样式之担纲者的阶层所具有的特性。因此，韦伯所称的世界图像，比较接近雅斯贝斯1949年在《历史的起源与目标》中所称的"轴心时代"。在上述论述中，韦伯强调了这

---

① 〔德〕卡尔·雅斯贝斯：《历史的起源与目标》，魏楚雄、俞新天译，华夏出版社，1989年版，第10页。
② 〔德〕马克斯·韦伯：《韦伯作品集Ⅴ——中国的宗教·宗教与世界》，康乐、简惠美译，广西师范大学出版社，2004年版，第477页。

样一种思想:在理念所创造的世界图像大背景下,物质利益和精神利益支配和推动着人类的行动。世界图像是社会行动的终极基准点,作为人类总体精神动力的世界图像,对现实生活中由物质利益和精神利益支配和推动的人类行动具有基础性和背景式影响,在终极意义上,是世界图像安排了社会行动的取向。

轴心时代形成的人类文明,是以巫术式宇宙图像为基础,升华而成的一种系统且合理化的知性形构。李泽厚曾经指出,巫术礼仪是整个中国文化的源头,儒道思想同源于原始的"巫术礼仪"。[1] 经过轴心时代——春秋战国时期理性主义和人文思潮的洗礼,儒家、道家及诸子学派从巫史文化中逐渐脱胎而出,开始占据文化的主导地位。因此,先秦时期大禹传说的演化应放置于这一背景下来讨论。

三、有关大禹传说和儒道互补的研究

根据大禹传说,会稽山南北演化出来的阳明洞天和禹庙,具有儒道互补的特征。要进行会稽山文化起源与演化的研究,需要对相关文献做一综述。

(一)大禹传说的研究

对于大禹传说的研究,学界主要集中在大禹是神还是人,以及其神话传说与真实历史内核的关系上。前人均把远古流传下来的神话传说认作真实的古史,大禹历来被看作是夏代的开国君主和贤明帝王的代表,但自20世纪20年代开始,以顾颉刚为代表的"古史辨派"学者,对大禹的真实身份提出了质疑,继而把大禹传说还原为神话传说,从而引起广泛争议,有关大禹的传说遂成为当时人们研究的焦点。古史辨派学者对于大禹研究的贡献在于对大禹传说进行了古史研究和神话研究两个角度的分析,这一研究一直延续到20世纪80年代初。改革开放后的20世纪80年代初至21世纪初的大禹传说研究,从历史学的角度考订禹的现实身份及事迹和从神话学的角度对大禹传说中的神话因素进行分析,依然是大禹传说研究的两个重点。

纵观中国历史,客观存在着一个大禹传说历史化和宗教化的过程。本

---

① 参见李泽厚:《历史本体论·己卯五说》,生活·读书·新知三联书店,2003年版,第183页。

书无意对大禹是神还是人做出分析，而是将大禹传说视作一种客观的文化存在，从文化传承的角度出发，试图论述大禹传说对地方文化的形成和发展产生了怎样的影响。从文化传承出发，吴从祥的《纬书政治神话与禹形象的演变》[①]，从纬书中的禹形象对后世史著和小说产生的影响角度进行了考察；欧阳健的《〈有夏志传〉与〈山海经〉之双向探考》[②]认为明代小说《有夏志传》是凭依《山海经》中大禹传说点染生发而成；石霏的《大禹神话与孙悟空形象》[③]指出，吴承恩将大禹神话融入了《西游记》的创作，使孙悟空形象中涌荡着大禹的血脉。但这些论文主要着眼于大禹传说对后世文学的影响，并没有涉及大禹传说与地方文化这一主题。孙国江的《大禹治水传说的历史地域化演变》[④]，论述了大禹治水传说相关叙事由区域性的传说扩展为全国性的传说，后又逐渐与各地文化结合，发展为各地不同的地方传说的过程。但其对大禹传说与地方传说的论述，属于泛泛之论，并没有与具体的地方文化相结合进行深入探讨，更没有与绍兴的大禹传说结合起来进行研究。因此，论述大禹传说对地方文化的形成和发展如何产生影响的文献几乎为空白。

（二）儒道互补的研究

要研究会稽山儒教禹庙和道教阳明洞天的演化及其相互呼应关系，需要对儒道关系有一深刻理解。由于儒道思想同源于原始的"巫术礼仪"，儒道两教又都基于巫术式整体宇宙结构，儒道之间存在很强的互补性，因此，很多研究从儒道互补的角度进行了相关的论述。

尽管儒道互补的事实早已客观存在于中国历史发展过程之中，但最先提出"儒道互补论"的则是当代的李泽厚。李泽厚的《美的历程》，从美学的观点说明了"儒道互补"的内涵，认为："（先秦理性精神）主要表现为以孔子为代表的儒家思想学说，以庄子为代表的道家，则作了它的对立和补充。儒道互补是两千年来中国美学思想一条基本线索。……表面看来，儒道是离异而对立的……实际上它们刚好相互补充而协调。……庄子尽管避弃现世，却并不否定生命，而毋宁对自然生命抱着珍贵爱惜的态度，……恰恰

---

①参见《齐鲁学刊》2009 年第 3 期，第 42～45 页。
②参见《中国人民大学学报》1988 年第 6 期，第 92～100 页。
③参见《寻根》2005 年第 4 期，第 35～40 页。
④参见《天中学刊》2012 年第 4 期，第 23～26 页。

可以补充、加深儒家而与儒家一致。"①李泽厚指出,儒道思想并非对立,而是以儒家为主、道家思想为辅进行着相互补充与协调。在其后的《华夏美学》中,李泽厚更是对儒道思想可以互补的理由做了详细的论证,认为儒道互补的根本原因在于"二者都起源于非酒神型的远古传统。尽管道家反礼乐,却并不是那种纵酒狂欢、放任感性的酒神精神。从思想史的角度看,道家的主要代表庄子,毋宁是孔子某些思想、观念和人生态度的推演、发展者。……如果儒家讲的是'自然的人化',那么庄子讲的便是'人的自然化':前者讲人的自然性必须符合和渗透社会性才成为人,后者讲人必须舍弃其社会性,使其自然性不受污染,并扩而与宇宙同构才能是真正的人"②。李泽厚提儒道互补之论,有首创之功,但由于其主要是从美学角度进行论述,因此对儒道互补并未能深掘其中的精义。

在李泽厚儒道互补论的基础上,吴重庆的《儒道互补——中国人的心灵建构》一书,详细论述了儒道互补。

根据玻尔诠释量子力学理论时提出的"互补哲学",吴重庆对"互补性"进行专门解释:

> 互补性应具有互斥性、相济性、整合性三个特征。互斥性即因双方相互限制而造成各自的有限性,双方互不相容,不可相互替代;相济性即是双方均非自足,双方均以自身的存在补足对方;整合性即互补结构具有整体效应,互补结构在整合性的意义上是非加和的,即不是互补成分的性质与功能的机械叠加,整体效应不是一种抽象的普遍性,因而不能为孤立的互补双方所"分有"。③

吴重庆认为,儒道相互冲突的实质在于道家批评儒家所认定的具有合法性的人的行为不具合法性,儒家所设定的行为规范——仁义礼智脱离人性的事实,违背人性的自然,导致了人性之"伪",儒家所设定的行为规范属于"人为"。因此,儒道的相互冲突就是儒家的"人为"与道家的"自然"之间的冲突。为了"人为"与"自然"的调和与统一,儒家经过汉代哲学天人系统的建立,魏晋玄学对道家式一重化世界的论证,以及宋明理学的更为内在化

---

① 李泽厚:《美的历程》,文物出版社,1981年版,第49、53~54页。
② 李泽厚:《华夏美学》,广西师范大学出版社,2000年版,第107~109页。
③ 吴重庆:《儒道互补——中国人的心灵建构》,广东人民出版社,1993年版,第7页。

的处理,中国传统哲学完成了儒道互补理论体系的建构,标志着中国传统哲学的完型。行为的自然主义、性善、一重化世界三重因素构成了儒道互补的基础。吴重庆进而认为,"儒道互补"的实质是"以道补儒",以道家思想阐释、完善乃至改造儒学的理论,其结果导致了儒家思想的道家化——"外儒内道"。

　　同一时期,对于儒道互补的研究,还出了一批高质量的论文。除了董平的《"儒道互补"原论》外,李宗桂的《儒道对立互补之比较》①从"阳刚与阴柔"、"进取与退守"、"庙堂与山林"、"群体与个体"、"恒常与变动"、"肯定与否定"六个方面,对儒道的对立互补进行了比较。陈明的《儒道互补人格结构的可能性、必然与完成:对古代知识分子的文化心理学考察》②从文化心理学考察的角度,论述了古代知识分子的儒道互补人格结构。方光华的《略论儒道的对立与互补》③认为,由于古代中国礼仪文化历史传统的影响,道家最后内化于儒学之中。牟钟鉴等的《论儒道互补》④是儒道互补研究的力作。该文指出,中国传统思想文化是阳儒阴道、外儒内道、道中有儒、儒中有道,儒道互补构成中国思想的主干和基本线索,深深影响到中国民众和士人的性格特征。在进行儒道两家基本特征的比较和儒道互补的深层分析基础上,牟钟鉴对儒道互补进行了历史考察,认为儒道两家皆源于中国古代文化,尤其是夏、商、周三代文化,都认为天人一体,是基于发达的农业文明和理性智慧而产生的学说。两家有共同的中国文化基因,重人道而轻神道,表现出一种东方文明精神。《易经》和《易传》是儒道两家的共同经典,魏晋玄学是儒道互补的新道家,宋明道学是儒道互补的新儒家。儒道互补是一种人生智慧,也是一种政治艺术,更是一种文化理念。白奚的《孔老异路与儒道互补》⑤对宋明以后的儒道互补内容进行了深入挖掘,认为儒道互补主要是以道补儒,具体的内容是补儒学之缺和补儒学之偏,给人极大启发。

①李宗桂:《儒道对立互补之比较》,《学术月刊》1988年第9期,第31～34页。
②陈明:《儒道互补人格结构的可能性、必然与完成:对古代知识分子的文化心理学考察》,《北京社会科学》1989年第2期,第4～12页。
③方光华:《略论儒道的对立与互补》,《孔子研究》1990年第3期,第12～21页。
④牟钟鉴等:《论儒道互补》,《中国哲学史》1998年第4期,第11～21页。
⑤白奚:《孔老异路与儒道互补》,《南京大学学报(哲学·人文科学·社会科学版)》2000年第5期,第92～99页。

　　儒道互补说研究最新成果是安继民的《秩序与自由：儒道互补初论》。安继民认为，儒家的血缘宗法秩序性建构和道家的立足于个人心性感受的解构，构成一个立足于现世的相互作用体系，构成东方智慧的两足。"儒家可以概括为宗法主义，道家可以概括为自然主义。儒家宗法主义和道家自然主义在操作层面上表现为儒家角色主义和道家自然主义。儒道两家在这两个层面互补构成中国特色的情感、行为和思维模式。"①因此，儒道互补可概括为秩序与自由的互补，具体为宗法主义和自然主义、角色主义和自由主义的互补。如果说吴重庆的《儒道互补——中国人的心灵建构》主要是讲中国人的心灵，讲内圣；那么安继民的《秩序与自由：儒道互补初论》则主要是讲秩序，讲外王，是目前儒道互补理论研究的最新成果。

　　综上所述，有关儒道互补的论著，从本体论、认识论、人生哲学、社会政治思想等方面对儒道进行了对比研究，分析儒道互补的内在机制，加深了人们对儒道互补的认识。但有关儒道互补论著研究所采用的主要是一种哲学视角，其所称的儒道指的是儒家学说和道家学说，而不是与社会历史文化形态结合得更紧密的儒教与道教。尽管许多论著称儒道互补扩散到社会文化生活各个层面，影响了中国民众和士人的性格特征，尽管牟钟鉴对儒道互补进行了历史考察，安继民也从外王角度讨论了秩序与自由的互补；但这些论著多了哲学的抽象，而缺少了社会学的具体，并没有论述儒道互补在社会历史文化中所呈现出来的具体形态。

　　因此，相关文献对大禹传说与地方传统关系的研究，虽有提及却多属泛泛之论，并没有与具体的地方文化相结合进行深入探讨，更没有将大禹传说与绍兴精神文化的形成结合起来进行研究。相关文献虽探讨了儒道互补问题，但主要是一种哲学视角，而不是社会学的角度，并没有与具体的地方社会历史文化结合起来，更没有与大禹传说结合起来，从社会学的角度去探讨儒道互补问题。因此，本书的研究具有填补空白的意义。

四、研究视角与方法

(一)大禹传说与文化中国

大禹传说与会稽山禹庙和阳明洞天的关系研究，既涉及儒教、道教，又

---

① 安继民：《秩序与自由：儒道互补初论》，社会科学文献出版社，2010年版，第15页。

涉及国家祭祀、民间祭祀及国家祭祀与民间祭祀相融合的各界祭祀,很容易从地方民间宗教与国家宗教的关系问题切入进行研究,在这一方面,杨庆堃的《中国社会中的宗教》①和王斯福的《帝国隐喻:中国民间宗教》②提供了两种研究视角。

对于民间宗教和帝国统治之间的关系问题,杨庆堃通过将中国宗教分成制度性宗教和分散性宗教,把帝国的正统儒教传统和弥散在基层社会所有角落的乡村信仰、民间信仰视为无明显差别的一体存在,国家通过朝野上下贯通一致的法统——帝国国家崇拜进行了社会的治理,并着意论述了中国宗教是如何成功地维持着中国文明伦理与道德秩序的长久存续的。

与杨庆堃的研究不同,王斯福试图从政治—意识形态的角度探讨中国民间宗教,认为民间宗教仪式并不是对国家权力的一种简单模仿,模仿的过程本质上是一个再创造的过程,是对帝国权力的再定义过程,通过模仿,民间创造了另外一种秩序。帝国通过仪式构建的权威,到了民间宗教,被改写成一种具有威胁性并且如魔鬼般的控制力。民间宗教里隐含了历史上帝王统治的影子,但在地方民间仪式的实践中则具有明显的地域性。民间仪式往往与中华帝国时代的政治空间模式有关,但民间的神与祭仪所表达的是不同的观念。官方的仪式通过宇宙仪式化,在象征上创造了帝国的象征政治格局。对民间而言,这种格局成了仪式上的傀儡,操演它的是地域化的社区与民间权力代表人物。

杨庆堃和王斯福的研究,都是一种基于民族国家的精英—民间宗教或大传统—小传统二分法的研究,只不过杨庆堃强调两者的融合,王斯福则更强调两者的对立和对抗。本书的研究将揭示,在绍兴,大禹传说通过轴心时代的分化,如何演化为会稽山上的禹庙和阳明洞天,从而整体、持续地影响绍兴精神文化走向的,因此,本书的研究将既不从民族国家角度进行精英—民间宗教或大传统—小传统二分设立,更不强调两者的对立和对抗,而是从文化天下观出发,把传统中国看作是一种整体的文化存在,以会稽山文化的起源和演化为个案,研究中国传统文化中隐含的世界图像,进而寻找中华文化历数千年而长盛不衰的奥秘所在。

---

① 〔美〕杨庆堃:《中国社会中的宗教》,范丽珠译,上海人民出版社,2007年版。
② 〔英〕王斯福:《帝国隐喻:中国民间宗教》,赵旭东译,江苏人民出版社,2009年版。

　　传统中国并不是一个民族国家而是一种文化的存在。梁漱溟在《中国文化要义》第九章《中国是否一国家》中指出:"中国人传统观念中极度缺乏国家观念,而总爱说'天下',更见出其缺乏国际对抗性,见出其完全不像国家。"对于顾炎武"天下兴亡,匹夫有责"之言,梁漱溟分析道:"他所积极表示每个人要负责卫护的,既不是国家,亦不是种族,却是一种文化。"①梁漱溟认为,中国没有国家,只有文化的天下,作为国家的中国消融在社会之中,是一种文化的概念,天下观念即产生于此。

　　中国传统的文化天下观是基于大禹传说、禹迹而逐渐形成的。"尽管夏、商、周、秦四族分土异居,并且秦袭周土,周袭殷土,殷袭夏土,疆域不断扩大,并不重叠,但他们都把其所居称为'禹迹',则是一致的。这种现象似可表明,'夏'不仅是一种'三代'相承的国土概念,而且也是一种代表'核心文化'的族群概念。"②对于作为文化的"夏",李零又指出:"古书所说的'雅'字,比如《诗经》中《大雅》、《小雅》的'雅',本来都是写成'夏'。可见'夏'不仅是一种地域狭小、为时短暂的国族之名,而且还成为后继类似地域集团在文化上加以认同的典范,同时代表着典雅和正统('雅'可训'正'),与代表'野蛮'的'夷'这个概念形成对照,为古代'文明'的代名词。"③周人的天下观以夏、诸夏自称,进而又造了"华夏"一名,而将蛮、夷、戎、狄等转变成了带有文化低贱意味的名称。梅列金斯基说过:"古老神话中的首创业绩,无不系于生存并活动于神幻时期的人物,此类人物可称之为'始祖——造物主——文化英雄'。……"④因此,大禹传说虽带有神话性质,但又不是完全来源于原始信仰的宗教式神话,而是一种关于传统中国文化始祖的传说。

　　"国之大事,在祀与戎"(《左传·成公十三年》),"自西周以来,周王的'天子治天下'地位是建立在'祭祀王'与'战争王'的过程中的"⑤。祭祀文化是夏、商、周三代文化的重要组成部分,大禹祭祀则是其中的重中之重。

---

① 梁漱溟:《中国文化要义》,上海人民出版社,2005年版,第142、144页。
② 李零:《考古发现与神话传说》,参见李零:《李零自选集》,广西师范大学出版社,1998年版,第76页。
③ 李零:《中国古代地理的大视野》,参见李零:《中国方术续考》,中华书局,2006年版,第200页。
④ 〔苏〕叶·莫·梅列金斯基:《神话的诗学》,魏庆征译,商务印书馆,1990年版,第197页。
⑤ 甘怀真:《秦汉的"天下"政体——以郊祀礼改革为中心》,《新史学》2005年12月16卷4期,第30页。

会稽山上禹庙和阳明洞天的出现,可视为大禹祭祀文化在轴心时代以后的延续和发展。

(二)研究方法

> 文化和宗教都是象征系统——假由人类群体所建构的一个集体认同和共同发展的努力目标,汇集了各种形象、故事和神话。……文化社会学是对这些塑造了文化认同和目标意识的象征和心灵习性的学术性研究。①

文化社会学认为,地方文化产生于成员们创造的特殊符号和独有仪式,这些符号和仪式体现了他们所珍视的价值所在。一个地方文化中的故事、神话蕴含着一个地方的价值和理想,对这些符号进行破译和解码,就是文化社会学的任务。要研究由大禹传说而留在绍兴的两处特殊符号——会稽山北麓的窆石和南麓的飞来石,是如何逐渐演化成儒教的禹庙和道教的阳明洞天的,绍兴的先人又是如何围绕禹庙和阳明洞天开展各种仪式和活动的,本书将充分借鉴和使用文化社会学的研究方法。

> 我主张的文化概念(下列各文将试图论证这种概念的效用)实质上是一个符号学(semiotic)的概念。马克斯·韦伯提出,人是悬在由他自己所编织的意义之网中的动物,我本人也持相同的观点。于是,我以为所谓文化就是这样一些由人自己编织的意义之网,因此,对文化的分析不是一种寻求规律的实验科学,而是一种探求意义的解释科学。我所追求的是析解(explication),即分析解释表面上神秘莫测的社会表达。②

文化是一个复杂的大杂烩概念,格尔茨界定了两类文化研究方法论:深描(thick description)和浅描(thin description)。作为文化现象的描述,浅描将"意义"或简单排除在社会结构外,或降低为对种种具体的价值观、规范、意识形态和拜教物等作抽象的描述,深描则在对"意义"对象进行具体形态描述外,还将其镶嵌在了实践语境和社会话语之中。为分析解释会稽山阳明洞天和禹庙的社会表达,本书将借鉴格尔茨的"深度描绘"方法。

---

① 范丽珠等:《中国与宗教的文化社会学》,时事出版社,2012年版,第2页。
② 〔美〕克利福德·格尔茨:《文化的解释》,韩莉译,译林出版社,1999年版,第5页。

　　格尔茨对文化有过一个被认为在美国影响很大的定义："(文化)是指由历史传递的,体现在象征符号中的意义模式(patterns of meaning),它是由各种象征性形式表达的概念系统,人们借助这些系统来交流、维持、并发展有关生活的知识以及对待生活的态度。"①林同奇将格尔茨这一文化概念概括为文化的符号性(semiotic)、公共性(public)和系统性(systematic)三个方面并进行了阐释②。文化的系统性强调文化并不是一种远离日常生活、封闭在逻辑世界中的现象,而是人类生活经验的产物,文化的公共性强调文化是一种社会公众可共同察知或共同认识的现象,文化的符号性则意指任何作为传达概念之媒介的物体、行动、事件、性质或关系,包括任何传达概念的、物理的、社会的、文化的行为和物体。格尔茨的"深度描绘"方法即建立在文化的符号性、公共性和系统性基础之上,是指对文化现象(或文化符号)的意义进行层层深入描绘的手法,是格尔茨文化观的具体体现。"建立一个可行的文化理论——倘若这是可能的话——应首先从可直接观察到的思想模式(即体现意义结构的符号)开始,进而确定其族系,然后再进而探索可变性较多、连贯性较少的但仍然有秩序可寻的'章鱼式的'系统,这个系统中一部分是整合的,一部分是相忤的,一部分是彼此独立的。"③"深度描绘"首先确定好参照系,然后理出其中包含的意义结构符号,进而将其放在特定的历史、社会条件下进行综合考察,通过特殊的视角和细致的分析,展示当事人的语言、行为、信仰等,对当事人的文化进行描述,剥开这些符号结构的层层意义,从而使符号结构的意义得到最大程度的还原。

　　格尔茨一方面把文化缩小为体现在符号中的意义结构,另一方面又把符号的范围设定得比较广泛,这种做法有两个好处④:一是它给文化分析打开一个比较广阔的天地和灵活的渠道,研究者可以根据不同的目的、条件,选择不同的符号或符号群进行不同的分析,二是由于把焦点集聚在意义结构,又可对选择的符号群进行比较集中深入的分析,不仅分析其内部

---

①格尔茨语,转引自林同奇:《格尔茨的"深度描绘"与文化观》,《中国社会科学》1989 年第 2 期,第168 页。

②林同奇:《格尔茨的"深度描绘"与文化观》,《中国社会科学》1989 年第 2 期,第 168 页。

③格尔茨语,转引自林同奇:《格尔茨的"深度描绘"与文化观》,《中国社会科学》1989 年第 2 期,第173 页。

④林同奇:《格尔茨的"深度描绘"与文化观》,《中国社会科学》1989 年第 2 期,第 176~177 页。

结构,而且将其放置在整个社会生活的复杂机体中去考察,从小事实看大问题,是一种从一粒细沙看大千世界的手法。本书选择会稽山上的两处标志性遗迹——会稽山北麓的窆石和南麓的飞来石作为研究对象,进而将其与大禹传说结合起来,研究会稽山上这两处标志性符号是如何演化成儒教的禹庙和道教的阳明洞天的,格尔茨的"深度描绘"方法,特别适合本书的研究。

格尔茨一方面将文化看成是一张"意义之网",另一方面又认为这张网是人类自己织成,网的图案不可能由谁预先设计好,其系统性断断续续,包含着许多的矛盾与冲突。格尔茨的理论主要是对符号结构还原的阐述,并未对符号结构所体现的意义有过系统论述。因此,为了本书的研究目的,为弥补格尔茨理论的缺陷,本书还将结合彼得·贝格尔《神圣的帷幕:宗教社会学理论之要素》中的相关理论。彼得·贝格尔以宗教文化与人类活动的关系为主要线索,探讨了宗教文化对于人类"建造世界"和"维系世界"的作用以及这种作用的基础所在,认为作为人们建造世界活动的产物,社会的形成是一个充满辩证关系的过程,这个过程包括了外在化、客观化、内在化三个阶段。在前八章借鉴格尔茨"深度描绘"方法基础上。本书的第九章《大禹传说、儒道互补与一个城市的精神气质》将充分借鉴贝格尔宗教文化学的相关理论。

在运用格尔茨"深度描绘"进行研究时,本书首先将借助于绍兴丰富的地方文献资料,通过对传统文献和石刻资料的互证和引用,以进行会稽山文化的起源和演化研究。其中传统地方文献主要有《越绝书》、《吴越春秋》、《水经注》卷四十"浙江水"部分、孔灵符《会稽记》、嘉泰《会稽志》、(万历、康熙、乾隆)《绍兴府志》、《越中杂识》、嘉庆《山阴县志》、《民国绍兴县志资料》、《姒氏世谱》等;石刻资料主要有阮元的《两浙金石志》、杜春生的《越中金石记》,以及大禹陵风景区所藏碑刻资料和宛委山飞来石上的摩崖石刻。其次,本书还将运用一些田野调查的方法,对飞来石和窆石周边进行实地勘查,对一些历史遗迹进行辨别,并对相关人物进行访谈,以研究古代绍兴地区神圣秩序的构建过程以及其与社会秩序的互动过程。

五、本书的主要内容

在"导言"的基础上,本书的内容主要包括三大部分。

1.本书的第一部分,主要论述大禹传说与越族的关系、会稽山的出现,以及会稽山上禹穴的出现过程。具体又可分为三个部分:

第一章《大禹传说与越族关系考》将要论述,大禹首先或是中原传说中的一位部族首领或英雄,大禹传说随夏人南迁进入越地后,逐渐与当地的治水事业结合起来,通过越地民众的再度创作,大禹变成越族心目中的治水英雄,进而又让大禹下葬于绍兴,大禹遂成为越族的祖先。绍兴有关大禹的传说,需要有一个地理上的落脚点。第二章《会稽山的出现》认为,会稽山的中心,经历过从秦望山到覆釜山的转变,无余时期的会稽山以秦望山中心,随着句践将都城徙治会稽山北、入驻到山阴大城(今绍兴城),覆釜山逐渐代替秦望山,成为会稽山的中心所在。

在明确会稽山具体位置的基础上,第三章《飞来石和窆石:会稽山南北的两个禹穴》,认为绍兴会稽山上的禹穴主要有两处:一处在会稽山(覆釜山)北的石帆山下,为"大禹下葬之处",以窆石为标志;一处在会稽山南的宛委山下,为"大禹得藏书处",以飞来石为标志。从而在会稽山形成了北面"大禹下葬之处"与南面"大禹得藏书处"并存的局面。以大禹传说为基线,以飞来石和窆石为象征,会稽山南北的两个禹穴将演变为道教的阳明洞天和儒教的禹庙,儒、道将共存于会稽山上。

2.本书的第二部分,围绕窆石和飞来石两个禹穴,主要论述了禹庙、阳明洞天的形成过程,禹庙、阳明洞天中的各种祭祀活动,以及会稽山上的禹庙和阳明洞天是如何共生互补的。具体又可分为三个部分:

一是第四章、第五章论述禹庙的形成和禹庙及周边的祭祀活动。第四章《从窆石到儒教圣地禹庙》在论述社祭中的大禹基础上,以窆石为核心,对会稽山北面石帆山下的禹穴——"大禹下葬之处"展开论述,对绍兴的祭禹活动和大禹下葬之处——绍兴大禹陵景区作了全面考证。禹庙祭祀主要有官祭和民祭两种形式,其中的民祭主要体现在姒氏宗族祭上。绍兴民众因窆石、禹陵而建有禹陵村,第五章《民间的祭祀:禹陵村的千年守陵史》将以《姒氏世谱》为线索,来论述禹陵村姒氏家族的艰辛守陵史。

二是第六、七两章论述阳明洞天的形成和阳明洞天中的祭祀活动。第六章《从飞来石到道教圣地阳明洞天》将要论述,宛委山下以飞来石为标志的"大禹得藏书处",是如何随着大禹传说的道教化,逐渐演变成道教三十六小洞天之"第十洞天"——阳明洞天的。第七章《阳明洞天中的道教活动》,将以宛委山麓的阳明洞天谷地为中心,结合相关文献,辨析阳明洞天谷地中飞来石上刻录的文字资料,并通过一些田野调查,来论述阳明洞天自六朝宋尚书孔灵产入道奏改怀仙馆始,经唐开元二年敕改龙瑞宫,到唐宋两代,各种道教活动在阳明洞天谷地的渐次展开。

三是第八章论述会稽山上禹庙和阳明洞天的共生互补。第八章《晴禹祠、雨龙瑞:禹庙与阳明洞天的共生和融合》将首先讲述宋代将清醮道场从会稽山南阳明洞天设到山北禹王庙,进而将禹庙改名告成观的大禹道教化运动;其次讲述随着元代南镇庙由道士管理为标志的道教化过程,会稽山道教圣地在由阳明洞天转移到禹庙的基础上,进而又转移到了因大禹传说而兴起的南镇庙,造成会稽山北麓的禹庙和南镇庙游香火旺盛,会稽山南麓的阳明洞天相对沉寂的局面;第三讲述冷清许多的阳明洞天里,明代三教合一、儒道互补的王阳明,如何融合儒(家)道(家),在阳明洞天养生、讲学的盛况。

3.本书的第三部分,即第九章《大禹传说、儒道互补与一个城市的精神气质》,结合绍兴历史文化名城形成、绍兴精神气质问题,主要讨论了以下三层意思:

一是《儒道互补:会稽山上的主要文化形态》部分,在结合第一到第八章论述会稽山三种文化形态的基础上,认为既体现大禹治水入世精神,又体现道家超然气质的儒道共生互补形态,是会稽山上的主要文化形态。

二是《作为文化圣地的会稽山》部分,认为会稽山(覆釜山)原本是越族开展节庆活动、通过原始宗教对山川进行祭祀的圣地,随着大禹传说传入越地,越族对山川的崇敬与祭祀变成为对大禹的崇拜和祭祀,覆釜山变成了会稽山。让南北麓道教阳明洞天和儒教禹庙有机统一的会稽山,进而成为一个能够凝聚绍兴政治社会力量的文化圣地。

三是《大禹传说、儒道互补与一个城市的精神气质》部分,认为在绍兴,大禹首先是一个手执畚耜、为天下苍生平定水患的形象,具有一种农耕文化的特征。在此基础上,一方面,大禹所执耜演变为书写的笔,越地先民将大禹的形象与寻书联系起来,开启了以儒道互补为特征的绍兴书文化之源。另一方面,战国时代,大禹所执的耜又一变成为句践所持的剑,开启了绍兴剑文化之源。农耕文化和书文化、剑文化,成为绍兴历史文化的三个有机组成部分。

　　以手执畚锸的大禹形象所代表的农耕文化,是绍兴文化的底色。其价值系统俭朴务实,首先追求的是物质上而不是精神上的满足,只在庸常生活中感知着朴素的儒道思想。绍兴的普通百姓和"绍兴师爷"属于这一类。

　　由大禹寻书开启的绍兴书文化,是越地乡绅阶层所表达出来的文化方式。既肯定现世与人生的价值,又不否定来世的存在和重要性,兼有儒家的"入世"与道家"超越"的特点,在世俗生活中感知着神圣的境域,在"穷则独善其身,达则兼善天下"间寻找着一种平衡。绍兴历史上许多的文人骚客可归入这一类。

　　由大禹执锸到句践持剑发展起来的剑文化,是绍兴在非常时期的一种文化表达形式,通常只有在国家危亡的时候才会被激发出来。这种"断发文身"的越地先民,在"水行而山处"中创造出来的带着浓浓血腥味的"尚勇任死"式的剑文化精神,在与绍兴的书文化精神相结合后,构成为绍兴历史文化史中最亮丽的一抹。

　　绍兴关于大禹会计诸侯、下葬会稽和寻书会稽的传说,是越地人民将自己内心的精神世界用神圣方式进行秩序化的产物。这是一种吸纳了越地原始气息、糅合了儒道、圆融了书剑的精神气质,作为中国历史文化名城的绍兴,就是在越地这种文化氛围中慢慢形成的。

　　本书的《结语》部分,对大禹传说和会稽山文化的起源与演化之间的关系做了一个总结,认为会稽山的儒道互补,主要表现为宋明时期的以道补儒,具有"儒显道隐"的特征。会稽山文化起源与演化中国家祭祀与民间祭祀、儒教禹庙与道教阳明洞天及南镇庙的和谐共存,印证了中国是一种文化存在的观点。共同文化祖先形成的传统,是中华文化历数千年长盛不衰的奥秘所在。

第一章　大禹传说与越族关系考

全国各地有许多关于大禹的传说,绍兴就是其中较有盛名的一处。要研究会稽山文化的起源和演化,首先需要厘清大禹传说与越族的关系。本章将要论述,绍兴古代有关大禹治水的传说,很有可能是全新世末的卷转虫海侵在古代越族人头脑中的一个曲折投射。大禹首先或是中原传说中的一位部族首领或英雄,大禹传说随夏人南迁进入越地后,逐渐与当地的治水事业结合起来,通过越地民众的再度创作,大禹变成越族心目中的治水英雄,进而又让大禹下葬于绍兴,大禹遂又成为越族的祖先。随着越族北上争霸,越文化对中原文化产生了较大的影响,越地有关大禹会计诸侯、葬于会稽山的传说,开始在中原地区流传,逐渐变成中华民族集体记忆的一部分。大禹起于羌族西戎,兴于中原,葬于绍兴。因此,绍兴有关大禹传说的价值,在于通过绍兴先祖的再度创作,为中华民族有关大禹传说画上了一个完美的句号。

第一节　大禹传说与越

禹最早是我国古代神话传说中,由上帝派下来在茫茫洪水中敷土的神。从敷土神到一代夏王,大禹的传说经历了一个演化的过程。

作为上帝派来的敷土天神的禹,始见于西周文献和相关器铭。

《诗经》中有《小雅》的《信南山》、《大雅》的《文王有声》和《韩奕》、《鲁颂》的《閟宫》、《商颂》的《长发》和《殷武》提及大禹的传说。其中咏有:

> 洪水芒芒,禹敷下土方。(《商颂·长发》)
>
> 丰水东注,维禹之绩。(《大雅·文王有声》)
>
> 奕奕梁山,维禹甸之。(《大雅·韩奕》)
>
> 信彼南山,维禹甸之。(《小雅·信南山》)

《尚书》有《舜典》、《大禹谟》、《皋陶谟》、《益稷》、《禹贡》、《五子之歌》、

《仲虺之诰》、《洪范》、《立政》、《吕刑》和《书序》提及大禹传说。其中记有：

> 禹平水土，主名山川；稷降播种，农殖嘉谷。（《尚书·吕刑》）
> 其克诘尔戎兵，以陟禹之迹。（《尚书·立政》）
> 鲧则殛死，禹乃嗣兴，天乃锡禹洪范九畴，彝伦攸叙。（《尚书·洪范》）

《燹公盨》刻有：

> 天命禹敷土，随山浚川，乃别方设征。①

因此，有关大禹的传说，一开始就与治水联系在了一起。

春秋时期，禹开始以一位较古人王的形象出现：

> 奄有下土，缵禹之绪。（《诗经·閟宫》）
> 禹稷躬稼而有天下。（《论语·宪问》）
> 巍巍乎！舜、禹之有天下也，而不与焉……禹，吾无间然矣。菲饮食，而致孝乎鬼神；恶衣服，而致美乎黻冕；卑宫室，而尽力乎沟恤。禹，吾无间然矣！（《论语·泰伯》）

在孔子心目中，禹已经不是天上的神，而是作为一位有德的圣人来歌颂的。

到战国时期，禹则已被确认为夏氏的君主，称"夏后"。禹演变成为历史上治水有功受舜禅位建立夏王朝的第一代夏王（见《左传》、《国语》、《墨子》、《孟子》、《荀子》等）。

大禹传说与越的关系，建立于战国，完善于汉代。

战国时期的古籍中，将大禹与会稽联系起来的，主要有以下文献：

> 昔禹致群神于会稽之山，防风氏后至，禹杀而戮之……（《国语·鲁语下》）
> 禹东教乎九夷，道死，葬会稽之山，衣衾三领，桐棺三寸，葛以缄之，绞之不合，通之不埳，土地之深，下毋及泉，上毋通臭。（《墨子·节葬下》）

---

① 燹公盨是保利艺术博物馆收藏的一件西周中期偏晚的青铜器。遂是西周的一个封国，在今山东宁阳西北与肥城接界处；盨是古代盛食物器具，圆口，双耳。燹公盨上有98字的长篇铭文，2002年第6期《中国历史文物》公布了此器的照片、铭文拓片，以及李学勤《论燹公盨及其重要意义》、裘锡圭《燹公盨铭文考释》、朱凤瀚《燹公盨铭文初释》、李零《论燹公盨发现的意义》4篇考释文章。本书的铭文参照李零《论燹公盨发现的意义》中的考释。

　　　　昔禹朝诸侯之君会稽之上,防风氏后至,而禹斩之。(《韩非子·饰邪》)

　　　　尧葬于谷林,通树之;舜葬于纪,市不变其肆;禹葬会稽,不变人徒。(《吕氏春秋·安死篇》)

　　这些古籍或说大禹朝会诸侯于会稽,或说大禹葬于会稽,然并未确指会稽就在越(绍兴)。

　　战国时期的古籍中,将越与会稽联系起来的,主要有以下文献:

　　　　吴王夫差败越于夫椒,报檇李也。遂入越。越子以甲楯五千保于会稽……(《左传·哀公元年》)

　　　　越王句践栖于会稽之上,乃号令于三军曰:“凡我父兄昆弟及国子姓,有能助寡人谋而退吴者,吾与之共知越国之政。”(《国语·越语上》)

　　　　至夫差之身,北而攻齐,舍于汶上,战于艾陵,大败齐人,而葆之大山;东而攻越,济三江五湖,而葆之会稽。(《墨子·非攻中》)

　　　　越王句践霸心生于会稽。(《荀子·宥坐篇》)

　　因此,结合上述战国时期古籍中“大禹与会稽联系”以及“越与会稽联系”的条目,可以断定,大禹、会稽与越之间存在着一种有机联系。

　　实际上,《国语·鲁语下》中已出现过这样的条目:

　　　　吴伐越,堕会稽,获骨焉,节专车。吴子使来好聘,且问之仲尼,……仲尼曰:“丘闻之:昔禹致群神于会稽之山,防风氏后至,禹杀而戮之,其骨节专车。”

　　越、会稽与禹三者在同一段文字中出现了。因此,在战国古籍中,大禹、会稽与越三者已经有机联系在了一起。

　　至西汉,《淮南子·齐俗训》称:“禹葬会稽之山,农不易其亩”,说明从战国开始的“禹葬会稽”之说一直未曾有过更改。“二十而南游江、淮,上会稽,探禹穴”(《史记·太史公自序》)的司马迁,更是将大禹、会稽与越三者紧密地联系起来。

　　《史记·秦始皇本纪》记载:

　　　　三十七年十月癸丑,始皇出游。……临浙江,水波恶,乃西百二十里从狭中渡。上会稽,祭大禹,望于南海,而立石刻颂秦德。

通过秦始皇东巡浙江、上会稽、祭大禹这一史实，司马迁确认，会稽就在浙江的绍兴。

《史记·夏本纪》还记：

> 帝禹东巡狩，至于会稽而崩；或言禹会诸侯江南，计功而崩，因葬焉，命曰会稽。会稽者，会计也。

从而又将"会稽"之名的出处，与大禹东巡、会计诸侯于江南、葬于此山联系起来。

《史记·越世家》指出：

> 越王句践，其先禹之苗裔，而夏后帝少康之庶子也。封于会稽，以奉守禹之祀。

认越国的始封君为少康的庶子，始见于此。虽没有明指其名，但已将越的祖先认定为大禹。《史记·东越列传》进一步总结：

> 太史公曰："越虽蛮夷，其先岂尝有大功德于民哉，何其久也！历数代常为君王，句践一称伯。然余善至大逆，灭国迁众，其先苗裔繇王居股等犹尚封为万户侯，由此知越世世为公侯矣。盖禹之余烈也。"

由此，史记的这两条记载，将越王世家与大禹结合起来，"越为禹后说"由此而出。

因此，综合先秦文献及《史记》中的有关记录，可得出以下四个结论：其一，会稽在越；其二，会稽名之由来，乃是大禹于此会计诸侯而得；其三，会稽是大禹所葬之地；其四，越王世家是夏禹后裔。

到了袁康、吴平的《越绝书》①，大禹、越王、绍兴之间的关系，开始叙述

---

① 对于《越绝书》的成书年代，宋陈振孙在其《直斋书录解题》卷五之"杂史类"中云："《越绝书》十六卷，无撰人名氏，相传以为子贡者，非也。其书杂记吴、越事，下及秦、汉，直至建武二十八年。盖战国后人所为，而汉人又附益之耳。"（徐小蛮、顾美华点校，上海古籍出版社，1987年版，第142页）陈氏之说，影响十分深远，明清以来直至当代，绝大多数研究该书的学者，都认同此说。明张佳胤《越绝书·序》云："兹书及秦汉，陈氏谓战国人所为，汉人从而附益，似矣。"清钱培名《越绝书札记·序》亦说："陈振孙曰：盖战国后人所为，而汉人附益之，斯得其实矣。"余嘉锡《四库提要辨证》卷七认为《越绝书》是"战国后人所为，而汉人又附益耳"。陈桥驿先生也认为《越绝书》是先秦著作，袁康、吴平不过是将此书加以删补整理而已，参见陈桥驿《关于〈越绝书〉及其作者》（《杭州大学学报［哲学社会科学版］》1979年第4期）。本书在第六章将会论证，《越绝书》的成书年代至少应在西汉纬书《遁甲开山图》之前。

得更为具体。

《越绝书》卷八《越绝外传记地传第十》云：

> 昔者，越之先君无余，乃禹之世，别封于越，以守禹冢。……禹始也，忧民救水到大越，上茅山，大会稽，爵有德，封有功，更名茅山曰"会稽"。及其王也，巡狩大越……因病亡死，葬会稽。

与《史记》比较，《越绝书》多了两个内容：一是越王的先祖名曰"无余"；二是大禹首先是因忧民救水而来到越地的。

另外，《左传·哀公七年》记载："禹会诸侯于涂山，执玉帛者万国。"《史记·夏本纪》记："禹曰：'予娶涂山，辛壬癸甲，生启予不子，以故能成水土功。'"《越绝书》卷八则云："涂山者，禹所娶妻之山也，去县五十里。"从而又将涂山与绍兴联系起来。

在《越绝书》基础上，东汉赵晔的《吴越春秋》之《越王无余外传》作了如下记载[①]：

> 禹三年服毕，哀民不得已，即天子位。三载考功，五年政定，周行天下，归还大越，登茅山，以朝四方群臣，观示中州诸侯。防风后至，斩以示众，示天下悉属禹也。乃大会计治国之道，内美釜山州慎之功，外演圣德以应天心，遂更名茅山曰会稽之山。……遂已耆艾将老，叹曰：吾晏岁年暮，寿将尽矣，止绝斯矣。命群臣曰：吾百世之后，葬我会稽之山……

对照《越绝书》，尤其是《史记》，《吴越春秋》一改平实，具有了很强的故事性与浓厚的传奇色彩。

因此，在先秦有关古籍的基础上，司马迁的《史记》明确了大禹传说、会稽、越王世家与绍兴的关系，《越绝书》和《吴越春秋》则使这种关系更加具体生动起来。

---

① 对于《吴越春秋》有关内容引自《越绝书》，陈桥驿先生认为"历来已有定论"，参见陈桥驿《"越为禹后说"溯源》，《浙江学刊》1985 年第 3 期，第 97 页。陈桥驿认为的定论，引自钱培名《越绝书札记》："赵晔《吴越春秋》，往往依傍《越绝》。"参见陈桥驿：《〈点校本越绝书〉序》，《陈桥驿方志论集》，杭州大学出版社，1997 年版，第 413 页。

第二节　有关"大禹传说与越"的争议

对于先秦文献,特别是《史记》中有关大禹传说、会稽、越王世家与绍兴关系的论述,历来充满了争议。

王充的《论衡》,较早对大禹东巡绍兴一事提出了异议。

《论衡·书虚篇》云:

> 儒书言:"舜葬于苍梧,禹葬于会稽者,巡狩年老,道死边土。圣人以天下为家,不别远近,不殊内外,故遂止葬。"夫言舜、禹,实也。言其巡狩,虚也。……舜至苍梧,禹到会稽,非其实也。……禹东治水,死于会稽。贤圣家天下,故因葬焉。吴君高说:"会稽本山名,夏禹巡狩,会计于此山,因以名郡,故曰会稽。"夫言因山名郡可也,言禹巡狩会计于此山,虚也。巡狩本不至会稽,安得会计于此山? 宜听君高之说,诚会稽为会计,禹到南方,何所会计? ……百王治定则出巡,巡则辄会计,是则四方之山皆会计也。……君高能说会稽,不能辨定方名。会计之说,未可从也。巡狩考正法度,禹时,吴为裸国,断发文身,考之无用,会计如何?

《论衡·道虚篇》云:

> 夫禹至会稽治水,不巡狩,犹黄帝好方伎不升天也。无会计之事……

王充认为,大禹治水,死于会稽是实,而大禹巡狩行会计之事则是虚,而且"会稽"也与大禹会计诸侯无关。因为皇帝巡狩,是为了考察、修正地方的法度,而当时吴越地区的人们不穿衣服,剪短头发、身刺花纹,考察那里并没有什么用处,大禹为什么要去那里大会诸侯、计功行赏呢?

清梁玉绳的《史记志疑》,典型反映了人们对大禹与绍兴关系的疑虑。其《史记志疑》卷二对"帝禹东巡狩,至于会稽而崩"条评述道:

> 禹巡狩葬会稽之事,起春秋后诸子杂说,不足依据。史公于论云:"或言禹会诸侯江南,计功而崩,因葬焉,命曰会稽。"或之者,疑之也,而于此直书其事以实之,何欤? 禹会万国诸侯,定择四方道里之中,其

时建国多在西北,不宜独偏江南。若果巡狩所至,总会东南诸侯,亦不应远来于越。……《左传》哀公七年禹会诸侯于涂山,非会稽也。禹在位八年,不及再巡,则惟涂山一会而已。……《越绝书》《吴越春秋》言涂山在会稽。唐苏鹗《演义》云涂山有四:一会稽、二渝州、三濠州、四当涂。然以濠州为是,在今安徽凤阳府。杜注《左传》谓涂山在寿春东北,寿春即濠州,山有鲧、禹两庙,又有禹会村,唐柳宗元《柳州集·涂山铭》、宋苏轼《东坡集·涂山诗》俱在濠州,确然可信,乌知夏禹真墓不在濠州之涂山耶?……然则会稽之墓为谁? 曰:古墓之不知者众矣,即或是大禹古迹,亦必应德被六合,殂落之后,虽异域殊方,无不起坟土以致其哀敬,罗泌所称"仪墓",非实所葬也。

《史记志疑》卷二十二评述有:

> 禹葬会稽之妄,说在夏纪。夏、商称帝之妄,说在殷纪。而少康封庶子一节,即缘禹葬于越伪撰。盖六国时有此谈,史公缪取人史,后之著书者相因成实。史并谓闽越亦禹苗裔,岂不诞哉! ……纵或少康别有子季杼,自当封于中土,如封少子曲烈于鄫之比。奈何屏置蛮荒,令其文身断发乎?

梁玉绳认为禹巡狩葬会稽之事不足依据,并引用《左传》、唐苏鹗《演义》等资料,指出禹会诸侯不在会稽而在涂山,中国有四个涂山,大禹会诸侯的涂山应在安徽濠州,大禹会稽之墓也非其实所葬,而是人们表达哀敬的"仪墓"。梁玉绳还认为,夏少康封庶子于越一事,是缘禹葬于越的伪撰,纵使少康有子,也自当封于中土,奈何会屏置蛮荒? 除了没有论及大禹是否来过会稽,梁玉绳几乎否定了大禹与绍兴的一切关系。

20 世纪 30 年代对夏越关系的研究,也认为北方的夏和南方的越两不相干。林惠祥的《中国民族史》认为:"《史记》言越王句践为夏禹之后,此不过越人托古之辞。"[1]卫聚贤在《吴越民族》一文中指出:"夏是北方民族,越是南方民族,两不相干。"[2]

20 世纪 80 年代以来,也出现了许多质疑禹巡狩葬会稽的文章。

蒋炳钊的《"越为禹后说"质疑——兼论越族的来源》,从考古文化和文

---

①林惠祥:《中国民族史》,商务印书馆,1936 年版,第 112 页。
②卫聚贤等:《吴越文化论丛》,上海文艺出版社,1990 年版,第 329 页。

献记载两个角度进行论证,认为夏文化和越文化是两种不同的文化。二里头夏文化已进入青铜时代,地处东南的越族地区,尚未发现相当于二里头时期的青铜器,说明其社会发展较夏代缓慢。因此,"把越族说成是夏代的后裔,从考古资料和文献记载都还难于找到可靠的证据。从二里头文化和越文化相比较,夏族和越族明显是两个不同的古代民族,越族不是夏族的后裔"①。据此,蒋炳钊否定了"越为禹后说"。陈桥驿认同蒋炳钊的观点,认为在于越历史的早期,在中原地区的各种记载中,于越只是作为蛮夷戎狄存在,并未见到其与夏禹之间的关系。在此基础上,陈桥驿进而提出了"越为禹后说"出现的原因:

> "越为禹后"的传说,实际上是于越强大以后,从于越内部传播出来的。这个传说的编造者,或许就是越王句践自己。为什么不说尧后、舜后、商后、周后,而说禹后,显然是利用了前已指出的禹巡狩会稽和死葬会稽的故事。为了军事上、外交上和内政上的需要,这种传说的有意识散布,可能是从迁都琅邪以后开始。当这种传说散布的初期,在琅邪的于越上层人物和在大越的故乡父老,当然都是心中有数的。但是由于这种传说对提高他们的身份地位都有好处,因此他们心照不宣,并且努力帮助这种传说的散布。几代以后,知情人都已亡故,于是,这种传说在于越便深入人心,家喻户晓。②

因此,陈桥驿把"越为禹后说"出现的原因,与越王出于军事、内政、外交的需要而有意传播联系起来。

林华东③则在否定了绍兴会稽是大禹治水、朝会诸侯和埋葬之地后,认为在夏末至商代早期,可能有部分夏人,由山东或位于河南禹县、登封以西、洛阳以南地带的戊方国南迁入浙,后来成为越族土著的首领,并建立了越国。因此,"越为禹后"并非完全胡说。绍兴会稽关于夏禹治水、会聚诸侯及葬地等传说,实同夏人的南迁入浙有关。

---

① 蒋炳钊:《"越为禹后说"质疑——兼论越族的来源》,《民族研究》1981年第3期,第69页。
② 陈桥驿:《"越为禹后说"溯源》,《浙江学刊》1985年第3期,第98页。
③ 参见林华东《绍兴会稽与禹无涉》(《浙江学刊》1985年第2期)和《再论绍兴会稽与大禹》(《浙江学刊》1995年第4期)。

第三节　对"夏朝"的争议

上述关于大禹传说、会稽、越王世家与绍兴关系的各种争议的出现,均建立在夏朝中原中心说基础之上。

王充《论衡》的"巡狩考正法度,禹时,吴为裸国,断发文身,考之无用,会计如何?"已有夏朝中原中心说的意思,梁玉绳的"纵或少康别有子季杼,自当封于中土,如封少子曲烈于鄫之比。奈何屏置蛮荒,令其文身断发乎?"其夏朝中原中心说已非常明显。蒋炳钊对"越为禹后说"的否定,也以"夏王朝的政治中心是在黄河、伊河、洛河等汇流处"为前提,陈桥驿说得更为明了:

> 现在,大多数人都看得明白,不仅是禹这个人物,史学界尚大有争议,即使确有其人,在当时那种技术落后、交通闭塞的时代,怎能设想选择这样一个偏僻的地方举行一次全国性的诸侯会议。更何况,这个地区在当时根本不是中原的夏王朝所能管辖的。[①]

问题的关键在于,中原是否存在过一个叫作"夏"的王朝?

对于夏朝中原中心说的确定,邹衡说过:

> 根据文献记载,甘肃、青海、陕西(大部)、河北、山东、江苏、浙江等地区都不是夏人活动的主要区域,夏王朝决不可能建立在这些地区。何况现在尚无任何考古材料立即证明以上各地区的龙山文化已经达到出现国家的阶段。因此,我们认为陕西龙山文化、齐家文化、河北龙山文化、山东龙山文化以及良渚文化等等皆不是夏文化。[②]

邹衡根据历史文献记载和考古材料的对比,确定了夏朝中原中心说。问题的关键在于,能否完全确认,中原的确存在过一个叫作"夏"的王朝?2000年10月出版的夏商周断代专家组编著的《夏商周断代工程1996—2000年阶段成果报告(简本)》,给出了比较肯定的回答。

目前探索夏文化的主要对象是二里头文化和河南龙山晚期文化。

---

①陈桥驿:《"越为禹后说"溯源》,《浙江学刊》1985年第3期,第97页。
②邹衡:《试论夏文化》,参见《夏商周考古学论文集》,文物出版社,1980年版,第103页。

中国古代文明经历了邦国时代、王国时代(夏、商、周三代王朝)和帝国时代(秦汉至明清)三个阶段,二里头遗址是迄今所知中国最早的广域王权国家的都城。学术界把以二里头遗址为代表,分布于豫西、晋南地区的一类遗存称为二里头文化。二里头遗址是徐旭生1959年调查"夏墟"时发现的。徐旭生从《左传》、《国语》、古本《竹书纪年》等文献资料考证了"夏氏族或者部落所活动的区域",指出有两个区域应该特别注意:

> 第一是河南中部的洛阳平原及其附近,尤其是颖水谷的上游登封、禹县地带;第二是山西西南部汾水下游(大约自霍山以南)一带。[①]

其还亲赴河南进行考古调查,在堰师二里头发现早商遗存后,提出了在河南偏西、山西西南进行调查和发掘的建议。同年,中国科学院考古研究所洛阳队对二里头进行试掘,发现了从龙山晚期到商代早期的三层文化堆积。

自徐旭生发现二里头遗址,进而由考古研究所试掘后,从1960至1964年,中国科学院考古研究所洛阳队在二里头遗址进行8次发掘,发现了早、中、晚三期不同特点的陶器,认为二里头文化类型遗址的相对年代介于河南龙山文化和郑州二里岗商文化之间。1974年,考古所二里头发掘队发现一号宫殿遗址;1977年,发掘队又在一号宫殿遗址东北发现二号宫殿遗址。根据夯土层和陶片判断,一号宫殿始建于二里头二期,废弃于二里头四期偏晚或二里岗下层偏早,其下是一、二期地层。此次发掘确定了二里头文化的四期分层。[②]

河南龙山文化晚期和二里头遗址一期之间,从文化传承关系和碳-14测年结果分析,尚存在着缺环。1977和1999年,在对河南密县新砦遗址的两次发掘中,发掘者分辨出一种介于二里头一期与河南龙山文化之间的文化层,称为"新砦期"。新砦一期为河南龙山文化晚期遗存,新砦二期似乎是龙山文化和二里头文化的过渡阶段,正好填补了其间的空白。

对于二里头遗址四期的文化是否可以归入夏文化的问题,即关于夏商文化的分界问题,共有二里头文化一、二期之间,二里头文化二、三期之间,

---

① 徐旭生:《1959年夏豫西调查"夏墟"的初步报告》,《考古》1959年第11期,第593页。
② 引自陈淳、龚辛:《二里头、夏与中国早期国家研究》,《复旦学报(社会科学版)》2004年第4期,第83页。

二里头文化三、四期之间，二里头文化四期与二里岗下层之间等说法。现在多数学者认为二里头文化属于夏文化，是夏王朝中晚期的都城之所在，也有人认为其主要遗址属于商王朝前期①。

古本《竹书纪年》称"太康居斟鄩，羿亦居之，桀亦居之"。《逸周书·度邑》、《国语·周语上》和《战国策·魏策一》等文献认为，太康、羿、桀诸王之都斟鄩应在洛水附近。二里头遗址面积达9平方公里，发现有宫殿、大墓、铸铜作坊遗址与精美的玉器、青铜器和陶器，由此，有学者认为二里头遗址就是夏都斟鄩。②

关于夏文化的上限，学术界主要有二里头文化一期、河南龙山文化晚期两种意见。新砦二期遗存的确认，将二里头文化一期与河南龙山文化晚期紧密衔接起来。以公元前1600年为商代始年，上推471年（古本《竹书纪年》、今本《竹书纪年》都有"自禹至桀十七世有王与无王用岁四百七十一年"记载），则夏代始年为公元前2071年，基本落在河南龙山文化晚期第二段（公元前2132～前2030年）范围之内。现一般以公元前2070年作为夏的始年。③

"夏商周断代工程"不仅确信夏的存在，而且列出了夏代各王的世系表。综合看来，支持"工程"学者的依据主要有以下四个：

其一，河南西部和山西南部是周代文献认为的夏人的中心地区，而这个地区的二里头文化最有可能是夏文化的代表。其二，二里头遗址发现了宫殿基址，表明已经有了国家的存在。其三，碳-14测年结果表明，二里头文化的时间在商代之前。其四，既然司马迁所论的商朝被证明是信史，那么，他所说的夏也应当是信史。④

中国自19世纪末发现甲骨文，为研究商史提供了大量原始资料，开辟了新的研究领域。王国维提出的"二重证据法"，更为研究中国古史找到了新的途径。王氏把地下出土的甲骨文、金文与古代文献密切结合，收到了

---

① 参见许宏：《最早的中国》，科学出版社，2009年版，第42页。
② 关于夏商文化的分界、夏都问题的论述，根据夏商周断代专家组编著：《夏商周断代工程1996—2000年阶段成果报告（简本）》，世界图书出版公司，2000年版，第75页。
③ 夏商周断代专家组编著：《夏商周断代工程1996—2000年阶段成果报告（简本）》，世界图书出版公司，2000年版，第81～82页。
④ 陈宁：《"夏商周断代工程"争议难平》，《社会科学报》2003年11月27日。

相互校勘和相互印证的效果。因为在甲骨文中发现了众多的商代帝王名，依其所排列的世系与《殷本纪》等所载基本相合，从而证明了甲骨文确是商代直接遗留下来的记录文字，反过来又证明了《殷本纪》等文献所记确是商代的史实。如此，很多人相信，《史记》中的《夏本纪》所记也决不会全是子虚乌有，至少应该有若干可靠的根据，进而增强了人们对夏史的真实性的信念。问题在于，王国维的地下出土的甲骨文、金文与古代文献密切结合，有一个重要前提，那就是考古中有文字记载能够与古代文献相互校勘和相互印证，而在二里头文化遗址的挖掘中，并没有发现能确切证明夏朝存在的相关文字。因此，在持不同意见的中外学者看来，商朝被认为是中国的第一个朝代，这是因为甲骨文证明了商的存在。夏的记载最早出现在周代，而时间上离夏最近的商代甲骨文中却未见有关夏的片言只语，中国古代史的教科书中夏朝只是传说中的一个朝代而非信史。①

　　因此，由于目前还没有能够发现任何确认夏代的文字，有关夏代的问题就不能预设任何带有倾向性的前提，而是必须从考古学上来进行客观独立的探究。由此，在目前情况下证据尚未充足，有些西方学者批评"夏商周断代工程"想当然地视夏为商的前朝并定二里头为夏都。除非能够在二里头发现文字、青铜器和车等器物，或者任何文明的标志，否则史前和历史时期的基本分界线还将是商。至于司马迁《史记》的可信性，有海外学者反驳，《史记》也提及商的第一个王是他的母亲踩到一只大鸟的脚印而受孕，以及有关黄帝、尧、舜、禹等超自然行为的描述，难道这样的记载也能视为信史吗？

----

① 沈长云在《夏代是杜撰的吗——与陈淳先生商榷》（《河北师范大学学报[哲学社会科学版]》2005年第5期，第91页）中认为："甲骨卜辞中并非没有丝毫夏存在的踪迹，这个踪迹，就是作为夏后氏直系后裔的杞人在商代活动的事迹。杞人为夏后氏的直系后裔在大量先秦文献中言之凿凿，商代的甲骨卜辞，将杞在商代的活动说的明明白白。"问题在于，将"杞人为夏后氏的直系后裔"先秦文献属于周以后的文献，在周以前（包含商）的有关文献中，到目前为止，并没有关于夏的记载。饶有意思的是，对于甲骨卜辞没有夏的记载一事，董楚平先生提出过自己的观点："古代记载国、族、地、人的名称，往往只求音近，不拘字同。即使同一个字，也在不断演变之中……周人笔下的夏族之夏、夏禹之禹，文字、字形可能与殷墟卜辞不同，这使卜辞里的夏族之夏、夏禹之禹，为后人所不识……商人笔下的夏族又是用什么字表示呢？据笔者初步研究，那就是'戉'字。证据有四……"参见董楚平《吴越文化新探》，浙江人民出版社，1988年版，第87～88页。此也是对商代甲骨文中未见有关夏的片言只语的一个回答。

第四节　基于卷转虫海侵的大禹传说

有感于夏、禹之说晚起于西周中叶,早在 20 世纪 20 年代,顾颉刚就对大禹是否存在,提出过强烈的质疑。顾颉刚认为,古史是层累造成的,发生的次序和排列的关系恰是一个反背的关系。1923 年 2 月,他以"层累说"对禹进行考证,确认禹和夏没有关系,禹不过"是一条虫"。1925 年 11 月,为了证明禹不是历史人物,顾颉刚对禹的来历作了另一种假定:禹是南方民族的神话中的人物。并找了九条理由。

在顾颉刚的九条理由中,与越直接或间接有关的共有七条:

(2)越国自认为禹后,奉守禹祀。

……

(4)传说中有禹致群神于会稽的故事(《国语》),又有禹封禅于会稽的故事(《郊祀志》),又有禹道死葬会稽的故事(《墨子》)。会稽山在今浙江绍兴县东南;春秋时为越都。

(5)会稽山西北五里有大禹陵。按,有了陵墓原不足以证明真有这个人但陵墓所在之处确很足以证明这一地是这一个神话的中心点。

(6)《汉书·郊祀志》……记管仲讲了十二个封禅之君……他们封的地方只有泰山一处,禅的地方只有云云,亭亭,社首,会稽四处。云云在蒙阴,亭亭在钜平,社首在博县,都是泰山附近的小山,在汉代泰山郡之内的;独有禹所禅的会稽乃远在南方。……这大概因为禹在会稽的立足点太坚强了,有非依从习惯不可之势,所以如此。

(7)古代开化的民族只有中原一处,因此中原人很藐视四方半开化和未开化的民族。……中原人对于南方,随处可以引起虫族的联想,故文字上以虫表南方的极多。禹名从虫,恐亦此例。越人自称为禹后,恐亦与蜀人以蚕丛为祖先是相同的。

(8)《孟子》上言禹治水情形的有两段话,录下:

当尧之时,天下犹未平,洪水横流,泛滥于天下;草木畅茂,禽兽繁殖,五谷不登,禽兽逼人,兽蹄鸟迹之道交于中国……舜使益掌火,益烈山泽而焚之,禽兽逃匿。(《滕文公》上)

当尧之时,水逆行,泛滥于中国;蛇龙居之。民无所定,下者为巢,上者为营窟。……使禹治之,禹掘地而注之海,驱蛇龙而放之菹……险阻既远,鸟兽之害人者消,然后人得平土而居之。(《滕文公》下)

这固是孟子想象中的尧舜时代的情形,但何以与实际上的周代时楚越情形竟这等的相似? 楚越间因地土的卑湿,有积水的泛滥,故有宣泄积水的需要;因草木的畅茂,有蛟龙的害人,故有焚山泽驱蛇龙的需要。有了这种需要,故禹益的神话足以增大它们的价值,发展它们的传播。禹之出于南方民族,这是一个很重要的证据。

……中国的黄土区域绵延甚广,为古代膏腴地。但别处还有山林险阻,惟河南省的东部是一个大平原,没有平水土的需要,故文化发达最盛,亦最早。……楚国经过了几百年的经营,水土平了;到战国时,这可怖的景象只留在楚国的南方了。

南方民族在这样的环境里,如何不会有无数平水土的神话出来,更如何不会有平水土的最有力量的禹出来!

(9)商代时的中原只有与西方民族发生关系。到了周代,始有召公辟国至江汉的事……于是封建诸姬至于汉阳。……南方民族的神话从楚国传到中原是很可能的:一来是楚国为南方民族的领袖,与中原交通甚早;二来是周室封诸姬于汉阳。使周民族与楚民族日益接近;三是周民族与楚民族常有用兵的事,有交换文化的鼓动力。[1]

综合以上的理由,顾颉刚对"禹是南方民族的神话中的人物"做了一个概括的说明:

商周间,南方的新民族有平水土的需要,酝酿为禹的神话。这个神话的中心点在越(会稽);越人奉禹为祖先。自越传至群舒(涂山);自群舒传至楚;自楚传至中原。流播的地域既广,遂看得禹的平水土是极普遍的;进而至于说土地是禹铺填的,山川是禹陈列的,对于禹有了一个"地王"的观念。

中原民族自周昭王以后,因封建交战而渐渐与南方民族交通,故穆王以来始有禹名见于《诗》、《书》,又特设后土之礼,得与周人的祖先后稷立于对等的地位。[2]

---

[1]顾颉刚:《禹的来历在何处》,参见《古史辨》(一),上海古籍出版社,1982年版,第121~125页。
[2]顾颉刚:《禹的来历在何处》,参见《古史辨》(一),上海古籍出版社,1982年版,第127页。

因此,顾颉刚不仅认为"禹是南方民族的神话中的人物",而且特别用五条理由(第 2、4、5、6、7 条)指出神话的中心点在越(会稽),进而认为南方民族平水土的需要是酝酿大禹神话的基础(第 8 条),并指出了这一神话是如何传至中原、传至西周的(第 9 条)。

"禹是南方民族的神话中的人物"毕竟只是一个假说,尚须考古和文献的证明,因此,顾颉刚以后并没有坚持这一假说,到其《九州之戎与戎禹》一文,已改称禹为西戎的宗神。然而,一些学者则沿着顾颉刚"禹是南方民族的神话中的人物"的观点,继续研究了下去。

1980 年,王靖泰、汪品先在《中国东部晚更新世以来海面升降与气候变化的关系》①中发现:晚更新世(约 126000 年至 10000 年前)以来,中国东部平原区发生了三次海侵,东、黄海大陆架经历了两次海退。作者以每次海侵各具特征的有孔虫属名作为三次海侵的代表名称,将三次海侵由老及新分别称为星轮虫、假轮虫、卷转虫海侵。王靖泰、汪品先认为,卷转虫海侵大约从 15000 年前开始,海面上升速度很快。碳-14 测年为 11340±550 年前,海水在中国南方可能溯长江古道而上,进入杭州湾、上海、南通一带;在中国北方可能溯黄河古道进入渤海盆地。随后海侵迅速扩大,淹没近海平原,江南地区海水直拍山麓,在华北海岸达到天津以西。碳-14 测年为 6620±300、5690±250、5680±180、5410±250 年前,是冰后期海侵的最高海岸线。自此以后,海面趋于稳定,并稍有下降,加上河流的沉积补偿,海岸线逐渐后退,海面慢慢接近现代海面高度,海岸线逐渐退到现代位置上。

王靖泰、汪品先有关 6000 年前卷转虫海侵的观点,为越地有关大禹传说提供了一个地理基础,影响了乐祖谋对宁绍平原城市起源的研究。

乐祖谋在进行宁绍平原城市起源研究时发现了一个矛盾:一方面,以六七千年前河姆渡文化为标志的宁绍平原的原始经济和原始聚落发达甚早,在全国处于领先地位;另一方面,越族的历史记载表明,宁绍平原的城市出现甚晚,在全国范围处于落后地位。

从山区走向平原,是人类原始社会发展的普遍规律,考古学一般将原始人类文化发展序列归结为"山林文化—山麓文化—河谷文化"三个阶段。

────────────
① 王靖泰、汪品先:《中国东部晚更新世以来海面升降与气候变化的关系》,《地理学报》1980 年第 4 期,第 302～304 页。

然而宁绍平原原始人类聚落的发展,却走了一条相反的道路。河姆渡遗址紧靠平原南部山麓地带,按一般规律,河姆渡时代以后,其后裔的发展方向应该是向北,走向水土资源丰富、自然条件优越的平原地区。但现存的历史资料却说明,河姆渡时代以后,其后裔的迁徙方向似乎是向南,进入到平原南部的会稽山地,并长期驻留,直至春秋时代。

受王靖泰、汪品先有关卷转虫海侵观点的影响,乐祖谋指出:根据碳-14测定,河姆渡四个文化层的持续年代约在 7000 至 6000 年前,正是卷转虫海侵走向高潮的年代,海侵达到极限的年代和河姆渡文化消失的年代完全吻合。河姆渡遗址所紧靠的山麓地带,正是海水最后到达的地方。在第四纪末大海侵到来之前,今平原地区(包括近海海底)早已有原始人类活动存在,随着 12000 年至 6000 年前大海侵的逐渐发展,原始人逐渐朝山麓地带后退,直至河姆渡文化末期,海水直拍山麓为止。

乐祖谋赞同顾颉刚关于“禹是南方民族的神话中的人物”的观点,但认为尚有一点可以补充,那就是顾颉刚对这个神话传说据以产生的地理原因的分析。乐祖谋指出:

> 顾先生并没有否定洪水的说法,只是把它从黄河流域转到长江流域,把泛滥的河流由黄河转为钱塘江。其实,在上古原始植被尚未遭受破坏的自然条件下,如果黄河不能酿成这样一场洪水的话,钱塘江就更无可能了。
>
> 从现代地理学的眼光看,古代传说中这场洪水,虽然并不排斥也有河流泛滥的可能在内,但更大可能还是一场海侵。不仅其规模和时间如此,更重要的是洪水的发生方向很可以作证。
>
> 孟子说“水逆行”,其实已经提供了线索。因为在古人头脑中,“江汉朝宗于海”,因此水由陆地往海洋流,是顺行,而水从海洋往陆地上流,就是逆行了。而这正是海侵时水的运动方向。[①]

乐祖谋进而指出:古代传说中的大禹治水,可能是全新世末卷转虫海侵和海退在古代越族人头脑中的一个形象化的、曲折过程的反映。越族的祖先虽由于海侵发生而被迫退向山区,但对昔日平原生活的印象不会由此消失

---

① 乐祖谋:《历史时期宁绍平原城市的起源》,《中国历史地理论丛》1985 年第 2 期,第 275～276 页。

殆尽,对于平原被大水从海上淹没的印象会通过各种形式世世代代流传下来,这就是"洪水"传说的起因。当许多世代以后海退的时刻,越族人看到南山脚下重新出现陆地时,因为不能解释其原因,便只能归之神功,这就是"禹"和"治水"传说的起因。根据王靖泰、汪品先的文章,这次海退开始于距今四千年左右,亦即公元前二十世纪前后,正是一般公认的夏禹建立夏王朝的时刻。

乐祖谋观点的问题在于,南方蛮荒之地的一个治水英雄,何以能成为中华民族的治水英雄和开启夏朝的君主? 对于这一问题,董楚平间接给出了回答。董楚平认为,二里头的东南色彩与夏王朝的苗蛮血缘互为表里,受到了东南文化的影响。在 1988 年《吴越文化新探》11 条证据的基础上,董楚平的《广义吴越文化通论》又补充了 5 条证据,以论证禹为良渚文化等南方民族的后裔,夏王朝具有苗蛮血缘。他认为以琼钺为代表的良渚文化,通过江淮等地区,从东南远徙河南、山西,甚至甘肃河西走廊,良渚文化的上层社会整体地离开太湖地区,来到黄河流域,参加了中原逐鹿。[1] 也就是在良渚文化影响中原文化的过程中,南方有关大禹治水的传说流传到了黄河流域。

第五节 大禹葬于会稽:越族对大禹传说的再度创作

综上所述,绍兴历史上有关大禹的传说,归纳起来共有两种完全不同的解释:一种是本章之第二节《有关"大禹传说与越"的争议》中提出的观点,即将大禹传说看作是一种信史,从夏朝中原中心说出发,认为作为蛮荒之地的绍兴,并不是大禹治水、朝会诸侯和埋葬之地,绍兴有关大禹的传说是夏末至商代早期,部分夏人南迁入浙的结果;另一种是本章之第四节《基于卷转虫海侵的大禹传说》中提出的观点,即将大禹传说仅仅看作是一种传说,认为禹是南方民族的神话中的人物,古代传说中的大禹治水,可能是全新世末卷转虫海侵和海退在古代越族人头脑中的一个形象化的、曲折过程的反映,这一传说经过江淮等地传入到了黄河流域。

对于第一种将大禹传说看作是一种信史的观点,本章第三节《对"夏

---

[1] 董楚平等:《广义吴越文化通论》,中国社会科学出版社,2012 年版,第 86、93~98 页。

朝"的争议》中已经论述,在二里头没有发现文字、青铜器和车等证明夏文明确凿存在证据的背景下,这一观点显得有些勉强。对于第二种将大禹传说看作是南方民族神话人物的观点,到目前为止,同样也是缺少文献和考古的直接佐证。"夏朝"是否存在尚有争议,大禹是否真实存在更有争议。因此,我们只能把有关大禹治水的故事看作是一种传说,而不是一种信史。

对于这一传说,正如本章第一节《大禹传说与越》所列示的,大禹传说首先在西周时出现在中原地带,绍兴有关大禹传说的出现则是在战国时期。因此,如果非要在两种观点中选择其一,那么,从文化传播的角度来看,绍兴有关大禹治水的传说是夏人南迁入浙的结论,更容易为人们所接受。

从文化发生学的角度出发,以中华民族的形成为主体,结合顾颉刚的研究,刘起釪曾系统论述过作为天神的大禹:

> 禹在西周文献《诗》、《书》中,是一位古代的天神,大地是由他敷布降下的,商、周两族自承居住在禹所敷布的土地上。……禹之为夏族宗神,实际是先为羌族西戎中的九州之戎的宗神而后转为夏宗神,故曾称为"戎禹"。因禹这一族作为羌族的九州之戎中的一支,步着其先辈黄帝族的前进路线,东进至晋南创造了夏文化,形成为后来建立夏王朝的夏族。禹就由羌戎宗神成为夏的宗神。夏族把宗神禹与古代洪水传说相结合,禹就成为治理洪水,敷布土地,奠定山川的天神。……到春秋战国文献中,禹在敷土、治水之外,增加了划分九州之传说,在神职方面被崇奉为社神。而禹也有了许多美称,《逸周书·世浮》称"崇禹",《周语》、《天问》称"伯禹",《庄子·齐物论》称"神禹",《战国策》称"大禹",《夏本纪》所录战国资料称"帝禹"。①

刘起釪认为,作为天神,大禹的传说起于羌族西戎,现四川的北川等地正是有关大禹出生地传说最盛的地区;大禹兴于中原形成之夏族,夏族把禹与古代洪水传说相结合,禹遂成为人间治理洪水的天神。

既然大禹的传说以中原中心论为基础,自然,绍兴有关大禹的传说,首先应是夏末至商代早期,部分夏人南迁入浙的结果。

---

① 顾颉刚、刘起釪:《尚书校释译论》(第一册),中华书局,2005 年版,第 205～207 页。

相当于夏商时期,在太湖钱塘江流域出现了被命名为马桥文化的考古学文化。马桥文化因以上海马桥遗址第四层为代表的文化遗址发现而得名,越文化的源头在马桥文化。除了本章第二节中林华东提到过,邹衡和徐中舒、董楚平也论述过夏人的南迁线路,指出夏、商之际夏人通过安徽巢湖、山东胶东半岛进入马桥文化区,进而影响了越地文化的走向。

印纹陶遗址,是指夏商周时代江南地区以几何形印纹陶为共同特征的诸文化遗址。中国新石器时代晚期的两千多年,可以说是彩陶文化兴盛发达的世纪。在研究江南地区诸印纹陶遗址与夏商周文化的关系过程中,邹衡发现,上海马桥第四层文化承袭第五层(即良渚文化)而来,在马桥第四、五层之间发生了质变,不仅表现在第四层已有了青铜器和大量的印纹陶,更表现在第四层中突然出现了大批二里头文化因素。这些文化因素从何而来? 邹衡指出:

> 从现有材料看,山东、苏北、苏南、皖南甚至赣北都没有发现二里头文化遗址,因而马桥的二里头文化因素似乎不是从这些地区传来。但是在皖北巢湖地区的肥西大墩孜早商遗址中,却发现了一件与二里头文化相似的铜铃,说明其与二里头文化一定有了接触,或是受到了二里头文化的影响。这便是目前考查马桥二里头文化因素来源仅有的线索。[1]

1979 年,徐中舒在《夏史初曙》[2]中认为,夏、商之际夏民族一部分北迁匈奴,一部分则南迁江南为越。受此启发,邹衡也把这一线索与《逸周书·殷祝解》中的记录联系起来。《逸周书·殷祝》:"汤将放桀于中野,士民闻汤在野,皆委货扶老携幼奔,国中虚。……桀与其属五百人,南徙千里,止于不齐。不齐士民,往奔汤于中野。……桀与其属五百人徙于鲁,鲁士民又奔汤。……桀与其属五百人去居南巢。……"从中可以看出,夏桀亡国后,一徙中野,再窜不齐,三奔于鲁。所至之处,士民纷纷叛夏归商,最后夏桀"与其属五百人去居南巢"。邹衡认为,对照考古发现,从这些传说可以看出,二里头文化(夏文化)的影响确实到了安徽巢湖地区。再从巢湖而入

---

①邹衡:《江南地区诸印纹陶遗址与夏商周文化的关系》,参见邹衡:《夏商周考古学论文集(续集)》,科学出版社,1998 年版,第 231 页。

②参见徐中舒:《徐中舒历史论文选辑》,中华书局,1998 年版,第 1351 页。

江,然后顺江东去而直达上海,不是没有可能。

董楚平认为,夏裔的南迁主要通过山东。山东夏裔原来在鲁西南,商周时期被迫东迁,进入胶东半岛,与莱夷杂居。根据马桥文化的年代,胶东半岛的夏裔和莱夷,约于商代大规模渡海南迁。在上海立足后,逐渐西迁,分布于太湖平原。后来越国的王室,很可能是这些夏裔的子孙。①

越族在先秦时称"于越",是越地土生土长的土著②。越族之所以会接受夏人南下所带来的大禹传说,是因为绍兴的地理环境蕴涵了对治水英雄的渴求。

史前文明时期,宁绍平原是一种温暖湿润的亚热带季风气候。宁绍平原具有背山面海的形势,南有山林之饶,北缘濒大海,占有鱼盐之利。平原上气候暖热,水土资源丰富,于越部族的祖先,正是在如此得天独厚的自然环境中繁衍发展起来的。以河姆渡文化为标志的宁绍平原文明发达甚早,在全国也曾处于领先地位。然而,由于卷转虫海侵的影响,越族曾经经历过两次大规模的迁移。第一次迁移路线有两条:一条是越过舟山丘陵内迁到今宁绍平原,另一条可能是外流,越族祖先利用原始的独木舟漂向琉球、南日本、南洋群岛、中南半岛和今中国南部各省沿海地区,其间也有一部分利用舟山丘陵的地形而安土重迁、留守下来的。距今 1 万年前后,由于环境恶化持续发展,古代越族开始了第二次迁移。越族居民迁移的主要路线,大约有三条:一部分越过钱塘江进入今浙西和苏南的丘陵地区,另一部分随着宁绍平原自然环境自北向南的恶化过程,逐渐向南部丘陵区转移,还有一部分利用平原上的许多孤丘特别是今三北半岛南缘和南沙半岛南缘的连绵丘陵而留守下来。河姆渡文化是越族在宁绍平原繁衍生息的晚期文化,是越族从平原进入山区以前的最后一批聚落之一。③ 由此,越族成为一个与治水长期发生紧密相关的部族。在越族的治水过程中,随着夏、商之际部分夏人的南迁,带来了有关大禹的传说,于是,越族也逐渐把大禹视为自己的治水英雄。

需要特别指出的是,大禹传说的中原南传说,并不影响绍兴有关大禹

①董楚平等:《广义吴越文化通论》,中国社会科学出版社,2012 年版,第 114 页。
②关于"于越"名称和族源的论述,参考了孟文镛《越国史稿》(中国社会科学出版社,2009 年版)中第 114~129 页的相关内容。
③引自陈桥驿《越族的发展与流散》,参见《东南文化》1989 年第 6 期,第 91 页。

传说的价值。虽然绍兴的大禹传说是夏人南迁的结果，但是越族并不只是被动接受了中原有关大禹的传说，而是进行了再度的创作。

从相关文献出现的时间看，大禹治水的传说最早出现在中原，可见于西周的相关文献；大禹葬于会稽的相关文献如《墨子》等出现于战国时期；大禹生于西羌的相关文献出现最晚，大约在秦汉之际。相对其他地区的大禹传说，绍兴地区有关大禹的传说，有其独特的价值：那就是通过洪水的治理，绍兴的先民不仅让禹在会稽山会计诸侯，而且让大禹葬于会稽山上。大禹起于羌族西戎，兴于中原，葬于绍兴。因此，绍兴有关大禹传说的价值，在于通过绍兴先祖的再度创作，为中华民族有关大禹传说画上了一个完美的句号。

从文化融合的角度看，包括越文化在内的中国南方诸文化大多是土著文化与外来文化融合的产物。因卷转虫海侵而南迁山区的一支越族，由于失去了宁绍平原这一依托，大部分进入了山区崎岖狭隘的丘陵山地，部族的发展受到很大的限制，逐渐在全国范围处于落后地位，进而被称为"僻陋之邦，蛮夷之民"（《越绝书》卷七）。随着越族的治水与大禹传说相结合，大禹治水的传说逐渐成为越族崛起的精神动力。越国发展壮大后，为了北上争霸的谋略，出于军事、外交和内政的需要，越王句践找到了逐鹿中原的最好理由，那就是：与中原一样，越国也宣布自己是大禹之后，从而让中原逐鹿有了正当性。因此，有关大禹治水的传说，并不是如前面第二节引陈桥驿先生所言，是句践无中生有的产物，而是绍兴先民代代相传的结果。由于越地大禹传说的客观存在，到了句践的时代，自然认为大禹就是越国的祖先。越王散布说的意义在于，经过句践的大力宣传，大禹成为中原所认可的越国的先祖和图腾。随着越王句践的称霸中原，越地有关大禹会计诸侯、葬于会稽山的传说，开始在中原地区流传，逐渐变成中华民族集体记忆的一部分。

从此，大禹成为越地的祖先，开始影响绍兴文化的历史走向。

第二章 会稽山的出现①

绍兴有关大禹的传说,需要有一个地理上的落脚点,然而目前关于会稽山的种种说法,多指会稽山脉或山系,并没有指明人文会稽山的具体位置。《史记·越世家》称,越王是大禹苗裔,自少康时代起封于会稽,以奉守禹之祀。本章将以越王奉守禹之祀为线索,来讨论人文会稽山的来历问题。本章认为,会稽山的中心,经历过从秦望山到覆釜山的转变,无余时期的会稽山以秦望山中心,随着句践将都城徙治会稽山北、入驻到山阴大城(今绍兴城),覆釜山逐渐代替秦望山,成为会稽山的中心所在。本章还详细论述了覆釜山的具体方位,以及覆釜山能够成为会稽山中心的原因。

第一节 会稽山的两个中心

围绕大禹的传说,作为人文地理的会稽山,在绍兴历史上,存在着以覆釜山为中心的会稽山和以秦望山为中心的会稽山两种说法。

在本书第一章《大禹传说与越族的关系》中,通过《史记·夏本纪》,我们知道了会稽山山名的来源:"或言禹会诸侯江南,计功而崩,因葬焉,命曰会稽。会稽者,会计也。"通过《史记·越世家》,我们了解了越王或越国与大禹的关系:"越王句践,其先禹之苗裔,而夏后帝少康之庶子也。封于会稽,以奉守禹之祀。"通过《越绝书》卷八《越绝外传记地传第十》,我们进一步知道,越国先祖、少康之庶子名曰无余。在此基础上,绍兴目前尚存的最早府志——宋嘉泰《会稽志》卷九如此描述了会稽山:

> 会稽山,在县东南一十二里。《周礼》:扬州之镇山曰会稽。《山海

---

①结合杨向奎的研究,董楚平认为,在中国古文献中,会稽山共有三处:一在山东,一在辽西,一在江南。三处会稽,以山东为最早,辽西和江南的"会稽"地名皆因山东夏裔从山东迁去。(参见董楚平等:《广义吴越文化通论》,中国社会科学出版社,2012年版,第112~113页)结合本书第二章关于大禹传说是夏人南迁入浙结果的观点,本书基本认同董楚平的说法,但这丝毫不影响绍兴会稽山的研究价值。

经》云：会稽之山四方，上多金玉，下多砆石，勺水出焉。……《舆地志》云：会稽山一名衡山，其山有石，状如覆釜，亦谓之覆釜山。《十道志》云：会稽山本名茅山，一名苗山，一名涂山，禹行天下，会稽名山，因地为名。吴夫差入越，王以甲楯五千保会稽山。《太平御览》：会稽之山，古防山也，亦名茅山，又曰栋山。《越绝》云：栋犹镇也，即扬州之镇山。《三国志》虞翻曰：南山攸居，实为州镇。隋开皇十四年，诏会稽等山，并就山立祠。唐开元十四年，封四镇山为公，会稽南镇曰永兴公。《唐·地理志》：会稽县有南镇永兴公祠。即此山也。自经、史、地志所著，曰苗山，曰茅山，曰衡山，曰釜山，曰防山，曰覆釜，又曰栋山，亦曰南山，实一山也。……山西北五里即禹井。禹庙今为告成观。又西百余步，有大禹寺、菲饮泉。……

嘉泰《会稽志》根据《周礼》、《山海经》等古籍，描述了会稽山的方位、形状，以及会稽山从大禹开始经过句践到隋唐为止的历史，还列示了会稽山的许多别称——衡山、覆釜山、茅山、栋山、苗山、防山、南山等。由于当代的会稽山概念范围已经泛指，为考证嘉泰《会稽志》所称会稽山的具体方位，本书以覆釜山来称会稽山，原因有二：一是本书引用的重要文献蒋平阶《会稽山辨》称会稽山为覆釜山；二是《舆地志》称会稽山"其山有石，状如覆釜"，相对容易考证。

以覆釜山为中心的会稽山，代表了历代文献对会稽山的主流认识。然而，明末清初精通地学的蒋平阶①，对会稽山却有不同的认识，其《会稽山

---

① 乾隆《绍兴府志》卷六十三"蒋平阶"条："蒋平阶，字大鸿，江南华亭人也。明末，华亭夏允彝、青浦陈子龙主几社坛坫，招致海内文人，见平阶文大惊，亟邀入社。及明亡，唐王僭号于闽。平阶赴之，授兵部司务，晋御史，抗疏劾郑芝龙跋扈，志士壮之。福建破，遂亡命，服黄冠，假青乌之术，浮沉于世。东至齐鲁，登泰岱，谒曲阜，转徙吴越间，乐会稽山水，遂家焉。康熙十七年，朝廷开史局。征博学鸿词，故人欲为平阶地，亟驰书止之。平阶诗文详瞻典丽，宗云间派，以西京盛唐为要归。于书宏览，洞究无遗。好谈几社人轶事，感慨跌宕，滚滚不能休。酒阑烛灺，涕泪随之，闻者服其才而哀其志焉。著书十余种，卷以百计，殁后皆散落无存。遗命葬若耶之樵风泾。"蒋平阶为一代风水大师。据《乾隆绍兴府志》，蒋平阶晚年安家绍兴，并葬于若耶溪之樵风泾。另据《蒋大鸿墓记》云："蒋大鸿墓穴在绍兴府会稽县，东南距城约十余里且石帆山下的林家汇，土名马龙头。象形取义，相传为螺蛳吐肉形。"（参见冠元：《和谐风水：玄空操作实务》，中国商业出版社，2010年版，第233页）本书在本章下二节及第五章中将会论及，若耶溪、石帆山、樵风泾都是会稽山文化中的重要组成部分。晚年安家绍兴的蒋平阶对绍兴的地理十分熟悉，《会稽山辨》应是其深思熟虑的结果。

辨》①一文,对会稽山作了如此解释:

　　绍兴旧志以禹陵南之覆釜山指为会稽山,传闻乖谬,袭而不考,一
至此哉。《虞书》以四岳为天子巡狩之所。禹定九州,各以道里适均之
地,大会诸侯,封其高山为州之镇,扬之会稽其一也。夫王制,五岳视
三公,言德高地峻,品物仪章莫隆于此。是则四陬之山,推此四者,难
可等论,故命之为岳。岳者,高也。《大雅·崧高》亦曰:崧高惟岳,峻
极于天,言非二室三台所能并也。《周礼·职方氏》不云岳,而均谓之
镇。镇者尊也,镇犹岳也。然则会稽之在扬州,犹青齐之有岱宗,江南
之有衡山也。若覆釜蜿蜒卑伏,屈于诸山之下而名之曰镇,以与石间、
日观、祝融、玉女并称赤帝之阙,而表受命之符,抑亦爽其实矣。必若
所云,则作镇金天者,当于少华、首阳,而何必从太华七十二君之金泥
玉简,当于云亭梁父,社首肃然而奚必登介丘。由斯以谈,覆釜之欲当
会稽,求诸义类,无适而可。按宋志作于陆侍制游,明志相传以为徐山
人渭代作。二君素号淹雅,岂其有挂漏与? 然则,会稽山云何? 曰即
今所称秦望者是。《山海经》曰:会稽之山,四方,勺水出焉,南流至于
湨。诸山惟秦望其形削成而方,有南流之水。若天柱而下,香炉、宛委
水皆北流,与山经不合,此一证也。《吴越春秋》:夫差入越,越王以甲
楯五千保会稽。秦望险峻,故可擐甲自卫,敌不能仰攻,若在覆釜,麾
之即鸟散矣。且其山仅可栖数十人耳,五千之众,安可容足乎?《泊宅
编》亦云:会稽,东南巨镇,周回六十里。覆釜未及里许,何云六十里也
乎? 故旧志又曰:会稽山者,诸山之通称尔,彼刻石、秦望皆可以会稽
名之。历考石经并后贤绪论,秦望之为会稽,彰彰可居矣。自始皇东
巡,登之以望东海,辄置故名,赋予荣号,而谓之秦望,盖秦以后之文,
非三代之旧也。宋陆参《法华碑》亦曰:夏后氏巡狩越山,方名会稽,后
世分而为秦望,厘而为云门、法华,其实一也。而李斯所作颂德之碑,
其文盖谓“遂登会稽,宜省习俗”。旧云碑在秦望,则当昔时祖龙驰道
之初,其山名从故未之有改也。然则覆釜之称会稽何居? 曰以南镇之
庙在其侧也。夫庙之立也,必择垲爽平衍之区,广可设坛场,而涂足以
通使者之车辙。若必于秦望,则崎岖斗绝,非其便也矣。且以其无非

----

①蒋平阶《会稽山辨》,引自清康熙十三年(1674)《会稽县志》卷三。

会稽也，故随所择而庙焉，岂牲犊圭璧独以此蝼培者能歆之哉？

蒋平阶反驳了历代文献列于"会稽山"条下的诸多理由。他认为，覆釜山不够峻极，"若覆釜蜿蜒卑伏，屈于诸山之下而名之曰镇，以与石闾、日观、祝融、玉女并称赤帝之阙，而表受命之符，抑亦爽其实矣"。因此，"覆釜之欲当会稽，求诸义类，无适而可"。覆釜山难称镇山，不应是会稽山的中心。蒋平阶进而指出，会稽县东南、偏南，会稽山的主峰、险峻的秦望山，才配得上镇山之称。同样是对《山海经》所云的"会稽之山，四方，勺水出焉，南流至于溇"，熟悉绍兴地理环境的蒋平阶认为，绍兴南部诸山中，天柱、香炉、宛委诸山的水皆北流，惟有秦望其形削成而方，有南流之水。因此，《山海经》所云的"会稽之山"，并不是覆釜山，而是秦望山。同时，蒋平阶还引用宋方勺的《泊宅编》和宋陆参的《法华碑》，认为秦望山才是会稽山的中心，其周围六十里，都属于会稽山的范围。

既然秦望山是会稽山的中心，如何理解覆釜之称会稽？蒋平阶指出，那是因为有南镇之庙在其侧。南镇之庙为何在覆釜侧，是因为"夫庙之立也，必择垲爽平衍之区，广可设坛场，而涂足以通使者之车辙。若必于秦望，则崎岖斗绝，非其便也矣"。即在覆釜侧设南镇庙，是为了祭祀的方便。因为设了南镇庙，所以覆釜山也被称为会稽山。

以覆釜山为中心的会稽山和以秦望山为中心的会稽山这两种说法，到底孰是孰非，本书将作一探讨。

第二节　以秦望山为中心的会稽山

本书的一个主旨，是以会稽山为个案，运用文化社会学的方法，进行大禹传说和儒教道教之间互补关系的研究。蒋平阶主要是从地学的角度，论述了会稽山的中心应是在秦望山，而不是在覆釜山。但他并没有从文化发生学的角度，论述秦望山为何会成为会稽山？要从文化发生学的角度论述，还需得从大禹的传说开始叙述。

本书第一章《大禹传说与越族的关系》中曾经论述，由于卷转虫海侵的影响，越族居民的一条主要迁移路线是逐渐向绍兴南部的丘陵山地转移，现绍兴城区南部处丘陵山地的区域首先是柯桥区的平水镇。平水镇"平水"之名，当地土著世代盛传历史上海潮曾直薄至此而停，即历史上曾有海水至此而平之故名"平水"。陈琼闻在《鉴湖形成、演变及其水资源的利用问题》一文中曾经考证:"第四纪全新世之初(冰后期)当气候转暖,海平面持续上升时,绍兴平原立即遭到海侵。从含大牡蛎的海相淤泥质粘土层分布情况断定,距今 9500—7500 年海岸线曾推进到(绍兴)漓渚—兰亭—平水一带。"[①]说明平水一带的确曾有海潮直薄。因此,受卷转虫海侵影响而迁徙的越族应会在平水一带开始定居下来。这一说法得到了相关文献的佐证,平水镇稍北有绍兴南部山区的最高峰秦望山,《水经注》卷四十"浙江水"部分如此解释了秦望山:

> 秦望山,在州城正南,为众峰之杰,涉境便见。《史记》云:秦始皇登之以望南海。自平地以取山顶,七里,悬隥孤危,径路险绝。《记》云:扳萝扪葛,然后能升。山上无甚高木,当由地迥多风所致。山南有嶕岘,岘里有大城,越王无余之旧都也。故《吴越春秋》云:句践语范蠡曰:"先君无余,国在南山之阳,社稷宗庙在湖之南。"

《水经注》在记述秦望山峰高、险绝的同时,还提供了越王无余都城的相关线索:"山南有嶕岘,岘里有大城,越王无余之旧都也。""先君无余,国在南山之阳,社稷宗庙在湖之南。"也就是说,越王无余之国及都城在秦望山之南的嶕岘之岘里,其社稷宗庙则在鉴湖之南。

对于无余都城——嶕岘之岘里大城的具体位置,目前至少有三种说法。

第一种说法来自《水经注》中的一个细节提示。《水经注》卷四十"浙江水"中在介绍"若邪(耶)溪"时有以下文字:

> (若邪)溪水上承嶕岘麻溪,溪之下,孤潭,周数亩,甚清深⋯⋯麻潭下注若邪溪⋯⋯

历史上,若耶溪源头在平水若耶山,山下有一深潭,一般认为就是郦道元《水经注》中的"嶕岘麻潭"。可惜的是,昔日的潭址已没入一九六四年建成的平水江水库之中。既然《水经注》云麻溪是嶕岘的麻溪,那么,嶕岘离麻溪应不远。由此可知,嶕岘之岘里大城当在秦望山东南、若耶溪源头,即今平水江水库一带。

①参见盛鸿郎主编:《鉴湖与绍兴水利》,中国书店,1991 年版,第 79 页。

　　第二种说法来自孟文镛、方杰[1]，认为岘里大城的位置在今绍兴市区南约四十华里、秦望山西南大嶕岭下兰亭镇的黄岘村[2]。其理由主要是从字义解释上去寻找的。"嶕"者高耸貌，"岘"者小而高的山岭，"里"者古时居民聚居之处。因此，"嶕岘"、"岘里"可作泛指一地的地理环境去理解。如今黄岘村一带在地处海拔 300 米左右的山岭岙地中，四周峰峦叠嶂，俨若天然城墙，与作为部落酋长驻地的岘里大城相当。另外，黄岘村有里黄岘和外黄岘两个自然村，东村里黄岘背靠妃子岭，西村外黄岘背靠大嶕岭。翻过妃子岭，就到鉴湖镇的筠溪村，村中有大蕉庙，或由大嶕庙转音而来。大蕉庙附近还有大蕉水库……因此，从字义角度看，将秦望山西南大嶕岭下兰亭镇的黄岘村确定为岘里大城是合理的。

　　第三种说法来自葛国庆[3]。通过对"秦余望南"和"山南"两词的辨析，以及周边的实地考古挖掘，葛国庆认为，越王无余之旧都山南嶕岘大城在今禹庙所在现称会稽山南的一片狭长的山麓冲积扇小平原上，即在现柯桥区平水镇的上塘、下塘一带。

　　上述三种说法中，第三种说法虽有一定实地考古基础，但将句践迁徙会稽山北山阴大城前、从无余到句践历时 1500 多年的越国都城均称嶕岘大城，未免唐突。越国都城不仅仅只有嶕岘，句践都城也未必称嶕岘。无余时期，现平水镇的五星村一带或尚在海平面之下，至少也是沼泽之地，如何能做得了都城？

　　上述第一、第二两种说法，即岘里大城在秦望山南一带的说法，由于地处平水之南，海拔更高，更符合当年越族居民因海侵而迁移的线路。因此，本书认同第一、第二种说法，即嶕岘之岘里大城应在秦望山南一带的位置。但由于年代久远，既缺少文献记载，也没有考古发掘的证据，因此，目前还很难判定嶕岘之岘里大城的具体方位。如果非要给出一位方位，那么嶕岘麻溪一带最有可能，主要理由：一是因为嶕岘麻溪一带的海拔在海平面之上，海侵停止之处，或即是越族祖先们建城之处；二是因为海侵造成的一个后果是淡水缺乏，若耶溪源头有诸多小溪汇集，便于取水；三是因为越族的生活方式是"水行而山处"，若耶溪为会稽山区最大溪流，北通大海，无余在

---

[1] 孟文镛、方杰：《越国古迹钩沉》，《绍兴师专学报》1993 年第 3 期，第 53～59 页。

[2] 在绍兴，"黄"和"王"两字发音相同。现绍兴行政地图上，"黄岘村"称"王现村"。

[3] 葛国庆：《越国故都新探》，《绍兴文理学院学报（哲学社会科学）》2003 年第 5 期，第 45～49 页。

麻溪一带建城,有交通之利。因此,称嶕岘之岘里大城在嶕岘麻溪(今平水江水库)一带是非常合理的。

大禹葬会稽后,《史记·越王句践世家》《越绝书》《吴越春秋》记述:少康恐禹祭之绝祀,乃封其庶子于越,号曰无余。即无余封越的目的是为了守禹之祀。因此,因禹会诸侯、计功而崩得名的会稽山应与无余的岘里大城应在同一位置。既然无余的嶕岘之岘里大城在秦望山南,自然,因葬而命名的会稽,最有可能就是距岘里大城不远、绍兴南部最高峰——秦望山。《水经注》记述"先君无余……社稷宗庙在湖之南",其中的湖应是指鉴湖。目前位于鉴湖南、秦望山西南的越城区鉴湖镇筠溪村,村里尚有大蕉(嶕)庙,或即是当年无余祭祀大禹之处。

第三节　会稽山中心:从秦望山到覆巸山

秦望山在会稽山的中心地位,随着2500多年前句践将都城徙治会稽山北、入驻到山阴大城(今绍兴城)而开始改变。从此,覆巸山逐渐代替秦望山,成为会稽山的中心所在。

一、以秦望山为中心的句践都城考

(一)句践之前越国都城的变迁

从相关文献的记载来看,上节提及的无余所确立的秦望山南的嶕岘之岘里大城,并非一直都是越国的都城。《越绝书》卷八记述了句践祖辈的一些情况:

> 越王夫镡以上至无余,久远,世不可纪也。夫镡子允常。允常子句践,大霸称王……

在明确允常是句践之父的基础上,《水经注》记述了允常的都城:

> 允常卒,句践称王,都于会稽。《吴越春秋》所谓越王都埤中,在诸暨北界[1]。

说明允常之时越国的都城已经不在嶕岘,而是迁徙到了诸暨北面的埤中。

---

[1]现流传的《吴越春秋》,如周生春的《吴越春秋辑校汇考》(上海古籍出版社,1997年版)并无此句。

对诸暨东北界的古越都城,比郦道元略早南朝宋时期的孔灵符(? ~465)
之《会稽记》有更具体、详细的记录:

> 诸暨东北一百七里有古越城,越之中叶,在此为都。离宫别馆,遗
> 基尚在。悉生豫樟,多在门阶之侧,行位相当,森耸可爱。风雨晦朔,
> 犹闻钟磬之声。百姓至今多怀肃敬。[①]

由此,在《水经注》、《会稽记》的基础上,万历《绍兴府志》、康熙《绍兴府志》
也均将允常的都城埤中认定在诸暨的北界。

从字义解释,"埤中"为低洼潮湿的地方,故现一般将埤中的地望认定
在今诸暨东北方向与绍兴、萧山交界处的店口、阮市一带。此处为环状冲
积扇平原,背山面水,地势低洼,境内河道纵横、交通便利,比较符合越国建
都的条件。

允常以后,种种迹象表明,越国的都城又开始了向秦望山方向的迁徙。

站在秦望山的角度看,诸暨的店口、阮市一带在其西南方向。在诸暨
的允常旧都埤中和绍兴的秦望山之间,虽隔着绵亘、雄伟的会稽山脉,其间
却有两个隘口相通。诸暨枫桥东北面的古博岭和阮市东北面的茅秧岭,成
为沟通会稽山南北的两条天然通道。

从诸暨取道阮市越过茅秧岭就能到绍兴的漓渚。在柯桥区兰亭镇有
古籍中记载的苦竹城。

《越绝书》卷八云:

> 苦竹城者,句践伐吴还,封范蠡子也。其僻居,径六十步。因为民
> 治田,塘长千五百三十三步。其冢名土山。范蠡苦勤功笃,故封其子
> 于是。去县十八里。

《水经注》卷四十"渐江水"云:

> 山阴县有苦竹里,里有旧城,言句践封范蠡子之邑也。

经实地考察,今兰亭镇有古(苦)筑(竹)村,分上、中、下三个自然村,以中古
筑村为本村。古筑三村位于东西走向的喇叭形山峁内,南边不远处是连接
诸暨的古竹岭。下古筑村在山峁口的右缘(南向)山麓台地;中古筑村、上

---

①引自鲁迅辑录的孔灵符《会稽记》,参见李新宇、周海婴主编:《鲁迅大全集(学术编)》第21卷,长
江文艺出版社,2011年版,第402~403页。

古筑村处于山岙的左缘(北向)山麓台地,该台地面积较大,纵深约里许,横阔近4里。在中古筑村东端,可见一段东南—西北走向的残土埂,可能是残存的城墙。这里或就是范蠡之子的封邑。苦竹城能成为范蠡子之邑,说明其地当时已是越族的活动范围。

距离苦竹城不远的东北方向,有木客大冢。

《越绝书》卷八云:

> 木客大冢者,句践父允常冢也。初徙琅邪,使楼船卒二千八百人伐松柏以为桴,故曰木客。去县十五里。一曰句践伐善材,文刻献于吴,故曰木客。

《水经注》卷四十"渐江水"云:

> 浙江又径越王允常冢北,冢在木客村。耆彦云:句践使工人伐荣楯。欲以献吴,久不得归,工人忧思,作《木客吟》。后人因以名地。句践都琅邪,欲移允常冢,冢中生分风,飞沙射人,人不得近。句践谓不欲,遂止。

1996年9月至1998年4月,浙江省文物考古研究所和绍兴县文物保护管理所等在印山发掘清理了一座春秋晚期至战国初期的大型墓葬。印山位于绍兴县兰亭镇木栅村南部,山高26米,外形为覆斗状,平面略呈方形,且四周挖有壕沟,形如古代的印玺,故称印山。主流观点认为,印山大墓就是允常木客大冢①。

综上所述,如果在东北的秦望山和西南的允常旧都埤中之间画上一条直线,就能够发现,从西南的诸暨店口、阮市一带的允常旧都埤中到东北的秦望山之间,苦竹城、木客大冢,加上上节曾经叙述过的大嶕岭、大蕉水库、黄岘村、筠溪村和大蕉庙,几乎都在这条西南—东北走向的直线两边,这一带无疑是当时越族活动的主要范围。从中似乎可以得出这样一个结论:从无余到句践,虽经历了近一千五百多年,越国的都城也有过多次的迁徙,但越族的活动范围似乎并没有多大的变化,主要是在秦望山南一带,秦望山始终是会稽山的中心。

---

①参见林华东、梁志明《越王允常陵墓考》和方杰《"木客大冢"墓主人考》,均载《浙江学刊》1999年第1期。

(二)徙治会稽山北前的句践都城考

在允常定都埠中之后,句践带领的越族顺着西南—东北方向,又迁徙到了秦望山南一带,《越绝书》卷八记述道:

> 无余初封大越,都秦余望南,千有余岁而至句践,句践徙治山北,引属东海……

秦余望即秦望山,"无余初封大越,都秦余望南,千有余岁而至句践"。说明句践在徙治会稽山北、入驻今绍兴城前,其都城也在秦望山南一带,离嶕岘之岘里大城应不会太远。由此带来人们对句践都城的猜测和考证。

对于句践都城的具体位置,清代学者毛奇龄(1623~1716,字大可,号西河)认为句践兵败会稽、入吴为质之前,国都在今绍兴的平阳。越王都平阳,经过陈桥驿先生的权威肯定[①],如今似乎已成定论。然而,句践的都城真的在平阳吗?

毛奇龄关于越王都平阳的说法,来自《西河文集》卷十六中的《重修平阳寺大殿募疏序》,其中有如下记述:

> 平阳即平原也,相传其地在平水之北,以水北曰阳,故名平阳。越王句践尝都之。明崇祯间,山阴祁中丞购之为别业,而藏书其中。其后中丞殉国难,山贼据为寨,别业顿毁。清兴,宏觉大师者受世祖章皇帝之诏,卓锡平阳,构御书楼于上方,而恢大其基,名平阳寺。迄于今,已三传矣。嗣席者以琳宫被灾,重为修复而垩土刻木,乏稻粒以给口食,因击板于途,遍匄(注:古同"丐")行路。吾闻薪尽火传者,老氏之教也,而释亦有之。当句践都居称霸东南之会,不知其盛何等。而千年以来,仅见中丞之营建,比之平泉乃忽为化城,龙藏象宿,亦云极盛。曾几何时,而兴而毁,毁而又兴,薪有尽而火无穷也。人之施舍尤是矣。闻之嗣席者为天岳大师,师有《直樘集》行人间。今之以文字入三禅者,人或未信其覆,以予言质之。

平阳寺坐落于现柯桥区平水镇平阳村的化鹿山下,毛奇龄认为,越王句践的都城就在此地。

句践的都城真是在平阳吗? 观毛奇龄的《疏序》,首句即有问题。"平

---

①参见陈桥驿:《历史时期绍兴地区聚落的形成与发展》,《地理学报》1980年第1期,第14~23页。

阳即平原也,相传其地在平水之北,以水北曰阳,故名平阳。"说明平阳在
"平水之北"。显然,毛氏搞错了方向,平阳在平水的西南十多里处,平阳的
北面不是平阳,而是若耶溪、鉴湖等水系。更为严重的是,对于"越王句践
尝都之"平阳,毛氏文中未能提供任何依据。查毛奇龄同时期的清康熙十
三年(1674)《会稽县志》,其中的卷十六称:

> 平阳兴福寺,在黄龙化鹿诸山之中。相传平阳道观废基,群峰错
> 黛,碧涧环流,真仙佛幽胜之居。观久废,无事迹可考。康熙七年,宏
> 觉禅师道忞建阁七楹,藏世祖章皇帝所赐御书于其上,因阁建殿,遂为
> 宇内望刹。

《会稽县志》卷十六与《重修平阳寺大殿募疏序》都提及寺是宏觉大师受世
祖章皇帝之诏而构建,显然"平阳寺"和"平阳兴福寺"是同一佛寺。但《会
稽县志》卷十六称:"观久废,无事迹可考。"丝毫未见"越王句践尝都之"平
阳的踪影。

对于平阳寺,《重修平阳寺大殿募疏序》提及曾被"山阴祁中丞购之为
别业,而藏书其中",清末平步青《霞外攟屑》卷四之《平阳祁忠惠别业之误》
一文,从另一角度证实了毛氏文章的不可靠:

> 西河集《重修平阳寺大殿募疏序》云:相传其地在平水之北,以水
> 北曰阳,故名平阳。越王句践尝都之。明崇祯间,山阴祁中丞购之为
> 别业,而藏书其中。其后中丞殉国难,山贼据为寨,别业以毁。
>
> 按忠惠未尝购平阳寺为别业。寓山疏凿,以奉母也。甲申,自苏
> 抚免归,杜门不出。乙酉,移书至化山,旋即正命。西河夙与五、六两
> 公子游,又累至寓山读淡生堂藏书,何以有此说?此疏必不出西河手。
> 陶篁邨先生谓合集有伪作杂刻其中,此疏亦膺鼎之一,不独墓志传序
> 十余篇也。据《梨洲年谱》,康熙丙午,与书贾入化山化鹿寺,翻阅祁氏
> 书三昼夜,载十椟而出,殆理孙兄弟移归未尽者。

文中的祁忠惠即祁彪佳(1602~1645),明代政治家、戏曲理论家、藏书家,
忠惠为其谥号。文中的五、六两公子为祁彪佳的儿子理孙、班孙。平步青
认为,祁彪佳的别业并不在平阳,而是在寓山。祁彪佳崇祯乙酉年(1645)
曾经移书至化山(化鹿山),但"未购平阳寺为别业"。毛奇龄曾充明史馆纂
修官,治史应较严谨的态度,因此,平步青推断,"此疏必不出西河手"。

另查乾隆《绍兴府志》、《越中杂识》、嘉庆《山阴县志》、道光《会稽志》、《民国绍兴县志资料》，均未提及平阳为越国故都。再，对于会稽山中的阳明洞天，毛奇龄的《王文成传本》卷上中曾称：

> 公晚爱会稽山阳明洞，因号阳明子。按会稽山即苗山，并无洞壑。凡禹井、禹穴、阳明洞类，只是石罅，并无托足处。旧诬以道人授书洞中，固大妄。今作传者且曰"讲学阳明洞"，则妄极矣。

本书将会在第六章《从飞来石到道教圣地阳明洞天》和第八章《晴禹祠、雨龙瑞：禹庙与阳明洞天的共生和融合》的相关内容中证明，阳明洞天即在宛委山下，以飞来石为标志，王阳明曾多次在阳明洞天筑室养生、讲学。毛奇龄称王阳明"'讲学阳明洞'妄极矣"本身即是一种"妄极矣"的说法，说明毛氏在引用史料的确有不够严肃之处。

细嚼毛氏的《重修平阳寺大殿募疏序》，或许，毛奇龄是因"平阳寺大殿募疏"之需，才假托"越王句践尝都之"，而拉大旗作虎皮闪烁其词，以彰显平阳之地的龙藏象宿。但是，募疏之需，并不能当作作伪的理由①。

本书之所以要花一定的篇幅来证伪毛奇龄的"句践都城平阳说"，是出于对一种权威定论负责任的态度。虽然句践都城未必在平阳，但从种种迹象看，句践在徙治山北、入驻绍兴城前，其活动区域的确是在以秦望山南为中心，向东西两边的延伸地带。平阳也属嶕岘麻溪一带的范围，但要证明平阳即是句践都城，不能只凭毛奇龄的一句话，而是需要更多的证据。

对于句践都城的具体位置，当代学者葛国庆在实地考察的基础上，认为其应在现会稽山南一片狭长的山麓冲积扇小平原上，即现柯桥区平水镇的上塘、下塘一带。本书上节，曾对葛国庆的无余旧都嶕岘在会稽山南上塘、下塘说，提出过质疑，认为该说将句践迁徙会稽山北山阴大城前、从无余到句践的都城均称嶕岘大城，未免唐突；且在无余时期，现上塘、下塘一带或尚在海平面之下，不可能做无余的嶕岘旧都。但葛国庆的《越国故都新探》一文的确也提供了许多有价值的信息。葛国庆认为：从地理环境看，

---

① 相关古籍中有禹都平阳的记载，如《世本》（王谟辑本）云："夏禹都阳城，避商均也，又都平阳，或在安邑，或在晋阳。"《史记·封禅书》正义引《帝王世纪》云："禹自安邑都晋阳。""（禹）受禅都平阳，或在安邑，或在晋阳。"毛奇龄称"越王句践尝都平阳"，或受到了上述文本的影响，但禹都平阳不在绍兴，在晋西南，与大禹有关而与句践无关。

上塘、下塘一带近水路,若耶溪下游近海段就在岭口,大舟小船均可直航,出入海域十分方便;上塘、下塘一带有大量越国时期遗物遗迹的遗存,采集到的早期印纹陶片、原始瓷片,经排序考定,上可推至商周,更多的是春秋战国时期;在今绍兴范围内,越国时期各式大型墓葬的遗存,除绍兴县兰亭镇的印山周边及漓渚镇的小步附近有少量发现外,其余几乎都集中在上塘、下塘一带,其数量之多,密度之高,其形制几乎可统览整个越国时期的各个阶段;且这一带地名山名沿革、传说故事流传,都比其他任何地方多得多。① 现今,葛国庆的说法已经得到部分证实。2013 年 5 月,绍兴春秋战国时期的越国贵族墓群被列为第七批全国重点文物保护单位。绍兴越国贵族墓群共有十一处,包括水竹庵桥头越国贵族墓、陶山越国贵族墓、小馒头墩越国贵族墓、面前山越国贵族墓、下平地越国贵族墓、宋家山越国贵族墓、庙前山越国贵族墓、乌龟山越国贵族墓、前山越国贵族墓、将台山越国贵族墓、倒骑垅越国贵族墓。除了其中的“倒骑垅”墓位于漓渚镇,其余大部分越国贵族墓均位于绍兴县平水镇的桃园、寒溪、五星、上塘、下塘、上灶一带。考虑到句践时代这一带的海水早已退去,且平水镇的上塘、下塘一带又有许多考古证据可供佐证,因此,将其视为句践迁徙山北前的都城,是十分合理的。

葛国庆所考证的越国都城,既可以说是在平水镇的上塘、下塘一带,也可以说是在秦望山的东北。因此,尽管越国都城中间有过迁徙,但从无余到句践,秦望山一直是越族活动的核心区域,秦望山的确是会稽山的中心之所在。

二、以覆䂵山为中心的会稽山

句践的都城并不是一直都在会稽山南的平水镇上塘、下塘一带,吴越争霸之时,句践出于战略上的考虑,将都城从平水徙治至会稽山北,入驻到山阴大城(今绍兴城)之中。从此,覆䂵山代替秦望山,成为会稽山的中心所在。

(一)句践徙治会稽山北

句践徙治会稽山北,是当时越国社会经济发展和北上争霸的客观

---

① 葛国庆:《越国故都新探》,《绍兴文理学院学报(哲学社会科学)》2003 年第 5 期,第 45～49 页。

需要。

卷转虫海侵之后,越族再次在中原的显山露水,大约是在西周早期,《竹书纪年》周成王二十四年有"于越来宾"的记载。而越族的真正兴起,则是在允常时期,《史记·越世家》载越王允常"拓土始大,称王",《吴越春秋》则说:"越之兴霸,自元(允)常矣。"允常以后,越王句践是越部族中具有雄才大略的人物,他的目标是要击败世代为仇的强邻句吴,进而角逐中原称霸全国。句践即位后的第一年(前496),就在一次边界战争中击败句吴,吴王阖闾因此负伤而死。然而,句践即位后的第三到第四年(前494~前493),句吴击败越国,越族的残兵败将被句吴大军围困在会稽山中,国破家亡,句践不得不作为人质,到句吴去过了两年的俘虏生活,一直到公元前490年才被释放回国。

句践返回越国之后,面对满目疮痍、哀鸿遍野的旧都城,痛恨吴王深入骨髓,决心要重整旗鼓、报仇雪耻,进而进行了一系列的政治改革。其中最重要的就是听从范蠡建议"徙治山北",《吴越春秋》卷八记载:

> 范蠡云:"……今大王欲立国树都,并敌国之境,不处平易之都,据四达之地,将焉立霸王之业?"

于是,句践遂将地处平水镇上塘、下塘一带、交通较为不便的都城,迁到了会稽山北平原地带的"四达之地"。史载范蠡受句践之命,"乃观天文,拟法于紫宫",经过实地考察,选择了四通八达的"平易之都",即今日的绍兴城区作为都城。

(二)覆釜山(宛委山)具体方位考

句践将都城徙治会稽山北、入驻到山阴大城(今绍兴城)后,覆釜山代替秦望山,成为会稽山的中心。但是,一直以来文献记述不甚清晰,造成人们对覆釜山具体方位的一些疑惑,本节拟通过覆釜山、宛委山及石帆山关系的考析,以明晰人文会稽山核心之所在。

1.覆釜山。从人文地理角度来看,会稽山最核心部分首先指的是覆釜山。

郦道元的《水经注》如是叙述了会稽山(覆釜山):

> 又有会稽之山……覆釜山之中,有金简玉字之书,黄帝之遗谶也。山下有禹庙……山上有禹冢。……

由于山上有禹冢,山下有禹庙,山中还藏有黄帝的金简玉字之书,众多大禹遗迹集中于此山,因此,覆釜山自然成了会稽山核心之所在。

在《水经注》基础上,孔灵符的《会稽记》记述了覆釜山位置及其名称的来历:

> 会稽山在县东南。其上,石状似覆釜,禹梦玄夷苍水使者,却倚覆釜之上是也。今禹庙在下,秦始皇尝配食此庙。

古文中"釜"同"釜",为古代的一种锅,因此,覆釜(釜)指的是倒放的锅。《会稽记》指出,覆釜山因山上有形似倒放锅之石而得名。然而,对于覆釜山的位置,孔灵符只言在县东南,并没有论及具体位置。对此,宋嘉泰《会稽志》卷九有更为详细的解释:

> 会稽山在县东南一十二里。……《舆地志》云:会稽山一名衡山,其山有石,状如覆釜,亦谓之覆釜山。……隋开皇十四年,诏会稽等山,并就山立祠。唐开元十四年,封四镇山为公,会稽南镇曰永兴公。唐《地里志》:会稽县有南镇永兴公祠,即此山也。……东北接观岭,……山西北五里即禹井。禹庙今为告成观。又西百余步,有大禹寺、菲饮泉。

在"其山有石,状如覆釜"的基础上,对于覆釜山的具体位置,嘉泰《会稽志》一是强调了南镇庙在此山。对于南镇庙的具体位置,明万历《绍兴府志》卷十九《祠祀志一》中绘制的"南镇图",有"东至会稽山,南至香炉峰,西至会稽山,北至涧溪"的图示。结合实地踏勘,南镇庙的具体位置,应在原永兴村南、现香炉峰下停车场所在的位置。其二是强调了覆釜山的具体方位:东北接观岭,西北五里即禹井、禹庙。

因此,结合嘉泰《会稽志》和万历《绍兴府志》的说法,本书认为,覆釜山的具体位置,应是现香炉峰右侧向北蜿蜒而起的第一个山峰所在之山,即现一般绍兴地图标为海拔 276.5 米的朝南门堂所在的山。陈平在《说釜》中指出:"(釜)其形制随着时代的进步有着多种变化,但其基本特征则是底部无三足,多为圜(圆)底。"[①]该山峰呈现为圆形,从城区远望,状如覆釜,覆釜山或即由此得名。该山西侧山麓有南镇庙,东北有观岭,西北五里可

①陈平:《说釜》,《考古与文物》1982 年第 5 期,第 65 页。

至禹井、禹庙,南则可至香炉峰。鹅鼻山人曾经考证,在此山峰稍北次高大
平台上,见到不少砖状灰陶残件,平台一侧有一人工堆筑黄土高台,内含许
多瓦状灰陶片,足以认定这一带历史上确曾有过带砖瓦类的人工建筑①。

　　2.宛委山。宛委山与覆釜山存在着紧密联系,要完全说清覆釜山,必
须论及宛委山。

　　宛委山在《水经注》中称作石匮山:

　　　　又有石匮山,石形似匮,上有金简玉字之书,言夏禹发之,得百川
　　之理也。

“匮”古同“柜”,《水经注》称山为石匮山,是因“石形似匮”。因此,石匮山指
的是形状似柜一般的山。并且其与大禹得金简玉字之书有关。

　　《水经注》中的石匮山,到孔灵符的《会稽记》,已称作宛委山:

　　　　会稽山南有宛委山。其上有石,俗呼石匮。壁立干云,有悬度之
　　险,升者累梯然后至焉。昔禹治洪水,厥功未就,乃跻于此山。发石
　　匮,得金简玉字,以知山河体势,于是疏导百川,各尽其宜。

同样是石形似匮,《会稽记》已称宛委山,并增加了有关宛委山险峻的描述:
“壁立干云,有悬度之险,升者累梯然后至焉。”同时,《会稽记》还描述了宛
委山的具体方位——会稽山(覆釜山)之南。

　　在此基础上,对于宛委山,嘉泰《会稽志》卷九“宛委山”,又将《水经
注》、《会稽记》所述的内容统一了起来:

　　　　在县东南一十五里。旧经云:山上有石箦,壁立干云,升者累梯而
　　至。《十道志》:石匮山一名宛委,一名玉笥,有悬崖之险,亦名天柱山。
　　昔禹治水歌功未成,乃斋于此,得金简玉字,因知山河体势。《水经》
　　云:玉笥、竹林、云门、天柱精舍,并疏山为基,筑林栽宇,割涧延流,尽
　　泉石之好。……山下有栖神馆,唐改为怀仙馆,今为龙瑞宫。

指出宛委山就是石匮山,山下有龙瑞宫②。

　　3.覆釜山和宛委山。对照上述覆釜、宛委两山的记述,覆釜山称其山
上有状似覆釜(釜)之石,宛委山称其山有石形似匮,且《水经注》都言山上

---

① 鹅鼻山人:《越国“会稽山上城”析》,《越问》2015 年第 4 期,第 18 页。
② 对于龙瑞宫的具体位置,本书将在第七章第三节《唐代阳明洞天之龙瑞宫记》详细论述。

有金简玉字之书,两者似为同一山脉。上引孔灵符《会稽记》有"会稽山(覆
釜山)南有宛委山"之说,嘉泰《会稽志》卷九"会稽山"又有"(会稽)山与宛
委相接"之语,嘉泰《会稽志》卷十三"镜湖"条,则进一步将覆釜山与宛委山
联系了起来:

> 禹祠有山路,度岭至龙瑞宫,谓之观岭,来往者皆由此路,今不复
> 行。湖存,则水浸山麓不可并山,而南必由岭路;湖废而并湖有路。

说的是从覆釜山下所在的禹祠到宛委山下所在的龙瑞宫,有两条路可走:
一是山路,即从禹祠经观岭至龙瑞宫;二是鉴湖缩小后沿山麓的陆路走。
南宋王十朋诗有"腊月望日出郊探春,游告成观,谒大禹祠,酌菲饮泉,遂至
龙瑞宫,观禹穴,薄暮而还"[1]之句,说明了禹祠经观岭至龙瑞宫山路的存
在[2]。再结合覆釜山、宛委山均有金简玉字之书的描述,可以认定,覆釜山
和宛委山其实是同一座山的两个侧面,覆釜山在山北偏西面,宛委山则在
山南偏东面;覆釜与石匮实际上是同一座山峰上的盘石,覆釜状是从山的
北偏西方向观察的结果,石匮状则是从山的南偏东方向观察的结果。因
此,覆釜山和宛委山均可称是会稽山,与大禹传说相关的重要遗迹——禹
祠、龙瑞宫[3],均在此山周边,是人文会稽的核心之所在。

　　4.石帆山。郦道元《水经注》和孔灵符《会稽记》描述会稽山时,均称
"山下有禹庙",宋嘉泰《会稽志》又称会稽山西北五里有禹井、禹庙。现实
中的禹庙在石帆山西麓。

　　以观岭为界,与覆釜山、宛委山相连的北面有石帆山,可视为覆釜山的
延伸。

　　《水经注》如是描述了石帆山:

> 石帆山,山东北有孤石,高二十余丈,广八丈,望之如帆,因以为

---

①参见[宋]王十朋:《王十朋全集》,上海古籍出版社,1998年版,第177页。
②对于观岭的具体路径,一般多认为就是沿着现大禹陵到薛(贴)壁居,经一个左向横卧的U字路
　线至阳明洞天的游步道(参见绍兴市政协文史委编:《绍兴大禹陵》,中国文史出版社,2011年版,
　第66页)。笔者认为,为行路方便,山岭一般在两山连接的最低(山岙)处。从禹陵沿步道步行
　至距薛(贴)壁居约三分之二的高压电铁塔处,即是覆釜山与石帆山相连最低处,目前尚有一小
　径直通宛委山下,比现在的游步道至少省时一半以上,应是古代观岭的路径。对于观岭的具体
　路径,可参见本书目录前的《会稽山示意图》。
③本书的第三、第六章将会论及,龙瑞宫即是大禹藏金简玉书之处。

名。北临大湖。……南对精庐，上荫修木，下瞰寒泉。西连会稽山，一
山也。东带若邪溪……

嘉泰《会稽志》卷九做了如此叙述：

> 石帆山在县东一十五里。旧经引夏侯曾先《地志》云：射的山北石
> 壁，高数十丈，中央少纡，状如张帆。下有文石如鹢，一名石帆。《十道
> 志》云：山遥望如张帆临水。谢惠连《泛南湖至石帆》诗云：涟漪繁波
> 绿，参差层峰峙。南湖即今镜湖也。宋之问诗云：石帆来海上，天镜出
> 湖中。

北临大(鉴)湖、东带若邪(耶)溪，说明石帆山是以覆釡山为中心的会稽诸
山中最东、最北的一座山；南对精庐中的"精庐"，与宛委山麓的精舍，或是
同一处。同时，根据《水经注》、嘉泰《会稽志》的描述，石帆山名是因为山上
有石望之如帆而来。如今，石帆山上立有大禹执耜远望的塑像，从城区远
远即能望见。

　　综上所述，通过观岭连接起禹庙和龙瑞宫，以覆釡山核心，包括宛委
山、石帆山在内的诸山，是人文会稽山核心区域之所在。（会稽山图见
图2-1）

图2-1　会稽山图(清康熙二十二年[1683]《会稽县志》刻本)

第四节　圣地：覆釜山成为会稽山核心的人类学分析

有两个问题一直没有回答：一是为什么句践将都城徙治会稽山北、入驻到山阴大城（今绍兴城）后，覆釜山会代替秦望山，成为会稽山的中心所在？二是覆釜山为什么是本书上节所论述之山，而不是周边更高的香炉峰？如胡文炜的《会稽山志》①就认为，香炉峰海拔 354 米，为城区周围十公里之最高峰，应将香炉峰视为覆釜山。

葛兰言在《中国人的信仰》中提出了"圣地"的概念，认为中国古代的乡村通常会利用初春和秋末两次家务劳动和农田劳作交替的间歇，在一个专门特设的地方举行聚会以进行庆典，"人们需要找一个有丛林、流水、低谷和高山等多样地貌的地方举行传统华丽的节日庆典"②。本书上节所论及的覆釜山，或即是绍兴战国以前逐渐形成的一个圣地③。

覆釜山能成为绍兴战国以前的一个圣地，与卷转虫海侵后越族的迁徙路线有密切关系。

卷转虫海侵后，陈桥驿先生把绍兴地区越族的聚落按形成的时期和地形，分成山地聚落、山麓冲积扇聚落、孤丘聚落、沿湖聚落、沿海聚落和平原聚落六种类型④。认为随着海侵的进退，于越的先民曾经经历过一个"平原聚落—山地聚落—山麓冲积扇聚落—孤丘聚落—平原聚落"的迁徙过程。"随陵陆而耕种，或逐禽鹿而给食。"公元前六世纪以前，越部族的生产活动主要是迁徙农业和狩猎业。部落居民的活动范围局限于会稽山地，形成了山地聚落。随着经济发展、农业生产力的提高，越部族居民开始从以狩猎业和迁移农业为主，过渡到以定居农业为主。聚落分布逐渐从山深林密的会稽山地向水土资源丰富的山麓冲积扇移动。通过毛奇龄的"越王句践尝都平阳"说，陈先生让平阳变成为越族由山地聚落转向山麓冲积扇聚落的一个基地和标志，并进而成为越族由山麓冲积扇聚落向孤丘聚落和平

---

①胡文炜：《会稽山志》，中国戏剧出版社，2010 年版，第 41 页。

②〔法〕葛兰言：《中国人的信仰》，汪润译，哈尔滨出版社，2012 年版，第 5～6 页。

③尹志方的《社与中国上古神话》（上海古籍出版社，2012 年版）也认为，禹会诸神的会稽山，"实际上就是上古的社，它是上古选民敬崇的神圣之地，也是上古选民进行测天、祭祀等活动的重要场所"（第 188 页）。

④参见陈桥驿：《历史时期绍兴地区聚落的形成与发展》，《地理学报》1980 年第 1 期，第 14～23 页。

原聚落过渡的一块跳板。

因此,在陈先生的越族迁徙路径中,"山地聚落"是其中的一个转折点,越族由平原聚落经山地聚落后,又逐渐转向山麓冲积扇聚落和平原聚落。而陈先生认定越族迁徙路径中有过"山地聚落"的主要理由,是《吴越春秋》中的"随陵陆而耕种,或逐禽鹿而给食"。且来看一下《吴越春秋》卷六中的原文:

> 余始受封,人民山居,虽有鸟田之利,租贡才给宗庙祭祀之费。乃复随陵陆而耕种,或逐禽鹿而给食。无余质朴,不设宫室之饰,从民所居。

其中的确有"人民山居"之说,但也应注意其中还有"鸟田之利"。对于"鸟田",《水经注》卷四十有一个解释:

> (禹)崩于会稽,因而葬之。有鸟来,为之耘,春拔草根,秋啄其秽。是以县官不得妄害此鸟,犯则刑无赦。

"鸟田"大约就是现在的水田。还要注意"随陵陆而耕种,或逐禽鹿而给食"一句前面的一个"复"字,有"再""重来"之意。因此,《吴越春秋》卷六中的原意是,由于水田不足以满足生活之需,还需要"随陵陆而耕种,或逐禽鹿而给食"。这说明无余时期越族的生活并不是一种单纯的山地聚落生活,而是一种有山有水的山麓冲积扇聚落生活。

越族山麓冲积扇聚落生活的证据还可从其他历史文献获得。《史记·越王句践世家》曰:

> (少康之庶子)封于会稽,以奉守禹之祀。文身断发,披草莱而邑焉。

"文身断发"为古越族的习俗。《汉书·地理志》记越人"文身断发,以辟蛟龙之害"。越族认为,身刺花纹,截短头发,以为可避水中蛟龙的伤害。"草莱"指荒芜之地,"披草莱而邑"意为开发荒芜之地作为都城。"文身断发"和"披草莱而邑"连在一起,意味着越族不曾与水脱离过关系,并不是一种纯粹的山地聚落生活。另外,《越绝书》卷八曰:

> 夫越性脆而愚,水行而山处;以船为车,以楫为马;往若飘风,去则难从;锐兵任死,越之常性……

"越性脆而愚,水行而山处;以船为车,以楫为马"说明,越族的生活是一种
有山有水的山麓冲积扇聚落生活。

　　因此,本书认为,越族不曾有过一个所谓的"山地聚落"时代,越族的先
民的迁徙过程并不是"平原聚落—山地聚落—山麓冲积扇聚落—孤丘聚
落—平原聚落",而是"平原聚落—山麓冲积扇聚落—孤丘聚落—平原聚
落"。海侵让越族的生活从平原聚落走向山麓冲积扇聚落,处于若耶溪源
头的平水或是一个主要的越族聚集处,也是无余的旧都所在地。在经历较
长的山麓冲积扇聚落时期后,随着海水的退去,越族又开始慢慢回归平原
聚落。海侵消退以后,宁绍平原成为一片泥泞的沼泽,一日两度的潮汐,使
这片沼泽土地成为斥卤之地,利用十分困难。崛起于冲积平原上的许多孤
丘,成为人们开发沼泽平原的一个立足点。今绍兴城一带,在东西约五里,
南北约七里的范围内,冲积层上崛起着许多大大小小的孤丘,其中的种山
(现府山)、蕺山和怪山(现塔山)构成三足鼎立之势,句践的越族或就是直
接从秦望山东北的上塘、下塘一带,沿着若耶溪迁徙到了这一带。公元前
490年,句践率领越中军民,利用绍兴的小山岗和河流等自然地形,兴筑起
一座句践小城和山阴大城,作为越国的政治、经济、文化和军事中心。

　　在越族基于山麓冲积扇聚落而重新走向孤丘聚落和平原聚落的过程
中,覆釜山逐渐成为绍兴战国以前一个圣地。

　　如果我们到覆釜山去实地勘探一番,便会发现,覆釜山实际上是越族
由山麓冲积扇聚落走向孤丘聚落和平原聚落的最后一座山脉。上节曾引
嘉泰《会稽志》卷十三"镜湖"条云:"禹祠有山路,度岭至龙瑞宫,谓之观岭,
来往者皆由此路,今不复行。湖存,则水浸山麓不可并山,而南必由岭路;
湖废而并湖有路。"说的是从覆釜山通向会稽山山区有两路可走:一是山
路,即从禹祠经观岭至龙瑞宫;二是鉴湖缩小后沿着山麓的陆路走。遥想
当年海侵发生之时,海水略过覆釜山麓直达南部山区的平水。要从平水的
越王都城迁回曾经的平原,除了水路,山路主要走连接覆釜山(包括宛委
山、石帆山)南北的观岭。如此,覆釜山就成为越族连接山麓冲积扇和孤丘
及平原的一个重要节点。不管是生产经营,还是治水,越族都很难绕开。
渐渐地,覆釜山成为越族经常聚会的圣地所在。

　　葛兰言的《中国人的信仰》,按历史脉络论述了周初的农民宗教、周代
的封建宗教、秦汉开始的官方宗教、源自汉末的道教以及汉末传入的佛教,

直到中国近代的宗教情感。在从农民宗教时期发展到封建宗教过程中,葛兰言认为,圣地从山川逐渐演变为城市的城墙、宫墙、明堂与社稷坛等祭祀仪式与社会交换的场所,原来的山川则成为地方性的祭祀中心。覆釜山也可作如是观。

葛兰言的《古代中国的节庆与歌谣》曾经说过:

> (中国)古代节庆中的行为,即一个集体在希望鼓舞下而作出的简单姿势,都是神圣的行为,它们是宗教崇拜的基本要素。与此相类似,人们相信这些姿势能够对人类命运和他们所生活的自然环境造成决定性的影响,这种虔信感是中国宗教和中国思想的教义原理得以形成的信仰基础。[①]

也许,就是在以覆釜山为圣地的节庆活动中,有着浓厚狂热或巫术色彩的越族,产生出了对神圣之地覆釜山的崇敬与祭祀。而后,随着大禹传说随夏人南迁进入越地,越族人逐渐将大禹传说与当地的治水事业结合起来进行沼泽平原的开发,在以覆釜山为圣地的节庆活动中,对山川的崇敬与祭祀慢慢变成为对大禹的崇拜和祭祀。所有的宗教礼仪在象征意义上,常常会指向人和神充满狂热色彩的原始契合。作为中国“天人合一”哲学思想有机组成部分,这种大禹与越族之间的神秘契合,为以后会稽山上儒道两家思想的发端提供了基因。

《吴越春秋》之《句践阴谋外传第九》,在述及为报仇灭吴文种献九计于越王的基础上曰:

> 乃行第一术,立东郊以祭阳,名曰东皇公。立西郊以祭阴,名曰西王母。祭陵山于会稽,祀水泽于江州。事鬼神一年,国不被灾。

其中的“祭陵山于会稽”,即是指句践祭大禹于会稽山,显然这里的会稽山应该就是覆釜山。句践要伐吴称霸,需要高举大禹后裔这一大旗,由此祭祀大禹就显得十分重要。站在山阴大城的角度,如果句践要在南边的会稽山上寻找一祭祀大禹的方便之处,以示正统,那么一定会是覆釜山。原因有二:一是覆釜山本身即是圣地所在。特别是句践以平水镇一带为都城

---

① 〔法〕葛兰言:《古代中国的节庆与歌谣》,赵丙祥、张宏明译,广西师范大学出版社,2005年版,第196页。

后,由于距离较近,覆釜山作为圣地的地位应是有增无减的。二是从山阴大城的角度看,位于其西南的覆釜山,有平易之地,且距离最近,交通最方便。在这里,山势是否峻极并不是成为会稽山的最重要条件,距离远近、交通方便往往会成为重要考量。万历《绍兴府志》卷七中有一"鉴湖图",在会稽山脉和绍兴城区之间的浩淼鉴湖上,城区与覆釜山特别画有一堤相连接,说明城区与覆釜山交通方便,这或也能说明覆釜山能成为会稽山的原因。

由此,句践将都城徙治会稽山北、入驻到山阴大城(今绍兴城)后,覆釜山代替秦望山,成为会稽山的中心所在。

第五节　会稽山周边的河流、湖泊和诸山

为了本书的研究主题,除了覆釜山、宛委山、石帆山之外,还会经常提到会稽山周边的一些河流、湖泊和山脉,现特简述如下。

一、若耶溪与鉴湖

前文在叙述会稽山诸山之时,已多次出现过若耶溪和鉴湖。若耶溪在会稽山东,鉴湖在会稽山北、绍兴城之南。若耶溪东绕会稽山后,经会稽山西北汇入鉴湖和大海。因此,要对会稽山有一准确的空间定位,进而充分认识儒道二教与会稽山的关系,还需要对会稽山周边的若耶溪和鉴湖进行一番叙述。

(一)若耶溪(见图 2 - 2)

会稽山东及西北有若耶溪流过。若耶溪今名平水江,为会稽山麓的最大河流,呈南北流向,越王句践就是沿若耶溪由南向北迁徙山北的。

若耶为古越语,口念"若耶",常给人以幽思、神秘之感。然此名何义,已无法考证[①]。以现平水江水库大坝为界,若耶溪上源有五个水源:一是源出若耶山(化山、化鹿山)的若耶溪,二是源出湄岙村茅园岭、湄山村龙头岗和养龙的横溪(洪溪),三是源出横溪东南的尧郭溪、稽江,四是源出同康

[①] 胡文炜认为,作为古越音的"若耶",是"剡"的缓读,然其并没有说明此种说法的根据。参见胡文炜:《会稽山志》,中国戏剧出版社,2010 年版,第 67 页。

村和兵康村的桃红溪,五是源出金鱼村的金渔溪。五溪均流入平水江水库,现一般以湄岙村的龙头岗为若耶溪源头。

图 2－2《**若耶溪图**》(清康熙十三年[1674]《会稽县志》刻本)

平水江水库建成前,若耶溪上源五溪先是在麻潭汇合,然后再流入若耶溪。《水经注》记述了麻潭的美景:

> 溪水上承嶕岘麻溪,溪之下,孤潭,周数亩,甚清深,有孤石临潭。乘崖俯视,猨狖惊心。寒木被潭,森沉骇观。上有一栎树,谢灵运与从弟惠连常游之,作连句,题刻树侧。麻潭下注若邪溪,水至清照,众山倒影,窥之如画。

麻潭汇合后的若耶溪一路向北,流经平水镇六七里处,有铸浦岙。嘉泰《会稽志》卷十记:

> 铸浦在县东南三十里。与若邪溪接,一名锡浦。浦上有横梁、人家聚落、欧冶祠。齐祖之《家山记事》云:昔欧冶子铸神剑之所,今为里俗所祠。

认为若耶溪旁的铸浦岙是欧冶子铸神剑之所。欧冶子,又称区冶子,相传为春秋末期到战国初期越国会稽人,以善铸剑著称,与干将齐名(一说干将为欧冶子徒),是我国宝剑铸造业的鼻祖。越王句践为实现兴越、灭吴、称霸的目标,大力发展军事手工业。在青铜兵器中,越国人特别钟情青铜宝剑,欧冶子曾为越王句践铸造湛卢、纯钧、胜邪、鱼肠、巨阙等五把大小不同的青铜宝剑,均能"风吹断发,削铁如泥"。《越绝书》卷十一记载有欧冶子铸五剑的场面:

> 当造此剑之时,赤堇之山,破而出锡;若耶之溪,涸而出铜;雨师扫洒,雷公鼓橐;蛟龙捧炉,天帝装炭;太一下观,天精下之。欧冶乃因天之精神,悉其伎巧,造为大刑三,小刑二:一曰湛卢,二曰纯钧,三曰胜邪,四曰鱼肠,五曰巨阙。

就是说,五剑需要若耶溪干涸出铜,赤堇山破而出锡,方能铸成。赤堇山又称铸浦山,就在铸浦岙旁。嘉泰《会稽志》卷九记载:

> 赤堇山在县东三十里。旧经云:瓯冶子为越王铸剑之所。《越绝》云:赤堇之山,破而出锡。若耶之溪,涸而出铜。《吴越春秋》薛烛曰:赤堇之山,已合无云。《文选》张景阳《七命》云:耶溪之铤,赤山之精。赤山即此,一名铸浦山。

对于其中"已合无云"之意,嘉泰《会稽志》卷九"日铸岭"中有记载:

> 日铸岭在县东南五十五里。地产茶最佳,欧阳文忠《归田录》:草茶盛于两浙,两浙之品日铸第一。黄氏《青箱记》云:日铸茶,江南第一。华初平云:日铸山茗,天真清烈,有类龙焙。昔瓯冶子铸五剑,采金铜之精于山下。时溪涸而无云,千载之远,佳气不泄,蒸于草芽,发为英荣,淳味幽香,为人资养也。

日铸岭在铸浦岙东南,对于"日铸岭"的来历,宋吴处厚《青箱杂记》云:"昔欧冶子铸剑,他处不成,至此一日铸成,故名日铸岭。"为何会在日铸岭铸剑成功,"已合无云"又是什么意思?嘉泰《会稽志》卷九"日铸岭"中的"时溪涸而无云,千载之远,佳气不泄,蒸于草芽,发为英荣,淳味幽香,为人资养也"一句,虽是语佳茗的制作,但"时溪涸而无云,千载之远,佳气不泄"实际上也道破了铸剑的天机,说明欧冶子铸五剑,天时、地利、人和,缺一不可。

越王剑到底如何?据考古发掘,1965年底,湖北江陵望山1号出土了一把越王句践剑。剑身满布菱形花纹,用鸟篆刻镂的铭文为"越王鸠浅自乍用金"两行八字,正面花纹内嵌蓝色琉璃,背面花纹内嵌绿松石。柄圆茎无箍,剑首外翻卷成圆箍形,内有 11 道同心圆圈。剑刃薄且锋利,至今仍寒光袭人。经北京钢铁学院等用质子 X 射线荧光非真空技术分析得知,剑用相当纯粹的高锡青铜铸成,黑色花纹处含有锡、铜、铁、铅、硫等成分,铸造工艺非常高超。这一考古发现给欧氏铸剑的记载提供了一个实物佐证,说明欧冶子铸宝剑并非完全是传说。

若耶溪向北经铸浦岙、望仙桥后,紧靠会稽山的东北,至龙舌嘴分为东西两路,一路过禹庙西折经稽山桥注入鉴湖水系,一脉继续北向出三江闸而入海。

若耶溪别称五云溪。对于若耶溪为何别称五云溪,嘉泰《会稽志》卷十记载:

> 唐徐季海尝游溪,因叹曰:"曾子不居胜母之间,吾岂游若邪之溪?"遂改为五云溪。

徐季海即徐浩,嘉泰《会稽志》卷十六"翰墨"部分有记载:

> 徐浩,字季海,越州人。唐肃宗立,繇襄州刺史召授中书舍人,兼尚书右丞。四方诏令多出浩手,遣辞赡敏而书尤精。帝喜之,宠冠一时。始浩父峤之善书,以法授浩,益工。尝书四十二幅屏,八体皆备。草隶尤工,世状其法曰:怒猊抉石,渴骥奔泉。浩有《论书》一篇及《古迹记》传于世。

其中的记载说明,徐浩是唐代的著名书法家,或由于其是绍兴人,又官至中书舍人,故能改若耶溪为五云溪。然而,对于徐浩改若耶溪为五云溪的原因——"曾子不居胜母之间,吾岂游若邪之溪",则有不同的解释。

《古今笔记精华录》(上)之"若耶溪改名五云溪"条云:

> 王士祯《居易录》云:越中若邪溪,亦云若耶。邪,于遮切。宋《九域志》云:"徐浩游若邪溪,曰:'曾子不居胜母之间,吾岂游若邪之溪?'因改为五云溪。"是读作"邪正"之"邪",类恶溪矣。

> 按:徐浩以"若耶"与"胜母"并称,盖读"耶"若"爷",言母不可胜,父岂可若,故易其名?王半山诗云:"洲回藏迷子,溪深疑若耶。"以"迷子"对"若耶",亦读"耶"如"爷"也。杨升庵云.:"迷子洲在建

康西南四十里。"①

其认为宋《九域志》将徐浩改"若耶溪"为"五云溪"的原因是"邪"同"邪恶"是错误的,指出徐浩改"若耶溪"为"五云溪"的原因在于:曾子不居胜母之间巷,因"胜母"一词是对长辈的不敬,这一地名有悖于儒家孝顺谦恭之礼,故曾子不居;"若耶"谐音"若爷",也有对长辈不敬之意,需避讳,故徐浩改"若耶溪"为"五云溪"。

清王应奎之《柳南随笔》卷五云:

> 《居易录》云:越中若邪溪,亦云若耶。邪,于遮切。宋《九域志》云:"徐浩游若邪溪,曰:'曾子不居胜母之间,吾岂游若邪之溪?'因改为五云溪。"是读作"邪正"之"邪",类恶溪矣。
>
> 余按古乐府多称父为邪,音同琅琊之琊。又《颜氏家训》曰:"梁世费旭诗云:'不知是耶非。'殷沄诗云:'飘扬云母舟。'简文曰:'旭既不识其父,沄又飘扬其母。'"是其证也。曾子不居胜母,以其名不顺。季海改若邪为五云,亦同此意耳。如读作邪正之邪,则并若字不可通矣,大谬。

王应奎也不同意宋《九域志》之说,其说基本与《古今笔记精华录》相同。有趣的是,《柳南随笔》并没有将"邪"与"爷"等同,而是与"父"联系起来。历史上,若耶溪上游云门山下有桥名五云桥,若耶溪下游的山阴大城城门名为五云门。两个地名至今尚存。

以上诸说,解释了徐浩改"若耶溪"为"五云溪"的原因,但并没有回答徐浩为何要称"若耶溪"为"五云溪"。历代曾称若耶溪流经的区域为五云乡,但很难说明是"五云乡"影响"五云溪",还是"五云溪"影响"五云乡"。事实上,"五云溪"或"五云乡"称作"五云"是另有来历。

"五云溪"之来历,或与云门寺有关。嘉泰《会稽志》卷七记载了云门寺的来历:

> 淳化寺在县南三十里。中书令王子敬所居也。义熙三年有五色祥云见,安帝诏建云门寺。

云门寺坐落于绍兴城南平水镇秦望山麓。嘉泰《会稽志》说的是,云门寺本为中书令王献之(王羲之之七子)的旧宅,安帝义熙三年(407)某夜,其宅之

---

① 古今图书局编,彭崇伟等标点:《古今笔记精华录》,岳麓书社,1997年版,第130页。

屋顶忽现五彩祥云。晋安帝得知后,下诏赐号将王献之的旧宅改建为"云门寺"。唐太宗使御史萧翼计取辩才珍藏的《兰亭序》,即在此寺(时称永欣寺)。若耶溪在云门寺门前经过。笔者以为,"五云溪"之"五云"应该是由"五彩祥云"经"云门寺"演变而来。

若耶溪畔青山叠翠,溪内流泉澄碧,两岸风光如画。历代文人雅士流连忘返。若耶溪又名浣纱溪,相传西施曾在此浣纱、采莲。

李白《采莲曲》云:

> 若耶溪边采莲女,笑隔荷花共人语。日照新妆水底明,风飘香袖空中举。岸上谁家游冶郎,三三五五映垂杨。紫骝嘶入落花去,见此踟蹰空断肠。

诗描写了采莲少女们在夏日里快乐嬉戏的旖旎美景,以及岸上游冶少年们对采莲少女的爱慕。

崔颢《入若耶溪》云:

> 轻舟去何疾,已到云林境。起坐鱼鸟间,动摇山水影。岩中响自答,溪里言弥静。事事令人幽,停桡向余景。

诗人用幽静的情趣,轻灵简净的笔触,素淡、匀润的色调,刻画出若耶溪之幽境,表达了自己愉悦、宁静的心情。

此外,唐代的孟浩然、王维、白居易,宋代的王安石、苏东坡、范仲淹、陆游,明代的王守仁、徐渭、王思任等文人学士,也都泛舟若耶,留下了许多丽词佳文。

(二)鉴湖(见图2-3)

鉴湖在会稽山北,绍兴城南。鉴湖,又名镜湖,历史上曾有南湖、长湖、大湖、带湖、贺监湖、照湖等别名,是绍兴平原"海湾—湖沼—滨海平原"更替过程中的产物。

鉴湖是卷转虫海侵后逐渐形成的湖泊。《水经注》记:

> (鉴湖)水深不测,传与海通。何次道作郡,常于此水中得乌贼鱼。

何次道即何充,嘉泰《会稽志》卷二有记:

> 何充,字次道,庐江灊人。成帝时,除建威将军、会稽内史。在郡甚有德政,荐征士虞喜,拔郡人谢奉、魏颙等,以为佐吏。

图 2 - 3《鉴湖图》(明万历十五年[1587]《绍兴府志》刻本)

何次道(292～346)为晋朝重臣,曾任会稽内史,在郡甚有德政。《水经注》
告诉我们,在晋朝,何次道任会稽内史时,曾在湖中捕得乌贼,说明鉴湖曾
与海通。

《水经注》记载了鉴湖的大致范围:

> 浙江又东北得长湖口,湖广五里,东西百三十里,沿湖开水门六十
> 九所,下溉田万顷,北泻长江。

《水经注》所记载的东西百三十里长的鉴湖,建立在东汉会稽郡守马臻
筑堤围湖基础上,宋《太平御览》六十六引南朝宋孔灵符《会稽记》云:

> 汉顺帝永和五年,会稽太守马臻创立镜湖,在会稽、山阴县界。筑
> 塘蓄水,高丈余,田又高海丈余。若水少则泄湖灌田,如水多则开湖泄
> 田中水入海,所以无凶年。堤塘周回三百一十里,溉田九千余顷。

山(阴)会(稽)地区,南为会稽山,北濒后海(杭州湾),东临曹娥江,中间是
一片向西延伸的沼泽平原,具有"山地平原海洋"的台阶式特有地形。马臻
的鉴湖规划设计,巧妙利用了山会地区自南而北的山原海台阶式特有地
形,筑堤拦蓄成湖,抬高水位,形成湖面与灌区的高差,进行自流灌溉;再利
用灌区与海面的高差,排涝入海。

南宋徐次铎于庆元二年(1196)在会稽县尉任上所作的《复湖议》①,对鉴湖做了详细记载。其中鉴湖的源流、范围是:

> 自东汉永和五年,太守马公臻始筑大堤,潴三十六源之水,名曰镜湖。堤之在会稽者,自五云门东至于曹娥江,凡七十二里;在山阴者,自常禧门西至于西小江(一名钱清),凡四十五里。故湖之形势亦分为二,而隶两县。隶会稽曰东湖,隶山阴曰西湖。东、西二湖由稽山门驿路为界,出稽山门一百步,有桥曰三桥,桥下有水门,以限两湖。湖虽分为二,其实相通,凡三百五十有八里,灌溉民田九千余顷。湖之势高于民田,民田高于江海,故水多则泄民田之水入于江海,水少则泄湖之水以溉民田。

徐次铎对鉴湖中分属会稽、山阴的东、西两湖的范围,做了明晰的说明。如果对照一下明万历《绍兴府志》中的“鉴湖图”(见图2-3),会对鉴湖东西两湖与会稽山的关系有一更直观的了解。

到了宋代初期,由于湖泥淤积,山阴、会稽的富豪开始围垦鉴湖,文人们称之为“盗湖为田”。曾任越州通判的曾巩的《鉴湖图序》②记录宋代的盗湖为田之事:

> 宋兴,民始有盗湖为田者。祥符之间二十七户,庆历之间二户,为田四顷。当是时,三司转运司犹下书切责州县,使复田为湖。然自此吏益慢法,而奸民浸起,至于治平之间,盗湖为田者凡八千余户,为田七百余顷,而湖废几尽矣。其仅存者,东为漕渠,自州至于东城六十里,南通若耶溪,自樵风泾至于桐坞,十里皆水,广不能十余丈,每岁少雨,田未病而湖盖已先涸矣。

北宋以后,由于湖底淤浅,加上北部平原的垦殖,水体北移,使山会平原南北都成为一片河湖交错的水网地带。不过,在曾巩的《鉴湖图序》中可以看到,若耶溪与鉴湖连接部分,并没有受到“盗湖为田”的影响。

嘉泰《会稽志》卷十“镜湖”条记:

> 王逸少有云:山阴路上行,如在镜中游。镜湖之得名以此。《舆地

---

①参见嘉泰《会稽志》卷十三“镜湖”条。
②参见万历《绍兴府志》卷十六。

志》:山阴南湖,萦带郊郭,白水翠岩,互相映发,若镜若图。

王逸少即王羲之,曾任会稽内史。嘉泰《会稽志》认为,"镜湖"之名出自王羲之"山阴路上行,如在镜中游"一语,而嘉泰《会稽志》此语或出自《水经注》中的"王逸少云:'从山阴道上,犹如在镜中行。'"

对于鉴湖之美,王献之也有妙语。孔灵符《会稽记》记载:

> 会稽境特多名山水。峰崿隆峻,吐纳云雾,松括枫柏,擢干竦条,潭壑镜彻,清流泻注。王子敬见之曰:"山水之美,使人应接不暇。"

南朝宋刘义庆《世说新语·言语》云:

> 王子敬云:"从山阴道上行,山川自相映发,使人应接不暇。若冬秋之际,尤难为怀。"

对于鉴湖,对于会稽山水,《世说新语·言语》云:

> 顾长康从会稽还,人问山川之美,顾云:"千岩竞秀,万壑争流,草木蒙笼其上,若云兴霞蔚。"

顾长康即人称画绝、文绝、痴绝"三绝"的顾恺之(348~409),"千岩竞秀,万壑争流,草木蒙笼其上,若云兴霞蔚",顾恺之此语一出,成为古代最好的有关会稽鉴湖山水的广告词。

二、会稽山东边的山和潭

会稽山东有若耶溪流过,若耶溪东边的射的山、射山、射的潭和白鹤山,与本书的研究有密切关系。

1.射的山和射山。隔若耶溪,有射的山。对于射的山,《水经注》记有:

> 又有射的山,远望山的,状若射侯,故谓射的。射的之西,有石室,名之为射堂。年登否,常占射的,以为贵贱之准。的明则米贱,的暗则米贵。故谚云:射的白,斛米百;射的玄,斛米千。北则石帆山……

这说明射的山因"远望山的,状若射侯"而得名。"射侯"即箭靶之意,孔灵符的《会稽记》对此有更详细的解释:"有射的石,远望有白点。的如射侯,形甚圆明,视之如镜。"射的山矗立在若耶溪之东,《水经注》又言:"射的之西,有石室,名之为射堂。"考之实地,若耶溪之西与射的山相望,石帆山东的山上有石室。孔灵符《会稽记》解释道："羽客之所游憩。"说明射堂是羽客游憩之处。嘉泰《会稽志》卷九则云："山西石室,乃仙人射堂也。"当地人称之为"射山"。射的山上的"射侯"虽为箭靶,却有实际生活效用。由射山的射堂向射的山上的"射侯"射箭,"的明则米贱,的暗则米贵"。当地百姓将射的山上射堂的明暗用作占卜年份的收成:"射的白,斛米百;射的玄,斛米千。"通过占卜射的山,越国民众将其与自己的生产和生活联系了起来。

2.射的潭和白鹤山。射的潭和白鹤山处于同一位置,均在射的山(西)南。

射的潭在射的山下,孔灵符的《会稽记》称:"(会稽)县东南十八里,有射的山。东高岩临潭。"嘉泰《会稽志》卷十记有:"射的潭,在县南仙人石室下,潭深叵测。"

白鹤山则在射的潭中间,嘉泰《会稽志》卷九:"白鹤山在县南一十五里,一名箭羽山。孔灵符《会稽记》云:射的山西南水中,有白鹤山。此鹤尝为仙人取箭,曾刮壤寻索,遂成此山。"

如今,射的山尚在,射的潭也在,在若耶溪和上灶江的交汇处。白鹤山尚有踪迹可寻,也在若耶溪和上灶江的交汇处,当地人称薄(白)山,由白鹤刮壤寻箭而成的山本来就不会太高,目前看到的是一个土堆,已很难辨出山的模样。[①]

沿着射的山、射的潭西行即是宛委山麓,本书在第六章《从飞来石到道教圣地阳明洞天》和第七章《阳明洞天中的道教活动》中将会论述到,由宛委山、射的山、射的潭组成的道教第十小洞天——阳明洞天,历史上许多道教活动曾在此进行。

以大禹的传说为主要线索,会稽山的中心,在由秦望山转变到覆釜山的过程中,会稽山脉中的一处北面称覆釜山、南面称宛委山的小山,逐渐成为会稽山的核心之所在。此处东有若耶溪流经,北有鉴湖将其纳入怀抱,许多的传说开始在此处演绎,许多传奇将在此展开。

---

① 对于射的山、射的潭和白鹤山位置的确定,贺知章《龙瑞宫记》有"东秦皇酒瓮、射的山"、"内射的潭、五云溪、水府、白鹤山"之说可供参考,详见本书第七章《阳明洞天中的道教活动》第三节《唐代阳明洞天之龙瑞宫记》之三《〈龙瑞宫记〉描述的阳明洞天谷地》部分。

第三章　飞来石和窆石：
会稽山南北的两个禹穴

在第二章确定了会稽山——覆釜山的具体地理方位后,便有一个大禹传说遗迹——禹穴的寻访问题。从四川、陕西到浙江,沿着大禹传说的发生路线,全国称作"禹穴"的共有三处:第一处在四川的北川羌族自治县禹里乡禹穴沟,相传其为大禹的出生之地;第二处在陕西省旬阳县关口镇江北村,相传其为大禹治水休憩之处;第三处则是在浙江绍兴的会稽山上。本章将会论述,绍兴的会稽山(覆釜山)共有南北两处:一处在会稽山南的宛委山下,为"大禹得藏书处",以飞来石为标志;一处在会稽山(覆釜山)北的石帆山下,为"大禹下葬之处",以窆石为标志。从而在会稽山形成了北面"大禹下葬之处"与南面"大禹得藏书处"两处禹穴并存的局面。以大禹传说为基线,以飞来石和窆石为象征,会稽山南北的两处禹穴演变为道教的阳明洞天和儒教的禹庙,从而将儒、道有机融合起来。

第一节　禹穴的出现

明代学者杨慎在其《禹穴》一文中如此论说过:"司马子长《自叙》云:'上会稽,探禹穴'。此子长自言遍游万里之目。上会稽,总吴越也,探禹穴,言巴蜀也。后人不知其解,遂以为禹穴在会稽。"川人杨慎居然将司马迁《史记》中的"上会稽,探禹穴"两句,一下隔了千里,力辩禹穴在巴蜀,而不在会稽。其实,绍兴不仅有禹穴,而且像四川一样,也曾有诸多禹穴出现过。

绍兴的"禹穴"见之于文献,自《史记》始。《史记·太史公自序》记:

> 二十而南游江、淮,上会稽,探禹穴。

说的是司马迁二十岁时,曾南游江、淮,到绍兴的会稽山,探过禹穴。

此后,东汉袁康、吴平的《越绝书》卷十一中也出现了禹穴:

禹穴之时，以铜为兵，以凿伊圈，通龙门，决江导河，东注于东海。

说的是在禹穴的时代，人们以铜铸造兵器，凿开伊圈，打通龙门，疏浚长江水道，导引黄河水流，使它们向东流入大海。

然而，对于"禹穴"到底是什么的问题，汉代的两本史籍并没有留下具体的说明。本书认为，禹穴一定是绍兴在先秦时代具有标志性的物像。否则，千里迢迢来游绍兴的司马迁，不可能只记了"上会稽，探禹穴"一句，来表达他的绍兴之旅，袁康、吴平也不可能以"禹穴"来命名一个时代。具体说来，禹穴很可能就是传说中大禹的下葬之处。这是因为，根据先秦文献的记载，禹葬会稽似乎是一个公认的事实①，以禹穴来指代大禹下葬之处，无疑是一个合理的解释。司马迁写《史记》，需要探明禹穴的具体位置，通过地下文物来证实大禹的存在及其曾经到过绍兴；将大禹下葬处作为绍兴大禹存在过的标志，《越绝书》以"禹穴"来命名一个时代，也是非常合理的。正因为如此，到南北朝时期，南朝刘宋（420～479）时期裴骃的《史记集解》，引三国魏张晏之语，如是解释了禹穴：

禹巡狩至会稽而崩，因葬焉。上有孔穴，民间云禹入此穴。

裴骃认为，禹穴即是大禹下葬的洞穴。然而，这毕竟只是裴骃的一家之言。同样是在南北朝时期，北魏郦道元（446或472～527）并没有将禹穴解释为"冢"，而是解释成了"井"。其《水经注》卷四十云：

（会稽）山东有湮井，去庙七里，深不见底，谓之禹井，云东游者多探其穴也。

显然，郦道元将禹穴和禹井等同了起来。

到了唐代，韩愈《送惠师》诗云："尝闻禹穴奇，东去穿瓯闽。越俗不好古，流传失其真。"说的是禹穴之不可定名，已经很久。的确，唐时对"禹穴"又有了两种解释。

一是将禹穴认定为山中一天然洞穴。唐张守节《史记正义》引《括地志》云：

石篑山一名玉笥山，又名宛委山，即会稽山一峰也，在会稽县东南

_____

①具体可参见本书第一章《大禹传说与越族关系考》所引的《墨子·节葬下》、《吕氏春秋·安死篇》、《史记·夏本纪》等文献。

十八里。《吴越春秋》云："禹案《黄帝中经》九山，东南天柱，号曰宛委……禹乃登宛委之山，发石，乃得金简玉字，以水泉之脉。山中又有一穴，深不见底，谓之禹穴。"①史迁云："上会稽，探禹穴"，即此穴也。

这认为禹穴是会稽宛委山中一天然洞穴。另外，唐司马贞的《史记索隐》引张勃《吴录》云：

> 本名苗山，一名覆釜，禹会诸侯计功，改曰会稽。上有孔，号曰禹穴也。

此也将禹穴认定为大禹约诸侯来聚会之处的一个孔穴。

二是将禹穴认定为黄帝藏书、大禹得书藏书之处。同样是在唐代，贺知章（659～744）的《龙瑞宫山界至记》（即《龙瑞宫记》）在记述龙瑞宫历史及其具体方位的同时，还记有：

> 洞天第十，本名天帝阳明紫府真仙会处。黄帝藏书，盘石盖门，封宛委穴。禹至开，得书治水，封禹穴。

贺知章的《龙瑞宫山界至记》对禹穴作了三点解释：一是禹穴就是道教三十六小洞天的阳明洞天；二是禹穴是黄帝藏书、大禹得书藏书之处；三是禹穴为一盘石所封。

要知道贺知章所称的禹穴的具体方位，首先需要知道龙瑞宫的位置，因为贺知章对禹穴的解释是在《龙瑞宫山界至记》中做出的。对于龙瑞宫的位置，宋嘉泰《会稽志》卷七宫观寺院部分之"宛委山"条记：

> （宛委山）山下有栖神馆，唐改为怀仙馆，今为龙瑞宫。

说明龙瑞宫在宛委山下。贺知章之所以要在《龙瑞宫山界至记》记述阳明洞天和禹穴，一是因为龙瑞宫就在阳明洞天和禹穴旁。宋嘉泰《会稽志》卷十一"阳明洞天"条记有："阳明洞天在宛委山龙瑞宫……"二是因为《龙瑞宫山界至记》便刻在封盖禹穴的飞来石上。宋嘉泰《会稽志》卷十六"碑刻"条记："龙瑞宫记，贺知章撰并正书，刻于宫后葛仙公炼丹井侧飞来石上，漫灭，仅存宫内有重刻本。"对于嘉泰《会稽志》中所提及的飞来石，宋嘉泰《会稽志》卷十一"飞来石"条云："飞来石在禹穴侧。石上有唐宋名贤题名碑，

---

① 案：查今本《吴越春秋》，其中并无"山中又有一穴，深不见底，谓之禹穴"等语。

乡云贺知章题名在龙瑞宫,此石所镌者。"在本书的第七章《阳明洞天中的道教活动》中,我们将会看到,正是因为宛委山下有禹穴和阳明洞天的存在,才会在其旁建起龙瑞宫。"阳明洞天在宛委山龙瑞宫","飞来石在龙瑞宫宫后","飞来石在禹穴侧",如此,在宛委山下,禹穴、阳明洞天与飞来石便有机联系了起来,它们几乎就在同一位置上。

沿着贺知章《龙瑞宫山界至记》对禹穴的描述,宋嘉泰《会稽志》卷十六"碑刻"条在记述龙瑞宫记的同时,还记录了唐代禹穴碑的出现:

> 禹穴碑,郑鲂撰、元稹铭、韩杼材行书、陆洿篆额,宝历景午秋九月作,后有大和元年八月三日中山刘蔚续记,二行在龙瑞宫。

其中唐郑鲂的《禹穴碑铭序》,如是描述了禹穴:

> 惟帝世圣时,必有符命。在昔黄帝始受河图而定王篆,宓羲得神著而垂皇策,尧配璇玑玉衡以齐七政,舜继成六德,文王获赤雀丹书而演道定谟。予亦以谓禹探魖穴,得开世之符,而成厥水功。夫神人合谋而行变化。天地定位,阴阳潜交,五行迭王,斗建司节,岳尊山而渎长川,乃至日星雷风,祯祥秘奥,三纲五纪,万乐百礼,人人物物,各由厥生,无非元功冥持,至数吻合,以及之者。王者奉天而行,故圣神焉,帝王焉。彼圣如仲尼,有德而无应,故位止于旅人,福弗及生灵。乃叹曰:"凤鸟不至,河不出图,吾已矣夫!"然后知元命者轩,告命者羲,受命者唐与虞,成命者禹,备命者文。仲尼不受命,乃假人事而言,故有宗予之说,后代无作焉。立言者一仁义以束世教。瞽瞆蚩蚩,使绝其非望,法业之外,存而不论。予读《夏书》无是说,司马子长《自叙》始云:登会稽,探禹穴。不然,万祀何传焉。感矣苍山之湝呀如渊,如陵徙谷迁,此中不骞,雨洗烟空,黝然莫穷,噫!实禹迹之所始终。唐兴二百八祀,宝历庚午秋九月,予从事于是邦。感上圣遗轨,而学者无述,作禹穴碑。廉察使旧相河南公见而铭之。

在《禹穴碑铭序》中,郑鲂感到上圣大禹的遗轨禹穴,学者竟无述,于是他作了《禹穴碑铭序》记之,并由元稹立了碑。与贺知章的《龙瑞宫山界至记》不同,郑鲂强调了大禹在阳明洞天(禹穴)探得宝书(符命)的意义。符命是上天预示帝王受命的符兆,郑鲂认为:"惟帝世圣时,必有符命。"孔子不受命,"有德而无应,故位止于旅人,福弗及生灵"。大禹因为探穴,得到了开世之符,而成乎水功,是神人合谋的结果。因此,郑缉心目中的禹穴,乃是大禹探穴得到开世之符之处。这种说法,带有浓重的道教色彩。

第二节　两个禹穴

综上所述,到唐代为止,绍兴历史上对禹穴的解释共有大禹下葬之处、禹井、天然洞穴、大禹得书藏书处等四种说法。这些对禹穴的种种解释,到了宋代,逐渐变得清晰简单起来。

宋《太平御览》卷五十四引孔灵符的《会稽记》,否定了郦道元的禹穴即禹井说:

> 郡有禹穴,案《汉书·司马迁传》云:"上会稽,探禹穴。"又有禹井。

将禹穴和禹井区分开来,认为禹穴是禹穴,禹井是禹井,两者不能划等号。宋代周世则、史铸注王十朋(1112~1171)的《会稽三赋》时,引东晋贺循的《地记》亦云:

> 会稽山有禹井,去禹穴二十五步,谓禹穿凿,故因名之。

也认为禹穴与禹井不同,为两处遗存。因此,宋代时,已经不再把禹井看作禹穴。

也是从宋代起,似乎再也没有见到关于禹穴是天然洞穴的记载。

从宋代起,记载清晰地将禹穴与禹下葬处联系了起来。

对于大禹的葬礼,东汉《吴越春秋》记:

> (大禹)命群臣曰:"吾百世之后,葬我会稽之山。苇椁桐棺,穿圹七尺,下无及泉,坟高三尺,土阶三等。葬之后,田无改亩,以为居之者乐,为之者苦。"

宋嘉泰《会稽志》卷六陵寝"大禹陵"条记:

> 刘向书云:禹葬会稽不改其列,谓不改林木百物之列也。

以苇草为椁、梧桐木为棺,深埋、简葬,土阶三等,不毁山林,不损草木,这是一种极其节俭的薄葬。对于大禹下葬的具体位置,宋嘉泰《会稽志》卷十一之"窆石"条记:

（窆石）在禹祠。旧经云："禹葬于会稽山,取此石为窆"。后人覆以亭屋,有古隶不可读。宣和中,杨时有题名,秦少游禹庙诗云："一代衣冠埋窆石,千年风雨锁梅梁。"

第一次将大禹下葬处与窆石联系起来,从而把裴骃《史记集解》所认定的"禹穴即是大禹下葬之处"之说推进到了会稽山中的具体位置。

对于窆石为大禹下葬处的说法,到了明天顺六年(1462),韩阳的《禹陵重建窆石亭记》中记有:

窆石之下,即神禹所藏穴,故先辈有"一代衣冠埋窆石"之句。

此已经完全认定窆石下就是大禹的墓穴。清乾隆元年李绂的《敕修夏禹王陵庙碑记》也云:

禹葬会稽,以窆石证葬处,故累朝祀典,凡祭禹陵,必于会稽。

因此,宋代以后,以窆石证明禹穴为大禹葬处已经是一个共识。

窆石现立于会稽山(覆𥔲山)北的禹庙大殿东南侧的石帆山小山坡上,周围的具体情景,与《吴越春秋》、嘉泰《会稽志》对大禹葬礼的描述,确有几分相近。

从宋代起,禹穴与黄帝藏书、大禹得书藏书之处也被明确地联系了起来。

宋政和四年(1114)二月李宗谔的《龙瑞观禹穴阳明洞天图经》中有:

黄帝《玄女兵法》曰："禹问风后曰:'吾闻黄帝有负胜之图,六甲阴阳之道,今在乎?'风后曰:'黄帝藏于会稽之山,其坎深千尺,镇以盘石。'"又《遁甲开山图》曰:"禹治水至会稽,宿于衡岭,宛委之神奏玉匮之书十二卷以授禹。禹未及持之,四卷飞入泉,四卷飞上天。禹得四卷,开而视之,乃《遁甲开山图》,因以治水,讫乃缄书于洞穴。"按《龟山白玉经》曰:会稽山周回三百五十里,名阳明洞天一也。

在确认贺知章《龙瑞宫山界至记》中对禹穴所作三点解释的同时,《龙瑞观禹穴阳明洞天图经》明确了禹穴就是大禹藏书之处,同时还将阳明洞天的范围扩大为会稽山周回三百五十里。

宋代周世则、史铸注王十朋《会稽三赋》之"禹穴窅而叵探"句曾引《会稽志》云:

> 自旧经诸书皆以禹穴系之会稽宛委山,里人以阳明洞外飞来石下
> 为禹穴。……先生有禹穴诗云:不知禹穴从何探,洞锁阳明石一拳。

里人的"以阳明洞外飞来石下为禹穴",以及王十朋诗"不知禹穴从何探,洞
锁阳明石一拳",说明王十朋认为,阳明洞即禹穴,都在飞来石下。再结合
宋嘉泰《会稽志》卷十一"阳明洞天"条:

> (阳明)洞外飞来石,下为禹穴。

说明宋人基本认同"阳明洞即禹穴,都在飞来石下"这一说法。

综上所述,对于禹穴,到了宋代,主要有"大禹下葬处"说和"大禹得藏
书处"两种说法。对于这两种说法,宋王辟之(1031～?)将两者放在一起进
行了叙述:

> 禹穴有二处,其一在禹庙告成观,穴上有穸石是也。其一去禹庙
> 十余里,名曰"阳明洞天",即稽山之麓,有石径丈余,中裂为一罅,阔不
> 盈尺,相传指此为禹穴。图经云:"禹治水投玉简于此穴中。"①

作为绍兴地方志的宋嘉泰《会稽志》卷七《宫观寺院》"宛委山"条,其中
有注释曰:

> 太史公上会稽,探禹穴。史记注云:禹至会稽因葬焉,上有孔穴,
> 民云禹入此穴。自旧经诸书皆以禹穴系之会稽宛委山,里人以阳明洞
> 为禹穴,今无所考。

也将"大禹下葬处"说和"大禹得藏书处"两种说法放在了一起。

到了明代,将禹穴"大禹下葬处"说和"大禹得藏书处"两种说法集中起
来进行了明确的记述。清嘉庆《山阴县志》所录的明代郑善夫(1485～
1523)的《禹穴记》记有:

> 禹穴在会稽山阴,昔黄帝藏书处也。禹治水至稽山,得黄帝《水
> 经》于穴中,案而行之,而后水土平,故曰禹穴。世莫详其处,或曰即今
> 阳明洞是也。又云禹既平水土,会诸侯稽功于涂山,寻崩,遂葬于会稽
> 之阴,故山曰会稽,穴曰禹穴。至今穸石尚存,或然也。

---

① [宋]王辟之、陈鹄撰,韩谷、郑世刚校点:《渑水燕谈录·西塘集耆旧续闻》,上海古籍出版社,
2012年版,第100页。

因此,到明代的郑善夫,已对禹穴明确持"大禹下葬之处"与"大禹得藏书处"并存说。

明代还对"飞来石"有更详细的记述,并将飞来石与禹穴、阳明洞天紧密联系了起来。

明万历《绍兴府志》卷六"飞来石"条记述了其来历:

> 飞来石在禹穴侧。世传飞来石从安息飞来,上有索痕三条。唐宋名贤题名其上。

万历《绍兴府志》卷六《山川志三》记:

> 会稽阳明洞在宛委山,洞是一巨石,中有罅,长絙龙瑞宫旁。旧经:道家之第十一洞天也,一名极玄太元之天。……石名飞来石,上有唐宋名贤题名。洞或称禹穴。

"絙"的意思是"大绳索"。因此,明万历《绍兴府志》中对"飞来石"的描述,具有一致性,都认为"飞来石"是一有索痕的巨石,飞来石与禹穴、阳明洞天均在同一位置。

通过以上叙述,可基本形成以下结论:宋代以来,与绍兴有关的著述,认为禹穴主要有两处:第一处禹穴指的是会稽山(覆釜山)北的禹庙大殿东南侧的石帆山小山坡下的大禹下葬之处,以窆石为标志。这一说法始于汉初,汉代司马迁《史记》、袁康、吴平《越绝书》及南朝刘宋时期裴骃的《史记集解》均有记述。第二处禹穴指的是宛委山山麓的黄帝藏书、大禹得书藏书处,以飞来石为标志。这一说法始于唐贺知章的《龙瑞宫山界至记》,盛于宋代李宗谔修订的《龙瑞观禹穴阳明洞天图经》、周世则、史铸注王十朋《会稽三赋》及嘉泰《会稽志》。至于唐宋时代为何会流行起禹穴"大禹得藏书处"说,应与唐宋时期道教的流行有密切关系,本书将在第六章、第七章中进行专门论述。到了明代,郑善夫的《禹穴记》明确将禹穴"大禹下葬处"说和"大禹得藏书处"说集中起来进行了记述。

第三节　禹穴与飞来石

检索相关文献,近来对绍兴禹穴有专门研究的,主要是周幼涛先生。

周先生在所著的《禹穴新探》①、《祭禹丛考》②及《司马迁探禹穴》③等作品中均认为,"禹穴"属于"灵石崇拜"的范畴,反映了初民对于人类自身生殖力的崇拜。与父权时代产物的"窆石"比较,"禹穴"是母权时代的产物,后来被道教奉为圣物,称作"玄牝"或"洞天"。禹穴的位置并不是在飞来石下,而是在飞来石左侧(西侧)的山陂处,一条长缝从顶到底将一巨石裂为两半,其形状与古籍所载完全吻合。这一说法与本章所所认定的禹穴即"大禹得藏书处",与阳明洞天、飞来石均在同一位置,产生了较大的差异,有必要进行一番论证。

周先生将禹穴的位置确定为飞来石左侧(西侧)山陂处,其证据主要来自两个方面:

一是宋嘉泰《会稽志》卷十一"飞来石"条所云的"飞来石在禹穴侧"。以及宋代周世则、史铸注王十朋《会稽三赋》"葛岩蜚而自来"句:

> 《龙瑞图经》:禹穴北有石岩,高丈余,南面侧平如削。《真诰》云:此石于赤乌二年天降,从安悉国飞来。上有索痕二条,名为飞来石。晋葛仙翁曾筑坛炼丹,后人名葛仙岩炼丹井也。

二是引清《越中杂识》中之"宛委山"条:

> 阳明洞天在龙瑞宫旁,是一巨石,中罅,道家之第十一洞天也。

及清《越中杂识》中之"禹穴"条:

> 唐宝历中,郑鲂于宛委山书"禹穴"二大字,元稹铭而鲂序之,刻石于禹陵之侧。人于是定于此处为禹穴,然洪迈言禹穴有二处:一在禹庙窆石下;其一去庙十余里,名曰阳明洞天,有石长丈余,中裂为罅,阔不盈尺,深莫知底,相传禹投玉简于此。

上述证据中,周先生利用了第一证据中的"飞来石在禹穴侧"和"禹穴北有石岩高丈余"两句,强调一个"侧"字和一个"北"字,给人以"飞来石"和"禹穴"不在一处之感。问题在于,正如本章前所引,从唐贺知章的禹穴为

---

①周幼涛:《禹穴新探》,《浙江学刊》1995年第4期,第29～32页。

②周幼涛:《祭禹丛考》,参见陈瑞苗、周幼涛主编:《大禹研究》,浙江人民出版社,1995年版,第107～109页。

③周幼涛主编:《绍兴文史百题》,中国档案出版社,2003年版,第22～23页。

一盘石所封,到宋李宗谔的镇以盘石、缄(封)书于洞穴,再到宋周世则、史铸的"阳明洞外飞来石下为禹穴"和王十朋的"洞锁阳明石一拳",以及宋嘉泰《会稽志》卷十一"阳明洞天"条的"阳明洞即禹穴,都在飞来石下",更多更正规的史料均将阳明洞、禹穴、飞来石视为一处,阳明洞和禹穴就在飞来石下。不明白周先生为何要紧紧抓住几个含糊不清的"侧"、"北"字不放,非要将禹穴西移至山陂处,另立一处所谓的禹穴。

　　上述证据中,周先生还利用了第二证据中的"中罅"、"中裂为罅,洞不盈尺,深不见底"的"罅"字。第二证据的"中罅"的确是一个问题。"罅"的意思是"缝隙"、"裂缝","中罅"意即巨石中间有裂缝。然而,笔者多次造访飞来石,长絙的印迹(索痕)和唐宋名贤题名都依然可辨,但寻遍整个飞来石,也没有看到万历《绍兴府志》卷六"阳明洞天"条中所记的巨石"中有罅",而飞来石左侧山陂上倒是有一中裂巨石,这也是周先生将禹穴的位置确定为飞来石左侧(西侧)山陂处的主要理由。

　　其实,围绕"中罅"问题,将飞来石左侧山陂上一中裂巨石认定为禹穴,周先生并不是第一人,绍兴历史上的确存在过将飞来石左侧一中裂巨石认定为禹穴和阳明洞天的说法。远在唐代,元稹的《春分投简阳明洞天作》中有云:"石帆何峭崿,龙瑞本萦纡。穴为探符坼,潭因失箭刌。"诗记述元稹绕过石帆山,来到了禹穴、龙瑞宫下的射的潭。其中的"坼",其意为"裂开","穴为探符坼"意味着禹穴因为探符而有裂痕。南宋吕祖谦(1137～1181)《东莱集》卷十五之《入越记》,曾对龙瑞宫周边的位置有过详细的描述:"山西厐循山径观龙见坛,其旁即禹穴,乃大石,中断成罅,殊不古,殆非司马子长所探也。又数步飞来石,老木槎枒,石壁如削,缘磴道至钱秀才庵,遂自东厐出院。院皆扃闭……"可见,吕祖谦并没有将飞来石认作禹穴,而是将飞来石不远处一中断成罅的大石看成了禹穴。元稹、吕祖谦、周幼涛等人为什么要将中断成罅看作禹穴? 万历《绍兴府志》为什么对"阳明洞天"的巨石有"中有罅"的记载?《越中杂识》记载的为何更将"中有罅"描述为"洞不盈尺,深不见底"? 本书以为,这与宛委山下作为阳明洞天和禹穴的飞来石,只是一块巨石,既不见洞也不见穴有很大关系。人们试图要在飞来石上找到洞,于是便有了飞来石"中有罅"的臆测,于是便把阳明洞天和禹穴移到了飞来石旁一块"中有罅"的石上。

　　其实,本章前所引的有关禹穴和阳明洞天的文字中,贺知章所称的禹穴为一盘石所封,李宗谔所称的镇以盘石、缄(封)书于洞穴,以及王十朋所称的"洞锁阳明石一拳"等文字均说明,禹穴和阳明洞已为巨石所封、所镇、所锁,宛委山下的禹穴和阳明洞已不可能见到洞穴。本书将在第六章之《阳明洞天的空间概念》中,运用陶弘景在《真诰》卷十一《稽神枢第一》中的说法,论述阳明洞天和禹穴,并不是世俗世界中的洞和穴,而是神仙世界中的洞和穴。道教洞天并非现实山洞之翻版,神仙世界中的洞和穴是别有洞天,不是凡夫俗子所能想象的。在世俗世界中,阳明洞天和禹穴就是一巨石,镇洞盘石可视为洞天世界的一种标志,见到了巨石,便有了进入神仙世界的可能。禹穴、阳明洞天和飞来石的这种关系,《南雷诗历》卷三黄宗羲的《寻禹穴》记述得十分清楚:

> 昔者太史公,万里探禹穴。余为会稽人,至老游尚缺。久息风尘慕,何故违清辙?茫茫问禹迹,居人且未决。多言空石是,更无他曲折。又言三百里,不为一隅说。稽古按唐碑,阳明洞为覈。吾友董无休,门人施胜吉。共坐黑箸篷,十里如电灭。稍憩宗镜庵,放步迷烟霓。攀萝迟遥响,不顾行滕裂。窥刊崩石下,恍然玉堂设。题名唐宋年,被彼怪藤啮。摩挲手眼劳,方读忽又辍。幸哉一字通,胜拾古环玦。闻昔有洞门,今已遭阑截。金简玉字文,护持有鬼孽。惟有人间书,聊为太史窃。我来三叹息,欲撞锢门铁。洞中凤飕飕,天空飞绛雪。

黄宗羲的诗记述了他去寻禹穴的经历。"茫茫问禹迹,居人且未决",说明明末清初的当地居民,已经说不清禹穴的具体情况。诗中的"窥刊崩石下,恍然玉堂设"和"闻昔有洞门,今已遭阑截。金简玉字文,护持有鬼孽",说明石下即是藏金简玉字的禹穴和阳明洞天之所在,因为有石的阑截和鬼孽的护持,故常人已经难以进入。诗中的"题名唐宋年,被彼怪藤啮。摩挲手眼劳,方读忽又辍。幸哉一字通,胜拾古环玦",说明黄宗羲所观察之石,即是题有众多唐宋石刻的飞来石。

　　既然禹穴和阳明洞天不必有、也不应该有洞穴,那么,质疑飞来石由于"中无罅"而不是禹穴和阳明洞天所在的理由,便也不复存在。

　　周先生称"窆石"是父权时代的产物,本书将在第四章《从窆石到儒教圣地禹庙》中论证,窆石是放在墓穴中或墓穴前,用来装辘轳、下棺椁的碑,窆石的出现在两汉之时，称"窆石"是远古父权时代的产物，似缺少确凿的证据。

"禹穴"是母权时代的产物，是周先生的核心观点。问题在于，在周先生的论述链中，生殖崇拜是人类思想史上发生的第一个宗教因素，到形成生殖器形状的生殖崇拜偶像——"高禖石"，高禖成为中国古代主管生育和婚姻之神，再到禹是一位高禖神，会稽山麓原是一处高禖祭地，中间似乎缺少了许多必要的证据……说得宽容一些，"禹是一位高禖神，会稽山麓原是一处高禖祭地"，作为一种假说而存在，或可解释道教为什么要将宛委山下的那一巨石其列为三十六小洞天之第十小洞天。但是，千万别忘了，禹穴（阳明洞天）首先是一处以得道成仙为终极目标的道教圣地，并不是什么体现生殖崇拜之处。

综上所述，以大禹传说为线索，本书将禹穴解释为两处：一是起源于司马迁《史记》的大禹下葬之处，二是始于唐贺知章《龙瑞宫山界至记》的大禹得藏书处。本书第二章在论述以覆釜山为中心的会稽诸山时，曾具体确定了覆釜山、宛委山和石帆山的方位。对照以覆釜山为中心的会稽诸山，不难发现，两处禹穴：一处在会稽山（覆釜山）北的石帆山脚下，一处在会稽山南的宛委山脚下。在接下来的第四章到第六章，我们将会论述到，以大禹传说为基线，以窆石和飞来石为象征，会稽山南北的两个禹穴会演变为道教的阳明洞天和儒教的禹庙，儒道有机融合了起来。

第四章　从宅石到儒教圣地禹庙

在第三章论述会稽山(覆釜山)南北两处禹穴的基础上,本章及下一章在讨论社稷祭祀中的大禹基础上,将以宅石为核心,对会稽山北面石帆山下的禹穴——"大禹下葬之处"展开进一步的论述。本章主要考证宅石与禹庙、大禹陵碑的关系问题,以对绍兴的祭禹活动和大禹下葬之处——绍兴大禹陵景区的来龙去脉有一整体和全面的了解,从而加深对禹庙作为儒教圣地的理解。

第一节　社稷祭祀中的大禹

一般认为,中国古代的国家祭祀是"指由各级政府主持举行的一切祭祀活动。其中既包括由皇帝在京举行的一系列国家级祭祀礼仪,也包括地方政府举行的祭祀活动"[1]。中国古代国家祭祀的对象繁多,《周礼》将其概括为天神、地祇、人鬼三大门类:天神系统包括昊天上帝、日月、星辰以及风雨等神灵,其中以昊天上帝为最高等秩;地祇系统有大地、社稷、山川、四方百物等,其中以大地为至尊;人鬼系统主要指先祖神灵,后来逐渐扩展为历代帝王、先圣、先师、贤臣、先农、先蚕、先火、先炊、先医、先卜等各种神灵的祭祀。秦汉以后的国家祀典虽略有增删,但基本上承袭了《周礼》的祭祀体系。其中涉及大禹的国家祭祀,先秦及秦汉时,主要体现在地祇系统的社稷祭祀和岳镇海渎祭祀上,秦汉以后,则主要体现在人鬼系统的先祖祭祀和历代帝王祭祀之中。本节主要讨论社稷祭祀中的大禹,先祖祭祀和帝王祭祀中的大禹将在本章以后各节中陆续讨论,岳镇海渎祭祀则将在本书第八章中展开。

《白虎通》言:"人非土不立,非谷不食。土地广博不可遍敬也,五谷众多不可一一祭也,故封土立社示有土也;稷,五谷之长,故立稷而祭之也。"

---

①雷闻:《郊庙之外:隋唐国家祭祀与宗教》,生活·读书·新知三联书店,2009年版,第3页。

对社稷神的崇拜,是中国远古时期对土地、谷物崇拜发展的产物,大禹祀于社的最早记载,便见于社稷祭祀的相关文献中。作为土地祭祀与祖先祭祀结合的产物,大禹因治理洪水而被祀于社,《淮南子·氾论训》云:"禹劳天下而死为社,后稷作稼穑而死为稷。"对于大禹被祭祀的时间,《史记·封禅书》有言:"周公既相成王,郊祀后稷以配天,宗祀文王以配上帝。自禹兴而修社祀,后稷稼穑,故有稷祠,郊社所从来尚矣。"认为自从禹兴就开始修社祀了。

《史记·封禅书》言"自禹兴而修社祀",对于"禹兴"的理解,顾颉刚在《讨论古史答刘、胡二先生》中言:"禹为社神之说起于西周后期可知了。……西周中期,禹为山川之神;后来有了社祭,又为社神(后土)。"[①]本书《导言》之《天下体系——禹迹:古典中国的世界秩序图像》,曾论及周初的"天下"概念与"禹敷土"的传说有关,周王权为了加强自身支配的正当性,运用当时广为存在的大禹神话传说,将天下定义为了"禹迹"。《周礼》云:"建国之神位,右社稷,左宗庙。"建国以宗庙社稷为先,周人祭祀,最重要的是祭天(上帝)和祭社稷。而且,为适应分封制的需要,周人还建立了完善的社祠体制:"王为群姓立社,曰大社。王自为立社,曰王社。诸侯为百姓立社,曰国社。诸侯自为立社,曰侯社。大夫以下成群立社,曰置社。"(《礼记·祭法》)相信周代的社稷中,大禹神位一定高居中心。

对远古社稷神的问题,比《淮南子·氾论训》和《史记·封禅书》更早,《国语·鲁语上》云:"昔烈山氏之有天下也,其子曰柱,能殖百谷百蔬;夏之兴也,周弃继之,故祀以为稷。共工氏之伯九有也,其子曰后土,能平九土,故祀以为社。"《左传》昭公二十九年云:"共工氏有子曰句龙,为后土,……后土为社。……有烈山氏之子曰柱,为稷,自夏以上祀之。周弃亦为稷,自商以来祀之。"其中指出,社神为共工氏之子句龙(后土),稷神先是烈山氏之子柱,夏之兴则为周弃。

对照《淮南子》、《史记》和《国语》、《左传》的记述,有一个如何理解同为社神的句龙(后土)和大禹的关系问题。顾颉刚、童书业在《鲧禹的传说》中

---

①吴岩、李晓涛编:《古史辨派》,长春出版社,2013年版,第29页。

认为，"句龙"即是"禹"字形义的引申，后土句龙就是禹①，杨宽的《禹、句龙与夏后、后土》也认为，禹就是社神之长（后土）句龙②。本书以为，《左传》中叙述社稷之神，有"自夏以上祀之"之语，因此，大禹和句龙可能是两个不同时期的社神，大禹是夏、商、周三代以来的社神，句龙则是夏以前的社神。之所以会出现大禹、句龙两个社神，与春秋以来五帝系统的形成有密切关系。《尚书·吕刑》曰："禹平水土，主名山川；稷降播种，家殖嘉谷。"如果认同王国维、曾运乾、陈梦家等先生的观点，将《尚书·吕刑》视为西周穆王时代的作品，则西周时期，禹、稷已具社稷神的雏形。在《讨论古史答刘、胡二先生》中认定大禹作为社神出现在周后期的基础上，顾颉刚又提出尧、舜、禹传说，禹先起，尧、舜后起，"禹是西周中期起来的，尧、舜是春秋后期起来的"③的观点。何炳棣也认为："以黄帝为始祖的传说与谱系最晚完成于春秋最初百年的列国菁英这一史实，应该是无争论的了。""我国古代诸多部族以黄帝为共同始祖的全神庙出现于春秋最初的百年之内。"④既然先有西周时期的大禹传说，后至春秋时期，方有三代之前的五帝系统，那么，将社神由三代之大禹追溯到五帝系统中的句龙，也是顺理成章的事。

　　战国时期，特别是秦汉以后，随着五帝系统的完善，大禹的地位开始逐渐降低。

　　"世之所高，莫若黄帝。"（《庄子·杂篇·盗跖》）战国时期，五行学说大盛，五行家将远古五帝（太暤、炎帝、黄帝、少暤、颛顼）与五方（东、南、中、西、北）、五行（木、火、土、金、水）、五色（青、赤、黄、白、黑）相结合组成了五神（句芒、祝融、后土、蓐收、玄冥）⑤，其中黄帝居中属土色黄为后土之神。对于黄帝后土之神的身份，《淮南子·天文》有明晰表述："中央土也，其帝黄帝，其佐后土，执绳而治四方。"从中可以看出，秦汉时期，黄帝已代替大

---

① 吴岩、李晓涛编：《古史辨派》，长春出版社，2013年版，第115～116页。有意思的是，为了说明禹在先秦社祭中的主体地位，童书业在《汉代的社稷神——后土柱考》，还有"（《国语·鲁语》和《左传》昭公二十九年）所录的两段话，大约也是大新国师新公刘歆依着大新皇帝的意旨编入《左传》和《国语》的"（参见《童书业史籍考证论集》，中华书局，2005年版，第72页）之语，认为句龙为后土社神，为西汉末王莽所编造。
② 杨宽：《杨宽古史论文选集》，上海人民出版社，2003年版，第333～342页。
③ 吴岩、李晓涛编：《古史辨派》，长春出版社，2013年版，第40页。
④ 何炳棣：《中国现存最古老的私家著述：孙子兵法中关于"黄帝"、"四帝"的论述》，参见《黄帝与中国传统文化学术讨论会文集》，陕西人民出版社，2001年版，第1～4页。
⑤ 引自詹鄞鑫：《神灵与祭祀——中国传统宗教综论》，江苏古籍出版社，1992年版，第42页。

禹成为后土之神,黄帝开始成为中华民族先祖的象征。

作为颛顼之孙,古帝谱系中大禹的地位的降低,也体现在国家祭祀方面。先秦时期,人们祭祀的社神经历了由土地崇拜神到人格化社神的转变,受祭的社神是曾为氏族或部落的农业生产作出过杰出贡献的始祖,如句龙、夏禹等。社神的地位很高,"国中之神,莫贵于社"(《礼记·郊特牲》),"社祭土而主阴气也"(郑玄注)。社祭是最隆重的祭祀典礼。秦汉时期,虽然社稷依然具有国家政权象征的意义,汉高祖"甚重祠而敬祭"(《汉书·郊祀志上》),"高帝除秦社稷,立汉社稷,《礼》所谓太社也。时又立官社,配以夏禹,所谓王社也"(《汉书·郊祀志下》)。同时,"因令县为公社"(《汉书·郊祀志上》),在各地普遍立社。但是,社稷已不再是地祇类的核心祭祀。西汉初期,在汉高祖刘邦确立以五帝为汉家崇拜主要天神的基础上,汉武帝对郊祀体系进行了重新建构:一方面用"太一"取代五帝成为郊祀的天神,一方面又增加了对地神后土的祭祀,从而使"太一"和"后土"成为相互呼应的至上之神。东汉郑玄注的《周礼·春官·肆师》云:

> 立大祀用玉、帛、牲、牷;立次祀用牲、币;立小祀用牲。郑玄注:郑
> 司农云:"大祀,天地;次祀,日月星辰;小祀,司命以下。"玄谓大祀又有
> 宗庙;次祀又有社稷、五祀、五岳;小祀又有司中、风师、雨师、山川、
> 百物。

在《周礼》注解中,郑玄认为天地宗庙是大祭,社稷等是次祀。因此,作为先秦地祇类核心的社神,自从武帝将后土作为最高地神纳入郊祀,就失去了代表全载大地的属性,社神的自然属性回归,重新变为以土地崇拜为主要属性的农业之神。社稷虽仍具有政权象征的政治意义,但不再具有国家最高等级的祭祀资格,成为低于宗庙大祀的次祀。在汉武帝确立的郊祀体系中,后土是独一无二的大地之神,是与皇天为对偶的载育万物的至上之神,社神则是具体的、分地段进行管理的土地神,直接与农事年成有关。杨鸿年曾对汉魏时期的社作过考证,认为汉代的社是人们祭祀、集会、避疾、许愿的场所[1],说明在汉代,社神已从高高在上的神坛,逐渐步入民间,融入到了百姓的日常生活之中。如此,尽管《汉书·郊祀志》中有"以夏禹配食

---

[1]杨鸿年:《汉魏制度丛考》,武汉大学出版社,1985年版,第394~398页。

官社,后稷配食官稷"之言,但一方面是后土作为大地之神的确立,另一方面又将句龙作为了主要社神,因此,与先秦时的地祇类核心相比,夏禹仅是配食而已,地位已经逊色不少。

　　对于大禹作为社神祭祀一事,绍兴的地方文献中似乎不曾见过。嘉泰《会稽志》卷一"社稷"条记述:

　　　　社以句龙配,稷以后稷配,自京师达于郡邑,岁再祭,春以春社,秋以秋社。……社在府城南二百九十步。

"社以句龙配,稷以后稷配"之语,与本节所论述的汉代以后中国社稷神的主流说法一致,嘉泰《会稽志》并没有将大禹与社神联系起来,加上绍兴社的具体方位在城南,与地处城东南的大禹陵有一定距离,说明在绍兴,并没有将大禹作为社神祭祀过。

第二节　窆石考

　　要讨论绍兴地区的大禹祭祀问题,首先需要对大禹陵的标志——窆石有一详细考证。

图 4 - 1　绍兴大禹陵景区的窆石亭

在绍兴市东南6公里石帆山麓的大禹陵景区内,有一"窆石亭"(如图4-1所示)。亭内置有一石,名为"窆石"。"窆石"形若圆锥秤砣,高2.04米,底圆周长2.3米,顶有穿孔,中有折裂痕。许多年前,鲁迅先生曾写过《会稽禹庙窆石考》,然仍有许多疑问尚待解答,本节拟对窆石再作一番考证。

就目前掌握的文献而言,"窆石"的记载,最早出现在宋赵明诚(1081～1129)的《金石录》中。

《金石录》著录了上古三代至隋唐五代,钟鼎彝器的铭文款识和碑铭墓志等的石刻文字,是中国最早的金石目录和研究专著之一。三十卷的《金石录》,由赵明诚撰写大部分,其余部分则由其妻李清照续成。《金石录》卷一之"第四十九汉窆室铭"记载:

> 顺帝永建元年(126)五月。(案)本作"窆室",《隶释》作"窆石",何氏焯定为"窆室"。古"室"亦有作"窒"者。

《金石录》及其案语透出三层含义:一是"窒"同"室","室"字有"墓穴"之意,因此称"窆石"为"窆室",将"窆石"与"墓穴"联系了起来;二是"窆石"上有东汉"顺帝永建元年五月"字样,因此,赵明诚称"窆石"为"汉窆室";三是赵明诚称"窆石"为"窆室铭","铭"是铸、刻或写在器物上记述生平、事迹或警诫自己的文字或文体,因此,赵明诚将"窆石"上的文字视为了一种"铭"。

对于"窆石",宋嘉泰《会稽志》有以下记载。

卷六之"大禹陵"记载:

> 禹巡守江南,上苗山,会计诸侯,死而葬焉。犹舜陟方而死,遂葬苍梧。圣人所以送终,事最简易,非若汉世人主豫自起陵也。刘向书云:"禹葬会稽,不改其列。"谓不改林木百物之列也。苗山自禹葬后,更名会稽。是山之东,有陇隐若剑脊,西向而下,下有窆石,或云此正葬处,疑未敢信。然《檀弓》注"天子六绋四碑,所以下棺",则窆石者,固碑之制度。至其数不同,或縣繁简异宜,或世代悠远,所存止此,皆不可知也。窆石之左,是为禹庙,背湖而南向。然则古之宫庙,固有依王陇而立者。按《皇览》:禹冢在会稽山。自先秦古书,帝王墓皆不称陵,而陵之名实自汉始。旧经云:禹陵在会稽县南一十三里。

《会稽志》的记载透出三层含义:一是禹陵在会稽县南一十三里的会稽山上。二是由于"圣人所以送终,事最简易,非若汉世人主豫自起陵也。刘向书云:'禹葬会稽,不改其列。'""自先秦古书,帝王墓皆不称陵,而陵之名实自汉始。"因此,迟至宋嘉泰(1201)前,禹陵已很难寻觅。三是会稽山之东"有陇隐若剑脊,西向而下,下有窆石"。窆石是固碑制度的产物,因此,嘉泰《会稽志》称"或云此正(大禹)葬处",与赵明诚称"窆石"为"窆室"之意相同,嘉泰《会稽志》谨慎地将窆石视为大禹下葬之处。

对于会稽山东的窆石,嘉泰《会稽志》卷十一之"窆石"记载:

> 窆石,在禹祠。旧经云:禹葬于会稽山,取此石为窆。后人覆以亭屋,有古隶不可读。……

另,嘉泰《会稽志》卷十六之"碑刻"又载:

> 禹庙窆石遗字,直宝文阁王顺伯《复斋金石录》定为汉刻。

嘉泰《会稽志》这两条记录,透露出一些关于当时窆石的具体信息:一是窆石上覆有亭屋;二是窆石上有古隶不可读,但可定为汉刻。有意思的是,和赵明诚一样,嘉泰《会稽志》虽也认为窆石上的文字为汉刻,但其依据则来自王厚之(1131~1204,字顺伯,号复斋)的《复斋金石录》,而不是赵明诚的《金石录》,说明将窆石遗字定为汉刻,在南宋时已经是一种公论。

因此,在赵明诚《金石录》基础上,通过对汉窆石的认定,宋嘉泰《会稽志》谨慎地将会稽山窆石安置处认定为大禹下葬之处。

到元末,徐勉之的《保越录》为窆石添上了有趣的一笔。

《保越录》记的是元至正十九年(1359)朱元璋与张士诚两部争夺绍兴之事。是年,朱元璋遣胡大海攻绍兴,张士诚部将吕珍据守,三月不能克,胡大海遂退。当时张士诚已降元,徐勉之站在元朝的立场,虽有褒张贬朱之词,但对战争经过,叙述客观详尽,可补史文之缺。《保越录》对窆石有以下记述:

> (绍兴)城外霖雨不止,水潦泛滥于大军寨下,时溽暑郁蒸,疫疠大作。大军首将(胡大海)祈祷禹庙、南镇不应,乃毁其像,仆窆石。

这条记载说明,现在尚存的窆石上的折裂痕,为明朝大将胡大海祈祷禹庙、南镇庙①不应,推倒窆石所致。客观上为窆石上为何存在折裂痕,提供了一种合理解释。

到万历《绍兴府志》,其卷二十《祠祀志二》之"陵、墓"中对"窆石"作了如此解释:

> 窆石,在禹庙之左,高丈许,状如秤锤。旧经:禹葬会稽山,取此石为窆。上有古隶,不可读。……元至正末兵变,为所伤折。……

与嘉泰《会稽志》和《保越录》比较,这条记载,多了对窆石形状的描述:"高丈许,状如秤锤。"与目前留存下来的窆石形态一致。

进入清代,受到朴学的影响,对"窆石"的考据文章多了起来。

清朱彝尊(1629～1709)《曝书亭集》卷四十七《跋六》之《会稽山禹庙窆石题字跋》述道:

> 黄冈张编修,视学两浙,按部于越,拓会稽山禹穴窆石题字见寄,请予审定其文。予考窆石之制,不载于聂崇义《三礼图》,惟周官冢人之职:及窆,共丧之窆器;及窆,执斧以莅。郑康成以为下棺丰碑之属。图经:禹葬于会稽,取石为窆。石本无字,迨汉永建元年五月,始有题字,刻于石。此王厚之复斋碑录,定以为汉刻,殆不误矣。石崇五尺,在今禹庙东南小阜,覆之以亭。相传千夫不能撼。及岁在乙酉,有力士拔之,石中断。部下健儿迭相助,乃拔陷地才扶寸尔。土人涂之以漆,仍立故处。载考古之葬者,下棺用窆,乃在用碑之前。碑有铭,而窆无铭。验其文,乃东汉遗字。赵氏《金石录》目曰窆石铭,误也。噫!穀林之阳,苍梧之野,已无陈迹可求,而岣嵝有碑,启母庙有阙,会稽有窆石。益以征神禹明德之远也夫。康熙己卯夏日书。

与嘉泰《会稽志》、万历《绍兴府志》相比,《曝书亭集》多了以下内容:一是朱彝尊通过考证古之葬制,对固碑制度中窆石的出现时间进行了深入的挖掘,认为窆石出现在用碑之前,"碑有铭,而窆无铭"。因此,"石本无字",到汉永建元年五月,才开始有题字。赵氏《金石录》称窆石铭,有误。从而将窆石的出现和窆石上的题字分离为两件事件。二是为窆石上的折裂痕又

---

① 对于南镇庙的相关讨论,参见本书第八章《晴禹祠、雨龙瑞:禹庙与阳明洞天的共生与融合》中的第二节《南镇庙的兴起与繁荣》。

提供了一种解释："及岁在乙酉,有力士拔之,石中断。"认为窆石折裂是力士拔之所致。

平恕、徐嵩编纂的《绍兴府志》(清乾隆五十七年)卷七十五《金石志一》"汉刻禹庙窆石题字"条,在引用赵氏《金石录》、嘉泰《会稽志》、《曝书亭集》相关资料的基础上述道:

> 国朝康熙初,浙江督学张希良曾拓之,以意属读,得二十九字,盖汉代展祭之文。寻其隅角,当为五行,行十六字。其下截为元季兵毁。依韵求之,则其下当阙六字也。

对于张希良拓窆石题字一事,清杜春生《越中金石记》(1830)卷一引用了张希良的《窆石汉隶考》全文。与此前对窆石的论述不同,张希良在把窆石题字认定为"汉代展祭之文"之后,将重心放在了窆石汉隶的识读上。

到了阮元的《两浙金石志》(1805),其卷一在识读窆石遗字的基础上,有以下一段文字:

> ……其篆文极似天玺纪功碑。后检《太平寰宇记》,会稽县引《舆地记》云:"禹庙侧有石船,长一丈,云禹所乘也。孙皓刻其背,以述功焉,后人以皓无功可记,乃覆船刻它字,其船中折。"据此,为三国孙氏刻审矣。《嘉泰志》称直宝文阁王顺伯复斋定为汉刻,未之得也。

与嘉泰《会稽志》、万历《绍兴府志》相比较,阮元的《两浙金石志》的记述有了很大的不同:一是认为窆石原不是大禹下葬的标志,而是一艘大禹乘过的石船,孙皓曾刻其背,记述自己的功绩。孙皓(242~284)是三国时期吴国末代皇帝,沉溺酒色,专于杀戮,昏庸暴虐。因此,"后人以皓无功可记,乃覆船刻它字,其船中折"。这也成为窆石中折的一个原由,从而与徐勉之的"兵变伤折"、朱彝尊的"力士拔之中断"形成了鲜明的对比。二是认为窆石上的遗字不是汉刻,而是极似天玺纪功碑的篆文。天玺纪功碑,为三国东吴刻石。东吴末帝孙皓为维护其统治,制造"天命永归大吴"的舆论,伪称天降神谶而刻,故又称天发神谶碑。天玺纪功碑通体均为篆书,因此,与此前文献所认为的东汉隶书说,阮元将窆石上的刻字时间认定为三国末期,从而将窆石刻字推后了一百多年。

阮元《两浙金石志》对窆石的论述,对后世影响很大。鲁迅先生1917年在《会稽禹庙窆石考》中指出:

《太平寰宇记》引《舆地记》云："禹庙侧有石船,长一丈,云禹所乘也。孙皓刻其背以述功焉,后人以皓无功可记,乃覆船刻它字,其船中折。"阮氏元《金石志》因定为三国孙氏刻。字体亦与天玺刻石极类,盖为得其真矣。[1]

鲁迅先生认为:"阮氏元《金石志》因定为三国孙氏刻。字体亦与天玺刻石极类,盖为得其真矣。"他对阮元的《两浙金石志》持完全认同的态度。由于鲁迅先生的名声,又为绍兴人氏,因此,鲁迅先生以后的文章,几乎都认同了阮元的观点[2]。

阮元《两浙金石志》的立足点在石船上,问题在于,窆石真的就是大禹乘过、孙皓曾刻字其背的那艘石船吗?阮元《两浙金石志》中所记述的那艘石船最早出自宋代的《太平寰宇记》。宋乐史的《太平寰宇记》卷九十六江南东道八"越州"中,"禹庙"、"涂山"两条记录了与石船有关的信息,其中的"禹庙"条记载:

> 禹庙。《舆地记》云:"禹庙内别有圣姑堂,云禹平水土,天赐玉女也。"又云:"禹庙侧有石船,长一丈,云禹所乘也。孙皓刻其背,以述功焉,后人以皓无勋可记,乃覆船刻它字,其船中折。

显然,阮元《两浙金石志》所引的那艘石船,便来源于此。问题在于,此禹庙是否就是会稽山上窆石遗字的禹庙?紧跟着"禹庙"条,《太平寰宇记》的"涂山"条又有以下记述:

> 涂山,在县(山阴)西北四十三里。禹会万国之所。《郡国志》曰:"有石船,长一丈,云禹所乘者。宋元嘉中,有人于船侧掘得铁履一双。"又《会稽志》云:"东海圣姑从海中乘石船,张石帆至。二物见在庙中。"……

由于"禹庙"、"涂山"两条记录均有大禹所乘石船的记录,因此,可以确定,《太平寰宇记》所记的禹庙,并不是会稽山禹庙,而是涂山禹庙。

嘉泰《会稽志》卷六中有"涂山禹庙"的记录:"涂山禹庙,在县西北四十

---

[1]《鲁迅全集》第八卷《集外集拾遗补编》,人民文学出版社,2005年版,第65页。

[2] 如,徐斯年的《读鲁迅〈会稽禹庙窆石考〉》(《辽宁师院学报》1979年第5期,第58~60页),徐德明的《绍兴禹庙窆石考》(《东南文化》1992年第2期,第197~204页)。

五里。"进一步的问题是,本节前引嘉泰《会稽志》卷六之"大禹陵"时,已经明确"禹陵在会稽县南一十三里",而涂山禹庙则在山阴县西北四十五里。熟悉绍兴区域的都知道,在古代,山阴、会稽的县衙同在现绍兴城区。因此,位于绍兴西北四十五里的涂山禹庙,和位于绍兴南十三里的会稽山禹陵,确实是风马牛不相及的两个方向。显然,阮元的《两浙金石志》将两者混为一谈,把属于涂山禹庙的资料,误引到会稽山禹庙之中①,并张冠李戴,将会稽山禹庙的窆石误认为了三国末期的石船。

与阮元立足于石船不同,同时期朱文翰等纂的《山阴县志》(嘉庆八年),接引嘉泰《会稽志》卷六对窆石之固碑制度的论述,从窆石之制的角度论证了禹庙的窆石遗字。嘉庆《山阴县志》卷二十七《政事志》之"碑刻"之"汉禹庙窆石遗字(永建元年)"有以下论述:

> 右窆石,在禹庙仪门内东侧小阜,覆之以亭。石高五尺,顶上有穿状,如称权。考窆石之制,不载于聂崇义《三礼图》,惟《周官·冢人》:共丧之窆器。郑注:窆器,下棺丰碑之属。《檀弓》公肩假曰:公室视丰碑,三家视桓楹。郑注:丰,大也。天子断大木为碑,形如石碑,于椁前椁后四角树之,穿中,于间为鹿卢,下棺以绋绕。天子六绋四碑,诸侯四绋二碑。碑如桓矣,四植谓之桓。据此则下棺之碑用木。夏之时,固用石也。孔疏:桓,大也,楹柱也。其用之碑如大楹柱。今窆石体圆而长形,如大楹,盖即桓楹之制。夏之时,惟天子得用之,至周,乃属之诸侯耳。……

"窆"字一般有三种解释:下葬;墓穴;古代用来牵引棺椁下墓穴的石头。因此,《山阴县志》将窆石与共丧之窆器联系了起来。嘉庆《山阴县志》将窆石作为共丧之窆器的解读,是从对《礼记·檀弓下》中的"公视丰碑,三家视桓楹"解释开始的。

对于"公视丰碑,三家视桓楹",郑玄的注是:"丰碑,斫大木为之,形如石碑,于椁前后四角树之,穿中,于间为鹿卢,下棺以绋绕。天子六绋四碑,

---

① 徐德明的《绍兴禹庙窆石考》(《东南文化》1992年第2期,第197~204页)显然注意到了阮元观点所存在的漏洞,进行了补充论证。他通过引用万历《绍兴府志》的资料,认为唐中期以前,窆石一直在山阴县西北四十五里的涂山禹庙,其用途原为孙皓纪功碑,后改作祭禹牲牲用碑,宋移至会稽禹庙后始称作窆石,只是附会传说而已。涂山禹庙和会稽禹庙完全是两码事,本章将在本章第三节中专门证明徐文存在的错误。

前后各重鹿也。……斫之,形如大楹耳,四植谓之桓。诸侯四绵二碑,碑如桓矣。大夫二绵二碑,士二绵无碑。"孔颖达的疏为:"公室之丧,视丰碑。丰,大也,谓用大木为碑。三家之丧,视桓楹也。桓,大也;楹,柱也。其用之碑如大楹柱。"宋王谠的《唐语林》卷八《补遗》(无时代)则曰:"丰碑、桓楹,天子、诸侯葬时下棺之柱,其上有孔,以穿绵索,悬棺而下,取其安审,事毕即闭圹中。"因此,《礼记·檀弓下》"公视丰碑,三家视桓楹"中所称的"碑"和"楹"皆指大木柱,郑玄所称的"绵"则指粗绳。天子、诸侯、士丧葬的区别,关键不在于是"碑"还是"楹",而在于下葬时使用碑和绵的数量问题。天子用四个木碑,穿六根粗绳下葬,诸侯用两个木碑,穿四根粗绳下葬,到了低等级的士,则不能有木碑,只能用两根绳子下葬。

天子、诸侯下葬时,在墓穴四角或两旁,各立木柱,柱上有圆孔,名为"穿"。在柱的穿之间架横木,木上缠以绳索,以用来放绳,如辘轳一样,将棺木牵引入墓穴。入葬完毕,木碑随之埋入地下,或置于墓旁,逐渐成为识别祖先的标志。现在所见的墓碑即源于周代圹墓用的大木为之的"丰碑"或"桓楹"。"丰碑"或"桓楹"因木质容易朽烂,时过境迁,造成祖先的墓地不易寻找,故改为石制,又渐渐开始在竖石上镌刻文字,内容有标识、纪功、颂德等,成为现代所见到的墓碑。

嘉庆《山阴县志》对窆石的解读,有两句非常重要:"夏之时,固用石也。""今窆石体圆而长形,如大楹,盖即桓楹之制。"认为窆石是夏时的桓楹之制。问题在于,中国墓碑制的产生和发展,是先有木碑后有石碑,让三代之始的夏王即用石碑,且孤零零的只有"一碑",不禁令人生出几丝困惑来。

综上所述,对窆石可总结出以下三点:

1.窆石是放在墓穴中或墓穴前,用来装辘轳、下棺椁的碑。

"窆"本来的含义,即是古代用来牵引棺椁下墓穴的石头,其体形若圆锥秤砣,顶有穿孔。因此,现存于会稽禹庙的窆石,符合历史上对窆石的形状描述。阮元提出、鲁迅认同的那艘石船,位于绍兴城西北四十五里的涂山禹庙,和位于绍兴城东南一十三里的会稽山窆石,不可能是同一件物品。

2.窆石上的折裂痕当为明将胡大海仆窆石所致。

窆石上的折裂痕共有三种说法:一是胡大海仆窆石所致,二是覆船刻字而船中折,三是力士拔之所致。三种解释中,石船并不在会稽山,可以排除,力士拔之所致说显得荒诞,缺少必要的依据,胡大海祈祷禹庙不应而仆窆石,有史有据,较为合理。

　　3.窆石形成的年代在秦汉之际,至迟东汉之初,最早或在秦代。

　　东汉刘熙《释名·释典艺》云:"碑,被也,此本葬时所设也,施鹿卢,以绳被其上,引以棺也。臣子追述君父之功美,以书其上,后人因焉。故建于道陌之头,显见之处。名其文,就谓之碑也。"刘勰《文心雕龙·诔碑第十二》载:"后汉以来,碑碣云起。"马衡《凡将斋金石丛稿·中国金石学概要》述道:"碑:用以刻辞,果始自何时?曰,始于东汉之初,而盛于桓、灵之际,观宋以来之所著录者可知矣。汉碑之制,首多有穿,穿之外或有晕者,乃墓碑施鹿卢之遗制。其初盖因墓所引棺之碑而利用之,以述德纪事于其上,其后相习成风,碑遂为刻辞而设。故最初之碑,有穿有晕。题额刻于穿上晕间,偏左偏右,各因其势,不必皆在正中。碑文则刻于额下,偏于碑石,不皆布满。魏、晋以后,穿晕渐废,额必居中,文必布满,皆其明证也。"①杨宽的《墓碑的起源及其发展》分析了墓碑的起源与发展:"东汉的墓碑还是起源于下葬时用以拖鹿卢、引以下棺的丰碑。这种丰碑原来都用木制。前引《周礼》郑玄注说:'其材,官庙以石,窆用木。'该是有依据的。最初的墓碑,只是这种引以下棺的木制丰碑留放在墓前,写上墓主姓名、爵里和行事。在东汉以前,皇帝和官僚的坟墓之前,所有祠堂、阙、表、碑之类都是木材制成的。到东汉时,由于豪强大族重视上冢礼俗,讲究建筑坟墓,再加上由于炼钢技术的进步,锋利的钢铁工具便于开凿和雕刻石材,于是在建筑石祠、石阙、石柱的同时,更流行雕刻石碑了。"②因此,如果将窆石认同为用来装辘轳、下棺椁的碑,则窆石最有可能形成于东汉初年。具体而言,如果将窆石遗字,认定为赵明诚所言的"汉窆窒铭"或张希良所言的"汉代展祭之文",即窆石及其题字同源,则窆石遗字最有可能形成于赵明诚所言的"顺帝永建元年五月"。窆石或就是在那时被放置于会稽山下,以作为祭禹的一种象征的。

　　雕刻石碑起源于东汉初的一个原因,是东汉前碑碣的卒不可得。欧阳修《集古录》云:"至后汉以后始有碑文,欲求前汉碑碣,卒不可得。"朱剑心也云:"欧阳修《集古录》石刻,无西汉文字,谓'至后汉以后,始有碑文;欲求

---

① 马衡:《凡将斋金石丛稿》,中华书局,1977年版,第69页。
② 杨宽:《中国古代陵寝制度史》,上海人民出版社,2008年版,第153页。

前汉时碑碣,卒不可得'。是则冢墓碑,自后汉以来始有也。"①虽雕刻石碑起源于东汉,然墓碑的滥觞期则可上推至先秦。先秦的人们很在意自身价值的实现,尺寸之功即可铭刻于器物之上。《墨子·兼爱下》有云:"古者圣王以其所书于竹帛、镂于金石、琢于盘盂,传遗于后世子孙者知之。"对于铭刻从器物到石头的发展,明代徐师曾的《文体明辨·碑文》有论:"后人因于其上纪功德,则碑之所以来远矣,而仿效刻铭,则自周秦始耳……皆因庸器渐阙,而后为之,所谓以石代金,同乎不朽也。"以"以石代金"为标志,秦汉时期纪事的载体,从先秦数量有限、价格昂贵的甲骨、青铜器,逐渐转移到取材方便、价格低廉、性坚而稳的石头。"三代以上,有金而无石;秦、汉以下,石盛而金衰,其有纪功述事,垂示来兹者,咸在于石。"②秦朝以后,刻石蔚然成风,镂金渐次绝迹。清王筠《说文释例》云:"秦之纪功德也,曰立石、曰刻石。其言碑者汉以后之语也。"秦代最早的刻石文字只是利用石块或石壁的天然形状进行加工,故没有固定形制。因此,古人对先秦石刻不称"碑",而称"刻石"或"立石"。卢蓉在《中国墓碑研究》中指出:"('刻石'或'立石')这一称呼一直保持到西汉,如西汉的《群臣上寿酬刻石》(后元六年,前158)、《居摄两坟坛刻石》(居摄二年,7)、《甘泉山刻石》(无纪年)、《禳盗刻石》(又名《鱼山刻石》,无纪年)等。这些刻石形制不一,其中多数属'物勒工名',所刻文字主要是三言两语的王室工程纪事刻辞,包括年月、建筑材料的编号、石工姓名等。铭文有的采用刻画界格,仿西汉早期简牍文书的书写格式。这些特点表明文字碑石的形制、铭文的书写格式还处于滥觞阶段。"③考虑最初记载窆石的《金石录》仅录窆石有"顺帝永建元年五月"数字,清朱彝尊《曝书亭集》更认为"石本无字",窆石遗字为后人所刻,放置于"木窆—石窆—石碑"的墓碑形成环节中考察,作为墓碑的窆石应处于从木制到石制的过渡阶段,因此,将窆石认定为西汉时期的石碑未尝不可,但最早不可能超过秦代。因为,"三代刻石,虽见于史簿,然传世实渺,多由附会"④。因此,窆石的出现绝不可能是传说中大禹所在的夏代。因为现所见墓碑均源于周代圹墓用的大木,即使夏代真有窆石存在,也只能

---

① 朱剑心:《金石学》,文物出版社,1981年版,第211页。
② 朱剑心:《金石学》,文物出版社,1981年版,《序例》,第4页。
③ 卢蓉:《中国墓碑研究》,社会科学文献出版社,2015年版,第22页。
④ 朱剑心:《金石学》,文物出版社,1981年版,第203页。

是木质,而不可能是石质,而且孤独的一座窆石,也难以与所谓的"天子六繂四碑"制度联系起来。

上述观点,仅是一些推论,具体事实到底如何,则正如本节一开始所引嘉泰《会稽志》卷六所言:"窆石者,固碑之制度。至其数不同,或繇繁简异宜,或世代悠远,所存止此,皆不可知也。"

第三节　窆石的出现与禹庙的设立

作为用来装辘轳、下棺椁的石碑,窆石的出现与禹庙的设立之间存在着紧密的关系。

本书在第一章中已经叙述,禹葬会稽一事,开始流行于战国时期。《墨子·节葬下》曰:"禹东教乎九夷,道死,葬会稽之山。衣衾三领,桐棺三寸,葛以缄之,绞之不合,通之不埳,土地之深,下毋及泉,上毋通臭。"《吕氏春秋·安死篇》曰:"尧葬于谷林,通树之;舜葬于纪市,不变其肆;禹葬会稽,不变人徒。"《史记·夏本纪》曰:"帝禹东巡狩,至于会稽而崩。"正因为禹葬会稽,为了祭祀大禹,才有了越王世家的出现。

绍兴祭禹之典,相传发端于夏王启。《吴越春秋》卷六《越王无余外传》云,大禹子启即天子位后,"启使使以岁时春秋而祭禹于越"。"使使"的说法意味着夏王启的时代,就已经遣使臣来越祭祀大禹了。《吴越春秋》又称:"禹以下六世而得帝少康。少康恐禹祭之绝祀,乃封其庶子于越,号曰无余。余始受封,人民山居,虽有鸟田之利,租贡才给宗庙祭祀之费。乃复随陵陆而耕种,或逐禽鹿而给食。无余质朴,不设宫室之饰,从民所居,春秋祠禹墓于会稽。"与夏王启时代遣使来越祭祀大禹不同,少康时代已是让其子无余住在越国祭禹。从而有了《史记·越王句践世家》的说法:"越王句践,其先禹之苗裔,而夏后帝少康之庶子也。封于会稽,以奉守禹之祀。"

对于越王奉守禹之祀的具体地点,《吴越春秋》卷六云:"夏启立宗庙于南山之上。"《水经注》卷四十"浙江水"中曰:"先君无余,国在南山之阳,社稷宗庙在湖之南。"说的是在以秦望山为中心的会稽山时代,无余之国及都城在秦望山之南的嶕岘,其社稷宗庙曾经在秦望山之上和鉴湖之南。但禹庙在夏启时代设立于会稽山和无余时代设立于鉴湖之南的说法,与大禹治水一样,毕竟只能是一个传说,尚缺少相关实物证实,不能作为信史的依据。

　　本书第一章第二节《有关"大禹传说与越"的争议》中,曾引述陈桥驿先生的观点,认为"越为禹后说"与越王句践出于军事、内政、外交的需要而有意传播有关,因此,绍兴真正祭禹的历史得从句践开始。

　　句践北徙山阴大城,进入以覆釜山为中心的会稽山时代后,越国祭祀大禹的具体地点,经历了一个从模糊到清晰的流变过程。根据《越绝书》卷八的记载:

　　　　故禹宗庙,在小城南门外大城内。

　　文中的小城即句践小城,大城即山阴大城,一般认为在以府山为核心的绍兴城区。"故禹宗庙"中的一个"故"说明,句践在徙治会稽山北入驻山阴大城后,曾将祭禹之处设在句践小城外城山阴大城内南部的某处,具体地点已不可考证。《越绝书》卷八在记述禹至会稽时又曰:

　　　　当禹之时,舜死苍梧,象为民田也。禹至此者,亦有因矣,亦覆釜
　　　也。覆釜者,州土也,填德也。禹美而告至焉。禹知时晏岁暮,年加申
　　　酉,求书其下,祠白马禹井。井者,法也。以为禹葬以法度,不烦人众。

对于文中所涉的大禹亲择下葬地——覆釜,本书第二章《会稽山的出现》中曾专门讨论过,"釜"同"鬴",是古代的一种锅,覆釜(鬴)指倒放的锅,因此覆釜(鬴)指山的形状似倒放的锅。覆釜(鬴)山是会稽山的一部分,在现大禹陵景区的附近。由此可见,越国奉守禹之祀的地点,又从山阴大城内迁到了覆釜(鬴)山[①]。至于迁移的原因:一是在会稽山而不在山阴大城内祭祀,更符合文献和传说对大禹下葬处的记述;二是正如本书第二章中所言,山阴大城到覆釜(鬴)侧交通最方便,且有平易之地,易于展开祭祀活动。

　　进一步的问题是,越国在覆釜(鬴)山侧祭祀大禹是否是在禹庙中进行的?结合"(越王)封于会稽,以奉守禹之祀"(《史记·越王句践世家》)、"(秦始皇)上会稽,祭大禹,望护南海,而立石刻颂秦德"(《史记·秦始皇本纪》),以及司马迁也曾"上会稽,探禹穴"(《史记·太史公自序》),说明至少在越王句践时期,会稽山上已有祭祀大禹的仪式,祭禹的仪式或就是在禹

[①] 对于句践祭祀大禹的具体地点,《水经注·浙江水》曰:"句践所立宗庙,在城东明里中甘滂南。"所称的东南方位应与覆釜(鬴)山一致,但"明里中甘滂南"已很难考证,或许是句践将祭祀之地迁到覆釜(鬴)山侧前的一站,或许即是覆釜(鬴)山侧的具体指称。

庙中进行的。本节前已引《吴越春秋》之《越王无余外传》所云"启使使以岁时春秋而祭禹于越,立宗庙于南山之上",认为这仅是一种传说,不能作为信史的依据。但南山为会稽山别称,若考虑到《吴越春秋》为东汉时期的著作,其"立宗庙于南山之上"的说法,又可以反过来说明,至迟在东汉时期,禹庙已经存在于覆釜(鬴)山之上了①。

嘉泰《会稽志》卷六之"禹庙"记载:

> 禹庙在县东南一十二里。……禹陵旧在庙旁,今不知所在,独有当时窆石尚存,高丈许,状如秤权。庙东庑祭嗣王启,而越王句践亦祭别室。镜湖在庙之下,为放生池,临池有咸若亭,又有明远阁、怀勤亭。怀勤取建炎(宋高宗)御制诗"登堂望稽岭,怀哉夏禹勤"之句。

志中称"禹陵旧在庙傍,今不知所在"并不确切。因为据本章第二节《窆石考》中所引嘉泰《会稽志》卷六之"大禹陵"的记载:"自先秦古书,帝王墓皆不称陵,而陵之名实自汉始。"这说明在汉代之前,帝王墓皆不称陵。另,《越绝书》卷八又有"禹葬以法度,不烦人众"的说法。因此,在一定程度上,用来装辒辌、下棺椁的窆石就是禹墓存在的标志。正因为如此,本章第一节所引的嘉泰《会稽志》卷六之"大禹陵",才会谨慎地将窆石视为大禹下葬之处。另,本章第二节已经论证,窆石形成应在秦汉之间,最有可能形成于赵明诚所言的东汉"顺帝永建元年五月"。将窆石认定为西汉时期的石碑也未尝不可,但最早不可能超过秦代。而本节则已经论证,越王句践时期,会稽山上已有祭祀大禹的仪式,禹庙或在句践时期已经存在,至迟在东汉时期能够确认禹庙的存在。因此,可以肯定的是,窆石和禹庙迟在两汉之际或东汉之初都已存在。从窆石和禹庙演变的历史来看,最有可能是先有了战国时期禹庙的存在,后来至两汉之际,为了增加禹庙的权威性,人们在禹庙前立了窆石。从此,作为蕴含着地方历史、价值和理想的特殊符号,窆石和禹庙成了绍兴人民心目中的神圣之所在。

秦汉以来,为纪念有功烈于民的先代帝王,对其进行祭祀成为国家典礼的一部分。作为传说中夏代的始祖,祭祀大禹自然是国家典礼的重要组

---

① 对于禹庙,赵明诚《金石录》卷十七《汉禹庙碑》标有"光和二年",光和二年即179年己未,东汉灵帝光和二年。但《金石录》又指出,碑在龙门禹庙,显然不是会稽的禹庙。因此,到目前为止,并没有汉代会稽山禹庙的一手资料。

成部分。

自秦汉至北朝的六七百年间,对先代帝王的崇祀虽每朝代都有,但主要属于因巡守、校猎等的临时致祭,崇祀尚未成定制、常制,具有明显的随机性。典型的如公元前 210 年,秦始皇出巡,"上会稽,祭大禹,望于南海,而立石颂秦德"(《史记·秦始皇本纪》)。这是秦汉以后国家祭祀大禹的最早记载。

中国礼仪制度中的五礼体系,包括吉礼、宾礼、军礼、嘉礼、凶礼五个方面。总结五礼的发展过程,梁满仓指出:"汉末三国是五礼体系的孕育期,魏晋之际到萧梁前(北朝至北魏末)是五礼体系的发育期,萧梁至隋是五礼体系的基本成熟期。"[1]五礼体系中的吉礼主要是对天地日月、五帝诸神、山川海渎、先王宗庙等祭祀的礼仪规定,北魏时期,孝文帝太和十六年(492)二月诏曰:"法施于人祀,有明典;立功垂惠祭,有常式。……凡在祀令者有五帝:尧树则天之功,兴巍巍之治,可祀于平阳;舜播太平之风,致无为之化,可祀于广宁;禹御洪水之灾,建天下之利,可祀于安邑;周文公制礼作乐,垂范万叶,可祀于洛阳;其宣尼庙已于中省别敕有司行事。自文公以上,可令当界牧守各随所近,摄行祀事,皆用清酌尹祭也。"(《通志》卷四十三《礼志二》)将先代帝王的祭祀地点固定下来,并让所在地的牧守摄行祀事。如此,先代帝王即可以四季受享,不再是临时致祭。

孝文帝下诏祭祀夏禹的安邑,是传说中的禹都之一,在今山西运城市夏县境内。与北魏时期的山西夏县相呼应,嘉泰《会稽志》卷六之"禹庙"引用有南朝宋高宗的诗:"登堂望稽岭,怀哉夏禹勤。"因此,在绍兴禹庙的发展历史上,作为国家祭祀,真正正面记述禹庙祭祀大禹的,是在南北朝时期。北朝魏郦道元的《水经注》云:"禹庙在会稽山下,去禹井七里。"南朝宋时期,孔灵符的《会稽记》曰:"会稽山在县东南,其上石状似覆釜,禹梦玄夷苍水使者却倚覆釜之上是也。今禹庙在下,秦始皇尝配食此庙。"说明了会稽山禹庙的客观存在。南朝宋元嘉(424~453)年间,宋文帝特遣曾任法曹参军的文学之士谢惠连(为谢灵运族弟)至会稽祭禹。收录于《全宋文》的宋文帝的《祭禹庙文》,亦由谢惠连代撰,其中有"临朝总政,巡国观风,淹留稽岭,乃徂行宫"之语来描述会稽山禹庙。就目前掌握的材料而言,此文为

---

[1] 梁满仓:《论魏晋南北朝时期的五礼制度化》,《中国史研究》2001 年第 4 期,第 32 页。

国家祭祀中传世最早的祀禹祭文。至南朝梁时期,不仅有收录于《全梁文》由王僧儒撰写的《梁武帝祭禹庙文》,更留下了修禹庙时关于一根梁柱的神奇故事。宋嘉泰《会稽志》卷六之"禹庙"记:"……《越绝书》云:少康立祠于禹陵所。梁时修庙,唯欠一梁,俄风雨大至,湖中得一木,取以为梁,即梅梁也。夜或大雷雨,梁辄失去。比复归,水草被其上。人以为神,縻以大铁绳,然犹时一失之。"稍后的宝庆《会稽续志》卷七"梅梁"条亦云:"大梅山在鄞县东七十里,盖汉梅子真旧隐也。山顶有大梅木,其上则伐为会稽禹祠之梁,其下则为它山堰之梁。禹祠之梁,张僧繇图龙于其上,夜或风雨,飞入镜湖,与龙斗。后人见梁上水淋漓,而萍藻满焉,始骇异之,乃以铁索锁于柱。"张僧繇为南朝梁代画家,武帝天监(502~519)中掌管宫廷画事,擅人物故事及宗教画。与嘉泰《会稽志》比较,宝庆《会稽续志》更多了几分神奇。宝庆《会稽续志》卷七"梅梁"条还云:"或谓梅梁久已神化,故非其旧。抑诗人好奇,多见题咏,当有卓然不惑者,能究其实。"故此,后人在禹庙题咏中常见"梅梁"二字,"梅梁"遂成为禹庙(见图4-2)的标志和代名词。

图4-2　绍兴大禹陵景区的禹庙(钟守诚摄)

　　祭祀先代帝王之礼,隋代是一个转型期。隋统一天下后,整肃礼制,将对先代帝王的崇祀列为常祀,并设有配食者。隋文帝在先代帝王始创基业的肇迹之地建置庙宇进行祭祀:"使祀先代王公帝尧于平阳,以契配;帝舜于河东,咎繇配;夏禹于安邑,伯益配;殷汤于汾阴,伊尹配;文王、武王于沣渭之郊,周公、召公配;汉高帝于长陵,萧何配。各一太牢而无乐。配者飨于庙庭。"(《隋书》卷七《礼仪志二》)隋文帝常祀大禹的地点,与北魏时期相同,亦是在山西安邑。或许是因为朝代短暂,隋时期绍兴禹庙的祭祀情况,现只有在赵明诚的《金石录》中才能觅得踪影。其在卷二十二"隋禹庙残碑"条记述:"右《隋禹庙残碑》,其文字摩灭十五六,而其末隐隐可辨,云'会稽郡'□□□史陵书。笔法精妙,不减欧虞。案唐张怀瓘《书断》云:'褚遂良尝师史陵,盖当时名笔也。'"说明隋朝在会稽郡禹庙,曾立过史陵书的碑记。

　　沿着隋朝祭祀先代帝王的礼制,唐代又加以规范,开创了在京城修建古代帝王庙的先例。同时规定历代帝王肇迹之处,未有祠宇所在的郡置一庙,令郡县长官春秋二时择日致祭,并取当时将相德业可称者二人配享。与隋朝一样,唐代祭祀夏禹仍在山西安邑,并以伯益、伯夷配享。相对于隋朝的落寞,绍兴有关禹庙的记载,在唐朝变得丰富多彩起来。其中有当时越州长史宋之问的《祭禹庙文》:"维大唐景龙三年岁次己酉月日,越州长史宋之问谨以清酌之奠,敢昭告于夏后之灵。"(《全唐文》卷二百四十一)有唐德宗的《祭大禹庙文》:"维贞元元年某月某日,皇帝遣某官以牢醴之奠,敬祭于大禹之灵。"(《全唐文》卷四百七十五)

　　唐朝禹庙记载的丰富性,集中体现在了唐宪宗元和年间的相关文献上。嘉泰《会稽志》卷十六"碑刻"条记:"《复禹衮冕并修庙记》,元和三年十月,崔及撰,马积正书篆额十二字。在禹庙,今名告成观。"元和三年十月即唐宪宗元和三年(808)十月,衮冕即衮衣和冕,是古代皇帝及上公的礼服和礼冠。那一年,唐宪宗让大禹穿上衮冕,并修葺了禹庙。嘉泰《会稽志》卷十六"碑刻"条还记:"《薛苹禹庙祈雨唱和诗》,薛苹及和者崔述等十七人,共十八诗,豆卢署正书。刻于复禹衮冕碑之阴。"薛苹为元和二年(807)至五年(810)间越州刺史,该条记录说的是,在《复禹衮冕并修庙记》碑之阴,还有禹庙祈雨唱和诗十八首。

　　由于唐宪宗的重视,元和年间禹庙的活动也是丰富多彩。嘉泰《会稽志》卷十六"碑刻"条记:"《禹庙题名》,张良佑、孟简等十一人,元和十年三月二十七日,祭南镇,谒禹庙毕,至寺。"孟简为元和九年(814)至十二年(817)越州刺史,该条记录说明,唐宪宗元和十年(815)三月,孟简等立《禹庙题名》碑并谒禹庙。嘉泰《会稽志》卷十六"碑刻"条又记:"又题名二人,去年同游,今年不到。张良佑、孟简七人,今年续到同游。郑逾元和十一年四月三日记。后又题奉使续到刘茂孙。"说的是唐宪宗元和十一年(816)四月,孟简等补《禹庙题名》,再谒禹庙。嘉泰《会稽志》卷十六"碑刻"条还记:"庾肩吾、孟简《禹庙诗》,谢楚行书,元和十一年八月二十六日。"庾肩吾为南朝梁代文学家,该条说的是元和十一年(816),将庾肩吾、孟简等的《禹庙诗》,刻为碑立在了禹庙。

唐朝禹庙活动的丰富性,还体现在唐诗之中。上述所引元和年间有关禹庙的记录,并未指明具体地点。而在《全唐诗》中,宋之问《谒禹庙》的"茅殿今文袭,梅梁古无制"、徐浩《谒禹庙》的"梅梁今不坏,松祏古仍留"、钱倧《题禹庙》的"尘埃共锁梅梁在,星斗俱分剑鞬存",均提到了梅梁。梅梁从南朝梁开始就是禹庙的标志和代名词,说明唐朝的禹庙与南北朝时期的禹庙均在同一位置。

两宋与唐代不同,并未在国都汴梁和杭州设置帝王庙,似乎也没有在先代帝皇始创基业的肇迹之地建置庙宇祭祀,而是遣官前往先代帝王名臣的陵庙致祭。宋太祖乾德四年(966)诏曰:"历代帝王,或功济生民,或道光史载,垂于祀典,厥惟旧章。兵兴以来,日不暇给有司废职,因循旷坠。或庙貌攸设,牲牷罔荐;或陵寝虽存,樵苏靡禁。仄席兴念,兹用恻然。其太昊(葬宛丘,在陈州)、女娲(葬赵城县东南,在晋州)、炎帝(葬长沙,在潭州)、黄帝(葬桥山,在坊州)、颛顼(葬临河县,在澶州)、高辛(葬濮阳顿丘城南,在澶州)、唐尧(葬城阳谷林,在郓州)、虞舜(葬九疑上,在永州)、夏禹(葬会稽,在越州)、成汤(葬汾阴,在河中府)、周文王武王(并葬京兆咸阳县)、汉高祖(长陵)、后汉世祖(原陵在河南洛阳县)、唐高祖(献陵在耀州三原县东)、太宗(昭陵在京兆醴泉县北九嵕山),十六帝各给守陵五户,蠲其他役,长吏春秋奉祀。……"(《文献通考》卷一百零三《宗庙考十三》)宋太祖按照先代帝王的等级来设置陵户,从而确定祭祀规格。夏禹与炎帝、黄帝一样,列第一等十六帝之中,致祭地点在越州的会稽山。从南北朝至唐代,国家帝王祭祀一直在传说中的禹都山西运城进行祭祀大典。宋代由于没有在京城和先代帝皇始创基业肇迹之地祭祀,一下提高了会稽山祭禹的地位。赵佶徽宗政和四年(1114)二月,宋嘉泰《会稽志》卷六记:"禹庙在县东南一十二里,……政和四年,敕改禹庙为道士观,赐额曰告成。"宝庆《会稽续志》云:"告成观在县东南七里。政和中,即禹庙为之,故自三清殿及三门、两廊,皆政和以后所创,独禹庙为旧物,梅梁至今犹在,则其古可知矣。"说明宋代曾有禹庙变道观的经历,但禹庙一直在原来位置上。

南宋政府受到国力的限制,祭祀帝王不如北宋之盛。由于偏安江南,故对历史上曾经在江浙地区活动的一些帝王重点加以祭祀。南宋高宗绍兴元年(1131),"命祠禹于越州,及祠越王句践,以范蠡配"。(《宋史·志第五十八·吉礼八》)夏朝的大禹、春秋的越王句践、范蠡都纳入到了祀典之中。

元代崇祀先代帝王之典不废,但没有唐、宋隆重。元代皇帝每年春秋仲月会命侍臣到山西龙门祭禹帝庙。因此,在元代,大禹的国家祭祀又回到了山西。元代也重视绍兴禹庙的祭祀,有关的记载主要有两条:乾隆《绍兴府志》卷七十九《艺文志》之元邓文原《帝禹庙碑》曰:"至大辛亥,绍兴路重修帝禹庙成,江浙行中书省平章政事臣某等遣使驿闻,请记其事,镵诸乐石,而以命臣文原,制曰可。"记载的是元至大辛亥(1311)年,太守朵儿赤公葺而新之,绍兴路重修帝禹庙成,时江浙行中书省平章政事特请江浙儒学提举邓文原撰了《帝禹庙碑》一文。据元韩性《元绍兴路修庙记》(引自明万历《会稽县志》卷十三《祠祀》)记载,泰定甲子(1324)年,太守王克敬又修营,次年毕工时请儒学大家韩性撰了《元绍兴路修庙记》。结合两条记载,至大辛亥到泰定甲子只隔十四年就两修禹庙,且均为"有司"(太守)主事,可见其时修营看护有当。韩性《元绍兴路修庙记》有云:"今庙据南镇之左,镜湖之上,宫室钜丽,山川环拱",说明当时的禹庙一直在原来的位置。

第四节 会稽山禹庙与涂山禹庙关系辨

本章上节之所以要一再强调,绍兴的禹庙一直在城东南会稽山之覆釜山侧的窆石旁,是为了与绍兴另一禹庙——涂山禹庙作一比较。本章的第一节曾论述过阮元的《两浙金石志》将属于涂山禹庙的资料,误引到会稽山禹庙之中一事,为了对绍兴的禹庙有更清晰的认识,对于会稽禹庙和涂山禹庙的关系,尚有进一步讨论的必要。

对于涂山和禹之间关系的记述,最早或出现在《左传·哀公七年》:"禹会诸侯于涂山,执玉帛者万国。"认为涂山是禹会诸侯之地。《楚辞·天问》则云:"禹之力献功,降省下土四方,焉得彼涂山女,而通之于台桑?闵妃匹合,厥身是继,胡维嗜欲同味,而快朝饱?"《尚书·益稷》也有:"予创若时,娶于涂山,辛壬癸甲。"《吕氏春秋·音初》更云:"禹行功,见涂山之女,禹未之遇,而巡省南土。涂山氏之女乃令其妾候禹于涂山之阳,女乃作歌,歌曰:'候人兮猗!'"以上文献均认为涂山是大禹婚娶之地。《史记·夏本纪》分析总结道:"禹曰:'予娶涂山,辛壬癸甲,生启予不子,以故能成水土功。'"也认为涂山是禹娶妻之地。然而,上述文献对涂山和禹关系的记述,并未言及会稽。将会稽与涂山、禹联系起来的是《越绝书》。《越绝书》卷八云:"涂山者,禹所娶妻之山也,去县五十里。"此处所称的县指的就是绍兴的山阴县。从此,才开始有绍兴地方文献对涂山与禹关系的记述。

鲁迅先生所辑南朝孔灵符的《会稽记》,将以下一条记录归在涂山禹庙之下:"始皇崩,邑人刻木为像祀之,配食夏禹。后汉太守王朗弃其像江中,像乃溯流而上,人以为异,复立庙。"由此,将涂山禹庙的建立时间上推至秦汉之际。鲁迅先生注此条记录引自嘉泰《会稽志》卷六,但查嘉泰《会稽志》卷六,发现该条归在诸暨县之"秦始皇庙"目下,与山阴县涂山禹庙并无任何关系。

查阅相关资料,有关山阴涂山禹庙的记录,出现在三国时期。《太平寰宇记》卷九十六《江南东道八·越州》之"禹庙"条有:"禹庙侧有石船,长一丈,云禹所乘也。孙皓刻其背,以述功焉,后人以皓无勋可记,乃覆船刻它字,其船中折。"孙皓(242~284)是三国时期吴国末代皇帝,该条记录说明,至迟在三国末期,涂山禹庙业已存在。嘉泰《会稽志》卷十三"古器物"下又有:"古珪、青玉印,《寰宇记》:宋武修涂山禹庙,得古珪。梁初,又得青玉印。"《太平寰宇记》卷九十六《江南东道八·越州》记述涂山时也有:"宋武修庙得古珪,梁初又得青玉印。"说明南朝宋武帝(420~422)时期,曾经修缮过涂山禹庙。

古代文献中,真正对涂山禹庙进行正面描述的是嘉泰《会稽志》,其卷六之"涂山禹庙"记:"涂山禹庙,在县西北四十五里。事具涂山。"只有寥寥数笔,其中原因,嘉泰《会稽志》卷九之"涂山"说得明白:

涂山，在县西北四十五里。旧经云：禹会万国之所。按：《史记》、《国语》，禹会诸侯于会稽，执玉帛者万国。防风氏后至，禹诛之。史载仲尼之言曰："越人得其骨节专车。"《书》曰：禹娶于涂山。注：涂山，国名。《左传》：禹会诸侯于涂山。杜预注：在寿春县东北。说者云：今濠州也。苏鹗《演义》云涂山有四：一会稽，二渝州巴南旧江州，三濠州，四当涂县。又引《文字音义》云：峹山，音涂。涂，古国名。既为古国，禹娶之宜矣。自《越绝》等书，皆云禹娶于会稽涂山。应劭曰：在永兴北。永兴，今萧山县也。《吴越春秋》又兼载涂山之歌，其说不经，大氐渝、濠、宣、越之涂山，皆有禹迹。盖禹之浚川，虽尝遍历海内，其会诸侯于会稽，则信而有征。至娶妇处，则好事者传会于此，非其实也。又柳子厚山铭、东坡庙诗乃在渝、濠，非此之谓。

在确认山阴涂山在县西北四十五里和引用相关文献说明全国的涂山有四处的基础上，嘉泰《会稽志》的结论是："盖禹之浚川，虽尝遍历海内，其会诸侯于会稽，则信而有征。至娶妇处，则好事者传会于此，非其实也。"显然，嘉泰《会稽志》对禹是否到过绍兴涂山一事，表现出谨慎的否定。也正因为如此，嘉泰《会稽志》对涂山禹庙的记载只有了了数笔，并没有作更多的描述和考证。

然而，相关记载表明，涂山禹庙在宋元时期又似乎热闹过，万历《绍兴府志》卷十九《祠祀志一》之"坛、庙、祠、堂、亭"中云：

山阴大禹庙，在涂山南麓。宋元以来，咸祀禹于此。国朝始即会稽山陵庙致祭，兹庙遂废。又一在三江巡检司北，一在余姚东山。

其中一语："宋元以来，咸祀禹于此。国朝始即会稽山陵庙致祭，兹庙遂废。"似乎在告诉人们，宋元以来，绍兴祭祀大禹的中心在涂山禹庙，只是到了明代，才迁到会稽山的禹庙去祭祀。由此引出许多话题。

本章第二节在讨论禹庙前的窆石时，认为会稽山禹庙前的窆石，并不是涂山禹庙中的石船。其中的主要理由是，位于绍兴西北四十五里的涂山禹庙，和位于绍兴南十三里的会稽山禹陵，是风马牛不相及的两个方向。阮元的《两浙金石志》将两者混为一谈，把属于涂山禹庙的资料，误引到了会稽山禹陵之中。但万历《绍兴府志》中一句："宋元以来，咸祀禹于此。国朝始即会稽山陵庙致祭，兹庙遂废。"显然为将涂山禹庙中的石船搬到会稽山禹庙前提供了条件。徐德明的《绍兴禹庙窆石考》[①]，就是通过引用万历《绍兴府志》那条记载，认为在唐中期以前，窆石一直在山阴县西北四十五里的涂山禹庙，其用途原为孙皓纪功碑，后改作祭禹杀牲用碑，宋移至会稽禹庙后始称作窆石，只是附会传说而已。

　　问题在于，宋元以来，绍兴祭祀大禹的中心真的是在涂山禹庙吗？本章第三节已经论证过，东汉以来，经历南北朝和唐宋元时期，禹庙一直都在绍兴城区东南的会稽山上，而且对其记载的丰富性，远远超过了涂山禹庙，万历《绍兴府志》怎么会出现"宋元以来咸祀禹于涂山禹庙"这一结论呢？细读万历《绍兴府志》，其称涂山禹庙为"山阴大禹庙"，那么山阴大禹庙是否就是绍兴禹庙呢？在古代许多时期里，现在的柯桥区、越城区以及上虞区的一部分地方，一直分为会稽和山阴两县。因此，万历《绍兴府志》中的"宋元以来咸祀禹于涂山禹庙"，应该是指山阴县祭祀大禹，自从宋元以来一直在涂山禹庙，而绍兴府和会稽县祭祀大禹则一直在会稽山禹庙。也就是说，在宋元时期，绍兴祭祀大禹有两座禹庙：一是绍兴府和会稽县祭祀的会稽山禹庙，一是山阴县祭祀的涂山禹庙。而至明代，涂山禹庙搬迁至会稽山，与会稽山禹庙合并。自此以后，绍兴府与会稽、山阴二县均祀大禹于会稽山禹庙，涂山禹庙慢慢消失在历史的长河里。

　　因此，绍兴祭祀大禹主要在会稽山禹庙，在涂山禹庙祭祀大禹，只是宋元时期的一个插曲而已。

第五节　从窆石到大禹陵碑

　　明朝对历代帝王的崇祀极为重视，超越前代。洪武三年（1370），朱元璋遣使寻访先代帝王陵寝，得七十九处。经礼官考查，认定功德昭著者三十六位致祭，其中夏禹陵寝认定在浙江的会稽县。万历《绍兴府志》收有《皇明传制祭文》（洪武三年）、《登极祭文》（洪武四年）、《春秋二祭文》等多篇祭文，可见明代对禹庙祭祀的重视。在认定先代帝王陵寝基础上，洪武六年，朱元璋在南京钦天山南修建历代帝王庙致祭。明代帝王庙的神位布局自有特色，为同堂异室结构，总共五室十七帝，其中西一室祭祀三代的夏

---

① 徐德明：《绍兴禹庙窆石考》，《东南文化》1992 年第 2 期，第 197～204 页。

禹、商汤、周文王三王。由于不再在传说中的禹都——山西安邑祭祀大禹，绍兴会稽山祭禹的地位得到了很大的提升。

或许正因为明代的重视，禹庙的标志经历了从窆石到大禹陵碑的转变。

按照本书第二章第三节对覆釜山为中心会稽山的阐述，禹冢应该在覆釜山上，窆石自然也应该在覆釜山上。但不知出于何原因，窆石却是从覆釜山往北迁移了数十米，一直矗立在覆釜山北与覆釜山相连的石帆山西麓。或许在确定禹庙和窆石位置的当初，人们以为石帆山属于覆釜山的一部分，两者是同一座山，故将窆石立在了石帆山麓。由此，从汉代开始，至明嘉靖三年(1524)前，石帆山下会稽山禹庙左侧的窆石一直是大禹陵的标识。这一切，在明韩阳撰的《禹陵重建窆石亭记》中体现得最为充分。

《禹陵重建窆石亭记》碑，位于绍兴大禹陵风景区禹庙东首窆石亭旁。通高二百零九厘米，宽八十八厘米，厚二十八厘米。其中额高五十三厘米，刻云龙图案，中篆"禹陵重建窆石亭记"八字，阴刻，分四竖行，行二字，字径高十二厘米，宽七厘米。碑文楷书，阴刻。共二十五竖行，满行四十七字，字径二点五厘米。碑身周饰云纹。明天顺六年(1462)九月，绍兴府经历谢思聪、山阴县知县吴琁、会稽县知县陈鉴等立，山阴韩阳撰文，曹甫山书。楷书镌记明绍兴知府彭谊重修窆石亭事，并考证了窆石的来历。碑阴《窆石碑阴记》刻于明成化元年(1465)中秋后，罗周撰。

《禹陵重建窆石亭记》(图4-3)的具体内容为：

> 按《史记》：禹至江南，会诸侯于涂山，爵有德，计有功，因崩遂葬焉。亦犹舜南巡至苍梧，因崩遂葬其地也。禹葬后，夏后少康封庶子夫余于越，以奉守禹祀。《皇览》云：禹冢在会稽山。《郡志》谓，山本苗山，因禹之会计于此，而易名焉。古帝王葬所，曰冢、曰墓，陵之名则自汉始，夫窆石者窆下棺也，或谓下棺之后以此石镇之。及考《檀弓》注，天子葬用四碑。窆石与碑制类，其数不同，可繁简异宜，或世代悠远，所存止此，皆不可知焉。石上有遗字，宋直宝文阁王顺伯《金石录》云是汉刻。第以岁久模糊，难以考辨。石之下，即神禹所藏穴也，故先辈有"一代衣冠埋窆石"之句。旧有亭覆其上，柱皆以木之为，风漂雨摧，速成易朽，殊非久远之规。天顺戊寅，羊城彭公谊以廷臣来知府事，谒陵之后，睹亭之倾覆，徘徊叹息。谓斯陵乃先圣王所藏之穴，国朝岁时致祭，三年则遣使函香捧帛诣陵而祝告之，礼莫重焉。虽有殿堂，而所

尊所重以是陵故也。吾为守土之职,敢不上体朝廷崇重意,加臣子敬事之心哉。即用工凿山取石,为柱为楣而重建之。不二年来,亭成功就,其为永远之计,方诸旧规大不侔矣。落成之后,公以述职之京,府之贤佐金谓不可无文勒石,垂视将来。以阳生长于斯,而归老于斯,征文以记。固辞不获,乃言曰:昔夏禹王之治洚水也,九年疏河凿山,胼手胝足,以致平成,万世永赖,生灵享祀与穹壤相为无穷。古先帝王固有功德于民,而王之神功圣德又莫大焉。先师孔子于《鲁论》尝曰:禹吾无间然矣。重言赞而称之。今圣躬所藏之穴在于会稽,凡生于兹土,仕于兹郡者,安可不加恭加敬而怠忽乎。亭覆于上至为切要。屡遇损坏倾颓,亦有视为末事而弗顾者。非彭公之所崇重,以朝廷尊崇之心为心,用功留意于悠久之计,曷克臻于是哉? 兹特书其作亭之事,其余殿堂门庑重修重葺者尚多,以俟文章钜公大手笔记之,故不赘。
(抄录自绍兴大禹陵景区窆石亭左《禹陵重建窆石亭记》碑)

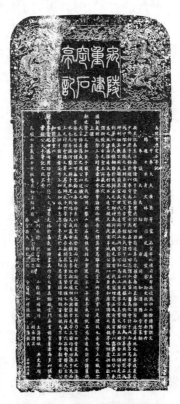

图 4 - 3　禹陵重建窆石亭记

从上文中可看出,《禹陵重建窆石亭记》明确将窆石之下视为大禹所藏穴即下葬之处,并指出,窆石自古有亭覆其上,其柱皆以木为之。明天顺元年(1458),羊城彭谊任绍兴知府,去窆石"谒陵,睹亭之倾覆,徘徊叹息。谓斯陵乃先圣王所藏之穴,国朝岁时致祭,三年则遣使函香捧帛诣陵祝告之,礼莫重焉。虽有殿堂,而所尊所重以是陵故也"。可知明天顺年间,皇帝每三年一次遣使诣陵祝告,地点即在窆石亭。面对倾覆的窆石亭,彭谊立即用工凿山取石,历时二年,建石柱八角亭覆于其上。天顺六年(1462)工毕,韩阳作《禹陵重建窆石亭记》述其事。因此,从《禹陵重建窆石亭记》中可看出,明天顺时期尚认定窆石之下即是大禹的墓穴,窆石是大禹陵的标识,人们还在窆石亭祭祀大禹。

分析相关文献可以看出,对于禹陵位置的认定,明嘉靖年间发生了较大的变动。

万历《绍兴府志》卷二十《祠祀志二》之"陵、墓",如此介绍了会稽禹陵的变化:

> 近嘉靖中,闽人郑善夫定在庙南可数十步许,知府南大吉信之,立石刻"大禹陵"三大字,覆以亭,恐亦未足为据。

郑善夫(1485~1523),字继之,闽县(今福州)人,世代书香,少有才名,精于易经、数学和历法。弘治十七年(1504)举人,弘治十八年进士。历任户部主事、礼部主事、员外郎,嘉靖初起任吏部郎中。郑善夫敦行谊,以清操闻名,所交尽名士,明史有传。据王勇所作的郑善夫年谱考证,郑善夫来绍兴应该是在正德十五年。正德十五年,郑善夫从杭州来到绍兴,游览了兰亭、鉴湖、禹穴等地,并作有《禹穴记》等诗文。嘉靖二年(1523),郑善夫的确也曾想去绍兴访王阳明,但未成行便去世了①。因此,万历《绍兴府志》称"近嘉靖中,闽人郑善夫定在庙南可数十步许"应有误。郑善夫确定禹陵位置的时间并不是在嘉靖中,而是在正德十五年(1520)。对于郑善夫如何确定禹陵方位一事,有郑善夫的《禹穴记》可供参考。据清嘉庆《山阴县志》卷二十八《艺文》,《禹穴记》全文内容如下:

> 禹穴在会稽山阴,昔黄帝藏书处也。禹治水至稽山,得黄帝《水

---

① 王勇:《郑善夫研究》,2010年暨南大学硕士学位论文,第195~196、206页。

经》于穴中,案而行之,而后水土平,故曰禹穴。世莫详其处。或曰即
今阳明洞是已。又云,禹既平水土,会诸侯,稽功于涂山,寻崩,遂葬于
会稽之阴,故山曰会稽,穴曰禹穴,至今窆石尚存。或然也。后二千余
年,而司马迁氏来探,书禹穴,归而作《史记》,文章焕然,为百代冠,说
者谓是山川之助也。又后千余年,而晋安郑善夫氏及山阴朱君节、王
君琥氏来,复探禹穴,寻黄帝藏书处,乃玩梅梁,摩挲窆石,睹先圣王遗
像,得禹穴于菲井之上,徘徊瞻眺,想其卑宫而菲食,为之喟然兴怀。
夫自禹迹以后三千年间,游者不知其几,而惟司马氏显此山水之能,发
为文章亦惟司马氏。世有不为文章者,于山川何取也?自昔至人,见
转蓬而造车,观游鱼而造舟,得河图而成卦,因洛书而作范,咸取诸物
也。余乃今知所取于山川矣。

文中郑善夫说"窆石尚存",肯定了窆石是禹葬时的一种工具,至于窆石之
下是否就是禹葬之穴,则说"或然也",实际作了否定的回答。禹穴到底在
何处?郑善夫曾去宛委山寻黄帝藏书处,又到曾用梅木做梁的禹庙瞻仰了
大禹像,还去禹庙左侧坡上,抚摸窆石,踏看了菲井的上下左右。调查考察
了禹庙周围的地形地物地貌后,郑善夫"得禹穴于菲井之上",指出了大禹
墓穴所处的具体方位所在。问题在于,郑善夫为何能"得禹穴于菲井之
上"?菲井即菲饮泉,查嘉泰《会稽志》卷十一之"泉"中记:"菲饮泉,在大禹
寺侧。王龟龄诗云:梵王宫近夏王宫,一水清涵节俭风。越俗不知王好恶,
泉名恰在酒名中。"结合《禹穴记》中有"想其卑宫而菲食"句,因此,郑善夫
强调菲饮泉,只能说明大禹的节俭,然与重新确立禹陵似乎并没有什么直
接的关系。对于"菲饮泉"中提到的大禹寺,嘉泰《会稽志》卷七之"寺院"中
有:"大禹寺,在县南一十二里。梁大同十一年建,会昌五年毁废,明年重
建。寺自唐以来为名刹,西偏有泉名菲饮,有亭覆之。绍兴中,王编修钰题
名大字刻泉上。"其中只讲了大禹寺建于何年,以及与菲饮泉距离很近,也
没有关于大禹寺和重新确立禹陵方位关系的相关信息。或许正因为郑善
夫没有正面提供重新确立禹陵方位的充分理由,因此万历《绍兴府志》称新
禹陵的方位"恐亦未足为据"。

对于郑善夫为何能"得禹穴于菲井之上"这一问题,或许得从其他文献
去找些蛛丝马迹。嘉泰《会稽志》卷十八"拾遗"中曰:"千人坛,即禹陵也。
《史记·正义》引《会稽旧记》云:禹葬茅山,有聚土平坛,人功所作,故谓之

千人坛。"万历《绍兴府志》卷二十《祠祀志二》之"陵、墓",在讲述郑善夫确定禹陵方位前也有如是一段文字:"《史记·正义》又引《会稽旧记》云:禹葬茅山,有聚土平坛,人功所作,故谓之千人坛。独悬窆处,不可亿知。《嘉泰志》:是山之东,有陇隐若剑脊,西向而下,下有窆石,或云此正葬处,疑未敢信。……近嘉靖中,闽人郑善夫定在庙南可数十步许……"万历《绍兴府志》的这段文字告诉我们,郑善夫对禹陵方位的确定,是在禹陵原址"有陇隐若剑脊"与千人坛的比较中进行的。笔者曾对窆石所在位置与现大禹陵的位置进行过踏勘,总体印象是,窆石所在的陇上地处狭隘,山陡坡峭,显得比较局促,而现大禹陵所在位置则更像"千人坛",显得较为平阔。由此,郑善夫得禹穴于菲井之上,或许主要是因为此处较为开阔,易于举行祭禹仪式之故。

万历《绍兴府志》中所称的立石刻"大禹陵"的绍兴知府南大吉,字元善,号瑞泉,陕西渭南人,性豪宕,雄于文。明正德六年(1511)进士,嘉靖二年(1523),以部郎出任绍兴知府。南大吉之所以会相信郑善夫对禹陵的判断,原因有二:一是南大吉与郑善夫同是王阳明的弟子。从郑善夫年谱中可看出,郑善夫是一位虔诚的阳明学信徒。对于南大吉,万历《绍兴府志》卷三十八中《人物志四》"名宦(后)"记:"当是时,王文公讲明圣学,大吉初以会试举主称门生,犹未能信,久之,乃深悟痛悔,执贽请益,文成曰:'人言不如自知之明。'自悔之笃于是。稍就平和,乃葺稽山书院,创尊经阁,简八邑才俊弟子讲习其中。刻《传习录》,风示远近,文成振绝学于一时,四方云集,庖廪相继,皆大吉左右之也。"可见其也是一位虔诚的阳明学信徒。阳明弟子容易同声相应、同气相求。二是南大吉在绍兴知府任上,锄奸兴利,为绍兴人民做了许多实事。敬圣王、敦民风,进行隆重的祭禹仪式,是其中的重中之重。在这一背景下,将精于易经、数学和历法的郑善夫所确立的较为广阔平易的禹陵位置确定下来,并举行祭祀仪式,是一件十分自然的事。

笔者在禹陵附近的禹陵村采访时,曾听到过这样一种说法:石帆山下其他地方的竹子都生长茂盛,唯独大禹陵碑附近一带的竹子,始终生长不起来。为了搞清原由,村民们曾挖地数尺,发现地下铺满了木炭,从而导致竹子生长不旺。因此,禹陵村的人认定,大禹陵碑附近一带就是下葬大禹的地方。

到清代,历代帝王庙成为清室继承前明的一宗历史文化遗产,并使崇祀历代帝王的礼制与活动达到了顶峰。清统治者对诸帝陵墓给予优惠待遇,凡有皇帝巡游,途经先代帝王陵庙,皆有祭享之礼,大禹陵自然是其中关注的重点之一,康熙、乾隆二帝都曾巡会稽,祭禹陵,但祭祀改在了大禹陵碑一带。

现在,明嘉靖初兴建的大禹陵园,依然在会稽山(覆釜山)稍北的石帆山西麓之下。两侧山脉,左逶右迤,状若侍卫,一派王者气象。大禹陵园中有石碑一座。陵碑以长方形石为底座,碑身高 4 米,阔 1.9 米,字径 1.23米,上有"大禹陵"三字,为南大吉亲笔所书(见图 4-4)。这一石碑,自明嘉靖三年(1524)以来到现在,替代禹庙左侧的窆石,成为禹陵的标识。从此,窆石和禹陵不再合一,成为两处不同的景致。

图 4-4　绍兴大禹陵景区的大禹陵

第六节　缵禹之绪:禹庙的布局与结构①

随着明正德嘉靖年间大禹陵位置的确立,以禹庙和大禹陵为核心,禹庙的格局和结构已经完全形成(参见明万历《绍兴府志》之"禹陵图",图 4-

---

① 本节部分内容参考了沈建中先生《大禹陵志》第四章《大禹庙》。

5)，现存禹庙建筑的布局与明代的禹陵图已经没有多少区别。

大禹陵景区是一处规模宏大的古典风格建筑群，由禹陵、禹庙、禹祠三部分组成，占地40余亩，建筑面积两千七百多平方米，为全国重点文物保护单位。

禹陵面临禹池，前有石构牌坊，经过百米甬道，有"大禹陵"碑亭，字体敦厚隽永，为明嘉靖年间绍兴知府南大吉手笔。

禹庙在禹陵的东北面，以辕门为出入口。辕门有二，都在东、西围墙南端，二门互为对称。平面呈横长方形。悬山顶，四柱，前檐二柱垂莲，梁枋、斗拱彩绘。

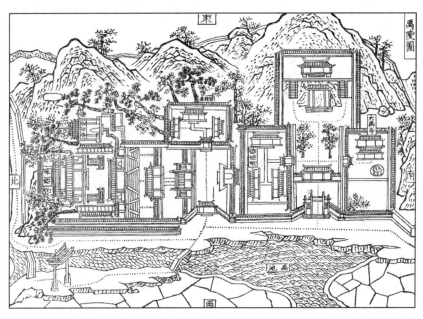

图4-5　禹陵图（明万历十五年[1587]《绍兴府志》刻本）

入辕门即为贯通禹庙南北的中轴。其中轴线建筑自南而北依次为：照壁、岣嵝碑（亭）、午门、拜厅（亦称祭厅）、正殿（大殿），正殿东阜有窆石亭，午门东墙外为宰牲房。建筑依山势逐渐升高。

中轴南端的照壁，为禹庙南墙。猰兽顾日碑雕在禹庙南围墙上，面对岣嵝碑。照壁四角各有一个浮雕图案，右上"凤凰牡丹"，左上"白鹤莲花"，右下"秋雁黄菊"，左下"喜鹊梅花"，象征了一年四季的景色。照壁正中有一幅砖刻浮雕，以一怪兽为主体。怪兽形状奇异，鹿角、狮尾、牛蹄、龙鳞，四足踩元宝、如意、珊瑚、玉环,周边有灵芝、摇钱树等珍稀宝物,还怒目昂首一轮红日。人称"贪兽顾日"碑。民间传说,此兽名"猰"贪婪无比,在海边看到东升红日,妄想立即吞食,致其淹死沧海。在禹庙的南墙雕上贪得无厌的猰,其中的寓意非常深刻。

照壁前为岣嵝碑亭,亭中的碑,人称"岣嵝碑"。岣嵝文,又称蝌蚪文,是中国古代八大神秘文字之一。岣嵝文出自湖南衡山七十二峰之一岣嵝山云密峰,传为大禹治水时所刻。碑文凡七十七字,有明代大学者杨慎(升庵)的释文。明嘉靖中,会稽人季本守长沙,从岳麓书院摹碑文来归。嘉靖十九年(1540)九月,绍兴知府张明道偕僚佐无锡安如山、浦江周凤歧发起。按岳麓书院摹本翻刻入石,末附张明道跋语。次年秋末工成,立于禹庙前院,北向。筑有石栏保护。

岣嵝碑亭前是午门。午门有三门,中门常闭,只有举行祭禹典礼和皇帝祭禹时才能打开,且只有皇帝才有资格跨越中门,他人等只能从两旁的边门出入。午门的梁架为清乾隆间制作。单檐歇山顶造,梁架均施彩绘。东西门梁两端垂莲柱各一。屋顶铺筒板瓦,正脊中部石灰堆塑飞龙抱珠、鲤鱼跃浪;有火眼焰珠,背侧有坎卦的图形,是水的象征。两侧各饰相向飞凤。正脊两端有"龙尾插剑"正吻。垂兽为狮,戗兽作虎。戗脊上,列龙、凤、海马、狻。狻为古代传说中的兽名,其状如犬,色斑似豹,音如犬吠。民间传说,见狻则五谷丰登。

午门两侧各有次间三间。前廊脊檩栿上雕凤凰、鹦鹉、牡丹、灵芝等物图,工艺精巧。西次间内东西墙下,各有碑一方:一为《重修会稽大禹庙官绅姓氏碑》,清咸丰八年(1803)立;一为《重修会稽禹庙碑》,清道光十一年(1831)立。

午门与岣嵝碑之间,据明代《禹陵图》的描绘,其间原有华表一对,棂星门三间,柱下各有一石狮。1970年,该处建筑被农药厂砸毁,被用作农药厂厂房的基石。

穿过午门,走过一段石板路,即到百步禁阶。阶前有一鼎,铭曰"缵禹之绪",意为继承大禹的事业。登上百步禁阶到拜厅。拜厅,也称祭厅,是祭祀的地方,共三间。单檐歇山顶,厅堂式建筑。据传,前代祭拜大禹,在这里设案如仪,故名。拜厅东有碑房,置列明、清两朝御碑31方。

拜厅的北面便是正殿(大殿),置于贯通禹庙南北中轴的最后一层台基上,是整个禹庙建筑群的最高建筑。正殿为清代建筑,曾于1929年倒塌。民国二十一年(1932),仿清代旧殿在原址上重建,但体量比旧殿放大许多。殿之正脊高隆,两端龙吻鸱尾;正脊中心置一大铜镜,镜面光焰四射,象征红日高照。康熙二十八年(1689),皇帝莅绍亲祭大禹时,御书"地平天成"四大字,置于铜镜两侧。

殿内大禹塑像高6米,头戴冕旒,手执玉圭,身披朱雀双龙华衮,雍容大度,令人望而起敬。殿内还陈列了鼓、磬等祭禹礼器。大禹塑像后置屏扆(亦称斧扆、斧依),画九斧图案。《逸周书·明堂讲》有云:"天子之位,负斧扆南面而立。"禹像后的九斧图案有三重象征意义:一是大禹治水工具,含有为民行劳苦之意;二是大禹疏导九河、绩奠九州的伟业丰功;三是王权(或国家)权威的象征。夏禹王像两侧圆柱上,有康熙皇帝、乾隆皇帝当年亲祭时所撰联语各一副。康熙皇帝的禹庙联语是:"江淮河汉思明德,精一危微见道心。"乾隆皇帝的禹庙联语是:"绩奠九州垂盛世,统承二帝首三王。"

正殿前两侧,有东西配殿(亦称厢房)。各五开间、进深四间。原作夏禹王以后诸嗣王及四岳、四辅、六卿、九牧诸臣配享之所,1966年秋破"四旧"时焚毁。今作绍兴水利建设史料展室。殿左前有乾隆御碑亭,殿东、西墙外侧及拜厅后廊有石碑多方。

图4-6 绍兴大禹陵景区的禹祠

在午门东庙墙外侧还有宰牲房。宰牲房有前、后二进。二进间中为天井,东有连廊,西有侧厢。宰牲房为置备祭祀的祭品之所。祭品特重牛、羊、猪,故人谓始养之日畜,将用之日牲,故称"宰牲"。

禹祠为姒氏之宗祠,位于禹陵左侧,为二进三开间平屋。禹祠几经重建,1986年,绍兴市人民政府在原址重建,坐东朝西,由前殿、后殿、曲廊组成。入口为垂花门,后殿置有前后廊。前进的左右两侧有"大禹治水"、"计功封赏"砖雕,后进内立有大禹塑像。祠前一泓清池,悠然如镜,曰"放生池"。大禹各地后裔,常来禹祠祭拜祖先。

大禹陵景区坐北朝南,依山而筑,东南有石帆山、宛委山、香炉峰等会稽山诸峰环抱。东南接大禹陵园,西临禹池,西北紧靠禹陵村。红墙四合,殿宇耸峙,绿树掩映,壮丽辉映。

儒学一直被中国人视为"礼教",汉代以来,儒学吸收了道法家和阴阳家的学说,形成了以"天地君亲师"为主要支柱的天人宇宙图式,一套以国家为中心的敬天拜祖的礼仪逐渐形成。大禹是以天下为己任、致力于匡世济民的一代圣王,自然是人们敬天拜祖礼仪中的一部分。本节前述,禹庙殿内大禹塑像后九斧图案所具有为民劳苦、疏导九河、国家权威象征等三重象征意义。因此,禹庙建筑的格局及其所开展的祭祀活动,更多体现了儒家的经世致用和宗法主义精神,具有以国家为中心的敬天拜祖儒教礼仪特征,从句践开始,许多祭禹的故事都曾在这里进行。

第五章　民间的祭祀：禹陵村的千年守陵史

自古以来，禹庙里的祭祀活动，除了国家祭祀，民间祭祀也是其中不可或缺的一部分。国家祭祀主要有皇帝祭和地方公祭等形式，本书在第四章中已多有涉及；民间祭祀则主要有社团民祭和姒氏宗族祭等形式。为缅怀大禹的丰功伟绩，绍兴因窆石、禹陵而建有号称大禹后裔的禹陵村，并留有《姒氏世谱》。本章将以《姒氏世谱》为线索，来论述禹陵村姒氏家族的艰辛守陵史及其族祭活动。

第一节　禹庙旁的禹陵村

《礼记·祭统》曰："夫祭者，非物自外至者也，自中出，生于心也，心怵而奉之以礼。"会稽山祭禹之所以能够千秋长盛，其根本原因在于人们"心怵而奉之以礼"，大禹所创建的伟大功业和树立的明德风范，感召着一代代的后来人。宋嘉泰《会稽志》卷一《风俗》曰：

> （绍兴）其民至今勤于身，俭于家，奉祭祀，力沟洫，乃有禹之遗风焉。

大禹生前死后与会稽的独特缘分，不仅使会稽人传承着大禹遗风，也使会稽人有机会，以大禹遗风为典范，守护、奉祀着大禹陵寝。

与如今禹庙的西首隔禹陵河相望，坐落着一个村庄。村庄因大禹陵所在地而得名，人称禹陵村，旧称"守陵村"、"禹王庙下"、"大禹庙下"，简称"庙下"。原来的禹陵村沿禹陵河建房，大部分住宅建筑在河的西侧，形成一条双面小街。另一部分更古旧的村民住宅，则建在河东侧，紧靠着禹庙的围墙，周围皆为林木，其名称"官弄"，是早年禹庙姒姓守祀官的原始居住地。2003年以来，会稽山景区投资数千万元，对禹陵村进行了保护性改造，守陵村白墙乌瓦，河水环绕，形成了特有的水巷空间，与大禹陵遥相呼应（如图 5-1）。如今的禹陵村已开发为一处度假酒店，禹陵村的村民，则已搬至附近的公寓居住。

图 5 - 1　曾经的禹陵村

　　禹陵村里的大姓为姒姓，作为大禹的后裔，他们世居于禹庙之旁，代代相传守祀着禹庙。清代学者俞樾的《春在堂诗编》中云："大禹陵存禹井荒，尚有子姓奉蒸尝。年年六月逢初六，都向陵前奠酒浆。"并附注云："禹陵遇姒姓者，自言大禹之裔尚有百余家，每岁元旦及六月六日禹生日，率子孙祭奠。"禹陵村的姒姓都尊大禹为始祖，禹庙是姒姓的祖庙，每年在此族祭大禹两次。第一次在农历元旦。当日清晨，全族集中于禹庙大殿，族众男左女右分立两旁，祭品供五牲（猪、羊、鸡、鹅、鱼）福礼。祭礼由族长主祭，族长入殿时鸣铳相迎，燃放鞭炮。然后族长带头按辈分渐次行大礼，一般为四跪四叩首，双手抱拳而不合十向大禹塑像礼拜。祭毕，族人相互拜年，称"团拜"。凡参加祭拜者，均可得竹筹一支，礼毕后向操办者换取铜钱百枚或银币一角，称"百岁钱"。首次参祭的新媳妇，作为族中的新增人口，受到了特别优待，可得大筹一支，换取双倍的"百岁钱"，以鼓励其早生、多生贵子，让祭禹活动代代相传下去。第二次族祭，在大禹生日农历六月初六举行。祭仪一般由姒族四大房——廷柱、廷栋、廷梁、廷泰轮流举办，承办者称为"值年房"。为了轮值有序，并按固定规格祭祀，村里有一本"当年簿"，对祭仪、祭品的规格，均有严格规定。祭祀时要吟唱《尚书·夏书·五子之

歌》中的第四部分:

> 明明我祖,万邦之君。有典有则,贻厥子孙。关石和钧,王府则有。

在禹陵村每年两次族祭大禹的背后,隐藏的是一部姒姓世家的世代守陵史。

第二节　《姒氏世谱》考

要追述姒氏世家的守陵史,得从《姒氏世谱》说起。

《姒氏世谱》是一本叙述位于禹陵的一支姒姓家族自夏至清末的历史沿革及其世系的谱书,为目前已知的记载姒姓家族发展史的唯一谱书。现存的《姒氏世谱》为光绪元年(1875)刊本,共有三个版本:一是绍兴市文物管理局所藏的手写本。该版本内容分为两个部分,第一部分为序言,共六篇,第二部分为世系,记载了从大禹开始至清同治十二年(1873)姒姓家族141世的发展与变迁。书眉有排印分页记号和页码数字,页码与印刷本页码一致,显然系世谱付印时所加。二是浙江图书馆古籍库收藏的印刷版。印刷版与手写本内容完全一致,宋楷大字,白宣纸木刻印刷,对折线装,骑缝处印有"姒氏世谱"字样。该《姒氏世谱》为蓝色绢面,长29厘米,宽19厘米,分上下册,连续编页。第一部分10张,第二部分71张。三是绍兴市文物管理局收藏的印刷和手书的混装版。该版本在浙图印刷版的基础上,加了跋和杨昌浚所做的序。跋为印刷版,另起页码。杨序写作则迟一年,系手书,插于跋之后。全书分两部分,第一部分七序一跋,计15张,第二部分71张。本书所依的《姒氏世谱》,为绍兴市文物管理局所藏的印刷和手书混装版。

要运用《姒氏世谱》里的相关资料,首先需要解决两个问题:一是《姒氏世谱》的可信度问题,二是《姒氏世谱》的编撰年代问题。

《姒氏世谱》的一大特点,是其总体篇幅不大,完整版仅86张,但"世谱"的写作体例、笔法则前后差别较大。这是由于《姒氏世谱》年代久远、经历多次续谱、资料积累叠加所形成的特有现象。因为不同时期修撰者不同,资料多寡不一,由此导致记述格式前后差异较大。如"世谱"中的1~

54世,每世记一人,且只记其事迹,而无卒年、配偶、子嗣、字号等。到"世谱"中的55～121世,虽也是每世只记一人,但从56世开始,在人名之后加了字和配偶姓氏,生子仍只记嫡长一人。到122世以后,每世不只单列嫡长一人,而是并列全部兄弟的名字;称谓上只称"××世"不再称"××世祖";而且在每个人名下,增加了生卒年及谱名排行。另外,《姒氏世谱》中从大禹到元末的1～121世,由于年代久远,篇幅较短,只记了31页,而从元末到清末的122～141世,由于时间相对较近,因此虽然代数与1～121世差别不大,却记了109页之多。

《姒氏世谱》的另一大特点,是其所述的重要史事与正史、地方志记载能基本一致,对列祖列宗事迹既不扬善也不隐恶。

据《史记·夏本纪》,禹即天子位,"国号曰夏后,姓姒氏","或言禹会诸侯江南,计功而崩,因葬焉,命曰会稽"。据《史记·越世家》,禹五世孙少康恐禹祀断绝,封其庶子于会稽,"以奉守禹之祀"。其后,《越绝书》《吴越春秋》、嘉泰《会稽志》、万历《绍兴府志》等地方志,均作如是记载。而"世谱"则载太康失国后,"时遭弈、浞叠篡,禹祀断绝四十余载矣。故帝封子无余于越为王,专奉禹祀"。此说不仅与正史记载相吻合,而且交代得更为清楚周全。

旧编家谱,一般都有夸大前人业绩、拔高先祖作用的通病。"世谱"则能遵循"实录"原则,对大禹、允常、句践等先贤给予充分肯定和颂扬,而对有些先祖也毫不留情地给予了揭露和抨击。如启之子太康"盘游无度,不恤民事。畋猎于洛水之表,十旬弗归",最终导致"因民之怨,拒之河上,不得归国"之结局。再如十二世祖越王娄:"徒有空名,而无权位。不能自立,转从众庶,同为编氓。遗无恒产,后皆隐子匿迹,无闻于世。禹祀复绝者二十七世。"越王娄的无能,造成第二次禹祀断绝。又如五十世祖越王无疆,"世谱"说其"兴师伐齐、伐楚,与中国争强。当楚威王时,越北伐齐,齐王使人说越王,遂释齐而伐楚。楚威王兴兵迎敌,大败越师。越王遇害,楚尽取故吴之地而至浙江。时周显王四十六年也,而越以此散。诸族子争立,共推无疆之子玉为君"。"世谱"指明了由于无疆的兴师北伐,导致越国霸业由此断送,无疆是越国的亡国之君。

综上所述,由于《姒氏世谱》前后写作体例、笔法差别较大,编纂者又有不扬善不隐恶的求实精神,因此,"世谱"的可信度比较大。

　　尽管现存的《姒氏世谱》编于光绪元年(1875),但《姒氏世谱》还有一个何时开始编撰的问题。

　　《姒氏世谱》从记夏禹为一世祖,至汉初越君摇的五十四世,时间跨度近1900年,历夏、商、西周、春秋、战国、秦,直至汉初,这一阶段《姒氏世谱》的内容,基本上来源于相关古籍。经查对,主要以《史记》和《吴越春秋》的记载为主线,辅之以《尚书》中的《大禹谟》、《皋陶谟》、《甘誓》以及《孟子》、《左传》等中的材料,不少段落先是原文照录,然后再经编纂者的选材和综合加工而成。由于《姒氏世谱》主要来源之一的《吴越春秋》为东汉时期赵晔所作,因此,《姒氏世谱》的编纂时间,最早应在东汉时期或东汉之后。

　　《姒氏世谱》开篇收有北宋越州知州范仲淹(989~1052)所记的"序",通过对该"序"真实性的分析,或对弄清《姒氏世谱》的编撰时间会有所助益。"序"中曰:

　　　　……予来守是郡,求金简玉册之藏于石鹄、石篑、石帆诸胜,觉无乎不奇。然而探其书,则蔓菁荒烟灭没,而终不可得。觅夏后氏之遗胄,于疏篱茅屋间,颇能历历道其世系始末,且谨愿醇朴,犹有不矜不伐祗台遗风。岂至奇未尝不至平乎!

　　　　吾因之追溯明德,慨慕流连,以为探其书者,不若得接其子姓之为犹快也。因为记以留志之。

然查《全宋文・范仲淹卷》和《范仲淹全集》皆未发现此文,由此存在一个此文是否为范仲淹所作的问题。

　　据《宋史・范仲淹传》,范仲淹确曾徙知越州。嘉泰《会稽志》卷二"范仲淹"条也称:"宝元二年(1039)七月,以吏部员外郎知。康定元年,除天章阁待制。移永兴军。"然范仲淹的《刻唐祖先生墓志铭于贺监祠堂序》,其文落款为"时宝元元年,知越州范某序"。在越州,范仲淹还留有宝元二年所作的《清白堂记》:"会稽府署,据卧龙山之南足。北上有蓬莱阁,阁之西有凉堂,堂之西有岩焉。岩之下有地方数丈,密蔓深丛,莽然就荒。一日命役徒芟而辟之,中获废井。即呼工出其泥滓,……三日而后汲,视其泉,清而白色,味之甚甘。渊然丈余,绠不可竭。……予爱其清白而有德义,为官师之规,因署其堂曰清白堂,又构亭于其侧,曰清白亭。庶几居斯堂,登斯亭,而无忝其名哉! 宝元二年月日记。"因此,宋楼钥的《范文正公年谱》上载:

"宝元元年戊寅,五十岁……冬十一月徙知越州。……宝元二年乙卯,公五十一岁,在越。……公在越有《清白堂记》。……康定元年庚辰,年五十二岁……三月,公复天章阁待制,知永兴军。"可见,范仲淹在宝元元年(1038)十一月至康定元年(1040)三月的一年又五个月间确为越州知事。

《宋史·太祖本纪》记,宋太祖在乾德四年(966)"诏吴越国立禹庙于会稽",可知在范仲淹知越州时期,禹庙、禹陵已被列入国家祭祀的"祀典",成为朝廷指定的祭禹之处。因此,范仲淹在知越州期间遇上祭禹祀典,其与世代居住在禹陵的姒姓族人有过接触的可能性极大。范仲淹在越期间,寻访大禹金简玉书于"石鹉、石箦、石帆诸胜",皆因"蔓菁荒烟灭没,而终不可得觅"。却在祭禹中发现了在"疏篱茅屋间"务农守陵的大禹姒姓后裔,范仲淹对大禹后人的"谨愿醇朴,犹有不矜不伐祗台遗风"大为赏识,认为其"至奇者未尝不至平乎"。由此,在"追溯明德,慨慕流连"之下,范仲淹谱写下了这篇记文。

综上,尽管《范仲淹全集》未发现此文,但该记为范仲淹所作的可能性极大。此文一句"觅夏后氏之遗胄,于疏篱茅屋间,颇能历历道其世系始末",意味着在范仲淹的时代,的确有大禹后裔的存在,并能道其世系的始末。稍感遗憾的是,"序"中并没有直接提及《姒氏世谱》的存在。

《姒氏世谱》还收有南宋著名政治家和诗人王十朋(1112~1171)所作的《征禹穴记》,其中曰:

> 余自守于越,而览山川之奇崛,旺气之郁葱,为之怀明德之垂休焉。及观士女之竞秀,民物之灼采,而为之感霸国之遗风焉。又考姓氏之相传,披图牒之俨若,又为之幸文献之尚存焉。……
>
> 予莅治之始,恭谒陵庙,尚有裔嗣趋接,询求陵寝所凭,登对甚悉。但族属衰微,罔有科目,甚可慨焉!……
>
> 　　　　　　　　宋端平二年越州佥判王十朋谨记

与范仲淹的记比较,王十朋不仅有与大禹后裔的交谈记录,更有大禹后裔姓氏图牒的发现:"又考姓氏之相传,披图牒之俨若,又为之幸文献之尚存焉。"因此,与范仲淹没有论及世谱比较,《姒氏世谱》或在范仲淹至王十朋这百多年间编撰过。

但有关《征禹穴记》也存在着两个问题:一是王十朋任绍兴佥判的时间

并不是在南宋末期的宋端平二年（1235）。王十朋卒于孝宗乾道七年（1171），不可能在端平二年（1235）任绍兴金判。据清徐炯文《梅溪王忠文公年谱》的记述，王十朋任金判的时间在绍兴二十七年（1157）冬到绍兴三十年初（1160），历时二年有余。当时的绍兴已称"绍兴"，而不再称"越州"。二是上海古籍出版社出版的《王十朋全集》未见有《征禹穴记》一文。因此，综合以上二点，王十朋的《征禹穴记》也存在一个是否为伪作的问题。

　　笔者认为，《征禹穴记》为王十朋所作的可能性极大。这可以从王十朋任绍兴金判期间所作的诗文中得到一些答案。《王十朋全集》收集了许多王十朋与大禹、禹穴有关的诗文，如《会稽风俗赋》、《禹论》、《禹穴诗》、《次韵濮十太尉题禹穴》、《亡友孙子尚藁葬会稽山大禹寺之侧。某至官八日，出郊访其墓不获。明年春被命祀禹，访而得之。又明年春，再往酹酒，因植柏十根，哭之以诗》、《腊月望日，出郊探春，游告成观，谒大禹祠，酌菲饮泉，遂至龙瑞宫观禹穴，薄暮而还》，从这些诗文中不难看出，王十朋不仅恭谒过禹庙，而且对禹庙周围一带的环境，诸如禹穴、龙瑞宫、大禹寺、菲饮泉都非常熟悉。因此，王十朋去访问大禹后裔，从而撰写《征禹穴记》也是十分自然的事。《征禹穴记》题名中出现的年代和称谓之误，或是后人编撰世谱时出现的失误，不能作为判断《征禹穴记》为伪作的绝对理由。

　　综上，《姒氏世谱》的编纂时间最早应在东汉时期或东汉之后，最有可能是在范仲淹至王十朋这百多年间开始编撰的。但以上两点结论，仅是根据《姒氏世谱》所提供的"序"归纳演绎而得，"世谱"本身所提供的明确编撰时间，是在大禹第一百二十二世祖权（字公衡，别号慎庵）之时。第一百二十二代裔孙权在为《姒氏世谱》所作的《慎庵公序记》中，有"时洪武二十六年（1393）仲春"一句，也是从一百二十三世权之子炯开始，"世谱"的称谓开始只称"××世"，不再称"××世祖"，这是"世谱"有确切记载的第一次修谱时间。

　　由上可知，《姒氏世谱》的编纂或有过四次：第一次在东汉时期或东汉之后，第二次在范仲淹至王十朋百多年间，第三次和第四次则是在洪武二十六年（1393）和光绪元年（1875）。

　　综上所述，"世谱"有较大的可信度，编撰时间从东汉一直到清末，因此，《姒氏世谱》尚有较大的研究价值。

第三节　姒氏家族艰辛而执着的守陵史

一部《姒氏世谱》(以下简称《世谱》)记述了姒氏家族艰辛而执着的守陵史。

禹陵村的大禹后裔姒氏,世代奉守禹祀。对于姒氏的来历,清道光八年(1828)兵部左侍郎提督浙江学政朱士彦所作的《姒氏世谱序》中,有这样一段文字:

> ……无疆既灭,楚取吴地至浙江,越之子孙虽为家人,犹姓姒氏,依会稽山禹陵而居,历二千余年,有户数十。

说的是虽然五十世祖无疆的兴师北伐,导致越国霸业由此断送,但当时大禹世家并没有失去贵族的地位。大禹世家由帝王、贵族成为庶民的姒氏家族,其转折点出现在五十五世祖贞复时期。对于这一转折,《世谱》中有如下的叙述:

> 五十四世祖越王摇,亲之子也。自句践至君亲,凡历八世,朝服于楚。秦灭六国后,遂不祀。至越君摇佐诸侯平秦,汉高帝复以摇为越王,以奉禹祀。摇之子七人,或居南越,或为东越闽君,而长子贞复隐居于越之三江。
>
> 五十五世祖贞复,越王摇之子也。虽奉禹祀,隐不袭爵,故后世遂无荫袭。生子曰纯。

在分析该段引文之前,先有必要弄清其中提及的几个地名。文中的"南越"指的是今日的岭南地区。《史记·东越列传》称:"(汉惠帝三年)曰闽君摇功多,其民便附。乃立摇为东海王,都东瓯,世俗号为东瓯王。"东瓯即即今温州,包括浙江台州与丽水地区。因此,文中的"东越"指的是今浙江温州一带。对于文中的"三江",《尚书·禹贡》中有"三江即入,震泽底定"之句,其"三江"指的是长江、黄河、淮河;《国语·越语上》韦昭注以吴江、钱塘江、浦阳江为三江;《吴越春秋》则以松江、钱塘江、浦阳江(浙江、浦阳江、剡江)为三江。不管三江的提法有种种的不同,但其中的钱塘江、浦阳江均流经绍兴,因此,世谱中的"三江"指的就是今日绍兴一带,应没有任何问题。

因此,上述引文告诉我们,到汉初越王摇之长子、五十五世祖贞复,虽还奉祀大禹，但在三江隐居后，"隐不袭爵，故后世遂无荫袭"，自此，姒氏家族进入到平民时代，这可视为姒氏家族守陵史的开端。

由于进入平民时代，生活在"疏篱茅屋间"，因此，姒氏家族的香火似乎并不旺盛。《世谱》记述的人物中，少有名流出现。其中《世谱》有记述的是："六十二世祖姒丰……汉永平时为车骑将军。武力绝伦，千斤易举。常卫驾左右，屡蒙荣赐，名重一时焉。""六十三世祖姒敬……建初七年，举孝廉。第五伦荐征，不仕。"七十二世祖恭，《世谱》称其"性秉廉介，不攀权要，谨守陵祠。晋怀帝年间，士民多渡越中避乱。瑯琊镇东时亲往聘请，不纳。""七十八世祖述祖……南宋泰始初，从宋台军部下为尉，爱养士卒，训练有法，能使怯者勇、弱者强，有神武名。""一百十三世祖孟德……性纯孝。父患病，周年不愈，尪赢日笃，亲尝汤药，不敢少懈，每夜焚香告天，愿以身代，父病果愈。""一百十六世祖尚谐……贸易为生，家资颇厚，秉性慷慨，济困扶危，千金不惜。宝元间贩药武昌，会有陈铼者逋欠官赃，比追甚急，鬻妻并子，哭泣惨凄，即以本银三百两授之，楚人莫不敬传。""一百二十世祖为政……天资颖秀，六岁就学，即解义理，十岁能文。元代闻注有文集行世。"这就是自汉代五十五世祖贞复到元末一百二十一世祖求仁，历经 66 代、15 个世纪，姒氏家族所能列示的全部名流。"族属衰微，罔有科目"，姒氏家族香火不旺的态势，到一百二十二世祖权的时候已表现得非常明显。《世谱》记道：

> 一百二十二世祖权，求仁之子也。字公衡，别号慎庵，行舜一。系贡生。生于元至顺庚午年。配武氏，生烔、烜。卒于明洪武二十九年。慎庵公念前世从越君摇国除之后，宗支星散，难以悉叙，祖上惟择其守陵奉祀本支嫡长单传入谱，以明世系之不紊。自后守陵之裔，虽遭贫困，毋再星散，必须聚居左近，培护陵祠，恭承先志。兹恐后之子孙，繁众失叙，谨为序记，以志本末。

《世谱》接着附上了权为《姒氏世谱》所作的《慎庵公序记》：

> 予族，神禹苗裔。世居于越，守陵奉祀，历传数千百载。自汉代越亡国除，鲜登仕籍。……元至正时，兵戈扰剧，浙地犹多盗寇，剽掠特甚，群黎失所。族弟桢、桓、櫄者，咸恃力御盗被难。因而族人远窜莫聚。惟遗余一家，挈妻武氏并二子烔、烜，避居会稽宛委山僻，恪供禹

祀。洪武九年间,稍有族党归集。未几,皆病疫。幸二子无染,得以成立。

嗟乎!禹后之不幸如是乎!犹幸而禹祀之不绝亦如是乎!谨编歌四句,赘于谱末,以记宗党之有行次云。歌曰:舜传道统,允执其中。勤怀明德,承绍舜功。

时洪武二十六年仲春,一百二十二代裔孙权编述。

至元末,原本就香火不旺的禹陵姒姓,再次遭到灭族性的打击。在元末二十余年的大规模战争,绍兴成了张士诚、朱元璋等势力的争夺之地,战事十分激烈。本书第四章《从窆石到儒教圣地禹庙》之"窆石考"中,为考证窆石上的折裂痕,曾引用《保越录》中朱元璋与张士诚争夺绍兴之事,窆石上的折裂痕即为朱元璋大将胡大海祈祷禹庙、南镇不应,乃毁其像所致。可见禹陵村就是当时战场的一部分。从《世谱》中可以看到,由于战争、盗寇和病疫,姒姓一族星散。到明洪武九年(1376),禹陵姒姓只剩下一户父子三男丁,即一百二十二世祖姒权及其两个儿子炯和烜,留越姒姓已几近灭族。

上述《世谱》中的"祖上惟择其守陵奉祀本支嫡长单传入谱,以明世系之不紊"一语值得注意。本章第二节曾讨论过《姒氏世谱》的特点,其中之一就是从五十六世开始,《世谱》生子只记嫡长一人,到一百二十二世以后,每世不只单列嫡长一人,而是并列全部兄弟的名字。笔者以为,从一百二十二世祖姒权开始列全部兄弟的名字于《世谱》的主要原因,就是因为元末禹陵姒姓濒临灭族,为了延续香火,不使绝祀,必须将全部兄弟的名字列入《世谱》,方能为族群香火的延续提供一定的保障。

进入明代,姒姓家族的社会政治地位得到了一定程度的提高。这可从万历戊午年(1618)巡按监察使杨鹤所撰的《姒氏世谱序》中寻得一些端倪:

予今叨膺简命,勤劳王事,遍历多郡,按临越邦。由此浮江涉泗,溯于河洛,而观物阜民康,万世永赖,非当日八年于外,身劳疏凿而能然欤?言念及此,则崇德报功之思,盖有自不能已也。故特率请寮属,恭谒圣前,陈其俎豆,献以牺牲。……更于此际,有奉祠生姒圣鹤者,恂恂儒雅,殷勤至接。予喜而问曰:"得毋神禹之后耶?"相与讲求陵寝之所凭、越王兴霸,皆应对分明。复问:"奉祀先王,传代如何?"因出谱告曰:"历今有一百有三十世矣!"

杨鹤称姒氏一百三十世姒圣鹤（1556～1630）为"奉祠生"。而万历《绍兴府志》卷二十《祠祀志二》之"陵、墓"记有："宋建隆二年（961），诏先代帝王陵寝，令所属州县遣近户守视其陵墓，有隳毁者亦加修葺。乾德四年（966），诏吴越王立禹庙于会稽，置守陵五户，长吏春秋奉祀。绍兴元年（1131），诏祀禹于越州。绍熙三年（1192）十月，修大禹陵庙。皇明洪武三年，遣官访历代帝王陵寝，令各行省臣同诣所在审视陵庙，并其图以进，浙江行省进大禹陵庙图。九年，令五百步之内，禁人樵采，设陵户二人，有司督近陵人看守。"说明自宋以来一直到明洪武三年（1370），朝廷只设"守陵户"守陵，并没有"奉祠生"一说。那么，"奉祠生"和"守陵户"又有什么区别呢？《世谱》对姒氏一百三十一世成化有以下记述：

> 承三学生员公呈学宪，给以衣顶，守奉陵祠。

《世谱》对姒氏一百三十二世正传也有以下记述：

> 顺治九年，蒙阖郡绅耆公呈会稽县主崔讳宗泰，查系夏后嫡裔，加具文结，申详府主刘讳恒，加具看结，详请学宪翟，准袭祀生衣顶，守陵奉祀。恭念祖庙并无祀产，于明末将己置田五十二亩、山二十七亩拨入祠内，永传本房子孙为祖王诞辰暨元旦祭费，与别房不涉。

由上两条可以看出，姒姓家族要成为奉祠生，需要经过一定的程序：先由所在地的秀才或乡绅们推荐，然后由知县调查后向知府打报告，再经知府审查转报省学政批准。因此，与"守陵户"比较，"奉祠生"具有公职的身份，社会政治地位得到了一定程度的提高。

虽有"奉祠生"的地位，但姒姓家族却没有能够在经济上享受任何待遇，守陵所费仍由姒姓家族自出，因此，姒姓家族的日子依然艰难。这可从康熙癸亥二十二年（1683）姒氏一百三十一世成财所作的《修谱序记》中反映出来：

> 逮今三千七百余年，传代一百三十余世，虽瓜瓞绵绵，而长幼宗支未足六十。然更可慨者，正德壬申年间，海潮溢入，漂没民居，人多溺死，浸伤禾稻，其年甚饥，流离遭厄，十去其半，族众寥寥无几。式微至此，可胜浩叹！
>
> 因联同姓不宗之君职、君聘、君助、君球等入祠。议定：只容骏奔，

> 毋许干涉陵庙诸务。诚恐日久丁强生衅，以紫乱朱，欺压正派，致使宗支紊乱无稽，故特恳请唐豫公先生叙修入谱，则庶乎彰彰可考，以垂盛世焉耳。

由于天灾人祸，到康熙二十二年（1683），姒姓家族的族众已是寥寥无几，"长幼宗支未足六十"。为了族群的延续，禹陵村姒姓家族决定与附近同姓不同宗的宫后村进行联宗，让同姓不同宗的君职、君聘、君助、君求等人入祠。但禹陵村姒姓家族又惧宫后村同姓不同宗的姒姓"以紫乱朱，欺压正派"，因此，"世谱"特别规定，同姓不同宗的姒姓"只容骏奔，毋许干涉陵庙诸务"。即同姓不同宗的姒姓只能在祭祀大禹时出力，不允许他们干涉陵庙的事务。对同姓不同宗姒姓的既联宗又防备，反映出了禹陵村姒姓家族既想宗族健康延续又怕族群血缘不纯的矛盾心态。

在一百三十一世姒姓家族联宗的基础上，到一百三十三世绍忠、绍美一代，《世谱》有以下记载：

> 康熙二十三年，缘父正传年迈，难以奉祀，具呈学宪王，蒙准给衣顶，袭父祠生，承奉陵祠。于康熙二十五年，蒙浙江藩宪王讳国泰，俯念禹后式微，入觐，特疏题请欲照先圣贤后裔一体优录，以五经博士世奉山陵。

即姒氏一百三十三世在继承奉祠生职位的基础上，考虑到禹后式微，浙江藩宪王国泰向朝廷打了照先圣贤后裔一体优录姒姓家族的报告，以五经博士世奉山陵，在政治经济给予姒姓家族一定的照顾。"世谱"其后附有题稿为《题为请举圣裔奉祀之典以广皇仁事》的报告：

> 切惟自古帝王，德莫盛于尧舜，功莫大于神禹。崇德报功，乃圣朝之巨典也。臣今谬任浙藩二载，考郡志内开：大禹陵寝，坐落绍兴府会稽山，故少康封子无余于会稽，以奉祭祀。及询之守令，云："有圣裔姒绍美者，系一百三十三世嫡孙。每奉春秋祭祀时，尚在倍祀。"臣思唐虞之际，洪水为患，禹以己溺己饥为心，则壤定赋，奏地平天成之烈。此孔子所称"吾无间然"者矣。伏遇我皇上聪明天纵，睿哲性成。崇儒重道，阐千圣之心传；偃武修文，垂万年之丕业。百废皆举，无美不彰也。如先圣周公旦、先儒周敦颐之后，俱奉恩纶，准袭博士。惟大禹丰功伟绩，亘古不磨，其后裔荣无一命，贱守编氓，尚亦宸衷之所深念者

也。臣今循例入觐，仰体圣慈，在浙言浙，不揣冒昧。伏祈我皇上睿裁，应否将大禹之后照例优录，世奉山陵？庶一视之皇仁，实千秋之旷典矣。

奉旨："知道了。该部知道。"未蒙部议而止。

不知何故，这一让姒氏一百三十三世绍美准袭博士的报告，未蒙部议而中止并没有得到真正的执行。但康熙似乎一直记着此事。康熙二十八年（1689）二月十二日，康熙南巡来到禹陵展祭，并赐帑给姒姓家族。《世谱》中附有《康熙二十八年，皇上亲祭禹陵，赐帑置田记》一文：

切惟我祖神禹，运承天命，绥兹民生，继尧舜之心传，续危微之道统，随刊懋绩，地平天成，德敷九有，功垂万祀。虽蒙历代圣朝追怀明德，莫不遣官致祭，惟我皇上，聪明天纵，睿哲性成，当万几之暇，而兴崇德报功之典。特于今二十八年仲春朔十有二日，率诸大臣亲临展祭。顾瞻殿庑倾圮，即降上谕云："朕巡行江表，缅怀禹德，躬率群臣展祭陵庙。礼器缺略，人役寥寥，荒凉增叹。愚民风俗崇奉淫祠，俎豆馨香，奔走恐后，宜祀之神，反多轻忽，朕甚慨焉！在昔帝王陵寝，理应隆重培护，况大禹道冠百王，身劳疏凿，莫宁率土，至今攸赖，岂可因循？特书'地平天成'四字，悬之宇下。着地方官即加修理，毕备仪物。守祠人役，亦宜增添。俾规模弘整，岁时严肃。兼赐银二百两，给与守祠后裔，此后益令敬慎。地方官亦须时为留心，以副朕尊崇遐慕之盛怀。其即遵谕行。特谕，钦此钦遵。"实乃千秋之旷典！凡在后裔，无不铭心沁骨，捐躯难报。是以仰感圣恩优渥，欲使世沐不忘，谨具下情，呈请督宪王、藩宪卞，檄行府县。恭将御赐银两，置田一十八亩、鱼池一爿，以光春秋衽祀之典，俾后之嗣孙，遵守弗替。非特俎豆留歆于千古，而皇恩亦昭垂于万世矣。故是以为之记。

面对禹庙殿庑倾圮、人役寥寥，康熙特书"地平天成"四字，在令地方官修理禹庙的基础上，还给与守祠的姒氏后裔赐银二百两。姒氏后裔即用御赐银两，置田一十八亩、鱼池一爿。皇上亲临展祭，并赐帑置田，这在禹陵村的守陵史上是第一次，的确值得大书特书。

康熙亲临展祭，毕竟只是一时。禹陵村的日子又开始归于平淡，姒氏后裔依然衰微，于是如何照先圣贤后裔一体优录姒姓家族一事，又提到议事日程上。《世谱》在一百三十四世恒甸条中有以下记载：

> 康熙五十七年，蒙抚宪朱讳轼诣陵庙，俯怜后祠衰微，陪祀仅止祠生，不足以仰承圣眷，面谕府主俞讳卿，遴选姒氏嫡长详明，候题给以冠带，世奉山陵，以光祀典。随蒙遴选甸名详请。又据阖郡绅衿唐曾述等、三学生员朱翼赞等，咸以神禹功在万世，皇恩超越千古，吁请优恤圣裔，永守会稽陵庙事，于康熙五十七年九月初一日公呈藩宪，吁请详题。随蒙府主、山会二县主查明确实，加具结、看申详。后缘抚宪朱升任，中止。

> 乾隆十三年六月间，复荷府主杜讳甲推念祖王圣德神功，深悯守陵裔嗣衰微，饬取山会县主看结，暨里邻亲族甘结，详请世职荣奉陵祠，又值调任杭府，中止。

从上文中可以看到，自康熙二十三年（1684）后，又有二次向朝廷为姒氏申报官职。一次是在康熙五十七年（1718），浙江巡抚朱轼要求当时的绍兴知府俞卿选出姒氏嫡长，向朝廷申报给予官职，后因朱轼调任而中止；另一次是在乾隆十三年（1748），知府杜甲再次为姒氏"详请世职荣奉陵祠"，又值杜甲调任而中止。经过三次的申报，好运总算降至姒氏家族，乾隆十六年（1751），乾隆皇帝南巡，谒陵展祭。钦奉特旨，恩赐姒氏一百三十四世恒甸守陵，世袭八品，给有部札在案。"世谱"一篇《乾隆皇帝谒禹陵记》记述这一过程：

> 乾隆十六年，岁在辛未，我皇上翠华南幸。三月中浣，展谒禹陵，继圣祖之宏猷，崇神禹之大德，甚盛轨也。礼毕，即于祠内诏姒氏子孙，询以世数昭穆，而世袭后裔臣姒恒甸率胞弟恒畿，奏对井井，兼以旧辑家谱正副两秩进呈。皇上纳而览之，甚悦，命引见，奖励有加。回銮之日，诏该部议奏，予恒甸以八品官职，世袭。天恩优渥，其有加无已也。
>
> ……
>
> 　　　　　　　　　　　　　玉笥山人傅王露记

傅王露（约1675~1775）字良木，号玉笥，会稽人。康熙进士，平生好学不倦，勤于著述。与人同纂有《浙江通志·经籍志》十四卷。因此，由其撰《乾隆皇帝谒禹陵记》是顺理成章的事。自此，从康熙二十三年（1684）到乾隆十六年（1751），经过67年的努力，姒氏家族终于由"奉祠生"成为以"八品官奉祀"的"奉祠官",其政治、经济地位都得到了一定的保障。

然而,姒氏家族由"守陵户"变为"奉祠生"再变为"奉祠官",似乎并没有从根本上改变姒氏衰微的命运。光绪元年(1875)乙亥秋七月,赐进士出身、翰林院编修、国史馆协修、前内阁中书鲍存晓在为《姒氏世谱》所作的"跋"言道:

> ……唯考其族,派衍不繁。寥寥数十家,皆依陵以居,素务耕稼,不求闻达。故其谱牒,无所表见于世,而修辑之役,亦寂焉无闻。……

姒氏家族的派衍不繁,还可以从《世谱》对姒氏一百三十九世的记述中得到佐证:

> 宝圭病故,例得嫡长子宗秀承袭守祠官。乃身染疯疾,秀子年未及丁,次弟宗英亦患跛疾,惟三弟懋昭即宗杰,拟令暂袭此职。于咸丰十一年业经呈请在案。旋以贼扰,未及咨请。克复后,叠奉各大宪札查大禹陵寝贼扰后有无被毁,后裔是尚存,饰即查复等因。即经具禀各情,并声叙承袭原案。十二年,蒙邑尊左名绍斗转详各大宪,以懋昭承袭。复蒙抚宪杨名昌浚题详。光绪元年奉旨给札承袭。

宝圭病故,嫡长子宗秀也身染疯疾,次弟宗英亦患跛疾……似乎整个姒氏家族都是疾病缠身。联想到明洪武九年(1376),禹陵姒姓一百二十二世只剩下一户父子三男丁,留越姒姓已几近灭族,康熙二十二年(1683),姒姓家族的族众寥寥无几,"长幼宗支未足六十"。或许是禹陵村姒姓为了族群的纯洁,近亲繁殖,影响了生育能力和免疫能力所致?

族群如何繁衍?守陵如何继续?光绪元年(1875)刊本的《姒氏世谱》,未有记述。但现存于绍兴大禹陵景区、镶入禹庙祭厅东侧碑房墙内的《禹庙捐田碑记》石碑,为我们提供了一些答案:

> 呜呼!我鼻祖大禹之明德远矣。即国家之报答大禹,亦可谓至矣!而我后嗣子孙,有奉祀之名,失奉祀之实。头衔宠锡。孤负丝纶;口泽摩挲,未陈杯棬。抚膺自问,恧焉何如!顾势念近式微,人靡发迹。传世者四千余载,同谱者二十余家。聚族而居,椒聊无其别派;耕田而食,朴陋奉为家风。仕不登一命,商罕得千金,既贫且贱,由来久矣!木再实,其必伤,或郁后凋于寒。素德久潜而必耀,敢运继起有达人。

懋昭幸叨遗泽，薄具先畴，以积铢累寸之余，动春露秋霜之感。做祭荐于豺獭，岂吾人物类不如？为儿孙作马牛，笑俗子悭囊莫破。用是慨焉，有志创捐禹庙田二十余亩。渊明守其下潠，硗确为多；周制定以圭田，核数为半。流涓壤撮，曾不足以报万一。而创捐以后，措置百方。铭碑冀其不刊，咨部昭其慎重，将使永年代绵奉蒸尝，予亦稍有苦衷焉。后有踵武而广为增益者乎？忝为先河，企予望之。

光绪二十年，岁次甲午，四月上旬，一百三十九世裔孙世袭八品顶戴奉祀生姒懋昭谱名宗杰谨记。

今将捐祭田亩列于后：

计开：会稽县三十二都发字号田五亩四分三厘八毫；又二亩三分八厘八毫八丝；又五亩六分六厘九毫；又二亩八分八厘三毫；又二亩三厘二毫五丝；又一亩一分六厘八毫；又一亩五分一厘七毫捐入。

姒圣奉祀生懋昭捐祭户承粮。

《禹庙捐田碑记》的作者，就是由于兄长宗秀、宗英患疾而候补继任守祀官的懋昭（宗杰）。在《禹庙捐田碑记》中，懋昭感叹："国家之报答大禹，亦可谓至矣！而我后嗣子孙，有奉祀之名，失奉祀之实。"而"失奉祀之实"的主要原因在于"人靡发迹"，"仕不登一命，商罕得千金，既贫且贱，由来久矣！"但作为族长的懋昭并没有就此失去信心，他相信"素德久潜而必耀，敢运继起有达人"。而要继起有达人的一个条件，就是需要大家来捐祭田产。因此，"做祭荐于豺獭，岂吾人物类不如？为儿孙作马牛，笑俗子悭囊莫破"。懋昭号召姒氏家族成员，既不要豺獭不如，也不能为儿孙作马牛而吝啬钱财，首先带头向禹庙捐祭田二十余亩。从其后所列的清单中，田亩的计量精确到了小数点后的第四位，可见当时土地的珍贵程度。为了保证捐祭的权威性和公正性，懋昭承诺："铭碑冀其不刊，咨部昭其慎重，将使永年代绵奉蒸尝。""后有踵武而广为增益者"，希望有更多的捐祭者加入进来。

本章的第一部分曾引《礼记·祭统》曰："夫祭者，非物自外至者也，自中出，生于心也，心怵而奉之以礼。"尽管数千年来，姒氏家族由于天灾人祸，常常是族势式微，甚至几近灭族，但正是因为"心怵而奉之以礼"，禹陵村姒氏家族的守陵、祭禹活动，顽强地坚持了下来，一直到今天。本章的第一部分也曾引宋嘉泰《会稽志》卷一《风俗》，曰越地民众"有禹之遗风"，姒氏家族无疑是越地禹风的典型代表。

第六章　从飞来石到道教圣地阳明洞天

本书在第三章《飞来石和窆石：会稽山南北的两个禹穴》中曾经指出，绍兴有两处禹穴，其中的一处在会稽山南的宛委山下，以飞来石为标志，为"大禹得藏书处"。本章将要论述，宛委山下以飞来石为标志的"大禹得藏书处"，是如何随着大禹传说的道教化，逐渐演变成道教三十六小洞天之"第十洞天"——阳明洞天的，并解释了阳明洞天既不见洞又不见穴的原因所在。

第一节　从《越绝书》到《吴越春秋》：
禹得金简玉字叙述上的变化

《越绝书》和《吴越春秋》是两部重要的绍兴地方文献。要叙述飞来石、禹穴或阳明洞天的来历，得从《越绝书》和《吴越春秋》的大禹发得金简玉字之书说起。

《越绝书》卷八最早记述了大禹发得金简玉字之书的故事：

> 覆釜者，州土也，填德也。禹美而告至焉。禹知时晏岁暮，年加申酉，求书其下，祠白马。

《越绝书》说的是覆釜（会稽）是扬州的宝地，覆釜山（会稽山）是一方神山。大禹喜欢此地，并告知群臣说，他死后要葬在这里。大禹知道自己年事已高，来日无多，于是"求书其下"，在覆釜（会稽）下寻书，并用白马祭祀，但并没有说明所求书的具体内容。

对于大禹传说，《尚书·洪范》记："天乃锡禹洪范九畴，彝伦攸叙。"《尚书·禹贡》称："禹锡玄圭，告厥成功。"以《尚书》为依据，汉初开始的谶纬造神运动中，出现了许多记载禹受天命的纬书典籍[1]，主要有三类：一是有关

---

[1] 该段文字对纬书典籍的引用，参考了吴从祥的《纬书政治神话与禹形象的演变》，《齐鲁学刊》2009年第3期，第42～45页。

禹治水出自天意的典籍。如《尚书中候》："尧使禹治水，禹辞，天地重功，帝钦择人。帝曰：出尔命图乃天。禹临河观，有白面长人鱼身，出曰：吾河精也。表曰：文命治滔水，臣河图去入渊。""伯禹在庶，四岳师，举荐之帝尧。握括命不试，爵授司空。伯禹稽首，让于益、归。帝曰：何斯若真，出尔命图，示乃天。"并注曰："禹握括地象，天已命之，故不复试以众官。……禹方让隐之，故言：出汝所天命也。……乃天使汝治水，非我也。"表明禹是受天命进行治水，尧不过是天命的传达者。二是禹治水成功、天赐玄圭的典籍。如《尚书中候》："禹治水，天锡玄圭，告厥成功也。"《尚书帝命验》称："禹开龙门，导积石，出玄玲，上刻曰，延喜玉，受德，天锡佩。"《河图挺佐辅》："禹既治水功大，天帝以宝文大字锡禹，佩渡北海弱水之难。"《尚书中候·考河命》称："治水既毕，天悉玄硅，以告成功，夏道将兴。草木畅茂，郊止青龙，祝融之神，降于崇山。"三是禹受河图洛书、受天命继王位的典籍。如《尚书刑德放》："禹长于地理水泉九州，得括象图，故尧以为司空。"《尚书中候》："禹临河观，有白面长人鱼身，出曰：吾河精也。表曰：文命治滔水，臣河图去入渊。""禹观于蜀河，而授绿字。"《河图》："天与禹洛出书，谓神龟负文，列背而出。"《尚书中候·考河命》："乃受舜禅，即天子之位。天乃悉禹洪范九畴，洛出龟书五十六字，此谓洛出书者也。"上文中禹受河图洛书的时间虽有不同，但其目的均是为了证明禹受舜禅是出于天意。纬书典籍还记述了禹受天命继王位的相关情况。如《乐稽耀嘉》："禹将受位，天意大变，迅风雷雨，以明将去虞而适夏也。"《尚书中候·考河命》记载得更为详细和生动："（舜）在位十有四年，奏钟石笙筦，未罢而天大雷雨疾风，发屋伐木，桴鼓播地，钟磬乱行，舞人顿伏，乐正狂走。舜乃持权衡而笑曰：明哉，天下非一人之天下也，亦乃见于钟石笙筦乎？乃荐禹于天，行天子事。于时和气普应，庆云兴焉。若烟非烟，若云非云，郁郁纷纷，萧条轮囷。……于是八风修通，庆云丛聚。蟠龙奋迅于厥藏，蛟龙踊跃于厥渊，龟鳖咸出厥穴，迁虞而事夏。舜乃设坛于河，如尧所行，至于下稷。容光休至，黄龙负图，长三十二尺，置于坛畔，赤文绿错，其文曰：禅于夏后，天下康昌。"

在汉初开始的谶纬造神运动中，也出现了含有禹藏图书、禹开宛委山等内容的纬书，主要体现在《河图绛象》和《遁甲开山图》中。

明孙毂编《古微书》卷三十二之《河图绛象》记：

　　太湖中洞庭山林屋洞天，即禹藏真文之所，一名包山。吴王阖闾登包山之上,命龙威丈人入包山,得书一卷,凡一百七十四字而还。吴王不识,使问仲尼,诡云:"赤乌衔书以授王。"仲尼曰:"昔吾游四海之上,闻童谣曰:'吴王出游观震湖,龙威丈人名隐居,北上包山入灵墟,乃造洞庭窃禹书。天帝大文不可舒,此文长传六百初,今强取出丧国庐。'丘按:'谣言乃龙威丈人洞中得之,赤乌所衔,非丘所知也。'"吴王惧,乃复归其书。[①]

其中有禹藏真文于包山的记述。纬书《河图绛象》的这一记述非常重要,一是建立了与《荣氏遁甲开山图》、《吴越春秋》相关内容连接的桥梁,二是为本章第四节中东晋《太上灵宝五符序》的出现提供了基础。

三卷《荣氏遁甲开山图》,又名《开山图》,为西汉纬书,其内容曾为《水经注》、《后汉书》、《文选》、《艺文类聚》、《初学记》、《太平御览》、《太平寰宇记》、《路史》等书所引用,涉及天下名山、古先、神圣、帝皇发迹肇始之处等内容。《隋书·经籍三》有著录,后散佚,清代王谟有辑录。王谟《汉唐地理书钞》中辑录的《荣氏遁甲开山图》云:

> 禹游于东海,得玉珪,碧色。长一尺二寸,圆如日月。以自照自达幽冥。《后汉书·张衡传》注。案《御览》引《开山图》:禹开宛委山,得赤珪如日,碧珪如月,长一尺二寸。又《路史后纪》注引此云:禹游龙门,八神采玉简授之。长尺二寸,禹执简平定水土。疑并即此事,而文有详略。
>
> 熊耳山有金匮石室,禹藏图书之所。《寰宇记》。

《荣氏遁甲开山图》涉及到了"禹游东海,得可照幽冥的碧色玉圭"、"禹开宛委山,得赤珪、碧珪"、"禹游龙门,得神授玉简,禹执简平定水土"、"熊耳山有禹藏图书的金匮石室"等内容,但并未将宛委山和禹藏图书的金匮石室直接联系起来。另外,清乾隆李亨特等修的《绍兴府志》卷三"会稽山"条下也引《遁甲开山图》云:

> 禹治水,至会稽,宿于衡岭。宛委之神奏玉圆之书十二卷以授禹。禹未及持之,四卷飞入泉,四卷飞上天。禹得四卷,开而视之,为《遁甲开山图》。因用以治水,讫乃缄书于洞穴。

---

① 〔日〕安居香山、中村璋八辑:《纬书集成》(全二册),上海古籍出版社,1994年版,第357页。

为《汉唐地理书钞》之《荣氏遁甲开山图》所未录,中间增加了"禹治水至会稽,宛委之神以授禹玉圆之书",从而将宛委山和禹得图书联系了起来。《遁甲开山图》的相关内容,影响到了尔后出现的《吴越春秋》。

汉代人将谶纬与其他典籍等而视之,著述时常引谶纬的资料,如郑玄注经就大量引用了谶纬的资料。赵晔在著《吴越春秋》时也多借鉴了包括《荣氏遁甲开山图》在内的谶纬资料。《吴越春秋》中的《越王无余外传》,如是叙述了大禹发得金简玉字之书的故事[①]:

> 禹伤父功不成,循江溯河,尽济甄淮,乃劳身焦思,以行七年,闻乐不听,过门不入,冠挂不顾,履遗不蹑,功未及成,愁然沉思。乃案《黄帝中经历》,盖圣人所记,曰:"在于九疑山东南天柱,号曰宛委。赤帝在阙,其岩之巅,承以文玉,覆以磐石,其书金简,青玉为字,编以白银,皆瑑其文。"
>
> 禹乃东巡,登衡岳,血白马以祭,不幸所求。禹乃登山,仰天长啸,忽然而卧,因梦见赤绣衣男子,自称玄夷苍水使者,闻帝使文命于斯,故来候之。非厥岁月,将告以期。无为戏吟,倚歌覆釜之山。东顾谓禹曰:"欲得我山神书者,斋于黄帝岩岳之下,三月庚子,登山发石,金简之书存矣。"禹退又斋。三月庚子,登宛委山,发金简之书,案金简玉字,得通水之理。

显然,与《越绝书》只讲求书不同,《吴越春秋》明确说明,大禹所得的金简玉字是通水之理之书。而《吴越春秋》中含通水之理之金简玉字的出现,又明显受到了包括《荣氏遁甲开山图》在内的谶纬资料的影响。因此,《吴越春秋》中记述的"禹得天书通治水之理"内容,是对纬书记载的继承和发挥。

综上所述,与《越绝书》比较,大禹发得金简玉字之书的故事在《吴越春秋》中有了以下三个方面的变化:

[①] [唐]玄嶷《甄正论(卷中)》记:"案《吴楚春秋》及《越绝书》咸云:禹治洪水,至牧德之山。见神人焉,谓禹曰:'劳子之形,役子之虑,以治洪水,无乃怠乎。'禹知是神人,再拜请诲。神人曰'我有《灵宝五符》,以役蛟龙水豹,子能持之不日而就。'禹稽首而请,因而授之而诫禹曰:'事毕可秘之于灵山,勿传人代。'禹遂用之其功大就……"文中的《吴楚春秋》应为"吴越春秋"之误,对玄嶷所引文字,陈国符认为出于《越绝书》(陈国符《五符经考证》,参见陈国符:《道藏源流考》,中华书局,2012年版,第60~64页)。查《吴越春秋》及《越绝书》,均无上述内容。由于《甄正论》出现在唐代,离东汉已有时日,相信其中内容为误引所致,故对《甄正论(卷中)》有关大禹的内容引录于此,却不作引述于正文。

首先，两书对大禹求书的目的表述不同。《越绝书》是大禹临死才去求金简玉字之书，书的具体内容含糊不清，《吴越春秋》则是大禹为得通水之理而去找金简玉字之书。

其次，两书对大禹求书的过程表述不同。《越绝书》表述得极为简洁，只有"求书其下，祠白马"两语。《吴越春秋》则首列大禹寻书的依据——依《黄帝中经历》，据玄夷苍水使者之言；再说明大禹寻书的过程，从血白马以祭、不幸所求，到梦见赤绣衣男子、自称玄夷苍水使者，让大禹斋于黄帝岩岳之下，再到在宛委山赤帝宫阙其岩之巅上，发得金简玉字之书。其中多了玄夷苍水使者、黄帝、赤帝等许多人物。

再次，两书对大禹求书的地点表述不同。《越绝书》说大禹求书的地点在覆釜山，且只说"求书其下，"并没有明言是"金简玉字之书"。《吴越春秋》则说是在宛委山。本书在第二章《会稽山的出现》中曾经论及，在以覆鬴（釜）山为中心的会稽山中，覆鬴（釜）山和宛委山实际上是同一座山的东西两个侧面，覆鬴山在山北偏西面，宛委山则在山南偏东面。因此，对于大禹发得金简玉字之书之处，从覆鬴（釜）山到宛委山，从山北到山南，《越绝书》和《吴越春秋》有了很大的变化。这一变化非常重要，为"大禹得藏书处"禹穴的出现，为飞来石位置的确立，提供了很大的想象空间。

第二节 大禹得金简玉字与阴阳五行说

《吴越春秋》将大禹发金简之地与玄夷苍水使者、黄帝及宛委山赤帝宫阙联系起来的背后，是中国古代的阴阳五行说。

中国古代出现的"阴阳说"和"五行说"，首先是对客观世界的探索性认识。

阴阳概念，源自古代中国的自然观。古人观察到自然界中天地、日月、昼夜、寒暑、男女、上下等，各种对立又相联的大自然现象，便以哲学的方式，归纳出"阴阳"的概念。早在春秋时代的易传以及老子的道德经都已提到了阴阳。

五行的原始意义指天上五星的运行。有关五星的名称，先秦的《甘石星经》及《史记·天官书》记载为辰星、太白、荧惑、岁星、填星（镇星）等五星。中国古代在知晓天上有五星运行现象的基础上，抽象出了"天有五行"

这一概念,并迟至周初,最终确立了"五行"一词。其见于文字者,最早是在《尚书·甘誓》篇。中国古代对地上物质世界的认识,通过水、火、金、木、土、谷等"六府",最后定于水、火、金、木、土等"五材"。春秋时期,天上五行与地上五材交相影响,最后结合形成了具有抽象意义的金、木、水、火、土五行。[①]

　　将阴阳和五行结合起来,作为宗教神学观的阴阳五行说,形成于战国时期邹衍所立学说,完成、盛行则是在汉代。

　　战国时期,齐国的邹衍把"阴阳"与"五行"两种思想结合起来,创立了阴阳五行说,并赋予阴阳五行社会属性,以说明王朝的更替原因和变化趋势。邹衍阴阳五行说最初出现在战国末期的《吕氏春秋》之中。《吕氏春秋·十二纪》将战国以来逐渐形成的专以五称说事物的传统,如五日、五帝、五神、五虫、五音、五教、五味、五臭、五色、五时、五方等,都和五行相配,认为宇宙间万事万物均由五行支配。原来物质意义的五行,遂蜕变为宗教神学的工具。邹衍阴阳五行说的一个要点是"主运",认为世代的盛衰无不取决于阴阳的消息和五德的转移。体现邹衍主运思想具体内容的《吕氏春秋·应同篇》,如此记述了黄帝至战国四代的盛衰:

> 凡帝王者之将兴也,天必先见祥乎下民。黄帝之时,天先见大螾大蝼,黄帝曰:"土气胜。"土气胜,故其色尚黄,其事则土。及禹之时,天先见草木秋冬不杀,禹曰:"木气胜"。木气胜,故其色尚青,其事则木。及汤之时,天先见金刃生于水,汤曰:"金气胜"。金气胜,故其色尚白,其事则金。及文王之时,天先见火,赤乌衔丹书集于周社,文王曰:"火气胜。"火气胜,故其色尚赤,其事则火。

文中的四代,以黄帝、禹、汤、文王四帝命名,与土、木、金、火四元素及黄、青、白、赤四颜色联系起来,尤其是其中的"文王之时,天先见火,赤乌衔丹书集于周社,文王曰:'火气胜。'火气胜,故其色尚赤,其事则火"。文中其事则火的"赤帝"已跃然而出,并且已有了"赤乌衔丹书"的提法。

　　《史记·封禅书》云:"自齐威宣之时,邹子之徒,论著终始五德之运。及秦帝,而齐人奏之,故始皇采用之。"秦王朝采用邹衍终始五德之运,在黄

[①] 有关五行学说的形成过程,参考了刘起釪的《五行原始意义及其纷歧蜕变大要》(见艾兰等主编:《中国古代思维模式与阴阳五行说探源》,江苏古籍出版社,1998年版,第133～160页)。

帝、禹、汤、文王四代、四元素、四颜色的基础上,将秦(文公)定为水德及黑色。《汉书·郊祀志》记有:

> 秦始皇帝既即位,或曰:"黄帝得土德,黄龙地蟥见。夏得木德,青龙止于郊,草木畅茂。殷得金德,银自山溢。周得火德,有赤乌之符。今秦变周,水德之时。昔文公出猎,获黑龙,此其水德之瑞。"于是秦更名河曰"德水",以冬十月为年首,色尚黑,度以六为名,音上大吕,事统上法。

从而有了五代(帝)、五元素与五颜色。自此,改德的作法为历代所沿袭,成为最高统治者政治生活中的大事。

刘邦建汉,嫌秦祚太短,不配在五德中占席,竟也以水德自居,并沿袭了秦的制度。文帝时,贾谊等提出改德的建议,认为按秦得水德汉受之,汉当为土德,并草具了新的仪法。几经波折后,汉武帝把改德付诸实践,宣布公元前104年为太初元年,确立了土德之制。

如果说《吕氏春秋·应同篇》、《汉书·郊祀志》中的"五"指称的是人间五代或人间五帝的替换,那么,到汉初《淮南子》中的"五",已经演变成为天上的五位神仙。对于五行之说,《淮南子·天文训》记有:

> 何谓五星? 东方木也,其帝太皞,其佐句芒,执规而治春,其神为岁星,其兽苍龙,其音角,其日甲乙。南方火也,其帝炎帝,其佐朱明,执衡而治夏,其神为荧惑,其兽朱鸟,其音徵,其日丙丁。中央土也,其帝黄帝,其佐后土,执绳而制四方,其神为镇星,其兽黄龙,其音宫,其日戊己。西方金也,其帝少昊,其佐蓐收,执矩而治秋,其神为太白,其兽白虎,其音商,其日庚辛。北方水也,其帝颛顼,其佐玄冥,执权而治冬,其神为辰星,其兽玄武,其音羽,其日壬癸。

《天文训》中的五星已是天上的东方太皞、南方炎帝、中央黄帝、西方少昊、北方颛顼"五神",其中的黄帝,"执绳而制四方",具有中心地位。五行中的原五星——岁星、荧惑、镇星、太白、辰星已易名为"五佐",并附丽以极纷繁的五行说教。

阴阳五行之说,到汉代方士化的儒生手中,通过董仲舒《春秋繁露》中二十几篇推阐阴阳五行篇章的鼓吹,再由《尚书》今文三家几部附丽于《洪范》的五行著作,如《洪范五行传》、《五行论》、《洪范五行传记》、《洪范五行传论》、《五行传说》等的系统宣扬,及各种千奇百怪纬书的推波助澜,终由《汉书·五行志》作了集大成的记载,加上《白虎通》的渲染,而至体系完备,天神感应,贯串于整个宇宙万事万物及人类社会的阴阳五行说得以真正确立。

《吴越春秋》的作者为赵晔,根据张觉的考证①,赵晔当生于公元 40 年(汉光武帝建武十六年)前后,可能卒于 130 年(汉顺帝永建五年),韩洪举则认为赵晔的生年在公元 40 年,卒年则在公元 100 年(汉和帝永元十二年)左右②。因此,范晔的主要活动时间当在东汉公元 60 到 100 年左右,其时五行五帝说已十分成熟。结合《吕氏春秋·应同篇》、《汉书·郊祀志》,特别是《淮南子·天文训》中的相关记述,《吴越春秋》让大禹根据《黄帝中经历》、斋于黄帝岩岳为前提,体现了阴阳五行说的中央黄帝的思想,而在南方宛委山赤帝宫阙的岩之巅上发得金简之书,则体现了南方炎(赤)帝的思想。因此,《吴越春秋》将发金简之地与宛委山赤帝宫阙联系起来,应该是中国古代阴阳五行说影响的结果。

《吴越春秋》虽受到阴阳五行说的影响,也受到了黄老思想的影响(论述见下节),但当时的黄老思想尚未发展到道教,因此,《吴越春秋》与道教并没有直接的关联。

《后汉书》之《儒林·赵晔传》称:

> 赵晔字长君,会稽山阴人也。少尝为县吏,奉檄迎督邮,晔耻于厮役。遂弃车马去,到犍为资中,诣杜抚受《韩诗》,究竟其术。

说明赵晔的思想主要来自杜抚所授的《韩诗》。《后汉书》之《儒林·杜抚传》称"(杜抚)沈静乐道,举动必有礼"。《韩诗》指汉初燕人韩婴所传授的《诗经》。尽管广泛吸收了诸如黄老、法家、道家及阴阳家的思想,但与陆贾、贾谊两位汉初大儒一样,韩婴以儒家为标榜,是汉初儒家思想复起的代表人物,"韩婴的思想可以看作儒家由汉初的政论向建立新的系统的哲学理论和意识形态的过渡"③。由此观之,尽管受到阴阳五行说的影响,但当

---

①张觉:《吴越春秋校注·前言》,岳麓书社 2006 年版。

②韩洪举:《赵晔的著述与生卒年考述》,参见中国社会科学院文学研究所、中国古代小说研究中心编:《中国古代小说研究》(第 3 辑),人民文学出版社,2008 年版,第 249～253 页。

③金春峰:《汉代思想史》,中国社会科学出版社,1987 年版,第 112 页。

时道教的思想尚处于萌芽状态之中,赵晔的思想还是以儒家思想为主。因此,要将《吴越春秋》中"禹登宛委山发金简之书"之说,与飞来石、禹穴及道教的阳明洞天联系起来,尚需借以时日。

第三节　黄老学、黄老道与禹步的出现

一、黄老学、黄老道的形成、发展和道教化

阴阳五行说中的黄帝之所以能够逐步神性化,成为五帝中的中央天帝,统驭四方十众,与汉初黄老学继而黄老道的流行有着密切关系。

大约从战国中期开始,有关黄帝的传说日益增多起来,到战国后期及秦汉之际,黄帝已经成为传说中的中华夏族的始祖。黄帝的产生及其声望的日隆,和基于农业文明的中国古代宗法制、祖先崇拜观念密切相关。农业文明决定了对土地的崇拜,宗法血缘制又导致了祖先崇拜的观念,祖先越早,身价越高。由此,号称有"土德之瑞"的黄帝,自然受到了华夏族的顶礼膜拜。各种学派纷纷以黄帝自重,许多著述都托之于黄帝名下。其中说黄帝最多、以黄帝自重最成功的是道家和阴阳五行家,黄老学便产生、发展于战国时期以阴阳五行著名的齐国稷下黄老学派。稷下黄老学派继承老、庄的思想,主张不累于俗,不嗜于物,情欲寡浅,齐万物以为道,顺乎自然,不顾于虑,不谋于智,并把黄帝与老子相提并论起来。

"黄老之学,汉代并称,然言道德者称老子,言灵异者称黄帝,名为述说老子,实皆依托黄帝也。"①汉初黄老学的主流是帝王南面术和阴阳五行思想,侧重于黄老学的清静无为,与民休息,垂拱而治,重点在于从统治术的角度来利用黄老学说。同时,汉初黄老学也包含了一些神仙的思想,主要体现在黄帝身上。那时的黄帝已是"食而不死"的仙家人物,出现了黄帝鼎湖仙去的传说。随着黄老学的发展,汉初不占主要地位的黄老学中的"灵异"部分,到汉武帝"罢黜百家,独尊儒术"后却日渐重要,变成黄老学的主流,为黄老学演变为黄老道提供了思想基础。

黄老道是黄老学和方仙道结合的产物。方仙道由古代巫教发展而来,

---

① 参见［清］永瑢、纪昀主编《四库全书总目提要》之《道藏目录详注》卷四(兵部侍郎纪昀家藏本)。

巫师用符咒企求鬼神的保佑,由古代巫师演变来的方士则企求长生不死之术。战国时期,北方的燕齐和南方的荆楚出现了鼓吹长生成仙之术的神仙方士。神仙方士的方术,起初并没有理论体系,后来,方士利用邹衍终始五德之运的五行阴阳学说来解释方术,形成了所谓的神仙家,即方仙道。方仙道所具有的神仙信仰,崇奉黄帝,主张服食丹药成仙的特征,及其独特的神学理论,以及行气、辟谷、祠灶、炼丹等方术,进一步被兼容并包的黄老学所吸收,从汉武帝开始,黄老学和方仙道逐渐结为一体,向着黄老道演变,出现了以"求长生福"为中心的黄老道。

黄老学和方仙道的结合是一个长期的历史过程,可分为三个阶段①。

第一阶段在汉武帝时期。汉武帝独尊儒术后,黄老学发生分化,形名部分为儒家吸取,神仙思想则开始了和方仙道的结合。汉武帝虽独尊儒术,但对黄老学中的神仙部分和方士的成仙术却十分感兴趣,不在其罢黜之列。

第二阶段从汉宣帝到西汉末,黄老学和方仙道进一步结合。汉宣帝通达黄老之学,"复兴神仙方术之事"。在民间,黄老仙术也开始重整旗鼓。

第三阶段是东汉时期黄老道的形成。东汉社会的宗教气氛比西汉更浓,谶纬大兴,加之佛教的影响,黄老道得以完成。东汉明帝、章帝时,好黄老的人很多,最突出的是楚王英。"英少时好游侠,交通宾客,晚节更喜黄老,学为浮屠斋戒祭祀。"(《后汉书·楚王英传》)汉明帝(57~75)表彰他"诵黄老之微言,尚浮屠之仁祠"。可见当时黄老道之盛行,并在统治者上层恢复了地位。

到汉顺帝时期(125~144),黄老道已形成并渐渐向道教衍化。黄老道的一个支派——"五斗米道"出现在蜀郡,"五斗米道"的创教人张陵后被道教奉为开山之祖。

二、禹步的产生和日益道教化

随着黄老学、黄老道的形成、发展和向道教衍化,有关大禹传说也开始出现在道教化的进程中,比较典型地体现在禹步的产生和日益道教化上。

关于禹步的起源,成书于战国时期的《尸子》云:

---

① 引自李刚:《论黄老道》,《宗教学研究》1984 年第 5 期,第 15~25 页。

古者龙门未辟,吕梁未凿,禹于是疏河决江,十年不窥其家,生偏
枯之病,步不相过,人曰禹步。[①]

战国末期的《荀子·非相》中有"禹跳汤偏",杨倞的《荀子注》亦引《尸子》
云:"禹之劳,十年不窥其家,手不爪,胫不生毛,偏枯之病,步不相过,人曰
禹步。"文中的"偏枯"亦称半枯、偏瘫,指左侧肢体或右侧肢体(上下肢)随
意运动的功能减弱或丧失,就是半身不遂,常见于中风后遗症,历代医书多
有记述。大禹治水劳累过度得偏枯病,行走困难,两腿不能前后交替行走,
一腿前迈而一腿拖行,步不相过,人称该种步式为禹步。因此,"禹步"一
词,源于大禹治水的神话传说。先秦文献中,《庄子·盗跖篇》云:"禹偏
枯。"成玄英疏云:"治水勤劳,风栉雨沐,致偏枯之疾,半身不遂也。"《吕氏
春秋·行论》也说:"禹……以通水潦,颜色黧黑,步不相过,窍气不通。"因
此,大禹偏枯在先秦时期已是流传很广的一个说法。

然而,禹步并非仅仅是一个疾病概念,更是特指巫觋施术模拟禹步的
特殊步法。《尸子》中并没有关于禹步的具体步法,成于战国晚期及秦始皇
时期的睡虎地秦墓竹简《日书》则提到了具体的禹步步法。

《日书》甲种记有:

行到邦门困(梱),禹步三,勉一步,呼:"皋! 敢告曰:某行毋咎,先
为禹除道。"即五画地,掫其画中央土而怀之。[②]

简文中的"皋"是先秦时期呼唤神灵、魂魄时惯用的一种长啸。"五画地"的
"五"通交午之"午",有纵横交叉之义。这段文字的大意是,远行者通过城
邑门槛时,先走三个禹步,继之用力并足行步,同时高呼:"皋! 敬告某神,
让我出行无灾,现在我先为大禹清除道路。"呼毕,在地上画个交叉图形,拾
取图形中央交叉点上的土揣在怀内。《日书》乙种也记有类似的远行除咎
法:"……投符地,禹步三,曰:'皋! 敢告口口。口符,上车毋顾。'"简文残
缺很多,反映的仪法和咒语不甚明确,但所要求的三行禹步与前种法术完
全相同。

以上对《日书》的引用可知,禹步已不是一种疾病,实际上已演化为一
种远行前预除灾咎的法术。另外,马王堆汉墓帛书《五十二病方》及《养生

---

① 《尸子》为战国时尸佼撰,已佚,此引见《太平御览》卷八十二。
② 《睡虎地秦墓竹简》,文物出版社,1990 年版,第 223 页。

方》也有"禹步三"的记载,这表明战国秦汉时期禹步由三步组成,已经成为通则。由此可见,战国秦汉时期大禹治水的传说已与方仙道紧密结合在一起。这一点,到西汉晚期扬雄(前53~18)的《法言·重黎篇》中已说得非常明白:

> 昔者姒氏治水土,而巫步多禹。

晋李轨注:"姒氏,禹也。治水土涉山川,病足,故行跛也。禹自圣人,是以鬼神猛兽蜂虿蛇虺,莫之螫耳,而俗巫多效。""巫步多禹",按照李轨的解释,巫行跛步是巫士模仿禹步,表明此时禹步已经为巫祝所采用。晋人皇甫谧也说:"禹……治水,乃劳身勤苦……手足胼胝。故世传禹病偏枯,足不相过,至今巫称禹步是也。"(《太平御览》卷八十二)巫之所以要模仿禹步,李轨的解释是禹为圣人,鬼神猛兽、蜂虿蛇虺不能伤之,因而禹步有非同一般的神力,巫作法时也就要模仿禹步。

巫步多禹步,道教徒就此大加附会。现存最早对禹步法作明确描述的文献是东晋著名道教领袖葛洪(284~364或343)《抱朴子》内篇里的《登涉》篇和《仙药》篇。

《登涉》篇云:

> 又禹步法:正立,右足在前,左足在后,次复前右足,以左足从右足并,是一步也。次复前右足,次前左足,以右足从左足并,是二步也。次复前右足,以左足从右足并,是三步也。如此,禹步之道毕矣。

《仙药》篇云:

> 禹步法:前举左,右过左,左就右。次举右,左过右,右就左。次举左,右过左,左就右。如此三步,当满二丈一,后有九迹。

根据《登涉》和《仙药》可知,禹步的步法是:第一步,先迈左足接着右足迈过左足,左足前迈与右足并步;第二步,再迈右足,左足迈过右足,右足前迈与左足并步;第三步,再迈左足,右足迈过左足,左足前迈与右足并步。三大步留下九个脚印,长度为二丈一尺。需要说明的是,古代的一步是从左足落地起到左足落地止,相当今日的两步。禹步每步虽迈三次,但最后一步是并步,其长度仍还是一大步。禹步法的特点是三步九迹,每步都要并步,这就是所谓的"步不相过"。

随着禹步的道教化、神秘化,禹步法趋于复杂,并被不断赋予各种道意义,为"欲令百邪虎狼毒虫盗贼,不敢近人者"。《抱朴子·登涉》引《遁甲中经》曰:

> 往山林中,当以左手取青龙上草,折半置逢星下,历明堂入太阴中,禹步而行……

最初的禹步比较简单,只走三个直线并步,没有太多的讲究。到《抱朴子·登涉》说"左徊禹步",左折而行,分明是曲线,最后到《洞神八帝元变经·禹步致灵》,道教的禹步法——"步罡踏斗",已是步法和北斗星相结合的曲折而行,走出了一个北斗形状。

《洞神八帝元变经·禹步致灵》云:

> 禹步者,盖是夏禹所为术。召役神灵之行步,以为万术之根源,玄机之要旨。昔大禹……见鸟禁咒,能令大石翻动。此鸟禁时,常作是步。禹遂摹写其形,令之入术。自兹以还,术无不验。因禹制作,故曰禹步。

《洞神八帝元变经》撰人不详,据考约出于南北朝①。在《禹步致灵》中,禹步已完全脱离原本的疾病概念,变成为"万术之根源,玄机之要旨"的道术。并且,禹步也不再是由大禹的偏枯演化而来,而是由大禹模拟鸟禁而创造的禁咒术。禹步已与大禹治水无关,变得日益道教化。

第四节　从大禹的金简玉字到道教的灵宝五符

随着大禹传说与道教的日益结合,禹步成为道教的"万术之根源,玄机之要旨",大禹寻得金简玉字之书的传说也开始和道教结合起来。这种结合主要体现在道教的《太上灵宝五符序》之中。

陈国符的《道藏源流考》以大量的材料为依据,详细辨析了古今《灵宝经》的分别,指出古之《灵宝经》即《太上灵宝五符序》,亦称《五符经》;今之《灵宝经》即《灵宝无量度人上品妙经》,亦称《度人经》。②

---

① 胡孚琛:《中华道教大辞典》,中国社会科学出版社,1995年版,第279页。
② 陈国符:《五符经考证》,参见陈国符:《道藏源流考》,中华书局,2012年版,第60～66页。

作为古之《灵宝经》,《道藏》本《太上灵宝五符序》的成书过程,首先是一卷本《灵宝五符经》和一卷本《灵宝五符序》几乎同时在东晋初期——建武元年(317)到永和六年(350)间出现。东晋中期后,一卷本《灵宝五符经》和一卷本《灵宝五符序》合并,在加入有关华子期的内容后成为两卷本的《灵宝五符序》,其时当在永和六年(350)以降,隆安四年(400)以前。此后在东晋末期,大约在义熙六年(410)前后,在加入了《五符序》卷下首段、"醮祝之仪"段、卷上的《灵宝要诀》和卷中所载的乐子长服御文和其他若干服御文的基础上,变成了三卷本的《五符经序》,即现在《道藏》本中的《太上灵宝五符序》[①]。因此,《太上灵宝五符序》的形成当在东晋时期,即公元 317年至 410 年前后,花了近百年的时间。

《太上灵宝五符序》中"灵宝"的含义,或指广泛存在于大自然和人体中的精气,或指长生不死的人格化神灵,或指讲长生之法的文诰,不同的场合有不同的内容和解释。就文诰而言的"灵宝"一词,首见于《太平经》。东汉时已有称为"灵宝"的经诀或灵符之类出现,开始较为简练,到东晋葛洪撰《抱朴子》时,其篇卷和内容已逐步增多[②]。其中的《抱朴子》内篇之《辨问》篇,将禹与灵宝及神仙联系起来,把禹明确当作了灵宝神仙:

> 《灵宝经》有正机、平衡、飞龟授袟,凡三篇,皆仙术也。吴王伐石以治官室,而于合石之中,得紫文金简之书。不能读之,使使者持以问仲尼,而欺仲尼曰,吴王闲居,有赤雀衔书以置殿上,不知其义,故远咨呈。仲尼以视之曰,此乃灵宝之方,长生之法,禹之所服,隐在水邦,年齐天地,朝于紫庭者也。禹将仙化,封之名山石函之中,乃今赤雀衔之,殆天授也。以此论之,是夏禹不死也。

《辨问》篇告诉我们,禹因服用灵宝长生之法而不死,成为神仙;禹将仙化,把灵宝经诀封在了名山的石函之中。与《吴越春秋》中大禹得金简玉字之书的传说相比较,一是《辨问》没有提及大禹治水之事,而是强调了服用灵宝长生之法而不死的道教色彩,并将禹当作了灵宝神仙;二是《辨问》没有提及大禹登宛委发金简之书,而是提到了大禹将《灵宝经》藏之于名山石函

[①] 引自〔日〕小林正美:《六朝道教史研究》,李庆译,四川人民出版社,2001 年版,第 88 页;〔日〕小林正美:《中国的道教》,王皓月译,齐鲁书社,2010 年版,第 37~38 页。

[②] 参见卿希泰:《中国道教史(修订本)》(第一卷),四川人民出版社,1996 年版,第 379、381 页。

之中,禹、灵宝与会稽似乎并没有什么直接的联系。

除了把禹明确当作灵宝神仙,《抱朴子》内篇之《仙药》篇还将如何模仿禹服用灵宝成仙的方法说得很是清楚:

> 上药令人身安命延升天神,遨游上下,使役万灵,体生毛羽,行厨立至。又曰,五芝及饵,丹砂、玉札、曾青、雄黄、雌黄、云母、太乙禹余粮,各可单服之,皆令人飞行长生。……老子入山灵宝五符,亦不能得见此草也。凡见诸芝,……设醮祭以酒脯,祈而取之,皆从日下禹步闭气而往也。……

葛洪之意是要安命延升天神,需先服禹所服的仙药,即禹余粮等,此药还要配合禹步才能采得。因此,禹在葛洪笔下,已经不是帝王或治水英雄,而是完全成为灵宝经派的开宗祖师。

《太上灵宝五符序》中所称的"符",又称符契,或符节,原本是古代朝廷调动军队或发布命令的信物,通常用刻有文字的竹板或金属制成,常常一分为两,一半留朝廷,一半由将帅持有。符是权力的象征,具有绝对服从的意义。《老子》第七十九章云:"是以圣人执左契而不责于人。"契必须遵守执行,具有法律的效应。汉代盛行天人感应说,谶纬之说风行,认为天会赐祥瑞于人君,以作为受命的凭证,这种祥瑞称作符命。符所具有的内涵和形式特点,在汉代被巫师、方士和道士借用到鬼神世界,创造出了道符,又称神符或天符。道士们模拟现实社会中符契的绝对权威,像人间帝王调遣将帅统领万民一般,认为神仙世界的最高统治者有资格颁布灵符,以召劾鬼神,镇压精怪。因此,在鬼神世界,佩带道符的法师具有崇高的不可抗拒的法力。

道教产生以后,道符越来越被道士重视,逐渐成为道士三大秘术之首。葛洪把道符界定为一种天文,《抱朴子》内篇之《遐览》阐述了符的来源:

> 抱朴子曰:"郑君言符出于老君,皆天文也。老君能通于神明,符皆神明所授。今人用之少验者,由于出来历久,传写之多误故也。"

《遐览》中的天文即自然现象,符就是根据自然现象创造的一种"文体",是道教取法老子"道法自然"的表现,具有神秘性和权威性。《抱朴子》内篇之《登涉》亦云:

执八威之节,佩老子玉策,则山神可使,岂敢为害乎?

葛洪将道符依附于道教始祖老子身上,让道符具有了不可抗拒的权威。

现存资料中,最早将"灵宝"和"五符"合提的是《抱朴子》内篇之《仙药》篇:

石芝……大者十余斤,小者三四斤,非久斋至精,乃佩老子入山灵宝五符,亦不能得见此草也。

从"老子入山灵宝五符"一语可知,"灵宝五符"是入山采仙药时的护符,起源于老子。加之上段《抱朴子》内篇之《遐览》中的叙述,符或灵宝五符当是由神明授老君(老子)的天文,似乎和夏禹并没有什么关系。

因此,在《太上灵宝五符序》前,道教中虽也有论及禹、灵宝或灵宝五符的内容,但显得较为散乱,并没有系统地将禹、灵宝或灵宝五符与会稽联系起来。

将禹、灵宝或灵宝五符与会稽有机联系起来的是古之《灵宝经》即《太上灵宝五符序》。在接受了南方大禹和吴王阖闾传说的基础上,《太上灵宝五符序》将纬书《河图绛象》、《吴越春秋》、《抱朴子》中与大禹相关的内容联接了起来。

《太上灵宝五符序》分为三卷。其中上卷之首段为真正的序文,其余部分实际上是经,将三卷皆标作序,是《太上灵宝五符序》标题之讹。《太上灵宝五符序》的上卷首段是经的原序,主要讲述《灵宝五符》的由来。上卷序文之后收载有:《仙人挹服五方诸天气经》讲述如何服用东南中西北五方不同之气;《灵宝五帝官将号》叙述东南中西北五方五帝的名号,所尚服饰,配为五行,及旗帜、群神人数等;《灵宝要决》讲述进山采药佩带灵宝五符可辟除邪气;《太清五始法》叙述行东南中西北五方之道,相生相克,存思以内养五脏;《食日月精之道》介绍如何采食日月精气。显然,上卷后四章主要讲述养生方法,对后世内丹道术有重要的影响。《太上灵宝五符序》的中卷主要叙述各种养生方术,服食诸方计有服胡麻、巨胜、炮制枸杞酒、五茄酒及除三虫方等,总计三十六种七类,包括《灵宝太玄阴生符》一道。对健身除病有积极的作用,对后世的气功术、医学有借鉴意义。《太上灵宝五符序》的下卷为符咒。卷前叙述符咒的源流及其性质地位,并记载设醮召神、送神的仪式。接着记载符篆和咒语,计有《九天灵书三天真宝》、《东方灵宝符命》、《南方灵宝符命》、《中央戊己灵宝符命》、《西方灵宝符命》、《北方灵宝符命》、《九天王长安飞符》、《九天太玄阳生符》、《三天太玄阳生符》、《八威策》等。卷末载《五牙密咒》五道。

《太上灵宝五符序》上卷首段即讲述了《灵宝五符》的由来，主要内容以灵宝天文的授书与藏书为线索。

上卷首段先言淳和的玄古时代，到三皇之世，已微有得失，"及轩辕之时，神农世衰，诸侯相侵，互有攻夺之气，明主弗能正也"。于是轩辕修德振兵，与炎帝战于阪泉之野，与蚩尤战于琢鹿之野，诸侯因此尊轩辕为天子。轩辕有土德之瑞，故号黄帝。至黄帝曾孙帝喾之时，《太上灵宝五符序》上卷曰：

> 其时有天人神真之官降之，乘宝盖玄车而御九龙，策云马而发天窗，自称九天真王、三天真皇，并执八光之节，佩景云之符，到于牧德之台，授帝喾以九天真灵经、三天真宝符。……然其文繁盛，天书难了，真人之言，既不可解，太上之心，众叵近测，自非上神启蒙，莫见髣髴。是以帝喾自恨其才下，徒贵其书而不知其向。帝喾乃祭天帝北河之坛，藏于钟山之峰，封以青玉之匮，以期后圣有功德者，令施其幽滞。钟山，弱水之北一万九千里，山高万二千里，其上方七千里，周回三万里。自生千芝神草千四十种，人但脚履其上，三步乃仙矣。上有金台七宝紫阙，元气之所舍，天帝君所治处也。日月所不能照。钟山光耀，昼夜朗然，照明十万里外，皆星汉所不及。圣人言天缺无西北，是钟山照九阴之下也。

此段描述帝喾受神人（太上）之宝符灵经，因天书难解，遂藏钟山，以待后圣。其藏书地点显然不是在《吴越春秋》卷六《越王无余外传》中所描述的宛委山。

到帝尧之时，洪水滔天，山坏陵崩，下民斯忧。帝尧用鲧治水，九年而水不息，功用不成。舜登用以后，摄行天子之政，举言鲧子禹能，而使续鲧之业，卒平水土。于是，大禹开始登场。对于夏禹与灵宝五符经的结合过程，《太上灵宝五符序》上卷作了如下叙说：

> 禹为人敏给聪济，其德不违，其仁可亲，其言可信，声为律，身为度，称以土，亹亹穆穆，为纲为纪。禹乃遂与益、后稷，奉帝命诸侯百

姓、兴人徒以敷土,随山刊木,定高山大川。……九河既导,雷夏既泽,浓沮会同,桑土既蚕,于是民得下丘居。后土平济,大水既消,尔乃巡狩于钟山,祀上帝于玉阙,归洪勋于天后,还大成于万灵。然后登彼玄峰,于绣岭之阿,琼境之上,忽得此书。禹乃更恭斋馨林幽岫,请奉佩身。真人告禹曰:汝功德感灵,天人并助,而年命向雕,险矣哉。乃口诀以长生之道,示以真宝服御之方,分摘而别。还乃计功劳于会稽之野,召会群神于东越之山。……更撰真灵之玄要,集天宫之宝书,差次品第,分别所修,行五色定其方面,名其帝号。《太上》本名为《灵宝五符天文》,藏于玄台之中,坚石之磕,隐于苗山之岫,万年一出,以示不朽。其一通书以南和丹缯,隐斋于蒙笼之丘讫,封以金英之函,印以玄都之章,命川泽水神,以付震水洞室之君。须三千之会,当传与水师傅伯长。其石磕之文,乃待大劫一至而宣之耳。禹于是服灵方以匿景,葬兹山以显终,仙人解其契,愚人谓其亡。

《太上灵宝五符序》说得清楚,禹治水成功,救天下苍生,因祭祀上帝从而感动神灵,而在钟山口授禹作为长生药方的《灵宝五符》;大禹计功会稽之后,将此书加以敷演,成《灵宝五符天文》,一藏在了苗山①之岫(山洞)之中,一付震水(震水洞室即洞庭地穴),万年一出,待大劫至而宣之。

在讲述《灵宝五符》的由来之后,《太上灵宝五符序》上卷中的《灵宝五帝官将号》部分,还详细记载了东南中西北五帝:

东方灵威仰,号曰苍帝,其神甲乙,服色尚青,驾苍龙,建青旗,气为木,星为岁,从群神九十万人,上和春气,下生万物。

南方赤飙弩,号曰赤帝,其神丙丁,服色尚赤,驾赤龙,建朱旗,气为火,星为荧惑,从群神三十万人,上和夏气,下长万物。

中央含枢纽,号曰黄帝,其神戊己,服色尚黄,驾黄龙,建黄旗,气为土,星为镇,从群神十二万人,下和土气,上戴九天。

西方曜魄宝,号曰白帝,其神庚辛,服色尚白,驾白龙,建素旗,气为金,星为太白,从群神七十万人,上和秋气,下收万物。

北方隐侯局,号曰黑帝,其神壬癸,服色尚玄,驾黑龙,建皂旗,气

---

①苗山又称茅山、覆釜山,即会稽山,详见第二章之第三节《会稽山中心:从秦望山到覆釜山》。

为水,星为辰,从群神五十万人,上和冬气,下藏万物。

与《淮南子·天文训》中的五星比较,《灵宝五帝官将号》中的五元素、五颜色与之相同,但五帝之名却已不一:《淮南子·天文训》为东方太皞、南方炎帝、中央黄帝、西方少昊、北方颛顼,尚留有人间传说的气息,而《灵宝五帝官将号》中的五帝——东方灵威仰苍帝、南方赤飘弩赤帝、中央含枢纽黄帝、西方曜魄宝白帝、北方隐侯局黑帝,已经完全神仙化、道教化[①]。

由上叙述可知,与《吴越春秋》比较,《太上灵宝五符序》在处理大禹与灵宝五符天文及会稽山之间的关系时,有着明显的共同之处:一是大禹是发书和藏书的中心人物;二是不管是发得金简玉字之书还是灵宝五符天文,大禹都得到了神之启授,金简玉字之书是"其书金简,青玉为字",灵宝五符天文则是"封以青玉之匮",以玉为纽带,两者之间的传承关系非常明显;三是不管《吴越春秋》还是《太上灵宝五符序》,会稽山都是其中的核心区域,会稽山是道教的圣境之所在。由此可见,《太上灵宝五符序》明显受到了《吴越春秋》的影响。

当然,对于大禹与金简之玉字书(或灵宝五符天文)及会稽山间的关系,《太上灵宝五符序》与《吴越春秋》之间也存在着三点差异:

一是《吴越春秋》中大禹得金简玉字之书在治水成功之前,大禹得金简玉字之书后才通了治水之理;《太上灵宝五符序》中大禹得授、修撰《灵宝五符天文》则在大禹治水成功之后,大禹是由于治水功德感灵,才得到了《灵宝五符天文》。

二是《灵宝五符天文》与金简玉字之书的内容有显著差别。金简玉字之书的内容是治水之理,《灵宝五符天文》的内容则已变成长生的药方。

三是发藏书地点的差别。《吴越春秋》是大禹在宛委山赤帝宫阙其岩之巅上发得金简玉字之书,没有提及大禹藏书之事;《太上灵宝五符序》则是大禹在钟山得真宝服御之方,于会稽山召集群神计功之后,再将《灵宝五符天文》藏于苗山(会稽)之岫(山洞)和震水。

从共同之处中不难发现,《太上灵宝五符序》中有关大禹、灵宝五符天

[①] 小林正美认为,《灵宝五帝官将号》中五帝的出现,受到了纬书的影响,和《河图》、《春秋纬》、《诗纬》的《含神雾》等纬书中所说的五帝君相近。参见〔日〕小林正美:《六朝道教史研究》,李庆译,四川人民出版社,2001年版,第56页。

文以及会稽山的传说与《吴越春秋》相关内容存在着传承关系。从差别之处中也不难发现,与《吴越春秋》相比,《太上灵宝五符序》中有关大禹传说,已经完全道教化。最明显的区别表现在金简玉字之书和灵宝五符天文的内容及功能上:《吴越春秋》中金简玉字之书的内容是治水之理,大禹得之是为了救世济民,体现了浓重的儒家色彩;《太上灵宝五符序》中灵宝五符天文的内容则是长生的药方,体现的则是以得道成仙为终极目标的道教精神。另外,相对于《淮南子·天文训》,《太上灵宝五符序》中东南中西北五帝称谓的改变,亦是道教色彩的重要体现。

究竟是禹所具有的何种特质,使得他在道教中,在灵宝文的出世过程中担任了如此重要的角色? 陈昭吟认为[①],道教造经者之所以选择大禹担任如此重要的角色,是因为大禹具有治水英雄、圣人、地方先祖、方士等多重身份。首先是禹与会稽之间密不可分的关系,地方百姓甚至以之为祖先;其次是禹步与巫法的出现,使禹拥有了方士身份;再次是流传各地的治水事迹使禹成为英雄,并进而成为圣人和帝王。这些特质,使道教造经者在以大禹这一人物来发挥神学理念的时候,更能得心应手地灵活运用。正因为如是,在大禹的串联下,《灵宝五符》的每道符成为"行使于宇宙五大时空范围之一的'权力'"。道教虽然非常崇奉老子,《抱朴子》中的入山符之名亦系诸老子,但老子并不具有像禹一样在地区以及全国民众心目中根深蒂固的多重印象身份。《太上灵宝五符序》的序文以禹代换老子,更能符合造经及神学传播的需要。因此,大禹的传说及象征,在灵宝经建立自己神学体系的初始,具有关键性的奠基作用。

《太上灵宝五符序》影响了道教的进一步发展。从一卷本《灵宝五符经》和一卷本《灵宝五符序》到《道藏》本的《太上灵宝五符序》,东晋时期的葛氏道,逐渐脱离了以重视金丹道、排斥祭祀为主的葛洪神仙术,开始信奉五帝君等诸天真的祭祀和咒符,增强了和诸神交往所需咒术的宗教色彩。东晋末刘宋初,葛氏道的道士们创作了一系列的"元始系《灵宝经》",给当时开始改革五斗米道的天师道道士以极大的冲击。天师道的道士进而模仿元始系《灵宝经》,创作了据称是"太极真人"授予葛仙公(葛玄)的"仙公

①陈昭吟:《古灵宝经中的垂直空间概念——以原本〈五符经序〉为探讨中心》,参见连晓鸣主编:《天台山暨浙江区域道教国际学术研讨会论文集》,浙江古籍出版社,2008年版,第762页。

系《灵宝经》"。因此，天师道的三洞说和道教的形成，很大程度上受到了葛氏道编撰《灵宝经》的影响。

《太上灵宝五符序》的出现，使会稽地区成为道教中群仙聚集的圣地。灵宝经派与大禹的结合，使得会稽地区成为灵宝经之源。《太上灵宝五符序》上卷曰：

> 《灵宝五帝官将号》，夏禹撰出天文中字，会稽南山之阳所演集。

已将大禹敷演藏书处聚焦于会稽南山之阳。

南朝梁时陶弘景（456～536）的《真诰》卷十四《稽神枢第四》云：

> 夏禹诣钟山，啖紫奈、醉金酒，服灵宝、行九真，而犹葬于会稽。

陶弘景也认为，大禹依灵宝经、行九真，最后的终老地是在会稽。

至此，东汉时期《吴越春秋》中的禹在宛委山发得金简玉字之书的传说，经过《太上灵宝五符序》的道教化处理，会稽山（宛委山）已经成为道教的圣地之所在。

第五节　阳明洞天考

作为道教圣地的象征，会稽山上的飞来石、禹穴和阳明洞天是其中的核心之所在。

一、道教的洞天福地

洞天福地，是道教的神仙世界，多以名山为主景，或兼有水府、海岛等景。洞天福地，是道教宇宙论的产物，道教文化将人类栖居的空间称"大天世界"，洞天福地主要指大天之内存在着的道教的神圣空间。按照中国传统的气化宇宙论，在可见的由气所凝结而成的有形世界间，还存在着许多不为人类所感知的无形的精微世界。然而，大天世界的存在图景并不是简单的有形世界与无形虚空的叠加，而是大天世界中并存着许多相对隔绝、大小不等的精微生活世界。因此，洞天福地思想的实质就是大天世界内包含着小天世界，是一种物质互相包含的圈圈相嵌套式的世界结构论。洞天福地大多位于大小名山之中或之间，或兼有山水，涵括洞天、福地、靖治、水府、神山、海岛等，有十大洞天、三十六小洞天、七十二福地、十八水府、二十四治、三十六靖庐以及十洲三岛。它们通连贯通,构成一个特殊的地下世界,是道士在达到终极解脱目标前的修炼场所。

从洞天福地理论产生的角度来看,福地说比洞天说形成更早。最早出现福地说的文献是《抱朴子》卷四之《金丹篇》:

> 按仙经,可以精思合作仙药者,有华山、泰山、霍山、恒山、嵩山、少室山、长山、太白山、终南山、女几山、地肺山、王屋山、抱犊山、安丘山、潜山、青城山、峨眉山、绥山、云台山、罗浮山、阳驾山、黄金山、鳖祖山、大小天台山、四望山、盖竹山、括苍山,此皆是正神在其山中,其中或有地仙之人。上皆生芝草,可以避大兵大难,不但于中以合药也。若有道者登之,则此山神必助之为福,药必成。

葛洪所列的名山,皆有山神在其中,不仅是适合合成金丹仙药的场所,而且是不受战乱影响的和平仙境,"若有道者登之,则此山神必助之为福,药必成"。然而《金丹篇》中并没有将"福地"两字并用,要到陶弘景《真诰》卷十一《稽神枢第一》,才出现了"福地"一词:

> 金陵者,兵水不能加,灾疠所不犯。《河图》中《要元篇》第四十四卷云:"句金之坛,其间有陵,兵病不往,洪波不登。"正此之福地也。

陶弘景认为,金陵因为"兵病不往,洪波不登",所以称之为福地。

洞天,原本是指在福地的洞窟,是福地的一部分。从唐代开始,洞天和福地分别指不同的场所。对于"洞"的本义,明《正字通》的解释是:"洞,山岩有孔穴者。"即"洞"的本义是指山中的洞穴。"洞天"则是"洞中别有天"的缩微。神仙在山洞石室中修炼成功,得以飞升成仙,于是道教徒就把这些山洞称为"洞天",后也有指称整座山为"洞天"。唐刘禹锡《陋室铭》称"山不在高,有仙则名",即是此意。

道教对洞天的重视,与中国古代先民的山居习性有关。《山海经》中的《山经》记载当时祭祀的山系有二十六,总计四百五十一座。洞穴对早期道教信奉者而言,具有一定的实用性。《抱朴子·登涉》云:"道士山居,栖岩庇岫","石室"、"洞窟"在早期道教时期曾经充当过修道之士的基本居留场所,是他们进行宗教活动的地方。史籍和道经记载显示,在道教宫观流行之前,原始道教的诸多宗教活动,包括修炼、科仪和传经活动,往往是在山穴里进行的。

　　早期道教典籍虽已提到"洞天"和"福地",但并没有形成一个完整的理论体系。东晋葛洪的《抱朴子》,以自我修炼成仙为神仙信仰的主导思想,提出神仙实有、仙人可学、长生能致、方术有效等观点,将人与神的关系更加紧密的联系起来,确定了战国以来道教的神仙理论体系,丰富了道教神仙崇拜的思想内容,为洞天福地思想的形成做好了学理上的铺垫。

　　道教洞天福地理论产生于东晋时期,经历代道士对洞天福地理论的修改、补充和完善,到唐末五代时期,最后形成了一个包含天界、陆地、仙山、海岛,乃至水府的完善的仙真世界。对于这个过程,张广保以其在道教典籍出现的时间先后为线索进行了清理:

> 东晋出世的早期上清系经典《茅君传》只列出十洞天之名称、位置及范围,北周时编辑的《无上秘要》专辟《山洞品》、《洞天品》所论亦仅及十洞天,唐王悬河撰《三洞珠囊》又列《二十四治品》引《张天师二十四治图》专论二十四治,及至唐司马承祯乃著《上清天地官府图》综论洞天福地,其洞天福地谱包括:十大洞天、三十六小洞天、七十二福地。这就将洞天和福地两大不同系统综合起来,在历史上较早拟出一套较完备的洞天福地谱录。至于唐末五代的杜光庭在其撰作的《洞天福地岳渎名山记》中,除囊括十大洞天、三十六小洞天、二十四化、七十二福地外,还论列出三十六靖庐、十洲三岛、仙地两界之五岳及诸神山。他的这套目录包括天界、地界、山地和海岛,构建了一套很复杂的洞天福地谱。[①]

张广保先生认为,从现存文献看,六朝的陶弘景,唐代的司马承祯及唐末五代的杜光庭是道教洞天福地理论的代表人物。

　　陶弘景及其《真灵位业图》,构成了"洞天福地"的神仙理论基础。早期道教的神灵来源不一、杂乱无序,缺乏统一的神谱系统。陶弘景的《真灵位业图》(又称《洞玄灵宝真灵位业图》),首次对道教中的神鬼世界进行了系统的整理、编排。他将神仙分七个等级,每级都有一位主神位于正中央,并把人间的职位等级比附于仙界神灵,以分出神灵的等级名次。因此,陶弘景的《真灵位业图》使道教模糊、庞杂的神灵谱系得以相对系统化,从而为

---

① 引自张广保:《道教洞天福地理论的起源及历史发展》,参见张广保:《道家的根本道论与道教的心性学》,巴蜀书社,2008年版,第611页。

洞天福地说的完善做好了理论准备。

司马承祯及其《天地宫府图》让道教"洞天福地"理论得以确立。

司马承祯(647~735),字子微,法号道隐,河内温(今河南温县)人,道教上清派茅山宗第十二代宗师。自少笃学好道,无心仕宦之途。师事嵩山道士潘师正,得受上清经法及符箓、导引、服饵诸术。按《云笈七签》卷五《真系》记载,上清经法,陶弘景授王远知,王授潘师正,潘授司马承祯。自陶氏至司马承祯为四世,故司马承祯为陶弘景的四传弟子。

司马承祯后来遍游天下名山,隐居在天台山玉霄峰,自号"天台白云子"。

《旧唐书》称司马承祯"心依道胜,理会玄远,遍游名山,密契仙洞",遍游天下名山。司马承祯书画俱佳,作有《天地宫府图》,并撰《图经》二卷。司马承祯认为神仙有等级、尊卑之分:"至于天洞区畛,高卑乃异;真灵班级,上下不同。"他将洞天福地分成三个等级,各有仙官治理,将以前遥不可及的仙境拉近到凡人所居的地方,将单纯的山洞扩展到山上、山下、山区,反映了道教的世俗化程度。司马承祯不辞辛苦的撰书绘图,用意颇深。他在《天地宫府图》序言中说:"所以披纂经文,据立图象,方知兆朕,庶观希夷。则临目内思,驰心有诣,端形外谒,望景无差。"《天地宫府图》将传说中的仙境绘于笔端,让修道之人有了具体的精神寄托,对坚定其修道的信念大有助益。

《天地宫府图》序云:"太上曰:十大洞天者,处大地名山之间,是上天遣群仙统治之所。……其次三十六小洞天,在诸名山之中,亦上仙所统治之处也。……其次七十二福地,在大地名山之间。上帝命真人治之,其间多得道之所。"详细列出了十大洞天,三十六小洞天以及七十二福地的名称、方圆面积、地理位置及所治仙官,是对东晋以来道教洞天福地思想的系统总结。

二、阳明洞天的出现

对于《天地宫府图》"三十六小洞天"中的"第十洞天",司马承祯作了如下描述:

> 第十会稽山洞,周回三百五十里,名曰极玄大元天。在越州山阴县镜湖中,仙人郭华治之。

说的是三十六小洞天的"第十洞天"曰"会稽山洞",周围有三百五十里,名"极玄大元天",在绍兴府山阴县的鉴湖之中。意味着在将会稽山道教化后,人们开始用具体某一名称,如"极玄大元天"来命名会稽山的道教圣地。

然而,司马承祯此说显得有些模糊不清。一是会稽山范围广大,很难确指会稽山洞的具体位置所在;二是正如本书在第二章《会稽山的出现》中所述,鉴湖在会稽山之北,会稽山并不是在鉴湖之中。史传司马承祯在离绍兴不远的天台山隐居三十年,绍兴府境内新昌县位于天姥山桃源仙境的班竹村口,至今尚留有司马悔桥。明万历《绍兴府志》卷之八记:"司马悔桥,在(新昌)县东南四十里。一名落马桥,唐司马承祯隐天台山被召,至此而悔,因名。"说的是唐代无心仕宦的司马承祯奉诏出山,经此处而大悔,重回天台山的事。但司马承祯对会稽山似乎并不熟悉,盛名之下的《天地宫府图》,对位于绍兴的"三十六小洞天"之"第十洞天",解释得并不到位。

倒是与司马承祯、陈子昂、卢藏用、宋之问、王适、毕构、李白、孟浩然、王维同为"仙宗十友"的贺知章(659~744),为道教"三十六小洞天"的"第十洞天"提供了两处有益的材料。

一是贺知章的《龙瑞宫山界至记》①记有:

> 洞天第十,本名天帝阳明紫府真仙会处。黄帝藏书,盘石盖门,封宛委穴。禹王开,得书治水,封禹穴。

二是贺周世则注、史铸增注的宋王十朋《会稽三赋卷上会稽风俗赋(并序)》中云:"贺知章《龙瑞宫图经纂山记》云禹:黄帝号为宛委穴,赤帝阳明之府,于此藏书焉。大禹始于此穴得书,复于此山藏书。"说明除了《龙瑞宫记》,贺知章还有《龙瑞宫图经纂山记》记述了禹穴。

贺知章的两处材料,提供了以下信息:道教"三十六小洞天"的"第十洞天"也称"天帝阳明紫府真仙会处"或"赤帝阳明之府",为大禹得藏书处,又称"禹穴"。贺知章的叙述中,第一次出现了"阳明"一词。

---

① 《龙瑞宫山界至记》即《龙瑞宫记》。杜春生编录的《越中金石记》称:"按是刻阮志作《龙瑞宫记》,余题为《龙瑞宫山界至记》,从《宝庆会稽续志》也。"其中的"是刻"指的是《龙瑞宫山界至记》或《龙瑞宫记》刻石,"阮志"则指阮元主编的《两浙金石录》。"界至者,记疆界之四至也。"(马衡编著:《马衡讲金石学》,凤凰出版社,2010年版,第64页)"山界至"说的是龙瑞宫所涉范围四面所临之山。龙瑞宫山界至的具体内容,参见第七章《阳明洞天中的道教活动》之《唐代阳明洞天之龙瑞宫记》)。

　　本书在第七章《阳明洞天中的道教活动》之《唐代阳明洞天之龙瑞宫记》中,将会论证,贺知章所作的《龙瑞宫山界至记》应晚于司马承祯的《天地宫府图》。加之贺知章是绍兴人氏,晚年又居住在绍兴,因此,对于"三十六小洞天"之"第十洞天",贺知章的《龙瑞宫山界至记》更具权威性,是对司马承祯《天地宫府图》的进一步发展。

　　因此,本章从第一节东汉《吴越春秋》的"大禹在宛委山赤帝宫阙的岩之巅,发得金简玉字之书处"开始,至第四节,到东晋时期《太上灵宝五符序》的"大禹将作为长生药方的《灵宝五符天文》藏于覆釜山"和《灵宝五帝官将号》中的"夏禹撰出天文中字,会稽南山之阳所演集",到唐司马承祯《天地宫府图》中的"三十六小洞天"之"第十洞天"和贺知章《龙瑞宫山界至记》和《龙瑞宫图经纂山记》所述的"天帝阳明紫府真仙会处"和"禹穴",再结合《太上灵宝五符序》上卷《灵宝五帝官将号》中的:"南方赤飘弩,号曰赤帝,其神丙丁,服色尚赤,驾赤龙,建朱旗,气为火,星为荧惑,从群神三十万人,上和夏气,下长万物。"可得出以下结论:"禹穴"和"天帝阳明紫府真仙会处"是大禹传说与会稽山(宛委山)结合后逐渐道教化的产物;从出现的时间来看,应是"禹穴"在前①,"天帝阳明紫府真仙会处"在后。经过道教化的洗礼,原来意义上作为大禹治水得书处的"禹穴",变成为大禹得藏长生药方《灵宝五符天文》之处的"天帝阳明紫府真仙会处"。从而造成后世对大禹所得和所藏之书有"治水之书"和"长生药方"两种理解长期并存的局面②。"阳明"一词的来历,与阴阳五行说有关,具体而言,又与《太上灵宝五符序》之《灵宝五帝官将号》中的"赤帝"有关,"赤帝"为南帝,以火气胜,故其色尚赤,其意与"阳明"一词相通。又禹穴在宛委山之南属阳,或也会导致"阳明"一词的出现。

　　在司马承祯的《天地宫府图》基础上,经过贺知章等人的补充整理,至杜光庭(850~933)的《洞天福地岳渎名山记》,"洞天福地"理论臻于完善。

　　杜光庭,字圣宾(又作宾圣),号东瀛子,处州(今浙江丽水)缙云人。唐末五代道士,道教学者。其所作的《洞天福地岳渎名山记》共有八方面内

①对于"禹穴"出现的具体时间,将在第七章的《六朝时期的禹穴》中考证。
②上所引贺知章的《龙瑞宫山界至记》中的"洞天第十,本名天帝阳明紫府真仙会处。黄帝藏书,盘石盖门,封宛委山。禹王开,得书治水,封禹穴"。一方面称禹穴为道教的洞天,另一方面又称大禹得藏之书其内容是具有儒家色彩的治水之理,本身即是一种融合儒道两家的表述。

容:岳渎众山、中国五岳、十大洞天、五镇海渎、三十六靖庐、三十六洞天、七十二福地和灵化二十四,杜光庭将道教在天上、海中、山里洞天福地中的各种神话传说,统一集录于《洞天福地岳渎名山记》中,对研究道教宇宙观和道教历史都有重要的参考价值。

对"三十六洞天"中列第十位的洞天,杜光庭作了如下记述:

> 会稽山极玄阳明洞天,三百里,在越州会稽县。夏禹探书。

对照《天地宫府图》中"三十六小洞天"之"第十洞天",杜光庭少了"在越州山阴县镜湖中"、"仙人郭华治之"等模糊和不合理之处,将洞天名由"极玄大元天"改为"极玄阳明洞天",这是"阳明洞天"一词的首次出现,并增加了"夏禹探书"一说。显然,在《天地宫府图》基础上,杜光庭《洞天福地岳渎名山记》的编纂,受到了贺知章等人的影响。

对于禹穴和阳明洞天,到了宋李宗谔编的《龙瑞观禹穴阳明洞天图经》,有以下记载:

> 会稽龙瑞观,在县东南一十五里,即大禹探灵宝五符治水之所。

本书在第三章《飞来石和窆石:会稽山南北的两个禹穴》中已经论述,龙瑞观在禹穴和阳明洞天旁,三者可视为一处。李宗谔的描述,可视为对禹穴和阳明洞天同一关系的再次确认。对于灵宝五符,本章前述主要指"长生药方",但在宋代又改称为"治水之书"。因此,到宋代,大禹所得和所藏之书已是"治水之书"和"长生药方"两种说法并重,而且已十分明确地与阳明洞天和禹穴联系了起来。

从此,作为道教圣地的会稽山,开始聚焦于阳明洞天,阳明洞天的名号开始响亮起来。

第六节　阳明洞天的空间概念

对于禹穴和阳明洞天的具体位置,本书在第三章《飞来石和窆石:会稽山南北的两个禹穴》中曾引用过万历《绍兴府志》卷六《山川志三》的记述:

> 会稽阳明洞在宛委山,洞是一巨石,中有罅,长亘龙瑞官旁。旧经道家之第十一洞天也,一名极玄太元之天。……石名飞来石,上有唐

宋名贤题名。洞或称禹穴。

说明飞来石与禹穴、阳明洞天均在同一位置上,阳明洞天为一飞来石,飞来石下有禹穴。飞来石高 4 米、宽 8.8 米,形状突兀,其势欲倾。石项不规则,南侧内收如削(如图 6-1)。如今飞来石依然孤独地屹立于宛委山南麓。

图 6-1　宛委山麓的飞来石

到过飞来石的人都会提出一个问题:既然称阳明洞和禹穴,为何既不见洞又不见穴? 飞来石下真有阳明洞和禹穴吗? 本节试就这一问题作一回答。

本章在上节考证"阳明洞天"的来历时曾经说过,按照中国传统的气化宇宙论,在可见的由气所凝结而成的有形世界之间,还存在着许多不为人类所感知的无形的精微世界。道教大天世界的存在图景并不是有形世界与无形虚空的简单叠加,而是大天世界中并存着许多相对隔绝、大小不等的精微生活世界,这就是洞天福地的世界。

从《道藏》中唐以前有关洞天福地文献的记述来看,洞天通常存在于大天世界的地下空间,尤其是各大名山之中。正是基于对洞天世界地理位置的这一设想,中国古代的小说笔记常常将道教洞天与世俗世界的连接之处设定于某些特殊的地域,如洞穴、深井、山脉,甚至是石壁、枯树上。前者多为误入洞天者的入口,后者则是洞内居民的出入口。陶弘景的《真诰》卷十一《稽神枢第一》记述句曲华阳洞天共有五门,其中东西便门均有大石塞之。陶弘景认为洞天开门只不过是为了展示山洞的体制,或者为世外之人进出洞天考虑,至于洞中的真仙人们,其出入完全不必经由五门,而是"欻尔无间"便能进出。

因此,道教洞天并非现实山洞的翻版,而是有着独异于现实山洞之处。道教有关洞天空间的思想,糅合了其关于时间、空间的独特理解。洞天世界表面上看处于地下区域,实际上其空间与世俗空间是重叠于一处的。道教洞天并非现实的存在,而是指该处世俗空间隐含着洞天世界之空间,是"芥子纳须弥"空间思想的一种形象表述。道教的洞天世界,只对栖居于其中各级洞仙们才是真实的世界,只有在洞天居民的眼中,洞天世界才能完全展现出来。而对于世俗世界的生灵,除某种极特殊的机缘外,例如通过岩历险、翻山越岭,或涉入洞穴、穷幽探胜而误入洞天,洞天世界通常是对众生关闭的[1]。唐以前的洞天类小说笔记记述了不少误入洞天的事例:误入者返回尘世后再访洞天,常常会迷不知途。这是芸芸众生与洞天福地关系的最好写照。

陶弘景在《真诰》卷十一《稽神枢第一》中还透露过,道教每处的洞天均有特殊的镇洞盘石,此乃玄帝召海神运至于此:

> 天帝之坛石,正当洞天之中央玄窗之上也。此石是安息国天帝山石也,所以名之为天市盘石也。玄帝时,召四海神,使运此盘石于洞天之上耳,非但句曲而已。仙人市坛之下,洞宫之中央窗上也。句曲山腹内虚空,谓之洞台仙府也。

按陶弘景的说法,来自安息国的镇洞盘石可以视为洞天世界存在的一种标志,盘石之下便是众多洞台仙府的中央玄窗。联想到明万历《绍兴府志》卷六"飞来石"条,亦称"世传飞来石从安息飞来",阳明洞天自然符合陶弘景所言的洞天世界的基本特征。因此,对于"飞来石下是否真有阳明洞和禹穴"、"阳明洞和禹穴处为何既无洞又无穴"这样疑问,其实是站在世俗角度发出来的。道教洞天并非现实山洞之翻版,站在道教的角度,洞天世界只

---

[1] 这部分内容的撰写,参考了张广保:《道家的根本道论与道教的心性学》,巴蜀书社,2008年版,第623页。

是洞仙们的世界,世俗世界的生灵要发现洞天的存在,需要某种极特殊的机缘,否则即使洞天世界就在眼前或脚下,你也不能感知其存在。阳明洞天亦应作如是观。

宋周弼的《禹穴》诗云:

> 若有藏瘗空山中,谁人反闭玉笥峰。虎溪不得不启封,立石缭之应万重。不知灵变从何发,爆然夜半横分裂。但留一线与人窥,未放白云全漏泄。古木苍藤闭莫开,穴中惟听走风雷。神仙必有便门出,得见飚轮自往来。

诗中所称的“神仙必有便门出,得见飚轮自往来”,便是对禹穴式洞天世界两重性特征的最好描述。

从道经的载述来看,洞天与人世的关联主要有两方面:其一,人世的死生兴废、天灾人祸都源自洞天,为洞天预先所安排;其二,人间各地之龙神祠庙也归属于洞天。洞天上连天界仙曹,下定人世兴废,与天界、人间都密切相联。那么,除了某种所谓的特殊机缘,人类能否通过何种途径,以觅得洞天的奥秘呢?

人类要进入洞天世界,需要某种符契。本章上一节已经论述,符是神秘性和权威性的象征,具有绝对服从的意义。符所具有的内涵和形式特点,被巫师、方士和道士借用到鬼神世界,创造出了道符。康德谟便以一符两契的角度解释了“灵宝”,认为灵宝在天为宝,在地为灵,在天地这两个根源领域当中是生命的起源。康德谟认为,灵宝也是一种符契,一种与神的契约,持符就可与神合符——天上的宝与地下的灵相呼应,使神与灵(巫)得以互通、复合而获得完整的生命。[①] 在《吴越春秋》和《太上灵宝五符序》中,大禹要发得金简玉字或灵宝五符,需依《黄帝中经历》,据玄夷苍水使者之言,血白马以祭,并斋于黄帝岩岳之下,才能得到治水之理;或随山刊木治水有功,经真人口诀,才能得到真宝服御之方。借着灵宝的天“授”与禹“藏”,一条由天上圣境直贯至可被人们直观认知的地上、地下空间的垂直通道形成了,由此,这些空间被圣化后,便成了一个宗教的圣地。

因此,尽管洞天世界只是洞仙们的世界,但洞天福地理论的另一个目

---

①康德谟:《关于道教术语“灵宝”的笔记》,参见龙巴尔、李学勤主编:《法国汉学》(第二辑),清华大学出版社,1996年版,第1~26页。

的,是将传说中的仙境世俗化、人间化,使被分割为两极的人间境界与神仙境界得以互相沟通,于是,自然的青山秀水成为仙境在人间的具体表现形态。造成"人间仙境化"、"仙境人间化"的相互转变,从而把原本隔离的"人—仙"两界关系联结起来。会稽山能成为道教圣地,与《五符经序》中描述灵宝经的出世过程有着不可分的关系。① 借助于大禹的传说,人们来到阳明洞天,他们似乎看到了进入洞天世界的希望,这就是阳明洞天的价值之所在。

---

①陈昭吟:《古灵宝经中的垂直空间概念——以原本〈五符经序〉为探讨中心》,参见连晓鸣主编:《天台山暨浙江区域道教国际学术研讨会论文集》,浙江古籍出版社,2008年版,第764页。

第七章　阳明洞天中的道教活动

在第六章论述大禹传说道教化和会稽山出现禹穴、阳明洞天之间关系的基础上，本章将以宛委山麓的阳明洞天谷地①为中心，结合相关文献，辨析阳明洞天谷地中飞来石上刻录的文字资料，通过一些田野调查，来论述阳明洞天自六朝宋尚书孔灵产入道奏改怀仙馆始，经唐开元二年敕改龙瑞宫，到唐宋二代，各种道教活动在阳明洞天谷地的渐次展开。

第一节　阳明洞天道教活动前传：樵风泾的传说

一、郑弘的传说

要论述阳明洞天中的道教活动，首先需要了解道教产生前阳明洞天谷地口若耶溪上的神仙传说。

宗教学研究认为，全世界宗教的产生，都有一个由自然宗教到人为（神学）宗教的发展过程。包括阳明洞天谷地在内的绍兴道教的产生，始于古代的原始宗教和民间巫术。《史记·封禅书》载："越人俗鬼，而其祠皆见鬼，数有效。"《后汉书》卷四十一记："会稽俗多淫祀，好卜筮。"说明古时越族社会的巫风炽烈得非常异常，畏鬼信祀、好事诅咒的原始宗教氛围相当浓厚。在道教尚未产生、黄老道盛行的东汉初期，阳明洞天谷地口的若耶溪上便出现了具有道教色彩的传说，樵风泾便是这些传说的中心之所在。

宋嘉泰《会稽志》卷十对"樵风泾"有以下记载：

> 樵风泾，在县东南二十五里。旧经云：汉郑弘少时采薪，得一遗箭。顷之有人觅箭，问弘何所欲？弘识其神人也，答曰："尝患若耶溪载薪为难，愿朝南风暮北风。"后果然，世号樵风。《水经》云：郑弘少以清节自居，恒躬采伐，用贸粮膳，每出入溪津，常感神风送之，凭舟自运

---

① 为何称阳明洞天为谷地，将在本章第三节《唐代阳明洞天之龙瑞宫记》中论述。

无杖楫之劳。村人贪借风势，常依随往还。有淹留者，徒辈相谓曰：
"汝不欲及郑风耶?"其感致如此。宋之问诗云：归舟何虑远，日暮使樵
风。刘长卿诗云：仙客常因一箭赠，樵风长到五云闲。泾去声。齐祖之
《铸浦泾》诗云：扫拂渔蓬出泾来。自注：越人谓水道为泾。

说的是汉初有个叫郑弘的樵夫，在樵风泾附近拾得一支箭，归还给了神仙，
神仙问其有何要求，郑弘答曰："尝患若耶溪载薪为难，愿朝南风暮北风。"
作为一名樵夫，郑弘当时最大的心愿，是清早从若耶溪载柴北上绍兴五云
城时能刮南风，傍晚从城里南下回家时又能刮北风，顺风而行可减许多路
途之苦。神仙答应了郑弘这一质朴要求。从此，若耶溪上朝南风暮北风处
便称"樵风泾"，所刮之朝南风暮北风后又被称之"郑公风"。

　　围绕着樵风泾的传说，在若耶溪及其附近，自东汉以来，留下了许多有
关郑弘的物与事。

　　宋嘉泰《会稽志》卷十一中的"郑公泉"条曰：

　　　　郑公泉，在县东南五云乡。去葛仙翁钓矶为近，以郑弘得名。《水
　　经》云：在若耶溪东，方数丈，冬温夏凉。《舆地志》云：若耶郑弘所居之
　　侧，有郑公泉。弘虽居台辅，常思故居。曾病困思得泉水，家人驰取，
　　饮少许便差。泉有二脉，滴沥出石罅，味极甘宜茶。石之上为行路，而
　　泉注溪中，非山僧野叟不能知其处。

说的是若耶溪郑弘所居之侧有郑公泉，泉水冬温夏凉。郑弘在外做官，曾
病困而思得泉水。家人驰取，郑弘饮少许即病愈。

　　到了"沉酿埭"，"郑公泉"又有了新的发展。宋嘉泰《会稽志》卷十的
"沉酿埭"中记有：

　　　　沉酿埭，在县南二十五里，若邪溪东。《十道志》云：郑弘举送赴
　　洛，亲友饯于此，以钱投水，依价量水饮之，各醉而去。一名沉酿川。
　　《寰宇记》云：太尉泉，一名沉酿埭。案太尉泉即郑公泉，弘自饮此水，愈疾。以埭
　　为泉，非也。苏鹗《演义》云：郑弘官京洛，未至，宿一埭，名沉酿。弘投钱水中，劝
　　酬饮尽，多酣畅，皆得大醉，更名为沉酿泉。与《十道志》所载不同。

由此可见，"郑公泉"不仅仅是治病的良药，又成了朋友欢聚时的佳酿。

　　与郑弘有关的传说，不仅仅局限于水中，还与若耶溪边上的山和寺庙
联系了起来。

宋嘉泰《会稽志》卷九记有：

> 郑弘山，在县东南三十里。弘仕后汉，为太尉。

宋嘉泰《会稽志》卷六记有：

> 郑太尉庙在县东南一十五里。庙之下即樵风泾也。旧在山麓，今迁山上。

因此，围绕若耶溪及其周边，以郑弘为中心，樵风泾、郑公泉（沉酿埭）、郑弘山、郑太尉庙相继出现，充满了许多神奇的故事和传说。

二、樵风泾与郑弘关系考

问题在于，若耶溪上何以会出现诸多关于郑弘传说的？

《后汉书》卷三十三之《朱冯虞郑周列传第二十三》如是描述了东汉时的郑弘（？～86）：

> 郑弘，字巨君，会稽山阴人也。从祖吉，宣帝时为西域都护。弘少为乡啬夫，太守第五伦行春，见而深奇之，召署督邮，举孝廉。

> 弘师同郡河东太守焦贶。楚王英谋反发觉，以疏引贶，贶被收捕，疾病于道亡没，妻子闭系诏狱，掠考连年。诸生故人惧相连及，皆改变名姓，以逃其祸，弘独髡头负铁锧，诣阙上章，为贶讼罪。显宗觉悟，即赦其家属，弘躬送贶丧及妻子还乡里，由是显名。

> 拜为骑令，政有仁惠，民称苏息。迁淮阴太守。四迁，建初初，为尚书令。旧制，尚书郎限满，补县长令史丞尉。弘奏以为台职虽尊，而酬赏甚薄，至于开选，多无乐者，请使郎补千石令，令史为长。帝从其议。弘前后所陈有补益王政者，皆著之南宫，以为故事。

> 出为平原相，征拜侍中。建初八年，代郑众为大司农。旧交阯七郡贡献转运，皆从东冶泛海而至，风波艰阻，沉溺相系。弘奏开零陵、桂阳峤道，于是夷通，至今遂为常路。在职二年，所息省三亿万计。时岁天下遭旱，边方有警，人食不足，而帑藏殷积。弘又奏宜省贡献，减徭费，以利饥人。帝顺其议。

> 元和元年，代邓彪为太尉。时举将第五伦为司空，班次在下，每正朔朝见，弘曲躬而自卑。帝问知其故，遂听置云母屏风，分隔其间，由

此以为故事。在位四年，奏尚书张林阿附侍中窦宪，而素行臧秽，又上洛阳令杨光，宪之宾客，在官贪残，并不宜处位。书奏，吏与光故旧，因以告之。光报宪，宪奏弘大臣漏泄密事。帝诘让弘，收上印绶。弘自诣廷尉，诏敕出之，因乞骸骨归，未许。病笃，上书陈谢，并言窦宪之短。帝省章，遣医占弘病，比至已卒。临殁悉还赐物，敕妻子褐巾布衣素棺殡殓，以还乡里。

《郑弘传》先说郑弘"从祖吉，宣帝时为西域都护。弘少为乡啬夫"。同时，《后汉书》卷三十三《郑弘传》所引的谢承《后汉书》注则曰："其曾祖父本齐国临淄人，官至蜀郡属国都尉。武帝时徙强宗大姓，不得族居，将三子移居山阴，因遂家焉。"两种说法虽略有不同，但均认定郑弘之家是从外地迁徙至绍兴的。《郑弘传》中提到的"乡啬夫"，是古代的乡官之一，职掌听讼、收取赋税，秦时设制，汉晋及南朝宋因袭之。因此，通过以上材料可以看出，郑弘来自名门望族，自小即为乡官，似乎与越地传说中郑弘的樵夫形象有很大的不同。而且，《后汉书》中的整篇《郑弘传》，说的主要是郑弘"为贼讼罪"、"政有仁惠"、"书奏贪残"以及其官至太尉等事例，似乎与若耶溪的交集也不多。

有关郑弘与樵风的传说，最早来自唐李贤注《后汉书》卷三十三之《郑弘传》时所引的孔灵符的《会稽记》。《会稽记》曰："射的山南有白鹤山，此鹤为仙人取箭。汉太尉郑弘尝采薪，得一遗箭，顷有人觅，弘还之，问何所欲，弘识其神人也，曰：'常患若邪溪载薪为难，愿旦南风，暮北风。'后果然。故若邪溪风至今犹然，呼为'郑公风'也。"孔灵符为南朝宋山阴人，距郑弘的年代约有近四百年。这说明虽然《后汉书》中的郑弘与樵风泾没有什么关系，但在东汉到南朝宋的四百年间，郑弘已经与樵风泾紧密联系起来。

将郑弘与樵风等传说联系起来的原因，或有以下三个方面：

一是若耶溪上的确曾经存在过"旦南风，暮北风"现象。但樵风与郑弘无关，而与郑弘后五十多年马臻所筑的回涌湖有关。马臻，字叔荐，东汉顺帝永和五年（140）出任会稽郡太守。为防止若耶溪上的洪水，马臻主持建造了绍兴历史上第一座高坎中型滞洪水库——回涌湖。

对于回涌湖，宋嘉泰《会稽志》卷十记有：

回涌湖，在县东四里。一作回踵。旧经云：汉马臻所筑，以防若邪溪溪水暴至,以塘湾回,故曰回涌。

回涌湖的坎址在若耶溪下游的葛山东西两侧,堤长 1000 多米。回涌湖建成后,拦截了若耶溪上中游的来水,形成一个面积约 8 平方多公里的南北狭长蓄水库,库尾一直延伸到今平水镇附近。由于回涌湖北段水面较宽,山丘低平,日照又较早,故水面蒸发及温升也早;而南部山区,由于群山耸立,光照相对较迟,从而在狭长的回涌湖南北形成了温差,进而造成朝为南风的现象。同理,傍晚时分,回涌湖北部降温较南部为快,温差又形成暮为北风的局面。[①] 绍兴民间也有人认为,绍兴北部靠着杭州湾,白天陆地受热快,空气受热后向海上流动,晚上海水散热慢,空气又向陆地流动,由此形成"朝南风暮北风"的自然风向。

二是官至太尉的郑弘,生于绍兴、葬于绍兴,并曾在绍兴为官,因此,在越地颇有影响。郑弘死后五十多年,回涌湖建成,库区出现了"朝南风,暮北风"式的小气候,给当地运舟采薪带来诸多便利。当地民众无法解释这一自然现象,便与当地大名鼎鼎的郑弘联系了起来。万历《绍兴府志》卷十九"郑太尉庙"条记:

> 郑太尉庙,在樵风泾。宋华镇诗有序:郑相起樵风,用郡守第五伦之荐,致位三公,与伦并列,可谓盛矣。祠宇之下,至今犹有风朝南暮北。鸣玉锵金汉上公,当年荣与旧君同。故山庙食千秋后,来往犹乘旦暮风。

可见将郑弘与樵风泾联系起来的原因中,的确与郑弘曾为相(太尉)有密切关系。

三是若耶溪流域本身即是一巫风炽烈之处。本节前引孔灵符的《会稽记》曰,郑弘采薪得一遗箭处在射的山南面的白鹤山上。本书第二章《会稽山的出现》之第五节《会稽山周边的诸山和河流、湖泊》曾论及到若耶溪边的射的山和白鹤山,指出射的山即为仙人射的之处,而白鹤山即因"鹤为仙人取箭,曾刮壤寻索,遂成此山"。射的山、白鹤山因仙人射的、白鹤拾箭而来,因此,郑弘捡箭、还箭,实际上是这一传说的进一步演绎。

因此,"朝南风,暮北风"的客观存在、郑弘的声誉及若耶溪有关仙人射的传说等三重因素,共同造就了樵风泾有关传说的出现。

[①] 回涌湖形成朝南风暮北风之说,参考了朱关甫的《绍兴宗教——地方宗教文化研究》,天津社会科学院出版社,1999 年版,第 269 页。

三、寻找樵风泾

樵风泾今何在？是否还能找到？

自宋嘉泰《会稽志》卷六将樵风泾与郑太尉庙列在同一位置，经万历《绍兴府志》卷十九的记述，后来的绍兴方志如清康熙五十八年（1719）《绍兴府志》卷十九、清乾隆五十七年（1792）《绍兴府志》卷三十六以及清道光《会稽县志稿》等，有关"郑太尉庙"的条目均抄自万历《绍兴府志》，认为郑太尉庙之下即樵风泾。因此，只要找到郑太尉庙，就能找到樵风泾。

有关郑太尉庙的线索，当代朱关甫编著的《绍兴宗教——地方宗教文化研究》之"郑太尉庙"条中，有以下记载：

> 郑太尉庙，在绍兴市东南禹陵乡灯塔村。……越人感念郑宏（弘）的历史功绩，便代代相传地塑造了郑宏（弘）在樵风泾这一神话传说，后立庙祀之。庙原有房屋6间，面临河，河沿有一巨樟。庙原有小桥，桥侧原有石质行牌坊。1956年后，庙屋改作生产队仓库，现存破屋3间，近年，村民捐资修饰恢复庙宇，重塑神像，岁时奉祀。[①]

笔者按图索骥，在石帆山的北麓找到了原灯塔村的位置。但见原立庙宇处已是一尘土飞扬的工地，不要说小桥、巨樟、庙宇，就连灯塔村也不见了。徘徊间，遇一工地人员，说是灯塔村已迁至城区涂山东路上的敦煌新村，庙宇或一同拆迁至了敦煌新村。于是笔者又赶往敦煌新村。目前的敦煌新村由原樵风泾附近的望仙桥村、林家湾村及灯塔村组成，笔者一路行至新村底部，只见小区左边有一排式样如佛寺的黄色建筑，推门而入，见是望仙桥村、林家汇村及灯塔村三村祠庙的所在地。灯塔村祠庙的门上立有一横匾，上书"樵风祠"（图7-1），问起进来的灯塔村老人，尚知有"郑公风"一说，但已不知"樵风祠"的来历，更不知郑弘为何人了。推门进入樵风祠，所塑神像为土地菩萨像，已不见郑弘的踪影。好在墙左边的下方嵌有一石碑，为嘉庆十七年（1812）会稽县立的"公议禁碑"，仔细辨认，碑上有"严禁当境土谷郑□尚书尊神庙"等字样。按前引《后汉书》之郑弘传，其中有"建初初，为尚书令"一句，立碑者没有能够区别尚书和尚书令，误认郑弘为尚

---

①朱关甫编著：《绍兴宗教——地方宗教文化研究》，天津社会科学院出版社，1999年版，第269页。

书,故有此句。对于"樵风祠"之称,明末祁彪佳《越中园亭记》之三"城南"中,在叙述"松舫"时提及过"樵风祠":

> 一家岭之下为"樵风祠"。去此平畴中,冯氏庄也。楼不可以藏山,堂不可以容水,惟篱落外有翠苍之色耳。

考虑到《越中园亭记》之三"城南"在叙述"松舫"前,介绍其他越中园亭时,多提及铸浦、石帆、香炉峰等地名,均与郑太尉庙距离很近,且"樵风"一词又与郑太尉庙关系最为密切,因此,祁彪佳所称的"樵风祠"即是"郑太尉庙",应无问题。由此说明,灯塔村的"樵风祠"即是"郑太尉庙"。

笔者在敦煌新村调查时,遇见了樵风祠的"差头"①凌月珍,她热情地提供了灯塔村搬迁前所摄的若干张樵风祠照片。其中就有朱关甫曾经提起过的三间瓦房,"灵箭已随仙客去,樵风犹归郑公来",照片里樵风祠大门两旁的对联尚隐隐可见。

图 7-1　樵风祠

郑太尉庙的原址找到了,樵风泾的位置自然也能确定下来。只是,原

---

① "差头"即樵风祠里土地菩萨的代言人,搬到敦煌新村后,灯塔村每年依旧会在樵风祠举行祭祀仪式。灯塔村的村民告诉笔者,每当祭祀的香烛烧起,凌月珍便会变成另一种语气,讲述平时她也不知道的关于樵风祠的事情。

来樵风泾的位置,已被一大片民居所替换。尽管如此,在二十一世纪之初,尚能找到郑太尉庙,进而确认樵风泾的方位,实属不易。

第二节　六朝时期的禹穴

樵风泾的神仙传说,毕竟只是绍兴道教兴起前的序曲,阳明洞天谷地里的道教活动,要等到东汉末年葛玄的出现,才能真正开展起来。

一、葛玄、葛洪与葛仙翁井、飞来石

绍兴道教的兴起几乎与中国道教的兴起同步,也出现在东汉时期。

一般认为,中国道教三大经典的出现,是道教信仰和道教理论形成的标志。于吉的《太平经》宣扬气化天地、天人合一、天道承负、乐生好善,以"太平世道"为修持目标;魏伯阳的《周易参同契》将易学、黄老、火候三者相参合,总结发展了养生炼丹术,为炼丹术奠定了理论基础;《老子想尔注》提出道气长存、大道至威,以佐国辅命、养育群生为主旨。

对于三大道教经典之一的《太平经》,陈国符经过考证认为:"《太平经》,东汉顺帝时,宫崇诣阙上其师于吉(道藏多作干吉)所得《太平清领书》一百七十卷,即其书也。"对于《太平经》作者于吉的具体情况,陈国符据《仙苑编珠》卷中引《神仙传》佚文:"吉受之(按谓素书二卷),乃《太平经》也。行之疾愈。乃于上虞钓台乡高峰之上,演此经成一百七十卷。今太平山干溪在焉也。"①说的是于吉《太平经》成于现绍兴市上虞区之太平山干溪。宋嘉泰《会稽志》卷九也记:

> 伞山,在(上虞)县南五里。一名太平山。旧经云:形如伞也。吴道士干吉筑馆于此。山巅平衍,有良畴数十顷,横塘溉之,无水旱。

也提及上虞太平山(伞山)为干吉筑馆之处。经笔者勘查,现绍兴市上虞区的陈溪乡,尚有太平山和干溪村。因此,道教三大经典之一的《太平经》就是由于吉在绍兴的上虞区完成的。

对于道教三大经典之一《周易参同契》的作者、被后人称为"万古丹经

---

①陈国符:《道藏源流考》,中华书局,2012年版,第79、82页。

王"的魏伯阳,据葛洪《神仙传》记载:"魏伯阳者,吴人也。高门之子,而性好道术,不肯仕宦,闲居养性,时人莫知其所从来。"对于吴人魏伯阳的具体居住地,托名阴长生所注的《周易参同契》之序云:"盖闻《参同契》者,昔是《古文龙虎上经》,本出徐真人。徐真人青州从事,北海人也。后因越上虞人造《五相类》以解前篇,遂改为《参同契》。更有淳于叔通补续其类,取象三才,乃为三卷。"①宋嘉泰《会稽志》卷十五也记:

> 魏伯阳,会稽上虞人,高门之子。性好道术,不肯仕,修真潜默,养志虚玄,博赡文词,通诸纬候。

说明《周易参同契》的作者魏伯阳是现绍兴市上虞区人氏。

因此,中国道教三大经典中的两大经典均与绍兴市上虞区结缘,绍兴可视为中国道教的发源地之一。

随着道教的发展,到了六朝时期,除樵风泾之外,若耶溪流域的其他区域开始出现道教的踪迹。

与张道陵、许逊、萨守坚共称为道教四大天师的葛玄(164~244),是东汉末年著名的道教天师。宋嘉泰《会稽志》卷十五记载了葛玄与绍兴的关系②:

> 葛玄,字孝先,丹阳句容人。从左元放受《九丹金液仙经》,常服饵求长生,能绝谷,连年不饥。曾游会稽,有贾人从海中还,过神庙,庙使主簿语贾人曰:"今欲因寄一书与葛仙公,可为致之。"主簿因以书函掷贾人船头,如钉着板,拔不可得。还达会稽,辄以报仙公,仙公自往取之即得也。语弟子张恭曰:"吾不得治作大药,今当作尸解去,八月十二日日中时,当发。"至期,衣冠入室而卧,气色不变。弟子等烧香守之三日三夜,夜半中,忽大风起,发屋折木,声响如雷,烛灭。良久风止,然烛,失仙公所在,但见衣在而带不解。以其学道得仙,故号曰葛仙公。今会稽有仙公钓矶及炼丹井,具在。

---

① 关于魏伯阳及与《周易参同契》的关系,可参考萧汉民的《魏伯阳及相关人物生平考》(《上海道教》1998年第4期);胡耀灿《千古奇人千古奇文——魏伯阳与〈周易参同契〉综述》(参见赵畅主编:《上虞文史资料选粹》,中国广播电视出版社,1998年版,第66~91页)。

② 陶弘景《华阳陶隐居集》之《吴太极左官葛仙公之碑》云:"父焉,字德儒,州主簿山阴令,散骑常侍大尚书。"葛玄的父亲葛焉曾任山阴令。由此可解释葛玄与绍兴的因缘。

文中在记述葛玄与绍兴关系基础上，详述了葛玄的尸解过程，并言及绍兴尚有葛玄的"仙公钓矶"及"炼丹井"留存。另外，宋嘉泰《会稽志》卷六还记载了葛玄墓：

> 葛仙翁墓，在上虞县西南四十里嵩公山之巅。有石室高丈余，状如冢。

说的是葛玄墓在绍兴的上虞。从某些意义上说，也是对宋嘉泰《会稽志》卷十五所记载的葛玄尸解过程的一个补充，可理解为葛玄是在绍兴尸解的。

对于嘉泰《会稽志》卷十五所言及的"仙公钓矶"及"炼丹井"，查嘉泰《会稽志》，除了"葛玄墓"，与葛玄有关的绍兴遗迹，尚有"若耶山"、"仙公钓矶"和"葛仙翁井"三条记录。

宋嘉泰《会稽志》卷九记：

> 若耶山，在县东南四十四里。旧经云：葛玄学道于此山。晋谢敷传：后还南山若耶中。宋何胤居若耶山，山发洪水，树石漂拔，其室独存。山下有潭，潭上有石，号葛仙石。注：旧经云：葛玄所隐。桐凡化成白鹿，三足共行，两头各更食。《十道志》云：葛玄于此山升仙，所服白桐，凡化为两头鹿，一头食草，一头望人。

本书第二章《会稽山的出现》中曾论及若耶溪共有五个源头，其中之一就是若耶山。嘉泰《会稽志》记述若耶山是葛玄修道之所，山下的水潭中留有葛仙石。葛玄成仙后，其所服的白桐，也化成两头白鹿，故若耶山现又称"化鹿山"、"化山"①，这一山名至今尚在使用。

经若耶山，沿若耶溪而下，有"仙公钓矶"。本节前引嘉泰《会稽志》卷十一中的"郑公泉"曾曰："郑公泉，在县东南五云乡。去葛仙翁钓矶为近。"故葛仙翁钓矶也应与郑公泉一样，在若耶溪东、樵风泾附近一带。

本章要论述的是以宛委山麓的飞来石（禹穴、阳明洞天）为中心的历代道教活动，至本章目前所列的资料，只及流经飞来石东面的若耶溪，尚未涉及飞来石（禹穴、阳明洞天）本身。嘉泰《会稽志》下面一条与葛玄相关的资料，开始涉及到飞来石。

---

① 晋虞预的《会稽典录》称："葛仙翁凭白桐几学道数年，白日登仙，几化为白虎，三脚两头，往往人见之。"（参见清陈元龙：《格致镜原》卷八十二，《文渊阁四库全书》第 1032 册，第 532 页）同样的故事结构，一白桐化为白鹿，一白桐化为白虎，饶有意思。

宋嘉泰《会稽志》卷十一记：

> 葛仙翁井，在县东南禹穴侧。宋之问诗云：著书惟太史，炼药有仙翁。华安仁《考古》云：葛稚川炼丹于宛委山下，有遗井大如盆盂，其深尺许，清泉湛然。

据勘查，目前宛委山阳明洞天的飞来石下，尚有一井遗存，大如盆盂，与嘉泰《会稽志》所言类似。对于禹穴的位置，本书在第三章《飞来石和空石：会稽山南北的两个禹穴》中已经论述过。因此，嘉泰《会稽志》中的一句"葛仙翁井，在县东南禹穴侧"，一下将道教的影响由若耶溪连接到了宛委山麓。说明至迟在葛玄生活的年代，宛委山麓已开始有道教的活动。

但是，审视嘉泰《会稽志》有关"葛仙翁井"和"葛仙石"的记述，存在着一个明显的矛盾之处。如"葛仙翁井"的记载，即说"炼药有仙翁"，指的似乎是葛玄，而且在嘉泰《会稽志》的"葛玄"条中也有类似记述。然而，"葛仙翁井"却又说"葛稚川炼丹于宛委山下"，稚川是葛洪（284～363）的字，指的显然不是葛玄，而是葛玄的从孙葛洪。因此，葛玄、葛洪祖孙俩在宋嘉泰《会稽志》"葛仙翁井"的叙述中似乎混同起来，不知道葛仙翁究竟指的是葛玄还是指葛洪。另外，宋嘉泰《会稽志》卷十一记：

> 葛仙石，在县东若耶溪。葛稚川尝投竿坐憩于此。谢康乐兄弟皆尝游，每至此，酬唱忘归。华安仁诗云：闻说风流谢客儿，鸰原相应日志归。仙翁遗迹云深处，携手行吟送落晖。

其中同时出现了"葛稚川"和"仙翁"，而宋嘉泰《会稽志》卷九在记述若耶山时，其中又记葛仙石为葛玄所隐。不知"葛仙翁井"和"葛仙石"到底是葛玄还是葛洪曾经活动之处？

问题的关键在于，"仙翁"是否是葛玄的专称，葛洪是否也能称"仙翁"？

从相关文献来看，葛玄别号"仙翁"是一个事实，道教多称其为"葛仙翁"或"太极仙翁"，嘉泰《会稽志》则称其为"仙公"，意思比较接近。

那么，葛洪是否也能称"仙翁"？宋嘉泰《会稽志》有三处记述了葛洪：

一是卷十五的葛洪小传：

> 葛洪，字稚川，仙公从孙。以儒学知名，性寡欲，不好荣利，闭门却扫，究览经籍，尤好神仙导养之法。初，仙公以炼丹秘术授弟子郑君，

稚川就郑君悉得其法。咸和初,选为散骑常侍,固辞不就。闻交址出丹砂,求为句漏令,乃止罗浮山炼丹。在山积年,优游闲养,著述不辍,著内外篇凡一百一十六篇,自号抱朴子,因以名书。年八十一卒,颜色如玉,体柔软,举尸入棺,轻如空衣,世以为尸解得仙。《舆地志》云:上虞县兰苎山,葛稚川所栖隐也。今会稽有仙公遗迹至多,稚川盖亦尝至焉。

文中称"葛洪,字稚川,仙公从孙"。又言"今会稽有仙公遗迹至多,稚川盖亦尝至焉"。其中传达出两条重要信息:一是称葛玄为仙公,葛洪似没有仙翁、仙公之类的别号;二是会稽有许多仙公葛玄的遗迹,由于葛洪是葛玄的从孙,曾在上虞兰苎山栖隐,因此,嘉泰《会稽志》称葛洪也曾经来过会稽。

二是卷十一记载的"葛稚川石室":

葛稚川石室,在太平山。室广数丈,高丈余。其室析为二,俗传葛稚川所居也。旁有庵址,吴道士干吉卜筑于此。

此处称葛洪为"葛稚川",也未有"仙翁"之类的表述。

三是卷十一记载的"葛仙丹井":

葛仙丹井,在云门淳化寺佛殿西庑之外僧房中。泉味甘寒冠一山。唐颜况诗云:野人爱向山中宿,况在葛洪丹井西。门前有个长松树,半夜子规来上啼。即此井也。松已槁死。六十年前,故老犹有见之者。唐诗人又有句曰:月在山中葛洪井。晁文元公爱赏之,今有松偃蹇夭矫如龙,正覆井上,若护此泉者,真可异也。但僧辈颇戕其小枝,为可惜耳。

云门淳化寺即云门寺,在今绍兴县平水镇,距若耶溪不远。在"葛仙丹井"中,亦仅称葛洪之名,然并无"仙翁"之类的称谓。

对于葛玄与飞来石的关系,唐间方远的《太上洞玄灵宝大纲钞》在叙述禹藏灵宝五符的基础上曰:

至吴,太极左仙公,年十三,于会稽山阳石岩下精思,年十八感通。

文中的"太极左仙公"即葛玄,本节前引陶弘景的《吴太极左官葛仙公之碑》,已说明缘由。由于宛委山飞来石在山南,因此,文中的"会稽山阳石岩"应是指飞来石。《太上洞玄灵宝大纲钞》的叙述说明,葛玄十三岁起即已在飞来石精思。

因此，从嘉泰《会稽志》表述方式及闾方远的《太上洞玄灵宝大纲钞》来看，"仙翁（公）"似专指葛玄，葛洪更多是称其字"稚川"。但进一步的问题在于，中国民间对葛洪的确有"葛仙翁"之称。如在浙东的宁波、舟山群岛一带，迟至唐代以来，民间一直有信仰"葛仙翁菩萨"的传统，而"葛仙翁菩萨"指的就是葛洪①。由此看来，葛玄和葛洪似乎均可称"仙翁"。笔者认为，出现这一现象的原因可能是，"仙翁（公）"一开始或只是葛玄的专称，但随着葛洪的出现，且其名声远大于葛玄，又从事的是与仙道有关的事情，民间便慢慢地将"葛仙翁"这一称号也戴到了葛洪头上，从而在中国历史上出现了两个"葛仙翁"并存的局面。

综上所述，由于有两个"仙翁"的存在，又考虑到嘉泰《会稽志》的葛洪小传中有"今会稽有仙公遗迹至多，稚川盖亦尝至焉"一语，笔者将若耶溪和宛委山麓出现的"葛仙翁井"、"葛仙石"作双重理解，即"葛仙翁井"、"葛仙石"首先是因为葛玄而存在，后经葛洪到达，而更加名声远播。如此算来，东汉末年葛玄时期，宛委山麓即已有了道教的活动。

本书在第三章《飞来石和窆石：会稽山南北的两个禹穴》和第六章《从飞来石到道教圣地阳明洞天》曾论述过飞来石与禹穴、阳明洞天在同一位置，但并没有特别说明为何飞来石就是禹穴、阳明洞天。从本节上述的讨论中可以看出，从《吴越春秋》的"岩之巅发得金简玉字之书"、《灵宝五帝官将号》的"夏禹撰出天文中字，会稽南山之阳所演集"，到飞来石（禹穴）具体位置的确立，应与"葛仙翁井"的出现一样，是由于葛玄和葛洪曾在此炼丹引发的②，飞来石和葛仙翁井及其周围由此慢慢成为了道教的一个重要活动场所。

本书的第六章《从飞来石到道教圣地阳明洞天》之《从大禹的金简玉字到道教的灵宝五符》中曾经认为，使会稽地区成为道教中群仙聚集圣地的《太上灵宝五符序》形成在东晋时期，即公元317年至410年前后。考虑到要使会稽地区成为道教中群仙聚集圣地，首先需要会稽地区有道教的活

---

①沈志远、乐炳成：《灵峰山"葛仙翁菩萨"信仰调查》，参见姜彬主编：《中国民间文化（第三集）——上海民俗研究》，学林出版社，1991年版，第172～183页。

②葛玄和葛洪在此炼丹的原因或在于：一是宛委山为越族的圣地所在（详见本书第二章第四节的论述）；二是《吴越春秋》对宛委山的黄老道式描述。

动,由于葛玄(164～244)生活的年代,宛委山麓就已有道教的活动,因此,本书认为,作为道教圣地的飞来石(禹穴)至迟在三国时期便已开始使用,而后又影响了《太上灵宝五符序》的形成。

二、宋明帝为孔灵产在禹穴建起怀仙馆

若耶溪和宛委山麓一带,因葛玄、葛洪祖孙俩的炼丹而名声大震,而后,著名的医药家、炼丹家和文学家陶弘景(456～536)也曾到过此地。宋嘉泰《会稽志》卷九记:"陶宴岭,在县东南四十四里。旧经云:陶弘景隐于此。山有巨石,高数丈,传云昔为任公钓矶。"宋嘉泰《会稽志》卷十五"陶弘景"条记:"今会稽陶宴岭有先生遗迹,岭由此得名。"本书第二章《会稽山的出现》中曾论及若耶溪有五个源头,其中之五是源出金鱼村的金渔溪,陶宴岭就在金渔溪边上,陶宴岭地名至今尚在使用。

葛玄和葛洪当年是否在飞来石和葛仙翁井周边建有道观已不得而知。几乎与陶弘景来会稽同时,宋明帝开始为孔灵产在禹穴建起怀仙馆。在宛委山下的那块飞来石上,唐贺知章《龙瑞宫记》中的第一句称:

> 宫自黄帝建候神馆,宋尚书孔灵产入道奏改怀仙馆。

前述宛委山麓的飞来石(禹穴、阳明洞天)一带的道教活动,至迟从葛玄时就已经开始,禹穴有了具体的方位。但从文献记述的角度考察,禹穴真正的发扬光大,应从南朝宋(420～479)宋明帝在此地为孔灵产建怀仙馆开始。

有关孔灵产的生平资料,散见于《南齐书》孔灵产子南朝齐骈文家孔稚珪(447～501)传记之附记以及唐王悬河的《三洞珠囊》中。

《南齐书·孔稚珪传》曰:

> 孔稚珪,字德璋,会稽山阴人也。祖道隆,位侍中。父灵产,泰始中罢晋安太守。有隐遁之怀,于禹井山立馆,事道精笃。吉日于静屋四向朝拜,涕泗滂沱。东出过钱塘北郭,辄于舟中遥拜杜子恭墓,自此至都,东向坐,不敢背侧。元徽中,为中散太中大夫。颇解星文,好术数。太祖辅政,攸之起兵,灵产密白太祖曰:"攸之兵众虽强,以天时冥数而观,无能为也。"太祖验其言,擢迁光禄大夫。以簏盛灵产上灵台,令其占候。饷灵产白羽扇、素隐几,曰:"君性好古,故遗君古物。"

传记说孔灵产曾任南朝宋明帝泰始年间（465～471）的晋安太守，"有隐遁之怀，于禹井山立馆，事道精笃"。对于"禹井山"，《水经注》卷四十云"（会稽）山东有湮井，去庙七里，深不见底，谓之禹井。"嘉泰《会稽志》卷十一记："禹井在（会稽）县东南会稽山。"因此，禹井山应就是宛委山。对于孔灵产"禹井山立馆"一事，唐王悬河的《三洞珠囊》卷二之"敕追召道士品"采用了另一叙述角度进行记述：

> 宋明帝思弘道教，广求名德……孔灵产，会稽山阴人也。深研道要，遍览仙籍。宋明帝于禹穴之侧立怀仙观，诏使居焉。迁太中大夫。加给事高皇，赐以鹿巾猥衺竹素之器。手诏曰：君有古人之风，赐以林下之服，登凡之日可以相存之也。

与《南齐书》比较，《三洞珠囊》更强调在宛委山禹穴旁的怀仙观（馆），并不是孔灵产所建，而是思弘道教的宋明帝刘彧为孔灵产所立。因此，《龙瑞宫记》才有"宋尚书孔灵产入道奏改怀仙馆"一语。

孔灵产属于六朝著名的会稽孔氏家族中的一员。东汉末年，会稽孔氏因避战乱，从河南南渡会稽山阴。三国东吴时尚寂尔无闻，到东晋时期，孔氏由次等士族一跃成为东南豪强，其中孔愉是会稽孔氏崭露头角的关键人物。孔愉从子孔坦，年少知名，在东晋初年的王敦和苏峻之乱以后，更是让会稽孔氏声名鹊起。晋末，会稽孔氏又因与出身寒微的刘裕着意结交，使其成为南朝士族中的显贵。刘宋后期，孔氏因参与"义嘉之乱"，备受打击，加上尚文轻武社会风气的影响，孔氏由武转文，成为江南典型的文化世族。

会稽孔氏有信奉道教的传统，陈寅恪先生称会稽孔氏为"天师道世家"[①]。会稽孔氏最先服膺道教者，似是让会稽孔氏崭露头角的孔愉。《晋书·孔愉传》载：

> 孔愉，字敬康，会稽山阴人也。……（西晋末）东还会稽，入新安山中，改姓孙氏，以稼穑读书为务，信著乡里。后忽舍去，皆谓为神人，而为之立祠。……在郡（会稽内史）三年，乃营山阴湖南侯山下数亩地为宅，草屋数间，便弃官居之。送资数百万，悉无所取。

---

①陈寅恪：《天师道与滨海地域的关系》，参见《陈寅恪史学论文选集》，上海古籍出版社，1992年版，第170页。

对于让孔愉弃官居之的侯山,嘉泰《会稽志》卷九说明了其具体位置:

> 侯山,在(会稽)县西四里。旧经云:南湖侯山,迥在湖中,俗名九里山,盖昔时去县之数也。孔愉少栖此山,后官至车骑,封侯。论者以愉致侯之兆见于此。

文中所称的侯山俗名九里山,据万历《绍兴府志》卷十称:"山初无名,以愉来居,名侯山。"侯山古时在鉴湖中,今在绍兴市越城区鉴湖镇的九里,距现在的禹庙、阳明洞天均很近。

《晋书·孔愉传》称:"(孔愉)后忽舍去,皆谓为神人,而为之立祠。"对孔愉为何能"皆谓为神人",略显模糊。《世说新语·栖逸》则说得明白:

> 孔车骑少有嘉遁意,年四十余,始应安东命。未仕宦时,常独寝,歌吹自箴诲。自称孔郎,游散名山。百姓谓有道术,为生立庙,今犹有孔郎庙。

说明孔愉是因为道术甚高,百姓才为其立了庙。对于孔愉所行的道术,《世说新语》并没有明说,但联系其他孔氏人物的天师道信仰,孔愉之所谓"道术",当为天师道。

孔愉的隐逸事道,对其后的孔氏家风产生了深刻影响。孔愉侄孙孔道民、孔静民、孔福民三人,拜吴郡钱塘天师道首领杜子恭弟子、琅邪的孙泰为师,却在孙恩之乱中遇害,然孔氏并未因此弃道从佛,反而在宋齐时期出了好几位著名的奉道士人。孔氏对道教的虔诚程度,奉道人数之多,在江东士族中首屈一指,堪称江东奉道士族中的核心家族,其中孔道隆、孔灵产和孔稚珪祖孙三代是最著名的一支。《晋书·孔愉传》称孔灵产"东出过钱塘北郭,辄于舟中遥拜杜子恭墓,自此至都,东向坐,不敢背侧"。便是孔氏对道教虔诚的明证。

六朝时期道教的发展受到了当时政治力量的影响与支持。《南齐书》说孔灵产"有隐遁之怀"而入怀仙馆,其实孔灵产并不曾完全脱离过仕途。刘宋元徽年间(474~476),罢了晋安太守不久的孔灵产,又出任为太中大夫。萧道成建立南朝齐后,"解星文、好术数"的孔灵产再次因辅政太祖高皇帝(479~482),而擢迁为光禄大夫,"以篚盛灵产上灵台,令其占候"。孔灵产通过道术得到政治上的升迁,同时也使家族的道教信仰有了充分的政治保障。因此,孔灵产实际上是将道教活动与仕途有机结合了起来。由于道教盛行,南朝帝王、贵族、富豪为道士建道馆成风,且馆名多为道教术语,如宋明帝曾为南朝宋著名道士陆修静建有崇虚馆。正是在这一意义上,宋明帝才有可能于禹穴之侧为孔灵产立怀仙馆,从而让禹穴之名更加发扬光大起来。

《龙瑞宫记》称"宫自黄帝建候神馆",自然不可信。但宋明帝之所以于禹穴之侧为孔灵产立怀仙馆,的确与黄帝的传说有关。本书在第六章《从飞来石到道教圣地阳明洞天》中曾经论述过,禹穴的出现与《吴越春秋》有密切的关系。《吴越春秋》让大禹根据《黄帝中经历》斋于黄帝岩岳为前提,去发得金简玉书,体现的就是阴阳五行说的中央黄帝的思想。由此,说在禹穴侧立怀仙馆是由于黄帝曾在此建候神馆而起,也是一件极其自然的事。

在禹穴侧立怀仙馆是一件大事,这是让禹穴成为道教三十六小洞天之阳明洞天的第一步。至于为什么要在飞来石(禹穴)旁建道馆,应与早期道教的穴居生活有关。陈国符认为道教宫观是起源于早期道教的穴居:

> 又是时山居修道者皆居山洞(张天师诸治,亦多在山中),即于其旁筑有馆舍。此即后世道馆之始。[1]

道教的宫观与园林则是"洞天福地"的扩展形式,也正因为如是,孔灵产的怀仙馆才会建在禹穴之侧。

道教对洞天的重视,与中国古代先民的山居习性有关。"石室"、"洞窟"在早期道教时期曾经充当过修道之士的基本居留场所,是他们进行宗教活动的地方。"宫观"本特指王侯所居之地,具有威严的意思在其中。古人崇奉天神,所以将祀神之所叫"宫",而将迎神之所称为"观"。修道者所以要修建宫观,或与修道方便有关。最初的修道者,大多隐居深山老林,结草为庐。张道陵曾在众多山中修炼,当时的道场都是非常简陋的草屋。晋代的道馆或称庐,或称治,或称靖,或称馆,一般大多是茅屋,有的则在山洞旁筑一简易的房屋。到南北朝时期,始有道观之称。道馆之设,正式见于文献者,起于六朝刘宋时期,如陆修静的简寂馆、崇虚馆。《广弘明集》卷二十七载北齐文宣帝高洋《问沙汰释李诏》中,有"馆舍盈于林薮"之语,可见

---

[1] 陈国符:《道馆考源》,参见陈国符:《道藏源流考》,中华书局,2012年版,第265页。

南北朝道馆之盛。因此,宋明帝为孔灵产所立的怀仙馆,或是中国最早的道馆之一。

中国道教将"观"代替"馆",从唐代开始。《释名》说:"观者,观也,于上观望也。"明《正统道藏》正一部《道书援神契·宫观》说:"古者王侯之居皆曰宫,城门两旁高楼谓之观。"唐代是道教史上的繁盛时期,当朝皇帝奉老子为祖,视道士为宗室,明确规定以"观"代替了"馆",道教祠宇遂称道宫、道观。本节前引《南齐书》尚称"禹井山立馆",贺知章所书的《龙瑞宫记》亦称"怀仙馆",而到王悬河的《三洞珠囊》则已称"怀仙观"。道教的"观"由此替代了"馆",而一直沿用了下来。

第三节　唐代阳明洞天之龙瑞宫记

一、龙瑞宫的出现

自古以来,宗教的根基虽建立在民众信仰的基础之上,但其发展,大都需要仰仗帝王政权的崇奉而取得优势。道教至唐代,依仗着大唐天子与老子同宗的渊源,唐朝廷对道教特别崇重,奉道教为"国教",道教由此带上一层浓重的"御用宗教"色彩,而至鼎盛。

有唐一代,道教始终得到统治阶层的优礼与崇重,朝廷一再下达"尊祖"的诏令,制定了各项崇道政策,在政治、经济等方面对道教以及道教徒给以特别的优待。武德八年(625),唐高祖李渊颁布《先老后释诏》,诏叙了三教的先后:"老教孔教,此土先宗,释教后兴,宜崇客礼,令先老、孔次,末后释宗。"(《续高僧传》卷二十五《唐京西胜光寺释慧乘传》)明确规定道教地位在儒教、佛教之上,进而制定了一系列的崇道政策。贞观六年(632),唐太宗李世民令高士廉等人"刊正姓氏",修《氏族志》,欲"崇重今朝冠冕",以追赠远叶祖先。贞观十一年(637)二月,唐太宗继高祖之后再次下诏,规定道士、女冠在僧尼之上,诏书跻老子于上帝,诏末提出"尊祖之风,贻之万叶"(《唐大诏令集》卷一百一十三《道士女冠在僧尼之上诏》)。同年七月,又令在亳州修建老子庙,给祭祀二十户。唐高宗乾封元年(666)二月,唐高宗"次亳州,幸老君庙,追号曰太上玄元皇帝,创造祠堂……"(《旧唐书》卷五《高宗本纪》)。又据《佛祖统纪》载:"仪凤三年,老君降于北邙山之清庙,高宗因下敕令道士自今宜隶宗正寺,班在诸王之次。"(志磐《佛祖统纪》卷三十九)唐代宗时,正寺是管理皇族宗教事务的机构。以道士隶宗正寺,就是以道士为宗亲,自此,道教在高宗朝正式成为具有皇族身份的宗教。

在宋尚书孔灵产入道,奏改怀仙馆的基础上,至唐代,《龙瑞宫记》又记:

> 神龙元年再置,开元二年敕叶天师醮,龙现,敕改龙瑞宫。

神龙元年(705)正月,宰相张柬之等以恢复李唐为号召,诛杀武则天宠臣张易之、昌宗兄弟,逼武则天退位,唐中宗复辟。巴瑞特认为:"朝廷对道教的政策与对其他领域一样,并没有因为武则天交出权力并于神龙元年(705)驾崩而发生任何直接的改变。但李唐复辟后还是采取了几项措施以恢复老子以及《道德经》的重要地位,其曾因武后的政令而被贬低。"[1]因此,龙瑞宫在神龙元年的再置,应与李唐王朝对道教的恢复措施有一定关系。

开元(713～741)为唐玄宗李隆基的年号,玄宗在位四十五年,是唐王朝政治、经济、文化最繁盛的时期,史称"开元盛世"。这一期间,由于唐玄宗的支持,唐代道教的发展到达顶峰。其中的一个标志,就是道教斋醮仪式中的投龙简礼仪开始盛行起来。

《三洞珠囊》卷二之"投山水龙简品"称:"《洞神经第十四》云:'凡学长生存神明者,山仁水智,动静所依。'依仁者,静而寿也;依智者,动而乐也。乐近水,寿如山。山居玩水,长生之方也。当投简送名,拜见山水之灵。"投龙简,即投金龙玉简,是道教斋醮仪式中的一个环节。封建帝王通常在举行黄篆大斋、金篆大斋之后,为酬谢天地水三官神灵,把写有祈请者消罪愿望的文简和玉璧、金龙、金钮用青丝捆扎起来,分成三简,并取名为山简、土简、水简。山简封投于灵山之诸天洞府绝崖之中,奏告天官上元;土简埋于地里以告地官中元;水简则投于潭洞水府以告水官下元。天地水三官又称三元,这种告请三元的投简活动目的是祈求天地水神灵保护社稷平安,人民幸福长寿。我国自唐至宋,这种投龙简仪礼甚为盛行。

《龙瑞宫记》称"开元二年敕叶天师醮",其中的叶天师,据丁煌的考证,应该就是唐代著名道士叶法善。丁煌所编的叶法善年谱称:

---

[1] 〔英〕巴瑞特:《唐代道教——中国历史上黄金时期的宗教与帝国》,曾维加译,齐鲁书社,2012年版,第32页。

玄宗开元二年(公元七一四)九十九岁

是岁,帝命法善投龙简于会稽禹穴,复暂归乡里,逾一旬,法善姊忽逝,寿百余三岁。是年冬末,辞南土,次岁夏首,方达东京。[1]

叶法善(616~720)为唐代著名道士。出身于道教世家,自曾祖三代为道士,皆有摄养占卜之术,叶法善"少传符箓,尤能厌劾鬼神"(《旧唐书》卷一百九十一《叶法善传》)。唐高宗闻其名,征诣京师,将加爵位,固辞不受,求为道士,因留在内道场,供待甚厚。唐玄宗对叶法善十分崇信,先天元年(712)的《封叶法善越国公制》(《全唐文》卷二十《元宗一》),认为叶法善有"得包贞素,学究元微"的学问,"预睹蘦萌,亟申忠款"的美德,而加以封赏。开元八年(720),叶法善卒后,唐玄宗的《赠叶法善越州都督制》(《全唐文》卷二十《元宗三》),不仅肯定叶法善"天真精密,妙理幽畅,包括秘要,发挥灵符。固以冥默难原,希夷罕测;而情栖蓬阆,迹混朝伍"的高超道术,而且表彰其"保皇冠而不拔,加紫绶而非荣。卓尔孤芳,泠然独往。胜气绝俗,贞风无尘。金骨外耸,珠光内映"的崇高美德,以及对唐皇朝"以理国之法,数奏昌言。谋参隐讽,事宣宏益"的政治助益,表达了自己"何莫愁遗,奸良奄及。永惟平昔,感怆于怀"的悲痛心情,表示要"宜申礼命,式贲泉壤",进而赠叶法善"越州都督"封号。开元二十七年(739),叶法善卒后二十年,唐玄宗还不忘旧情而特撰《叶尊师碑》一文怀之,以"布之于天下各州"(《旧唐书·玄宗本纪》)。

叶法善一生的事业,在传道、讲经、授策、修斋、设醮、济贫、医病,乃至撰著、舍舍立观、封山投简上。他对道教的最大贡献,在传道授箓、大振其教。唐时江南道的越州都督府,曾督泉、台、建、括等6州,括州为越州都督府的一部分。叶法善为括州括苍(今浙江丽水松阳)人,因此,唐玄宗会追封叶法善"越州都督"封号。由此,其在乡里的禹穴设醮投简,也是一件极其自然的事。叶法善法术高妙,《旧唐书》卷一百九十一《叶法善传》记:"尝于东都凌空观设坛斋醮,城中女士竞往观之,俄顷数十人自投火中,观者大惊,救之而免。法善曰:'此皆魅病,为吾法所摄耳。'问之果然。法善悉为禁劾,其病乃愈。"由此可见,其在禹穴设醮而龙现,唐玄宗敕改龙瑞宫也属

---

[1] 丁煌:《叶法善在道教史上地位之探讨》,参见丁煌:《汉唐道教论集》,中华书局,2009年版,第200页。

平常了。正因为叶法善设醮而龙现,六朝的怀仙馆变成了唐朝的龙瑞宫。

二、《龙瑞宫记》考

行文至此,前面已大量引用、本书中具有重要地位的贺知章及其《龙瑞宫记》登场了。历史上,贺知章所书的《龙瑞宫记》共有两处争议:一是《龙瑞宫记》之文是否为贺知章所撰,二是贺知章书《龙瑞宫记》的具体时间。

宋陈思的《宝刻丛编》卷十三《两浙东路》之"越州"引《诸道石刻录》云:"唐《龙瑞宫记》,唐贺知章撰并正书,开元二年立。"其认为《龙瑞宫记》为贺知章撰并书,然没有说明何时所书,只言开元二年(714)立,或已隐含开元二年立年即为书年之意。宋嘉泰《会稽志》认同《诸道石刻录》的说法,其卷十六称:"龙瑞宫记,贺知章撰并正书。"然并没有说明撰及书的具体年代。

宋宝庆《会稽续志》卷三称:"按宫有石刻《龙瑞宫山界至记》,不知何人所记,乃贺知章书。"认为《龙瑞宫记》为贺知章所书,但撰写应另有他人。明万历《绍兴府志》卷二十二称:"宫有石刻《龙瑞山界至记》,不知何人作,乃贺知章书。"认同了宋宝庆《会稽续志》的说法。

清阮元主编的《两浙金石录》卷二之"唐龙瑞宫记"称:"《诸道刻石》谓刻于开元二年二月,则误以建宫之年为刻石之年矣。唐贺知章于证圣初擢进士,历官至秘书监,天宝初请为道士,还乡里,书碑当在归里之后。"认为贺知章书碑在还乡(744)之后。清杜春生编录的《越中金石记》称:"唐书贺知章于证圣初,擢进士,进官至秘书监。天宝初请为道士还乡,书碑当在归里之后。"认同了阮元的说法。

《龙瑞宫记》称:"开元二年敕叶天师醮,龙现,敕改龙瑞宫。"说明《龙瑞宫记》的撰与书至少应在开元二年(714)及之后,但要讨论《龙瑞宫记》是否为贺知章所撰,及贺知章书《龙瑞宫记》的具体时间,需要在有关记录贺知章踪迹的资料中去寻找答案。

《旧唐书》卷一百九十《文苑中·贺知章传》记:

> 贺知章,会稽永兴人,太子洗马德仁之族孙也。少以文词知名,举进士。初授国子四门博士,又迁太常博士,皆陆象先在中书引荐也。开元十年,兵部尚书张说为丽正殿修书使,奏请知章及秘书员外监徐坚、监察御史赵冬曦皆入书院,同撰《六典》及《文纂》等,累年,书竟不就。后转太常少卿。

　　十三年，迁礼部侍郎，加集贤院学士，又充皇太子侍读。……（俄）由是改授工部侍郎，兼秘书监同正员，依旧充集贤院学士。俄迁太子宾客、银青光禄大夫兼正授秘书监。

　　知章性放旷，善谈笑，当时贤达皆倾慕之。工部尚书陆象先，即知章之族姑子也，与知章甚相亲善。象先常谓人曰："贺兄言论倜傥，真可谓风流之士。吾与子弟离阔，都不思之，一日不见贺兄，则鄙吝生矣。"知章晚年尤加纵诞，无复规检，自号"四明狂客"，又称"秘书外监"，遨游里巷。醉后属词，动成卷轴，文不加点，咸有可观。又善草隶书，好事者供其笺翰，每纸不过数十字，共传宝之。

　　……

　　天宝三载，知章因病恍惚，乃上疏请度为道士，求还乡里，乃舍本乡宅为观。上许之，仍拜其子典设郎曾为会稽郡司马，仍令侍养。御制诗以赠行，皇太子以下咸就执别。至乡无几寿终，年八十六。

　　肃宗以侍读之旧，乾元元年十一月诏曰：故越州千秋观道士贺知章，器识夷淡，襟怀和雅，神清志逸，学富才雄，挺会稽之美箭，蕴昆冈之良玉。故飞名仙省，侍讲龙楼，常静默以养闲，因谈谐而讽谏。以暮齿辞禄，再见款诚，愿追二老之踪，克遂四明之客。允叶初志，脱落朝衣，驾青牛而不还，狎白衣而长往。丹壑非昔，人琴两亡，惟旧之怀，有深追悼，宜加缛礼，式展哀荣。可赠礼部尚书。

　　先是，神龙中，知章与越州贺朝万、齐融，扬州张若虚、邢巨，湖州包融，俱以吴、越之士，文词俊秀，名扬于上京。朝万止山阴尉，齐融昆山令，若虚兖州兵曹，巨监察御史。融遇张九龄，引为怀州司户、集贤直学士。数子人间往往传其文，独知章最贵。

对于贺知章还乡一事，《新唐书》卷一百九十六《隐逸·贺知章传》有以下记载：

　　天宝初，病，梦游帝居，数日寤，乃请为道士，还乡里，诏许之，以宅为千秋观而居。又求周宫湖数顷为放生池，有诏赐镜湖剡川一曲。既行，帝赐诗，皇太子百官饯送。擢其子曾子为会稽郡司马，赐绯鱼，使侍养，幼子亦听为道士。卒，年八十六。肃宗乾元初，以雅旧，赠礼部尚书。

从《旧唐书》、《新唐书》的《贺知章传》中可以看出,开元二年(714)改名龙瑞宫之年及天宝三年(744)归乡里、去世之年,贺知章均有题写《龙瑞宫记》的可能。

贺知章生于唐高宗显庆四年(659),《旧唐书》称其"少以文词知名",又言:"神龙中,知章与越州贺朝万、齐融,扬州张若虚、邢巨,湖州包融,俱以吴、越之士,文词俊秀,名扬于上京。……数子人间往往传其文,独知章最贵。"因此,在开元二年(714),怀仙馆敕改龙瑞宫之时,贺知章虽仅官至太常寺掌管祭祀之事的正七品太常博士,但毕竟也属京官,且其所掌管的祭祀之事与怀仙馆敕改龙瑞宫有业务上的关系,更为重要的是,56岁的贺知章当时已以文贵,又"善草隶书","性放旷,善谈笑,当时贤达皆倾慕之",并且还是会稽人士。在此背景下,会稽人请贺知章题写《龙瑞宫记》,也属常理。宋陈思的《宝刻丛编》卷十三《两浙东路》之"越州"收有贺知章在越地刻石——"唐贺知章二告",其一为"延和元年八月",其二为"开元四年八月",也间接印证开元二年(714)贺知章题写《龙瑞宫记》是合理的。

《旧唐书》说,天宝三年(744),贺知章上疏请度为道士,求还乡里。皇上御制诗以赠行,皇太子以下咸就执别。

唐代佛道地位崇高,僧道颇受尊重,但朝廷对道教、佛教的管理也相当严格。道士一般指道教神职教徒,是经严格入教仪式后加入道门,奉守道教经典规戒并熟悉各种斋醮祭祷仪式的人士。关于唐代道士的道籍管理,《唐六典》云:"凡道士、女道士、僧、尼之簿籍亦三年一造。"并注云:"其籍一本送祠部,一本送鸿胪,一本留之于州、县。"(《唐六典》卷四《尚书礼部·祠部》)其中提及的尚书礼部之祠部,"掌祠祀享祭,天文漏刻,国忌庙讳,卜筑医药,道、佛之事"(《唐六典》卷四《尚书礼部·祠部》),是管理包括道教在内的宗教事务的职能机关。鸿胪寺是外交机关,佛教作为外来宗教由其管理,连带也管理道教。唐朝廷规定:"道士修行有三号:其一曰法师,其二曰威仪师,其三曰律师,其德高思精者谓之炼师。"(《唐六典》卷四《尚书礼部·祠部》)又立有"大德"、"道门威仪"等称号,赐予这些称号的主要依据是学养水平。一些大道观的观主往往由朝廷赐命。贺知章上疏请度为道士,皇上不仅批准了,而且还让其"幼子亦听为道士"。不仅让其幼子亦为道士,而且还"帝赐诗,皇太子百官饯送"。对于当年的饯送场景,宋孔延之编定的《会稽掇英总集》中的"送贺监"类,就收有唐明皇、李适之、李林甫等人的《送贺秘监归会稽诗》38首。可见,贺知章的归越是一件十分隆重的事情,会稽在这个时候请贺知章题写《龙瑞宫记》,也属常理。

一些学者认为,《旧唐书》称天宝三年(744)贺知章已因病恍惚,至乡无几即寿终,因此,该年题写《龙瑞宫记》的可能性不大。然《会稽掇英总集》中唐明皇的《送贺秘监归会稽诗并序》和卢象的《送贺秘监归会稽歌并序》,均称贺知章归越在天宝三年的"正月初五",时值年初,而且贺知章归越后似乎还做了不少的事情。

《旧唐书》称贺知章归越后,"舍本乡宅为观"。《新唐书》称贺知章还乡里,"以宅为千秋观而居。又求周宫湖数顷为放生池,有诏赐镜湖剡川一曲"。均称贺知章归越后,曾大兴土木。

嘉泰《会稽志》卷七云:

> 天长观,在府东南六里一百六十六步,隶会稽。唐天宝三载,秘书监贺知章辞官入道,舍宅置,号千秋观。七载,改今额。初,开元十七年,从群臣请,以八月五日上降诞日为千秋节,观盖用节名。后改千秋节为天长地久节,观名从之。

其中讲述了千秋观(天长观)的位置,以及千秋观(天长观)名称的由来。值得注意的是,其中有"初,开元十七年,从群臣请,以八月五日上降诞日为千秋节,观盖用节名"一语,说明在贺知章修建千秋观之前,国家已有千秋节的存在,时间在皇上降诞的八月五日。贺知章以"千秋观"作为观名,或许其道馆的建成日与八月五日比较接近。因此,贺知章正月归乡后,至少在八月,应还健在人间。

贺知章归乡后,不仅建有千秋观(天长观),还建了放生池。嘉泰《会稽志》卷十:

> 放生池,在府东南一十里。天宝二年,秘书监贺知章表乞永周湖数顷为放生池,诏许之。明年春,以黄冠归故乡,赐鉴湖剡中一曲,敕永周湖为放生池。……自永周岁久湮没,更为民田,旧池寖废。岁遇寿节,放生无定所。隆兴二年,□□□□□□二百七十顷以为放生池,奏闻,诏从之。又于池侧置咸若亭,曾文清公撰记。

千秋观(天长观)在府东南六里一百六十六步,放生池在府东南一十里,两者在同一方向,其中放生池距府更远些。明万历《绍兴府志》记:

> 会稽禹池，故放生池也，在禹陵前，今呼为禹池。旧盖名永周
> 湖……

说明放生池就在现在的禹庙附近。

万历《绍兴府志》卷七"山阴镜湖"中录有杨维桢的一首诗：

> 与客携壶放画船，春波桥下柳如烟。林间好鸟啼长昼，席上高歌
> 乐少年。醉里探书寻禹穴，醒来访隐过平川。樵风泾上神仙窟，知是
> 阳明几洞天。

诗中的"春波桥"，万历《绍兴府志》卷七记："春波桥，在千秋观前。取贺知章'春风不改旧时波'之句。"将杨维桢诗中的镜（鉴）湖以及春波桥（千秋观）、樵风泾、阳明洞天联系起来，便不难发现，贺知章的千秋观距离禹陵、阳明洞天都不远。在这一背景下，作为皇帝特批黄冠道士而荣归故乡的贺知章，为阳明洞天旁的龙瑞宫题写宫记是一件十分自然的事。

既然开元二年（714）改名龙瑞宫之年及天宝三年（744）归乡里之年，贺知章均有题写《龙瑞宫记》的可能，那么，到底何种情形更有可能呢？

本书第六章《从飞来石到道教圣地阳明洞天》之《阳明洞天考》中曾经论述过，作为大禹得藏书处的禹穴，在司马承祯（647～735）的《天地宫府图》称"极玄大元天"，杜光庭（850～933）的《洞天福地岳渎名山记》中称为"极玄阳明洞天"，贺知章的《龙瑞宫记》称"天帝阳明紫府真仙会处"。以"阳明"一词的出现来看，贺知章的《龙瑞宫记》应介于司马承祯的《天地宫府图》和杜光庭的《洞天福地岳渎名山记》之间。司马承祯在735年去世，《天地宫府图》至迟作于735年，由此，在735年作为大禹得藏书处的禹穴很可能尚称"极玄大元天"，要称阳明洞天得在这一时间之后。因此，在这一意义上，天宝三年（744）归乡里之年，贺知章更有可能题写《龙瑞宫记》，而称禹穴为"天帝阳明紫府真仙会处"。

对于《龙瑞宫记》是否是贺知章所撰的问题，《诸道石刻录》和宋嘉泰《会稽志》认为《龙瑞宫记》为贺知章所撰，更晚出的宋《宝庆会稽续志》和明万历《绍兴府志》则认为《龙瑞宫记》撰写应另有他人，但都没有说明具体原因。

据张寿镛等辑录的《贺秘监遗书》称，宋代史学家、目录学家郑樵（1104～1162）的《通志·艺文略》，以及明藏书家焦竑（1540～1620）的《国

史经籍志》之《地理类名山洞府》中均记有："贺知章《会稽洞记》一卷。"遗憾的是,《会稽洞记》现已佚,已不能知晓其具体内容。司马承祯在《天地宫府图》称"三十六小洞天"的"第十洞天"为"第十会稽山洞",结合贺知章的道士身份,以及本书第六章《从飞来石到道教圣地阳明洞天》中曾记述贺知章撰过内容与禹穴和阳明洞天有关的《纂山记》,因此,贺知章的《会稽洞记》记的很可能就是阳明洞天。说不定,《纂山记》和《会稽洞记》就是同一著述。贺知章既然撰有具有道教色彩的《会稽洞记》,那么,将建在阳明洞天旁的龙瑞宫之记述,由文词俊秀的贺知章来撰写,也是一件顺理成章的事。因此,笔者认为,《龙瑞宫记》就是贺知章所撰写的。

三、《龙瑞宫记》描述的阳明洞天谷地

《龙瑞宫记》记录了龙瑞宫的具体位置,其又称《龙瑞宫山界至记》(图7－2),"界至者记疆界之四至也",因此,《龙瑞宫记》其实是对阳明洞天范围的一次确认:

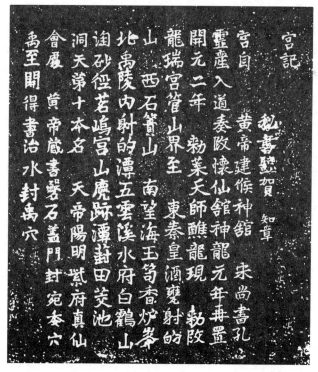

图 7－2　贺知章《龙瑞宫记》(图片由葛国庆先生提供)

> 管山界至：东秦皇酒瓮、射的山；西石箦山；南望海、玉笥、香炉峰；
> 北禹陵，内射的潭、五云溪、水府、白鹤山、淘砂径、茗坞、宫山、麂迹潭、
> 葑田、葵池。洞天第十，本名天帝阳明紫府真仙会处，黄帝藏书，盘石
> 盖门，封宛委穴。禹至开，得书治水，封禹穴。

对于上述地名，清代杜春生编录的《越中金石记》称：

> 所载秦皇酒瓮石至麂迹潭诸名，惟有望海不见于志乘。舆地广记
> 云：秦望山始皇登之以望东海，且正在龙瑞之南，是秦望当一名望海，
> 而地志遗之。

认为《龙瑞宫记》所载的诸地名，除了"望海"和"秦望"不甚清楚外，其余地
名均可查实。

按照笔者目前掌握的资料，《龙瑞宫记》所称的"东秦皇酒瓮、射的山"
中，"射的山"已在本书在第二章《会稽山的出现》之《会稽山周边的河流、湖
泊和诸山》中记述过，隔若耶溪，在石帆山东；对于"酒瓮"，嘉泰《会稽志》卷
十一有"酒瓮石"的记载：

> 酒瓮石，在射的山足。三石品峙，其状如瓮。旧经云：巨石三，在
> 镜湖东，时人谓之秦皇酒瓮石。

笔者曾去若耶溪边射的山东的山足处寻找，虽年代久远，杂树丛生，但三石
品峙的酒瓮石尚能辨认。

《龙瑞宫记》所称的"西箦山"，"箦"当是"匮"之误。本书在第二章《会
稽山的出现》之《会稽山周边的河流、湖泊和诸山》中已经记述，"石匮山"即
是宛委山的别称。

《龙瑞宫记》所称的"南望海、玉笥、香炉峰"中，"香炉峰"在第二章《会
稽山的出现》之《圣地：覆釜山成为会稽山核心的人类学分析》中曾专门论
及，为距绍兴城区最近的会稽山最高峰，现为佛教圣地，峰上香火很旺，平
日在绍兴城内即能望见。对于"玉笥"，据清赵甸撰的《云门显圣寺志·山
川志》（十六卷，清顺治十六年[1659]刻本）云：

> 谨按玉笥山即宛委山……其势蜿蜒，由犊角尖臻香炉峰。瞰栖神
> 馆，经阳明洞，凭飞来石，披葛仙翁井，历叶天师龙见坛……

显然，《云门显圣寺志》将"石匮山"之南到香炉峰之间的一些山脉也称之为

宛委山,并另有名曰"玉笥山"。对于《龙瑞宫记》所称的"望海",《云门显圣寺志·山川志》云:"望海山在伞峰之左……"而对于"伞峰",《云门显圣寺志·山川志》又云:"石伞峰在玉笥山之左……"因此,玉笥山经石伞峰而有望海山,其位置与玉笥山一样,也在龙瑞宫之南。

《龙瑞宫记》所称的"北禹陵",本书在第二章《会稽山的出现》之《会稽山中心:从秦望山到覆釜山》中已经论述,覆釜山和宛委山是同一座山的两个侧面,覆釜山在山的偏北面,宛委山在山的偏南面。而禹陵在覆釜山之北,因而,相对于南面的阳明洞天,《龙瑞宫记》就有了"北禹陵"之称。

以上东、南、西、北四至,为龙瑞宫范围所涉的边界,龙瑞宫的真正属地在四周界山之内。《龙瑞宫记》所称的"内射的潭、五云溪、水府、白鹤山、淘砂径、茗坞、宫山、麂迹潭、葑田、菱池"。其中的五云溪为若耶溪别称,"射的潭"和"白鹤山",本书在第二章《会稽山的出现》之《会稽山周边的河流、湖泊和诸山》中已经记述,射的潭在射的山下,位于若耶溪和上灶江的交汇处,白鹤山则在射的潭中间,当地人称薄(白)山,目前尚存一个土堆模样。"水府"已不见踪影,估计在射的潭边的白鹤山上,应是一个与祭祀有关的道观,或即是道教第十七福地所在地。本章《第六节飞来石上记录的宋代道教活动》之《南宋时期阳明洞天的道教活动》中的"汪纲等题名"的摩崖石刻,曾提到在"射的亭"品茶,"射的亭"或就是水府的一部分。"淘砂径"或在白鹤山上,与白鹤刮壤寻箭传说有关。

至于《龙瑞宫记》中提到的诸如"茗坞、宫山、麂迹潭、葑田、菱池"等,以及龙瑞宫本身,由于年代久远,加之阳明洞天谷地如今已建起酒店、樱花林,已经难觅其踪迹。对于龙瑞宫遗址,笔者曾与望仙桥村村民一起去寻找,村民指山脚一地言俗称"钟楼",或为龙瑞宫入口。钟楼后由东向西有土墩明显分出三个台阶,依次称上台、中台、下台,或即是龙瑞宫遗址所在地,尚需考古挖掘以佐证。

综上所述,根据文献记载和实地踏勘,可以发现,《龙瑞宫记》所描述的区域,实际上就是阳明洞天的区域。借助于谷歌地图,我们可以发现,阳明洞天实为一东西走向、由东向西逐渐收小的喇叭型谷地:谷地的东面为喇叭口,有射的山和秦皇酒瓮石,谷口前有若耶溪自南朝北流过,中间是射的潭和白鹤山,西面为宛委山。南面有玉笥山、望海山和香炉峰,北面就是禹陵。谷地的核心则是龙瑞宫所在地,龙瑞宫旁有飞来石(禹穴),为喇叭的最细部分。阳明洞天谷地谷身狭长,氛围幽深清静,山径盘回,溪涧迂曲,委实是一"仙圣人都会之所"。唐宋以来,许多的道教活动曾在此开展。

第四节　唐代阳明洞天之元白唱和

宋叶枢撰、李宗谔修的《龙瑞观禹穴阳明洞天图经》(《道藏》洞玄部记传类·鞠字号)有云:

> 《越州图经》臣枢伏睹唐开元以来泊圣宋,每年春遣使,投玉简,放金龙于阳明洞,即大禹治水藏书之穴也。

说的是自唐开元(713 年)以来,每年春天都会在阳明洞天(禹穴)举行道教的投龙简仪式。大诗人元稹和白居易围绕着阳明洞天投龙简仪式的诗歌唱和,留下了唐代有关阳明洞天(禹穴)投龙简仪式的珍贵资料。

贺知章去世后八十年,元稹(779～831,字微之,别字威明)于长庆三年(823)八月,作为越州刺史和浙东观察史,来到了绍兴。

宋嘉泰《会稽志》卷二之"太守"记:

> 元稹,长庆三年八月,自同州防御使授。大和三年九月,拜尚书左丞。案:唐本传,自同州刺史徙观察使。明州岁贡蚶,役邮子万人,不胜其疲。稹奏罢之。旧经云:所辟幕职皆当时文士,镜湖、秦望之游,月三四焉。而讽咏诗什,动盈卷秩。副使窦巩,海内诗名,与稹酬唱最多。至今称兰亭绝唱。

元稹自同州刺史徙浙东观察史后,面对当时"明州岁贡蚶,役邮子万人,不胜其疲"的局面,元稹上奏后得到罢之。因此,作为浙东观察史的元稹,上任伊始,就为民做了件好事。但从嘉泰《会稽志》的记录看,称元稹在越七年,"所辟幕职皆当时文士,镜湖、秦望之游,月三四焉。而讽咏诗什,动盈卷秩"。似乎更重视元稹作为诗人在绍兴的活动情况。志中提到的窦巩,为元稹观察浙东时的副使,与元稹多有诗歌唱和。但为了讲述阳明洞天的道教活动,本书将聚焦于元稹与白居易之间的竹简酬唱。

元稹与白居易同是新乐府运动的倡导者和参加者,他们诗歌风格相近,世称元白。元白是诗歌唱和的好友,元稹来绍兴后,经常歌咏稽山镜水,并与白居易进行竹筒酬唱①。

　　元白之间的诗歌唱和很是频繁。到绍兴甫一安顿,元稹就写了《州宅》(一作《以州宅夸于乐天》)给白居易(《会稽掇英总集》卷一):

> 　　州城紫绕拂云堆,镜水稽山满目来。四面无时不屏障,一家终日在楼台。星河影向檐前落,鼓角声从地底回。我是玉皇香案吏,谪居就得住蓬莱。

元稹在诗中夸的是自己站在越州居所的楼台上,"星河影向檐前落,鼓角声从地底回"。就像是住在了蓬莱仙境。对于元稹居住地的具体位置,宋嘉泰《会稽志》卷九之"卧龙山"记:"国朝康定初,范文正公撰《清白堂记》云:'会稽府署据卧龙山之足,北上有蓬莱阁。'"根据范仲淹(989～1052)《清白堂记》的记述,会稽府署之北的卧龙山上有一座蓬莱阁。蓬莱阁是否可能就是任浙东观察史的元稹所谓的蓬莱仙境一般的居住地呢?宝庆《会稽续志》卷一之"府廨"记:"唐元微之云:州宅居山之阳,凡所谓台榭之胜,皆因高为之,以极登览。尝以诗夸于白乐天云:'州城紫绕拂云堆,照水稽山满目来。四面无时对屏障,一家终日楼台。星河影向檐前落,鼓角声从地底回。我是玉皇香案吏,谪居犹得住蓬莱。'诵其诗,则当唐盛时州宅之胜可想而知矣。乾宁中,董昌叛,即厅堂为宫殿。昭宗命钱镠讨平之,以镠为节度。镠恶昌之伪迹,乃撤而新之。故元微之与李绅诸公所登临吟赏之处一皆不存。"宝庆《会稽续志》说得明白,卧龙山(现多称府山)上的蓬莱阁,就是元稹对白居易所夸的州宅,后被吴越王钱镠撤而新之。宝庆《会稽续志》卷一之"府廨"又记:"蓬莱阁,在州治设厅之后,卧龙山下。……阁乃吴越钱镠建……元微之诗云'谪居犹得小蓬莱',钱公辅诗云'后人慷慨慕前修,高阁雄名由此起',故云。"说的是卧龙山上钱镠将所建楼阁命名为蓬莱阁,即出于元稹《州宅》一诗。后王十朋在此留有千古名篇《蓬莱阁赋》。南宋末年,蓬莱阁又被战火所毁。2008年,蓬莱阁重建,现立于卧龙山原址上。

　　接到元稹的《州宅》诗后,白居易和有《答微之夸州宅》(《会稽掇英总集》卷一)作答:

----

① "竹筒酬唱"来自白居易诗《与微之唱和,来去常以竹筒贮诗,陈协律美而》(《白居易集》,中华书局,1999年版,第510页),说的是杭州白居易与越州元稹(微之)的诗歌唱和,通过竹筒贮诗方式实现。

　　　　贺上人回得报书,大夸州宅似仙居。厌看冯翊风沙久,喜见兰亭
　　　　烟景初。日出旌旗生气色,月明楼阁在空虚。知君暗数江南郡,除却
　　　　余杭尽不如。

白居易时为杭州刺史,杭州曾称余杭郡,一句"除却余杭尽不如",对于
元稹将越州居所称为蓬莱仙境,白居易有了些调侃的味道。元稹也不含
糊,马上回了一首《再酬复言和夸州宅》(《会稽掇英总集》卷一):

　　　　会稽天下本无俦,任取苏杭作辈流。短发仪行千古学,奔涛翻动
　　　　万人忧。石缘类鬼名罗刹,寺为因坟号虎丘。莫著诗章远牵引,由来
　　　　北郡似南州。

一句"会稽天下本无俦,任取苏杭作辈流",元稹对白居易戏谑式的回答,多
了几分霸气。

元稹的《离思(其四)》曾云:"曾经沧海难为水,除却巫山不是云。取次
花丛懒回顾,半缘修道半缘君。"一句"半缘修道半缘君"说明,在道教鼎盛
的唐代,元稹的生活也不曾离开过道教。宋嘉泰《会稽志》卷十六《碑刻》中
有以下二条记载:

　　　　禹穴碑,郑昉撰、元稹铭、韩杍材行书、陆洿篆额,宝历景午秋九月
　　　　作,后有大和元年八月三日中山刘蔚续记,二行在龙瑞宫。

　　　　禹穴碑阴,元稹并僚属十一人官位名氏,并拜禹庙诗一首,后有章
　　　　草一行。

郑昉(鲂),字嘉鱼,德宗建中元年(780)登进士第,唐宝历间(825～826)曾
佐幕会稽,后为郎中。郑昉所撰禹穴碑的内容,本书已在第三章《飞来石和
窆石:会稽山南北的两个禹穴》之"禹穴的出现"中有具体列示。碑文特别
强调了大禹在阳明洞天(禹穴)探得宝书(符命)的意义,其中有云:"唐兴二
百八祀,宝历庚午秋九月,予从事于是邦。感上圣遗轨,而学者无述,作禹
穴碑。廉察使旧相河南公见而铭之。"元稹为河南人,元和四年(809)曾任
监察御史。郑昉的碑文说明,宝历丙午①(826),作为浙东观察使的元稹,

---

① 对于制作"禹穴碑"的具体年代,宋《嘉泰会稽志》记为"宝历景午秋九月",郑昉记为"宝历庚午秋
　九月",查宝历年间,既无"景午",也无"庚午",只有"丙午"。且宝历年间只有825年和826年,
　故本书将其定为宝历丙午(826)。

曾与僚属一道,在龙瑞宫制作了禹穴碑。

元稹不仅制作了禹穴碑,而且还在禹穴碑所在地阳明洞天和龙瑞宫一带,参加了具体的道教活动,举行过投龙简仪式。宋嘉泰《会稽志》卷十六《碑刻》中有以下二条记载:

> 元威明《春分投简阳明诗》,王璘分书,刘蔚篆额,大和三年正月十五日立石龙瑞宫。

> 白居易《继春分投简阳明洞天》诗,王璘分书,大和三年八月十五日。

明万历《绍兴府志》卷六《山川志三》之"会稽阳明洞天"也记:

> 唐观察使元稹以春分日投简于此,有诗,白居易和焉。

说的是唐大和三年(829)春分日,元稹曾在阳明洞天和龙瑞宫一带,参加了投龙简活动,并有两首诗作传世,白居易则有诗和之。

元稹和白居易的诗,可见《会稽掇英总集》卷九之"龙瑞宫"。其中元稹的《春分投简阳明洞天作》记述了其在阳明洞天举行投龙简仪式的过程:

> 中分春一半,今日半春徂。老惜光阴甚,慵牵兴绪孤。偶成投秘简,聊得泛平湖。郡邑移仙界,山川展画图。旌旗遮屿浦,士女满闉阇。似木吴儿劲,如花越女姝。牛侬惊力直,蚕妾笑睢盱。怪我携章甫,嘲人托鹧鸪。间阎随地胜,风俗与华殊。跣足沿流妇,丫头避役奴。雕题虽少有,鸡卜尚多巫。乡味尤珍蛤,家神爱事乌。舟船通海峤,田种绕城隅。枊比千艘合,袈裟万顷铺。亥茶闽小市,渔火隔深芦。日脚斜穿浪,云根远曳蒲。款风花气度,新雨草芽苏。粉坏梅辞萼,红含杏缀珠。蘼余秩渐长,烧后葑犹枯。绿淡高悬柳,青钱密辫榆。驯鸥眠浅濑,惊雉迸平芜。水净王余见,山空谢豹呼。燕狂捎蛱蝶,蝡挂集蒲卢。浅碧鹤新卵,深黄鹅嫩雏。村扉以白版,寺壁耀赪糊。禹庙才离郭,陈庄恰半途。石帆何峭峗,龙瑞本萦纡。穴为探符坼,潭因失箭刳。堤形弯熨斗,峰势踊香炉。幢盖迎三洞,烟霞贮一壶。桃枝蟠复直,桑树亚还扶。鳖解称从事,松堪作大夫。荣光飘殿阁,虚籁合笙竽。庭狎仙翁鹿,池游县令凫。君心除健羡,扣寂入虚无。罡蹋翻星纪,章飞动帝枢。东皇提白日,北斗下玄都。骑吏裙皆

紫,科车幰尽朱。地侯鞭社伯,海若跨天吴。雾喷雷公怒,烟扬灶鬼趋。投壶怜玉女,噢饭笑麻姑。果实经千岁,衣裳重六铢。琼杯传素液,金匕进雕胡。掌里承来露,桦中钓得鲈。菌生悲局促,柯烂觉须臾。稊米休言圣,醯鸡益伏愚。鼓鼙催暝色,簪组缚微躯。遂别真徒侣,还来世路衢。题诗叹城郭,挥手谢妻孥。幸有桃源近,全家肯去无?

在"中分春一半"的春分日,元稹因"偶成投秘简"而"聊得泛平湖",从而把投简仪式与游吟活动结合了起来。"郡邑移仙界,山川展画图",元稹的诗,先是"闾阎随地胜,风俗与华殊",展示了沿途绍兴的市井田野生活。经过禹庙,"石帆何峭峻,龙瑞本萦纡。穴为探符坼,潭因失箭刳"。绕过石帆山后,元稹来到了禹穴、龙瑞宫下方的射的潭边,举行投简仪式。

"堤形弯熨斗,峰势踊香炉。"在熨斗型的射的潭边遥望,香炉峰高高矗立在远处。"幢盖迎三洞,烟霞贮一壶。""三洞"指道教中的洞真、洞玄、洞神三部经典,道家传说谓壶中别有天地,因此,常以"一壶"喻宇宙或仙境。因此,这两句诗说明,在射的潭边,元稹手执道经开始举行投简仪式。

在射的潭边,元稹想象着,"鳌解称从事,松堪作大夫"。让神鳌作谋士、松树作大夫。"庭狎仙翁鹿,池游县令凫。"又狎弄着葛仙翁的神鹿,让仙凫在潭中畅游。"冈蹋翻星纪,章飞动帝枢。""冈蹋"即"罡踏",道教中法师祈天神的踏罡步斗,表示脚踏在天宫罡星斗宿之上。因此,"冈蹋翻星纪"谓法师脚踏天宫罡星斗宿以调动星斗,"章飞动帝枢"则指道士等将所画的奏章符录焚化递上天庭以调动天神。"东皇提白日,北斗下玄都。骑吏裙皆紫,科车幰尽朱。地侯鞭社伯,海若跨天吴。雾喷雷公怒,烟扬灶鬼趋。"诗中的"东皇"指日神,"地侯"指土星,"社伯"指土地神,"海若"指海神,"天吴"指水神,"科车"则指仙人所乘之车。因此,日神、北斗、土星、土地神、海神、水神、雷公,加上紫裙骑吏、朱色科车、烟雾溟濛,历史、神话与现实结合起来,元稹的诗,营造出了一幅绚丽的投简画卷。

白居易的《和微之春日投简阳明洞天五十韵》云:

青春行已半,白日坐将徂。越国强仍大,稽城高且孤。利饶盐煮海,名胜镜澄湖。牛斗天垂象,台明地展图。瑰奇填市井,佳丽溢阛阓。句践遗风霸,西施旧俗姝。船头龙夭矫,桥脚兽睢盱。乡味珍彭越，时鲜贵鹍鹕。语言诸夏异，衣服二方殊。捣练蛾眉婢，鸣榔蛙角奴。江清敌伊洛，山翠胜荆巫。华表双栖鹤，联樯几点乌。烟波分渡口，云树接城隅。洞远松如画，洲平蒉似铺。绿针秧早稻，紫笋坼新芦。暖踏泥中藕，香寻石上蒲。雨来萌尽达，雷后蛰全苏。柳眼黄丝类，花房绛蜡珠。林风新竹折，野烧老桑枯。带藓长条蕙，钱穿短贯榆。暄和生野菜，卑湿长街芜。女浣纱相伴，儿烹鲤一呼。山魈啼稚子，林狖挂都卢。产业论蚕蚁，孳生计鸭雏。泉岩雪飘洒，苔壁锦漫糊。堰限舟航路，堤通车马途。耶溪岸回合，禹庙径盘纡。洞穴何因凿，星槎谁与刳。石凹仙药臼，峰峭佛香炉。去为投金简，来因挈玉壶。贵仍招客宿，健未要人扶。闻望贤丞相，仪形美丈夫。前驱驻旌旆，偏坐列笙竽。刺史旗翻隼，尚书履曳凫。学禅超后有，观妙造虚无。髻里传僧宝，环中得道枢。登楼诗八韵，置砚赋三都。捧拥罗将绮，趋跄紫与朱。庙谋藏稷契，兵略贮孙吴。令下三军整，风高四海趋。千家得慈母，六郡事严姑。重士过三哺，轻财抵一铢。送觞歌宛转，嘲妓笑卢胡。佐饮时熊鳖，蠲醒数脍鲈。醉乡虽咫尺，乐事亦须臾。若不中贤圣，何由外智愚。伊予一生志，我尔百年躯。江上三千里，城中十二衢。出多无伴侣，归只封妻孥。白首青山约，抽身去得无？

同样是记述元稹春分日投简阳明洞天，白居易不仅称赞会稽"江清敌伊洛，山翠胜荆巫"，江清敌过伊水、洛水流域，山翠远胜荆山、巫山，而且还赞扬元稹"闻望贤丞相，仪形美丈夫"，政治上"千家得慈母，六郡事严姑"，思想境界上"学禅超后有，观妙造虚无。髻里传僧宝，环中得道枢"。白居易的诗反映出，他非常熟谙元稹春分日投简阳明洞天之事。本书在第二章《会稽山的出现》之《会稽山周边的河流、湖泊和诸山》中，曾引用嘉泰《会稽志》卷十三"镜湖"条，指出从禹庙到宛委山下所在的阳明洞天，有水路和陆路两条路可走，白诗中的"耶溪岸回合，禹庙径盘纡"，便是对从禹庙到龙瑞宫水陆两路的描写。本书在第三章《飞来石和窆石：会稽山南北的两个禹穴》之"禹穴的出现"中，曾引用韩愈《送惠师》诗："尝闻禹穴奇，东去穿瓯闽；越俗不好古，流传失其真。"说明至唐时，禹穴之不可定名已经很久。白诗中有"洞穴何因凿，星槎谁与刳"。其中的洞穴指禹穴，星槎指的是一种木筏，会稽木筏的特别之处在于，将大木从中间破开挖空为舟。白诗这两句说的便是绍兴禹穴和木筏的特别,给人以许多的想象。葛洪的《神仙传》卷五谓入壶中即是进仙境,因此,诗中"去为投金简,来因挈玉壶"一句,点明了元稹投金简的目的,是为了"挈玉壶",进入仙境。这也可视为白居易对元稹举行投龙简仪式的良好祝愿。

悠悠阳明洞天,因元稹和白居易春分投简阳明洞天的诗歌唱和而增色许多。

第五节　五代吴越国时期钱镠的投龙简仪式①

阳明洞天谷地的射的潭边,不仅元稹举行过投龙简仪式,到五代吴越国时期,钱镠也曾多次在此举行过投龙简仪式。

1977 年 12 月 8 日,绍兴城东南禹陵乡望仙桥村的村民,在酒缸山下多脚(吉)桥挖掘若耶溪和上灶江的河泥时,发现了五代吴越国时期钱镠的银投龙简。

对于酒缸山的具体位置,本章之《唐代阳明洞天之龙瑞宫记》部分在记述龙瑞宫具体位置时,曾引嘉泰《会稽志》卷十一曰:"酒瓮石,在射的山足。三石品峙,其状如瓮。""瓮"为一种盛水或酒等的陶器,与"缸"字通,故酒瓮石在绍兴民间又称酒缸石。因此,酒缸山就是本书第二章之《会稽山周边的诸山和河流、湖泊》和本章《唐代阳明洞天之龙瑞宫记》中描述过的射的山的民间称谓。酒缸山隔若耶溪和上灶江有望仙桥村,村名因若耶溪上有望仙桥而得。若耶溪上的望仙桥为一石桥,系东西跨向二墩三孔石板桥。桥全长 19 米,桥面阔 1.90 米,桥墩迎水面设分水尖,桥板侧面刻有"望仙桥"三字,桥至今尚存。

钱镠银投龙简现珍藏于绍兴市文物管理局,共有 2 件。2 件投龙简的简文中,钱镠皆自称"大道弟子",接着通报自己的年龄、出生月日或本命干支,声言"皆荷玄恩,敢望灵佑"或"仰自穹昊降佑,大道垂恩",要在"名山洞府""散投龙简"或"遍投龙简",然后再祈请兼顾自己的履历行年,以达到"不逢衰厄"、"寿龄延远"的愿望,结尾处皆有"谨诣水府,金龙驿传"等

<hr/>

①本节中"钱镠银投龙简"的相关资料,参考了梁志明的《"水府告文"考释》(《东南文化》1993 年第 3 期,第 190~193 页)和王育成的《考古所见道教简牍考述》(《考古学报》2003 年第 4 期,第 503~504 页)。

字样。

银简之一长 37.2 厘米,两端圆拱,宽 8.72 厘米,刻铭 6 行,共 307 字,其文为:

> 大道弟子、启圣匡运同德功臣、淮南镇海镇东等军节度使、淮南浙江东西等道观察处置营田安抚兼盐铁制置发运等使、开府仪同三司、尚父、守尚书令、食邑一万七千户、食实封一千五百户、吴越王,臣钱镠,年六十二岁,二月十六日生,本命壬申。自统领三藩,封崇两国,廓清吴越,获泰黎元,皆荷玄恩,敢忘灵佑。昨者,当使所发,应援湖湘兵士及讨伐犯境凶徒,遂沥恳情,仰告名山洞府,杲蒙潜加警卫,继珍豺狼。已于中元之辰,普陈斋醮,今则散投龙简,上诣诸洞仙籍、水府真宫,备罄丹诚,用酬灵贶。兼以方兴戈甲,克珍淮夷,敢希广借阴功,共资平荡,早清逆窟,以泰江南。其次,愿两府封疆,永无灾难,年和俗阜,军庶康宁。兼镠履历年庚,不逢衰厄,至于家眷,并乞平安。永讬真源,常蒙道荫。谨诣水府,金龙驿传。
>
> 太岁癸酉八月庚午朔二十日己丑,于越州会稽县五云乡石帆里射的潭水府告文。

对于投龙简的具体时间,简文中落款日为“太岁癸酉八月庚午朔二十日”,不甚清楚。

又,文中称钱镠“年六十二岁”,查《旧五代史》卷一百三十三之《世袭列传二》,称“镠以长兴三年三月二十八日薨,年八十一”。长兴三年当为后唐明宗李夏年号,为公元 932 年,是年钱镠 81 岁。由此向前推 19 年,即公元913 年。因此,简文中的“太岁癸酉”当为五代后梁乾化三年癸酉,是年钱镠 62 岁。

对于钱镠投龙简的地点,文中称为“越州会稽县五云乡石帆里射的潭水府”,其中的五云乡由若耶溪又名五云溪而得名,石帆里则因近石帆山而得名,射的潭即本章《唐代阳明洞天之龙瑞宫记》中所记述的阳明洞天谷地里的射的潭。因此,钱镠投龙简的地点就在阳明洞天谷地里的射的潭。

公元 913 年的时候,62 岁的钱镠已是一方诸侯。据《新五代史》之《吴越世家第七》称,唐僖宗中和二年(882),越州刺史兼浙东观察使、义胜军节度使刘汉宏派其弟刘宥率军屯兵西陵(今萧山西兴),意欲吞并浙西。杭州刺史董昌派钱镠率师抗拒,钱镠大破刘军。由此杭州、越州开始连年交兵。僖宗光启二年(886),钱镠攻克越州。光启三年(887),董昌移居越州,自称知浙东军府事,拜钱镠为左卫大将军、杭州刺史,继而又拜钱镠为杭州防御使。乾宁二年(895),董昌在越州称帝。唐昭宗下诏削董昌官爵,拜钱镠为彭城郡王、浙江东道招讨使,讨伐董昌。乾宁三年(896),钱镠部将顾全武攻克越州。于是,唐昭宗拜钱镠为镇海、镇东军节度使。次年钱镠至越州受命,遂定杭州为西府,越州为东府,自此占有了两浙之地。后梁开平元年(907),太祖朱温封钱镠为吴越王兼淮南节度使。乾化元年(911),加钱镠守尚书令。乾化元年(912),梁郢王友珪立,册尊钱镠为尚父。因此,简文中称钱镠"统领三藩,封崇两国,廓清吴越",有"淮南镇海镇东军节度、尚父、守尚书令、吴越王"等多种官职。

从钱镠的经历可看出,其讨伐刘汉宏,又讨伐董昌,受命越州为镇东军节度使,其间曾多次驻跸越州。因此,钱镠的发迹与越州有莫大的关系。某种程度上可以说,越州是钱镠的龙兴之地。但钱镠把越州定为东府,除了感情因素,更重要的还是政治、经济和军事上的考虑。因为面对北方强敌,越州毕竟是吴越国的大后方。由此,钱镠加强了对越州的经营,从而为后代留下了众多的遗迹。除了卧龙山上的蓬莱阁,绍兴还留有"石城山"、"拜王桥"、"钱王井"等多处钱镠的踪迹。嘉泰《会稽志》卷九称:"石城山,在县东北三十里。《吴越备史》:乾宁三年,钱镠讨董昌,攻石城,去越三十里,即此。今山下有石城里。"因此,石城山为钱镠讨伐董昌之地。嘉泰《会稽志》卷十一称:"拜王桥,在狮子街,旧传以为吴越武肃王平董昌之乱后,郡人拜谒于此,桥故以为名。"因此,拜王桥为钱镠平定董昌之乱后节钺越州的象征。如今,拜王桥尚在绍兴城内府山直街南端与鲁迅西路交汇处,为一五边形单孔石拱桥。钱镠曾组织民工疏浚日见淤积的鉴湖和府河,嘉泰《会稽志》卷十一称:"钱王井,井凡数十,大抵多在五云、稽山门外,以石甃水,高于地,霖潦不溢,大旱不涸。方暑时,行路甚以为惠。传以为吴越王时所浚,盖不可考。然至今俗谓之钱王井。"因此,钱王井为钱镠节钺越州后造福民众留下的遗迹。

从简文中可看出,钱镠之所以要在射的潭投龙简,首先是因为当时正值藩镇割据混战,故需"应援湖湘兵士及讨伐犯境凶徒",因此希望通过投龙简,能"兼以方兴戈甲,克珍淮夷,敢希广借阴功,共资平荡,早清逆窟,以泰江南"。其次,是"愿两府封疆,永无灾难,年和俗阜,军庶康宁"。希望借名山洞府的神灵,能够保一方平安。最后则是希望保自己"不逢衰厄",保家眷"并乞平安"。

银简之二,长31厘米、宽6.7厘米,呈长方条状,刻文亦为6行,字数比前简少,共194字,其文为:

> 大道弟子、天下都元帅、尚父、守尚书令、吴越国王钱镠,年七十七岁,二月十六日生,自统制山河,主临吴越,民安俗阜,道泰时康,是物和平,遐迩清晏。仰自穹昊降佑,大道垂恩。今则特诣洞府名山,遍投龙简,式陈醮谢,上答玄恩。伏愿天降祥光,地生嘉瑞,丕图显霸,景祚延洪,风雨顺时,军民乐业。今当春季,合具告祈。兼乞镠庚申行年,四时履历,寿龄延远,眼目光明,家国兴隆,子孙繁盛。志祈玄贶,允叶投诚。谨诣射的水府,金龙驿传。

> 宝正三年太岁戊子三月丁未朔日,于吴越国州县乡里射的水府告文。

是年七十七岁的钱镠已是吴越国王,宝正便是吴越太祖钱镠的年号,共计6年,宝正三年即公元928年。自乾化三年(913)投龙简后,钱镠逐渐结束了与周边敌对势力的战争,开始转向内部大规模的经济和文化建设。后梁龙德三年(后唐同光元年),即公元923年,梁遣兵部侍郎崔协等为使,册封钱镠为吴越国王,并行古列国之礼。钱镠于是设朝廷,置百官,定西府杭州为首都,东府越州则成为其"东都"(行都)。因此,钱镠928年在射的潭投龙简的目的,与913年的投龙简有所不同。经过15年的创业,通过修筑海塘,兴造堰闸,建立水网圩区维修制度,一系列有利于发展生产的措施,有力推动了区域经济的发展,当时的吴越国已是一个较为安定发展的国家。因此,在简文中,钱镠认为"自统制山河,主临吴越",已没有平乱的需要,至今已是"道泰时康,是物和平,遐迩清晏"。在这种社会形势下,钱镠散投龙简,期望的是"丕图显霸,景祚延洪"。求得"寿龄延远,眼目光明,家国兴隆,子孙繁盛",希望能让国家长治久安下去。

嘉泰《会稽志》卷六称:"吴越武肃王庙,在府南四里三百二十六步。本甚闳壮,岁久堕圮,今仅余四楹。有巨碑,旧在庑下,今乃立荒园中,皮光业之词也。具载唐长兴七年,吴越王弃宫馆后二年,嗣王建庙于越。"文中的

"武肃"为钱镠谥号,嘉泰《会稽志》告诉我们,钱镠薨后二年,曾在绍兴建造过闳壮的吴越武肃王庙。万历《绍兴府志》卷十九称:"钱王祠,在府东南五里。唐长兴七年,吴越王钱镠薨后二年,嗣王建庙于越,基甚闳壮。岁久倾圮,宋末仅余四楹,元时则尽鞠为蔬圃矣。明嘉靖十六年,知府汤绍恩重建,内祀忠武肃王镠、文穆王元瓘、忠献王佐、忠逊王倧、忠懿王俶,有司春秋祭。"万历《绍兴府志》所称的"钱王祠"即嘉泰《会稽志》所称的"吴越武肃王庙"。万历《绍兴府志》告诉我们,钱镠死后,其子吴越国王元瓘立"武肃王祠"于东府,后来元瓘、弘佐、弘倧、弘俶相继配享。钱王祠历宋、元、明、清,中间虽有倾圮,但至明代又由绍兴知府汤绍恩重建。如今,原绍兴县政府(今越城区府)所在地就是"钱武肃王祠"遗址,然钱王祠已不见踪影,空留下了一个"钱王祠前"的街名,让人想起吴越王钱镠曾在此安营扎寨、经营有年。

两件五代吴越国时期钱镠的银投龙简,既反映了钱镠受封吴越国二个时期不同的思想状况和社会面貌,也为绍兴的道教史留下了浓重的一笔。

第六节 飞来石上记录的宋代道教活动

一、阳明洞天飞来石上记载的宋代道教活动

经过五代十国时期短暂的动乱和分裂,北宋王朝建立,国家又重新归于统一。北宋的历代帝王特别是真宗(998～1022)和徽宗(1101～1125),是道教的虔诚信奉者,承袭了唐朝道儒释兼容和对道教的崇奉扶植政策,道教因此盛极一时。南宋统治者对待道教的态度,虽然基本上与北宋统治者一致,但鉴于徽宗崇道亡国的教训,南宋再也未出现北宋时期利用道教神化皇权及崇道抑佛的极端行为,因此,道教活动相对冷清。宋代阳明洞天谷地里的道教活动也是如此,呈现出北宋活跃、南宋相对沉闷的局面。这一切,在宛委山飞来石的摩崖石刻上,得到了一定程度的体现。据杜春生清道光十年(1830)编录的《越中金石记》统计,阳明洞天谷地核心区域宛委山飞来石上的摩崖石刻,共有 26 处,其中唐代、五代、元代各有一处,宋代则有 23 处,其中北宋 20 处、南宋 3 处。因此,飞来石上宋代特别是北宋的摩崖石刻占绝对多数,在一定程度上反映了宋代特别是北宋道教活动的

兴盛。

二、北宋时期阳明洞天的道教活动

在宛委山飞来石上的 20 处北宋摩崖石刻中，2 处由赵宋皇室留下，当时的两浙官员和绍兴太守各留下 5 处，与绍兴存在某种特别机缘的人留有 6 处，尚有 2 处的情况尚不甚清楚。

(一)赵宋皇室留下的摩崖石刻

宋真宗赵恒之时，赵宋王朝的统治日益巩固，中国再次出现了盛唐开元之象。为了更好利用道教为赵氏王朝服务，宋真宗用了较多的精力和财力来扶持道教。宛委山飞来石北宋时期的 20 处摩崖石刻中，有宋真宗天禧四年(1020)三月的"阳明洞天投龙简记"和六月的"阳明洞射的潭投龙简记"两处，记录的就是赵宋皇室在阳明洞天举行的道教斋醮仪式。

《越中金石记》卷二之《阳明洞天投龙简记》云：

> 皇宋三叶(阙十余字)东封之一十二年，□事于南郊，大礼云毕(阙数字)。明年季春，始命入内内侍省内西头供奉官王从政赍持金龙玉简(阙数字)，阳明洞天射的潭设醮，恭谢休徵，为民祈福也。

《越中金石记》卷二之《阳明洞射的潭投龙简记》(图 7-3)云：

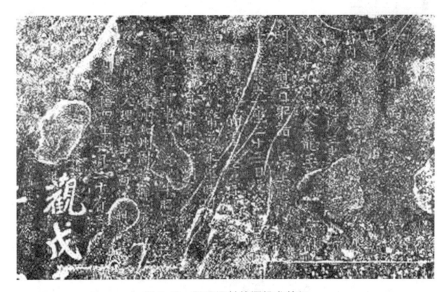

图 7-3　阳明洞射的潭投龙简记

国家茂育群品,抚绥兆民,□□□□百灵,固洪基于万世,特命入内内侍省内东头供奉官刘□□□诣龙瑞,亲建灵宝道场。三昼夜设清醮一座。六月十九日,投金龙玉简于紫府阳明洞天。翌日躬诣禹王庙建道场,□昼夜设醮一座,二十三日投金龙玉简于五云溪射的潭。

两处摩崖的记载说明,宋真宗天禧四年在阳明洞天谷地举行过两次投龙简仪式,均由皇帝之近侍机构、管理宫廷内部事务的入内内侍省负责,只不过一次由内西头供奉官王从政负责,一次则由内东头供奉官刘口口负责。宋代祭天制度比较完善,三岁一祭天制度贯彻始终。皇帝每三年一次主持祭天大礼,或行明堂大礼或行南郊大礼,成为宋代祭天大礼的主流。因此,对于天禧四年举行两次投龙简仪式的缘由,三月阳明洞天射的潭的设醮,就是皇室南郊大礼的继续。六月阳明洞天的投龙简活动,其内容似乎更丰富,既在龙瑞宫设灵宝道场投龙简于阳明洞天,又投龙简于阳明洞天谷地的射的潭,其缘由是"固洪基于万世"。联想到天禧年间宋真宗大搞迎降天书的宗教活动,令各地普建道观,道教著名的《云笈七签》即由张君房在天禧年间辑成。由此,天禧年间在阳明洞天谷地频繁举行道教斋醮仪式,也就不足为奇了。

(二)两浙官员留下的摩崖石刻

在北宋宛委山飞来石20处摩崖石刻中,有5处由时任两浙的官员所留。《越中金石记》越中金石目卷上的"辑存"里,具体记录了两浙官员的姓名和题名时间,他们是:

陈尧佐题名(正书):大中祥符六年十月。

张怀宝等题名(正书):天禧二年八月。

王信臣等题名(正书):许闻礼书。庆历二年十二月。

杜杞题名(正书):庆历七年十月。

晁端彦等题名(正书):熙宁七年九月。

在这些石刻题名的官员中,陈尧佐(963~1044),字希元,既是北宋大臣、书法家、画家,又是水利专家,治水功劳卓著。大中祥符(1008~1016)是宋真宗的第三个年号,大中祥符六年即1013年,陈尧佐时任两浙转运副使。当时钱塘堤经常被海水冲毁,陈尧佐提出"下薪实土"法,堤岸得以坚固持久起来。宋孔延之的《会稽掇英总集》收有陈尧佐的《江潮阻风》、《题上虞兰苇山》、《唐施肩吾山居有感》以及《忆越州》三首等与绍兴有关的诗歌,可见其对越州感情的深厚。《忆越州》三首中,其一是:"越绝溪山第一洲,画图城郭几淹留?闲思禹庙斜回首,仿佛云端见郡楼。"其二是:"稽峰倚云千仞高,澄湖倒影分秋毫。当年逸赏有余意,徘徊不忍移轻舸。"其三是:"抽毫欲赋东南奇,云山好景渐有遗。平波荡漾照湖绿,扁舟忆得游春时。"记述的均是陈尧佐对鉴湖、禹庙和会稽山的留恋之情。后二首《忆越州》,《会稽掇英总集》还收有张士逊、晏殊、吕夷简、薛奎、王随等的和诗,亦均为二首。

图 7-4 王信臣等题名

　　文曰:提刑王信臣希邵、柴贻宪式之、会稽守向传式士则、前四明倅刘黄中伯通、知会稽县许因其道卿。庆历二载季冬二十三日,同游阳明洞天。许闻礼题名。

　　对于摩崖石刻中题名的张怀宝,杜春生的《越中金石记》称其为两浙转运副史。《宋史·职官志七》曰:"都转运使、转运使、副使、判官,掌一经度一路财赋,而察其登耗有无,以足上供及郡县之费;岁行所部,检察储积,稽考帐籍,凡吏蠹民瘼,悉条以上达,及专举剌官吏之事。"可见转运使掌管范围之广。陈尧佐在浙时任的也是两浙转运副使。可见,张怀宝在当时的地位应该不低,故能在飞来石刻石留名。

对于王信臣,杜春生的《越中金石记》称其为提刑(附摩崖石刻)。提刑为提点刑狱公事简称,宋朝设于各路,主管所属各州的司法、刑狱和监察,兼管农桑。因此,从摩崖石刻中可知,王信臣的大名列在会稽太守向传式之前。

杜杞(1005~1050),字伟长,宋代无锡人。曾任两浙转运使,拜天章阁待制。杜杞性强记,博览群书,通阴阳数术之学。任两浙转运使时,在飞来石上刻有《议复鉴湖定水则题记》(图7-5)。鉴湖,自东汉马太守创建,民深受其利。然自宋始,盗湖为田者猖獗。鉴于此,杜杞始倡"议复鉴湖蓄水溉田"事,并立石测水,由会稽、山阴分别主之。对敢盗湖为田者,拔其苗而责其力以复湖,盗湖之风得以遏制。该摩崖真实记录了这一特定事件的时间、地点和人物,典型反映了宋代绍兴的水利状况。由此可见,杜杞在飞来

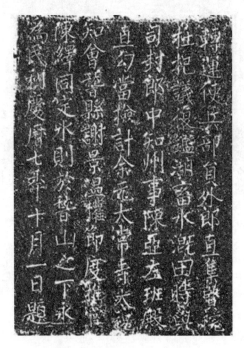

图7-5 议复鉴湖定水则题记

文曰:转运使、兵部员外郎直集贤院杜杞,议复鉴湖蓄水溉田。时与司封郎中知州事陈亚、左班殿直勾当检计余元、太常寺太祝知会稽县谢景温、权节度推官陈绎,同定水则于稽山之下,永为民利。庆历七年十月一日题。

石上题名,应与其《议复鉴湖定水则题记》石刻有关。

晁端彦(1035~1095),字美叔。神宗熙宁四年(1071),权开封府推官。熙宁七年(1074),以都官员外郎提点淮南东路刑狱,又徙提点两浙路刑狱。曾游阳明洞天并刻石留念(附摩崖石刻),或与其任提刑兼管农桑有关。

图 7-6　晁端彦等题名

文曰:"熙宁七年九月十日,晁端彦至,长男说之。"

因此,从 5 名官员的官衔或经历可以看出,他们来到阳明洞天,并在飞来石上摩崖题名,多与其从事水利或兼管农桑有关。

(三)绍兴太守留下的摩崖石刻

北宋宛委山飞来石 20 处摩崖石刻中,有 5 处由时任绍兴太守所留。《越中金石记》越中金石目卷上的"辑存",具体记录了绍兴太守的姓名以及题名时间,他们是:

高绅等题名(正书):高庚书,天禧三年七月。

任布等题名(正书):年月阙。

程师孟等题名(正书):元丰元年三月。

丁竦等题名(正书):无年月。

方会题名(正书):大观二年三月。

　　高绅,据嘉泰《会稽志》卷二"太守"条记:"高绅,天禧元年四月,以刑部郎中直昭文馆知。三年七月二十六日去任。"飞来石上题名的落款为天禧三年(1019),当是其离任绍兴太守时所留。

　　任布,字应之。据嘉泰《会稽志》卷二"太守"条记:"任布,天禧四年四月以屯田员外郎知,五年十一月移建州。"任绍兴太守一年有余,飞来石上题名的年月已阙,当在此期间,即天禧四年(1020)至天禧五年(1021)间。任布任绍兴太守虽时间不长,却留有美名。万历《绍兴府志》卷三十七记:"任布,字应之,进士及第,历知宿州。越州守阙,寇准曰:'越州有职分田,岁入且厚,非廉士莫可予。'乃徙布越州。至郡,以纯约自守,其子逊因贫上书抵布,御史鱼周询乃引逊语劾之,人谓询亦逊类云。"一位纯约自守的太守跃然纸上。

　　程师孟,字公辟,苏州人。据嘉泰《会稽志》卷二"太守"条记:"程师孟,熙宁十年十月,以给事中、充集贤殿修撰知,元丰二年十二月替。"程师孟任绍兴太守二年有余,万历《绍兴府志》卷三十七记述了他的特点:"……知越州,为政宽猛适宜,论者非罪不系狱,然发擿奸伏如神,得豪猾必痛惩之,至剿绝乃已。所部肃然,越人皆爱戴焉。"因此,与任布的纯约自守不同,程师孟以治越宽猛适中著称。从摩崖石刻所提及的葛仙公炼丹岩、禹穴等名可以看出(见图7-7),程师孟一行来到阳明洞天,更具纯粹的道教目的。

图7-7　程师孟等题名

文曰:葛仙公炼丹喦(岩),程师孟、胡向、崔烑、叶表、关景仁、王颐,元丰戊午清明日同游禹穴。

　　丁竦,据嘉泰《会稽志》卷二"太守"条记:"丁竦,元丰二年十二月,以朝议大夫知。四年十二月替。"飞来石上题名无著年月，当在其任绍兴太守时所留，即元丰二年（1079）至元丰四年（1081）间。

　　方会，字子元，福建莆田人。据嘉泰《会稽志》卷二"太守"条记："方会，大观二年四月，以朝请大夫充集贤院修撰知。三年三月，除徽猷阁待制，知广州；十月，再知。政和三年四月，召赴阙。"该刻署（见图 7 - 8）"大观己丑季春"，即大观三年三月。时方会正除徽猷阁待制，故刻文中有"进职徽猷"之说。然刻文又言"移镇南海，未行"，故嘉泰《会稽志》又有"十月，再知"语，刻文与郡志可相互印证。到政和三年（1113）召赴阙，方会知越州凡五年。方会知越期间，清平治政，人以不困。后充两浙安抚使，积极备战，修缮城隍，建造楼船，创造"六花八阵"水战法，士卒进退疾徐，如在平地，以防御金兵南侵。但方会对水战似早已熟悉，刻文中有"因阅水战，约季常学使、公纪驲使同探禹穴"，说明此次刻石之行，是在与朋友共阅水战后才探的禹穴。

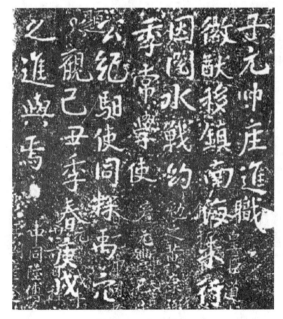

图 7 - 8　方会题名

　　　　文曰：子元帅座，进职徽猷，移镇南海，未行。因阅水战，约季常学使、公
　纪驲使同探禹穴。大观己丑季春庚戌，之进与焉。

　　因此，与两浙官员所留摩崖石刻多与水利或农桑有关不同，绍兴太守们来到阳明洞天所留下的摩崖石刻,则多与陪同友人探玩禹穴有关。

(四)由于某种特别机缘而留下的摩崖石刻

北宋宛委山飞来石 20 处摩崖石刻中,有 6 处是由于与绍兴存在某种特别机缘而在飞来石上留下题名的。

《越中金石记》越中金石目卷上的"辑存"中有:

> 孙沔等题名(正书):皇祐元年十月。

据《宋史·孙沔传》,孙沔(996~1066),字元规,北宋越州会稽(今浙江绍兴)人。天禧进士,历仕外官,累迁监察御史。跌荡自放,不守士节,然材猛过人。与柳永为知交。据杜春生考证,孙沔在飞来石的题名,当在母丧居里期间。

《越中金石记》越中金石目卷上的"辑存"中有:

> 程宏题名(正书):元丰元年十月。

据杜春生考证,程宏当系曾任绍兴太守的程师孟之子。程师孟在熙宁十年(1077)十月至元丰二年(1079)十二月间任绍兴太守。由题名可知,刻石在元丰元年十月,程宏当在父亲任上游阳明洞天时刻下此题名。

《越中金石记》越中金石目卷上的"辑存"中有:

> 李皇臣等题名(正书):元丰二年二月。

据《淳熙三山志》卷二十六称:"李皇臣,字道夫,闽县人,终朝议大夫、知婺州。"似乎与绍兴关系不大。但据杜春生考证,时与李皇臣同游阳明洞天的有徐铎。徐铎(1051~1105),字振文。状元及第(1076)后,徐铎被授予签书镇东军(今浙江绍兴)判官,佐理事务。因此,李皇臣与徐铎或为好友,来绍兴游玩,故留下飞来石题名。

《越中金石记》越中金石目卷上的"辑存"中有:

> 朱士美等题名(正书):元祐□年。
>
> 章援等题名(正书):元祐三年八月。

朱士美情况不详,但据杜春生考证,与朱士美同游阳明洞天的有章綡,为章楶之子。杜春生还考证,同游的章援也为章楶之子。对于章楶,嘉泰《会稽志》卷二"太守"条记:"章楶,元祐二年(1087)八月以朝奉大夫知,三年八月替。"因此,朱士美和章援在飞来石留名,是因为章綮在绍兴做过太守。

《越中金石记》越中金石目卷上的"辑存"中有:

李公纪等题名(正书):大观二年十月。

李公纪情况不详,但与李公纪同游的有方子元(参见图7-9)。方子元即方会,故李公纪在飞来石留名,应与方会在绍兴做太守有关。

图7-9　李公纪等题名

文曰:李公纪、洪德循、袁子烈、方子元。大观戊子孟冬廿日。

因此,上述6人的游阳明洞天,或由于有亲属或好友在两浙或绍兴为官,如程宏、李皇臣、朱士美、章援和李公纪,或由于本人为绍兴人氏的官员,如孙沔,由于这些特别的机缘而在飞来石上留下了摩崖石刻。

另外,北宋宛委山飞来石20处摩崖石刻中,尚有"道士罗拱辰等题名(正书):释惟衍书。年月阙"和"孙琪等题名(正书):熙宁元年十二月刻,又二年二月"两处的情况不甚清楚。

三、南宋时期阳明洞天的道教活动

南宋宛委山飞来石的3处摩崖石刻中,虽然其中的"吴梓题名(正书):孝宗隆兴二年三月"(图7-10)和"吕崇简等题名(正书):年月无考"二处尚不可考,但对于阳明洞天的道教活动而言,一条"汪纲等题名(正书):嘉定十五年三月"(图7-11),就可称得上是宋代阳明洞天道教活动的大轴戏了。

图7-10　吴梓题名

文曰:建安吴梓才父拉、余杭喻松子公、吴兴许孝恕明叔、海陵周郏其得,隆兴甲申清明日同游。男然、默耆侍行。

汪纲,字仲举,南宋徽州黟县人。淳熙十四年(1187)进士,历任镇江府司户参军、桂阳军平阳县令、金坛县令、弋阳县令、兰溪县令、太平县令等,后知高邮军、知婺州,改提点浙东刑狱。嘉定十四年(1221)十月,兼权绍兴府并主管浙东安抚司公事兼提点刑狱,十二月除直焕章阁、知绍兴府兼权。十七年(1224)四月,除直龙图阁、知绍兴府兼权。宝庆元年(1225)四月,除右文殿修撰,再任仍兼。二年七月,除集英殿修撰,再任仍兼。绍定元年(1228)十二月,诏赴行在。不久,以户部侍郎致仕。因此,从嘉定十四年(1221)十月到绍定元年十二月,汪纲一直知绍兴府。

汪纲在绍七年,多有建树,如修城垣、复寺庙、浚河闸、筑塘堤,建树甚多,连街衢桥坊亦焕然一新。他访民隐,除民苦,勤施政,办实事,成为绍兴地方历史上的名宦之一。汪纲卒时,"越人闻之,多堕泪,有相率哭于寺观者"。汪纲学有本原,博闻强记,机神明锐,遇事立决。著有《恕斋集》、《左帑志》、《漫存录》等。《宋史》卷四百零八有传。

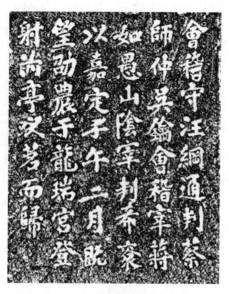

图 7－11 汪纲等题名

文曰：会稽守汪纲、通判蔡师仲、吴钥、会稽宰蒋如愚、山阴宰判希衮，以嘉定壬午二月既望，劝农于龙瑞宫，登射的亭，啜茗而归。

在道教方面，汪纲在绍兴太守任上，做了两件值得一叙的大事：一是重修了贺知章的天长观，二是改龙瑞宫为嘉应庙。

对于重修贺知章天长观一事，宋宝庆《会稽续志》卷三"宫观"称：

千秋鸿禧观，初贺知章入道，以其所居宅为观，始曰千秋，寻改天长。乾道四年，郡守丞相史忠定公奏移天长观额，建于县东南五里。嘉定十三年，赐名千秋鸿禧，仍为祠官典领之地。前有亭曰鉴湖一曲，又一亭曰怀贺，皆史丞相建。新额颁降，守汪纲以观偏小，无以揭虔，即更新之，为屋六十余间。又增建真武殿，先贤、列仙祠，并贺秘监祠、爽气堂。纲有刻字留柱间云：杜少陵为贺公作《遣兴》诗，有"爽气不可致"之语，真古今绝倡。千秋建堂，以此名之。又筑一园于观之前，曰赐荣。园门柱间，纲题其上云：敕赐鉴湖水，为君台沼荣。此太白忆贺监诗也，千秋观园成，取诗中赐荣字以匾云。园有亭曰幽襟，曰逸兴，曰醒心，曰迎棹，皆纲所建。又筑长堤十里，夹道皆种垂杨、芙蓉，有桥曰春波，跨截湖面，春和秋半，花光林影，左右映带，风景尤胜，真越中清绝处也。

说的是唐贺知章的天长（千秋）观,到了宋代以后,在乾道四年(1168)由郡守史忠定(史浩)重建天长观,嘉定十三年(1220)在赐名"千秋鸿禧"的基础上,又由汪纲进行了更大规模的更新扩建。从宝庆《会稽续志》的记述可看出,汪纲对天长观更新扩建的规模非常大。为屋六十余间,增建真武殿、先贤列仙祠,以及贺秘监祠、爽气堂,还在观前筑"赐荣园",修筑十里长堤。从而让天长观成为鉴湖上的一大胜景。

对于改龙瑞宫为嘉应庙一事,宋宝庆《会稽续志》卷三"宫观"在叙述龙瑞宫历史的基础上称:

> 嘉定十四年,浙东提刑汪纲以旱来祷,设醮于宫,忽有物蜿蜒于坛上,体状殊异,不类凡虺,人皆知神龙所变化也,继而雨如倾注。叶适有诗云:"感格熟如汪仲举,步虚未了龙来语,会稽秦望都洗清,越人唤作提刑雨。"盖记是也。汪既领郡事,遂重建龙祠,颇为严饰,又请于朝,赐龙神庙额为嘉应庙云。

对于汪纲设醮祈雨一事,《宋史》列传第一百六十七之《汪纲传》中如是记录:

> ……祷雨龙瑞宫,有物蜿蜒朱色,盘旋坛上者三日。纲曰:"吾欲雨而已,毋为异以惑众。"言未竟,雷雨大至,岁以大熟。

对于龙瑞宫改名嘉应庙之事,宋宝庆《会稽续志》卷第三"祠庙"也称:

> 嘉应庙,即龙瑞宫龙神之祠。十七年七月,汪纲有请于朝,赐庙额为嘉应,盖以祷雨有应云。

本章叙述阳明洞天谷地道教活动的一个主要线索,是沿唐贺知章《龙瑞宫记》一路而下。自六朝宋尚书孔灵产入道奏改怀仙馆始,经唐开元二年敕改龙瑞宫,进而有了唐宋二代各种道教活动在阳明洞天谷地的渐次展开。到南宋,龙瑞宫又改名为嘉应庙。这一改名由汪纲来完成。从宝庆《会稽续志》的记载可以看到,龙瑞宫改名嘉应庙的原因,是嘉定十四年(1221),汪纲设醮龙瑞宫时,"忽有物蜿蜒于坛上,体状殊异,不类凡虺,人皆知神龙所变化也,继而雨如倾注"。继而到嘉定十七年(1224),因为"祷雨有应","汪纲有请于朝,赐庙额为嘉应"。这与唐开元二年叶天师醮,龙现改龙瑞宫,有异曲同工之妙。从"嘉定十四年,浙东提刑汪纲以旱来祷,设醮于宫"，到摩崖石刻记嘉定壬午(1222)"劝农于龙瑞宫"，汪纲在阳明洞天的活动比较频繁。因此，汪纲改龙瑞宫为嘉应庙，为唐宋时期阳明洞天谷地的道教活动，增添了浓重的一笔。

自元代开始，由于南镇庙的兴起，阳明洞天渐渐沉寂下来，一直要到明代王阳明的出现，阳明洞天才再次出现在人们的视野里。

第八章　晴禹祠、雨龙瑞：
禹庙与阳明洞天的共生和融合

嘉泰《会稽志》卷七之"龙瑞宫"，曾引用故邦人旧语，有"晴禹祠，雨龙瑞"之言，从而将会稽山南北麓的阳明洞天和禹庙有机联系起来。的确，正如本书前面数章所论述的，会稽山南北麓的阳明洞天和禹庙虽分属道教和儒教圣地，侧重有别，但它们都起源于大禹传说，两者从不互斥，而是有机融合在一起，晴雨之间，整体地存在于会稽山之中。对于这种融合，本章首先将讲述宋代将清醮道场从会稽山南阳明洞天设到山北禹王庙，进而将禹庙改名告成观的大禹道教化运动；其次将讲述随着元代南镇庙由道士管理为标志的道教化过程，会稽山道教圣地在由阳明洞天转移到禹庙的基础上，进而又转移到了因大禹传说而兴起的南镇庙，从而造成会稽山北麓的禹庙和南镇庙游香火旺盛，会稽山南麓的阳明洞天相对沉寂的局面；再次将讲述冷清许多的阳明洞天里，明代三教合一、儒道互补的王阳明，如何融合儒（家）道（家），在阳明洞天养生、讲学的盛况。

第一节　从禹庙到告成观

本书第七章《阳明洞天中的道教活动》之第六节《飞来石上记录的宋代道教活动》中，曾引杜春生编录的《越中金石记》卷二之《阳明洞射的潭投龙简记》云：

> 国家茂育群品抚绥兆民，□□□□百灵，固洪基于万世，特命入内内侍省内东头供奉。官刘□□□诣龙瑞，亲建灵宝道场。三昼夜设清醮一座。六月十九日，投金龙玉简于紫府阳明洞天。翌日躬诣禹王庙建道场，□昼夜设醮一座，二十三日投金龙玉简于五云溪射的潭。至信再陈□□□□天禧四年六月二十三日记。

说的是宋真宗天禧四年（1020），朝廷曾派内东头供奉官刘某到龙瑞宫亲建灵宝道场，并投金龙玉简于阳明洞天之事。在投完龙简后的次日，该供奉官又从山南的阳明洞天来到会稽山北的禹王庙，不分昼夜地设立起一座道教的清醮道场，并再投金龙玉简于会稽山南五云溪（若耶溪）边的射的潭。正如本书第七章《阳明洞天中的道教活动》之第三节《唐代阳明洞天之龙瑞宫记》所述，五云溪边的射的潭位于阳明洞天谷地内，《阳明洞射的潭投龙简记》的记载说明，北宋时期，会稽山南麓的阳明洞天和北麓的禹庙并非互不往来，而是有着有机的互动关系。

　　北宋时期会稽山上阳明洞天和禹庙间的这种互动融合，在宋徽宗的政和四年（1114）达到高潮。据嘉泰《会稽志》卷六之《禹庙》记载：

> 政和四年，敕即庙为道士观，赐额曰告成。

北宋时期，由于宋徽宗尊崇道教，道士得宠。政和三年（1113）以后，朝廷先后赐王老志、程若虚等道士以"先生"、"处士"名号。政和四年（1114）正月初一，更是正式置道阶为二十六等，有先生、处士等名，品秩相当于文官中的中大夫至将士郎，道教因此大为流行。受此影响，会稽山北麓的儒教圣地禹庙也开始了道教化的进程，其中的一个重要标志就是敕改禹庙为道士观，名曰"告成观"。其中"告成"一词来自《尚书·禹贡》："禹锡玄圭，告厥成功。"意即禹被赐给玄色的美玉，说明治水大功已经告成，故称"告成"。由此可见，禹庙改名告成观，是儒家式大禹道教化的产物。

　　对于禹庙改为道士观后的具体状况，嘉泰《会稽志》卷七之《告成观》有云：

> 告成观，在县东南七里。政和四年二月，敕改禹祠为告成观。靖康初元，翰林学士翟公汝文守会稽，作三清于正殿，因设醮祭。
> ……又作真武像，尤极精致。说者谓得天人粹温之气，而阴威肃然。初建殿于西北隅，后以奉安御书碑，移殿西庑下，南向。殿之西南有井，能愈疾，一郡所崇事也。余具禹庙事中。

说的是自政和四年（1114）宋徽宗敕改禹祠（庙）为告成观后，宋钦宗靖康元年（1126），绍兴太守翟汝文在禹庙作三清于正殿，又作真武像，初建殿于西北隅，后移殿于西庑下。文中所称的"三清"，即玉清、上清、太清，玉清之主为元始天尊，上清之主是灵宝天尊，太清之主乃道德天尊，即道祖太上老君。这三清尊神乃是道教中的最高尊神，为道教开天辟地、历劫度人、传道授法的大神。文中所称的"真武像",即真武大帝,又称玄天上帝、玄武大帝、佑圣真君玄天上帝,全称真武荡魔大帝,为道教神仙中赫赫有名的玉京尊神。对于文中提到的绍兴太守翟汝文,嘉泰《会稽志》卷二"太守"称:"翟汝文,靖康元年十月,以显谟阁学士、中奉大夫知,建炎三年正月替。"说明翟汝文任绍兴太守的时间在宋钦宗靖康元年(1126)十月到宋高宗建炎三年(1129)正月间,因此其建道教三清像和真武像,当亦是在这一时期。

　　既然禹庙(告成观)的正殿塑了三清神像,那么,原来的祭禹活动又该如何开展? 沈建中的《大禹陵志》认为:"禹庙被改告成观后,祀禹活动一度被迫转至山阴涂山南麓禹庙进行,而禹庙像设被毁,庙宇悉按皇家道观装饰……"①笔者以为,大禹像并没有搬出过禹庙(告成观),而是依然在禹庙(告成观)内,禹庙(告成观)内的祭禹活动也在照常进行。其依据有二:第一,据嘉泰《会稽志》卷六"禹庙"称,禹庙(告成观)临鉴湖处建有怀勤亭,怀勤取建炎(宋高宗)御制诗"登堂望稽岭,怀哉夏禹勤"。一是说明宋高宗对于大禹的崇敬,二则说明宋高宗当政期间(1127~1162)怀念大禹并不是在山阴涂山南麓禹庙,而是在会稽山(稽岭)进行的。第二,据宋国史院编修官吕祖谦的《入越录》载,吕祖谦于淳熙元年(1174)九月十四,"暮泊告成观,宿于明远堂下小室。十五日晨,谒大禹祠"。说明在1174年,告成观和大禹祠还是在同一位置。既然大禹祠尚在,大禹像也应该还在禹庙(告成观)内,祭禹活动自然也是照常在禹庙内进行。另外,据嘉泰《会稽志》卷十三之"节序"称:"三月五日,俗传禹生之日,禹庙游人最盛,无贫富贵贱倾城俱出,士民皆乘画舫,丹垩鲜明,酒樽餐具甚盛,宾主列坐,前设歌舞;小民尤相矜尚,虽非富饶,亦终岁储蓄以为下湖之行。春欲尽数日,游者益众,千秋观前一曲亭,亦竞渡不减西园。"其中有"千秋观前一曲亭",本书第七章《阳明洞天中的道教活动》之第三节《唐代阳明洞天之龙瑞宫记》,曾论及贺知章的"千秋观"、"放生池"均离禹庙不远,可见嘉泰《会稽志》"节序"所描述情景,就发生在绍兴的禹庙附近。说明当时的祭禹活动不仅照常进行,而且还十分的热闹。

　　既然大禹像依然在禹庙(告成观)内,就有一个大禹像具体位置在何处的问题。嘉泰《会稽志》卷七的"千秋观"对观内的结构布局有如是记载:

---

①沈建中编著:《大禹陵志》,研究出版社,2005年版,第43页。

"千秋观在县东南五里。乾道四年八月,安抚使史丞相浩奏移天长观旧额建。其中为三清殿,两庑分享前代高士,东庑曰高尚之士,西庑曰列仙之儒,凡四十一人,故俗谓之先贤堂。"其中所提的"其中为三清殿,两庑分享前代高士,东庑曰高尚之士,西庑曰列仙之儒"句,给人以启发。这说明宋时道观的布局和结构,是在三清正殿的东西两庑,分享前代的高士。联想到嘉泰《会稽志》卷七之"告成观"所云,其中提到正殿的三清神像,以及西庑里的真武神像,说明列仙之儒是像真武神像一类的人物。值得注意的是,《会稽志》卷七之"告成观"并没有提及东庑分享的前代高士有何人,而嘉泰《会稽志》卷六之"禹庙"则补上了东庑所分享的前代高士:"……政和四年,敕即庙为道士观,赐额曰告成。……庙东庑祭嗣王启,而越王句践亦祭别室。……"既然夏代之开朝皇帝启和大禹之后句践均作为高尚之士在东庑,那么,大禹像应该亦在东庑,那里也是距离窆石最近的地方。

对于北宋时期开始的禹庙道教化活动何时结束问题,据嘉泰《会稽志》卷十之"放生池"记载:"放生池,在府东南一十里。天宝二年,秘书监贺知章表乞永周湖数顷为放生池,诏许之。……隆兴二年,□□□□□二百七十顷以为放生池,奏闻,诏从之。……"本书第七章《阳明洞天中的道教活动》之第三节《唐代阳明洞天之龙瑞宫记》中曾经指出,作为道教一部分的放生池即在禹庙附近,而宋孝宗隆兴二年(1164)放生池尚在扩建,意味着禹庙道教化活动还在继续。又,宝庆元年(1226)修的宝庆《会稽续志》卷第三之"告成观"记载:"告成观,在县东南七里。政和中,即禹庙为之,故自三清殿及三门、两廊皆政和以后所创,独禹庙为旧物,梅梁至今犹在,则其古可知矣。嘉定十五年(1222),郡守汪纲视事来谒,睹其朽损,即命整葺。既加盖瓦,又复甃砌。于是,殿宇内外,丹垩彩饰,灿然一新。……"其中传递两个信息:一是既然告成观中"独禹庙为旧物,"意味着大禹像不仅还在东庑,而且一直在禹庙之内不曾变更;二是宝庆《会稽续志》的记述只有"告成观"而无"禹庙",说明至迟在宝庆元年(1226),禹庙尚称告成观。从目前掌握的方志资料来看,到明万历《绍兴府志》卷二十,告成观已经纳入以禹庙为主体的记述中,说明至迟到明万历年间,告成观的称谓已成历史。

由上可知,宋代将禹庙改名告成观的大禹道教化运动,尽管告成观的主体变成为道教的三清殿,但曾为越族开疆辟土的大禹、句践,作为高尚之士,与告成观西庑的真武神像等列仙之儒相对,一直被祭祀于告成观的东庑之内。在经历禹庙到告成观变更,北宋供奉官将清醮道场从会稽山南阳明洞天转移到山北禹王庙的过程中,儒道一直自然而然地和平共处下来。

第二节　南镇庙的兴起与繁荣

宋代出现的禹庙道教化现象——禹庙和告成观的合二为一,到明代时,已不复存在。其原因或与元代南镇庙的繁荣有着莫大的关系。

一、中国五大镇山格局的形成

岳镇海渎祭祀属于中国古代国家祭祀天神、地祇、人鬼三大门类中的地祇系统。作为国家岳镇海渎祭祀体系的一部分,中国岳镇海渎中的山镇祭祀,起源于上古时期的山川崇拜,经过历史的积淀,最终形成了包括东镇沂山(在今山东临朐境)、南镇会稽山(在今浙江绍兴境)、西镇吴山(在今陕西宝鸡境)、北镇医巫闾山(在今辽宁北镇境)、中镇霍山(在今山西霍州境)在内的五大镇山格局。南镇庙即是南镇会稽山的象征和标志。

镇山的记载最早见于《周礼》,其中有"九州镇山"以及"五岳四镇"的提法。镇山之"镇"有两层含义。在《周礼注疏》卷三十三《夏官·职方氏》中,郑玄对"九州镇山"之"镇"的解释为:"镇,名山,安地德者也。四镇,山之重大者。""镇"取"安定"之意。东汉许慎的《说文解字》卷十四上《金部》对"镇"的解释为:"镇,博压也,从金真声。"段玉裁《说文解字注》卷十七《山部》注为:"引申之为重也,安也,压也。"因此,"镇"主要取安定、压服之意。除此之外,对《周礼·职方氏》"九州镇山"中的"镇",《周礼注疏》卷三十三唐贾公彦释为:"一州之内,其山川泽薮至多,选取最大者而言,故郑注言其大者也。"对于《国语·晋语》"夫不忘恭敬社稷之镇也"一句,韦昭对其中"镇"的解释为:"镇,重也。"均对镇的解释取"重大"之意。因此,所谓镇山即能安定、镇服一方的重大名山。

最初的镇山,包括天下所有能镇服、安定一方的高大名山。《周礼·职方氏》记载的天下名山有九镇:"九州之镇山,在扬曰会稽,在荆曰衡,在雍曰华,在豫曰嵩,在兖曰岱,在青曰沂,在并曰恒,在幽曰医巫闾,在冀曰霍。"包括了扬州镇会稽山、荆州镇衡山、雍州镇吴山、豫州镇嵩山、兖州镇泰山、青州镇沂山、并州镇恒山、幽州镇医巫闾山、冀州镇霍山等九山。其时,镇山与岳山的地位完全平等,岳山同时也为某一州的镇山。

随着国家祭祀体系的建立和成熟,岳镇关系发生了急剧变化,岳镇开始逐步分离。汉武帝时创立五岳制度,至汉宣帝神爵元年(前61)颁发诏书,确立了五岳之说。据《汉书·郊祀志》载,汉宣帝确定以泰山为东岳,华山为西岳,霍山(即天柱山)为南岳,恒山为北岳,嵩山为中岳。至隋开皇九年(589),又诏废霍山,定湖南衡山为南岳。从此,岳山跃居镇山之上,形成了五岳独尊的局面。镇山的概念也开始由普遍意义的名山向独立特指的镇山演变,逐渐转变为现今意义上的五大镇山。岳镇关系由起初的平起平坐,最终演变为岳大镇小的局面。

五大镇山格局的形成始于四镇说。几乎与九镇山说同步,四镇说也应运而生。《周礼·大宗伯》载“四镇五岳崩、大傀异灾、诸侯薨,令去乐”,在《周礼注疏》卷二十二《春官·大宗伯》中,郑玄释为:“四镇山之重大者,谓扬州之会稽、青州之沂山、幽州之医巫闾、冀州之霍山。”其时镇山尚未有方位的界定,镇山之格局更无从谈起。据《隋书》卷六《礼仪志》记载,到北齐和北周的祭礼中,陪祀的地祇山川中出现了岳、镇的区分,“沂镇”、“会稽镇”、“医巫闾山镇”等字样开始出现在北齐的国家祀典中。隋代在继承北朝定制的基础上,开创出完整的岳镇海渎国家山川祭祀制度,镇山在国家礼制的层面上得到了规范和发展。据《隋书·礼仪志》记载:“开皇十四年(594)闰十月,诏东镇沂山、南镇会稽山、北镇医巫闾山、冀州镇霍山,并就山立祠。……十六年正月,又诏北镇于营州龙山立祠。东镇晋州霍山镇,若修造,并准西镇吴山造神庙。”因此,隋代出现了由东镇沂山、南镇会稽山、西镇吴山、北镇医巫闾山组成的新四大镇山。新四镇中霍山被吴山所取代。

唐承隋制,在镇山格局上先是沿袭了隋代的四大镇山格局,萧嵩等的《大唐开元礼》之卷三十五“祭五岳四镇”条规定:“诸岳镇每年一祭,各以五郊迎气日祭之,……东镇沂山祭于沂州界,……南镇会稽山祭于越州界,……西镇吴山祭于陇州界,……北镇医巫闾山祭于营州界。”与隋代相同,四镇也是东镇沂山、南镇会稽山、西镇吴山、北镇医巫闾山。但从隋开始,霍山虽未被列入四大镇山,却是得到了隋和唐初统治者的高度重视。李渊父子由太原起兵反隋,以河东为基地实现了全国的统一,作为河东地区的名山,霍山之神在李渊起兵之初曾“显灵”助唐,与唐统治者完成了一次默契的"配合",霍山自然因地处龙兴之地而声名鹊起。王应麟《玉海》卷一百二十"郊祀"条称:"崇饰霍山祠庙,秩视诸侯。"因此,在唐代,霍山备受尊崇。至天宝年间,霍山在山川神大分封中取得了与四镇并列的地位。杜佑《通典》卷四十六"山川"条载:"(天宝)六载……会稽山为永兴公、岳山(吴山)为成德公、霍山为应圣公、医巫闾山为广宁公。八载闰六月,封太白山为神应公。其九州镇山,除入诸岳外并宜封公。"欧阳修等的《太常因革礼》之卷四十九"祭五岳四镇"条记载:"天宝十年,诏封霍山为应圣公于晋州,是为五镇。"因此,天宝年间大分封后,镇山格局开始了由四大镇山向五大镇山的历史性转变。然而,虽在当时已事实上形成五大镇山的格局,但在整个唐代以至五代的历史记载中并没有出现"中镇"或"五镇"的提法,至迟至宋朝初年对镇山的祭祀还是四镇山,据王应麟《玉海》卷一百二十"郊祀"条载:"本朝建隆二年修北岳庙,……六年诏祭四镇,准开元礼,……八月修霍山庙。"五方镇山的提法最早出现于元初马端临《文献通考》卷八十三"祀山川":"乾德六年,有司言祠官所奉止四岳,今按祭典请祭,……东镇沂山于沂州、南镇会稽山于越州、西镇吴山于陇州、中镇霍山于晋州,……北镇医巫闾山在营州界,未行祭享。从之。"从此,乾德以后出现的历史记载和仪礼规定中都延续了五镇的说法。

综上所述,五大镇山之说在唐玄宗天宝年间已初显端倪,经过唐末五代的酝酿和发展,至宋朝初期,霍山正式上升为中镇,加入到五大镇山行列。此五大镇山与五方岳山相配,构成了一个超越镇山自然属性的国家礼法地理大坐标体系。

二、南镇庙的兴起

对于南镇庙的出现和兴起,嘉泰《会稽志》卷六之《南镇庙》,对南镇庙有着生动而全面的描述:

> 南镇庙,在县南一十三里。《周礼·职方》:扬州之镇山曰会稽。隋开皇十四年,诏南镇会稽山就山立祠,取其旁巫一人主洒扫,且命多莳松柏。天宝十载,封会稽山为永兴公,岁一祭,以南郊迎气日。国朝乾德六年,诏问礼官五镇见祭、罢祭之由。时以会稽山在吴越国,乃下其国行祭事。淳化二年,秘书监李至言:"五郊迎气之日,皆祭逐方岳镇海渎。自唐乱离之后,有不在封域者,遂阙其祭。国家克复四方,间

　　　虽奉诏特祭，未着尝祀。望遵旧礼，就迎气日各祭于所隶之州，长吏以
　　　次为献官。"从之。其后立夏日祀南镇会稽山永兴公于越州。

　　从嘉泰《会稽志》的记述中可以看到，与对中国镇山的最早记载一样，会稽
山有南镇一说，也是始于《周礼》。对于会稽山何以能成为南镇，清康熙时
期陈梦雷编辑的《古今图书集成》之"方舆汇编山川典第一百十二卷会稽山
部"中记："郑康成曰：凡九州及山镇言曰者，以其非一特举其大者耳。易氏
曰：稽，计也。吴越春秋曰：禹巡狩天下，会计修国之道，以会稽名山。"认为
会稽山能成为能安定、镇服一方的名山，主要并不是因为其山体的高大，而
是因为大禹形象的高大。因此，与禹庙和阳明洞天的出现是因大禹传说一
样，会稽山即本书第二章所称的覆釜山，之所以能够成为南镇，并不是因为
山体的高大，而是因为大禹形象的高大，也是因为大禹传说的缘故。

　　与史书记载一致，从嘉泰《会稽志》中可以看出，与其他三大镇山一起，
南镇会稽山就山立祠的时间，也是在隋开皇十四年（594）。然而，对于祭祀
会稽山何时开始的问题，嘉泰《会稽志》并没有记载。万历《绍兴府志》卷十
九《祠祀志一》补上了祭祀会稽山开始的时间："晋成帝咸和八年，会稽山从
祀北郊。北齐祀地祇以方泽，其神则会稽镇诸山。"说明早于隋代的就山立
祠，祭祀会稽山的时间从晋成帝咸和八年（333）就开始了。

　　至唐天宝十年（751），封会稽山为永兴公后，绍兴的地方文献开始留下
有关南镇庙的具体资料。就目前掌握的文献资料而言，有关南镇庙的祭祀
文献最早见于《会稽掇英总集》卷十七碑铭的《南镇永兴公祠堂碑》和卷十
八的《建南镇碣记》，两文均反映了天宝年间唐玄宗封会稽山为永兴公后南
镇庙的祭祀情况。

　　《南镇永兴公祠堂碑》为唐代羊士谔（约762～819）所作。羊士谔，字
谏卿，泰山（今山东泰安东南）人，家于洛阳（今河南洛阳），贞元元年进士。
唐德宗贞元九年（793），羊士谔以右威卫兵曹参军佐浙东皇甫政幕，曾经游
宦越中，全唐诗卷三百三十二收有其忆江南旧游二首，其中一首云："山阴
道上桂花初，王谢风流满晋书。曾作江南步从事，秋来还复忆鲈鱼。"故其
《南镇永兴公祠堂碑》中有"贞元九年夏四月，连率安定皇甫公，以前月丁酉
诏旨，奉元玉制币，祷于灵坛"之句，说明《南镇永兴公祠堂碑》是唐德宗贞
元九年（793），羊士谔替皇甫政所作。其中"天秩乔岳，奠兹南方"、"清庙既
辟，华虫有光"等句，阐明了建立南镇永兴公祠的重要意义。

《建南镇碣记》为唐代孟简所作。嘉泰《会稽志》卷二"太守"中记有："孟简,元和九年九月,自给事中授。十二年正月,追赴阙。"说明孟简曾在元和九年(814)至元和十二年(817)间曾任绍兴太守。细读《建南镇碣记》,其文的内容又与羊士谔有着密切的关系："太山谏卿受气端劲,为文雅拔,由进士尉阳羡,安定公爱其道直,延为从事。是时鄙夫次受辟书,故得与谏卿游处最密,常记其撰南镇碣,彩章辉焕,物象飞动,当贞元之丁丑也。迨元和甲午,简自给事中蒙恩授浙东道都团练观察处置使,荐游此地,岁十八返矣。寻奉御祝,有事于镇,求当时之碣,则未树立。因访太山之矿吏,乃得旧本,爰征乐石,磨琢镌刻,流芳自此。……十年十月十日建。"本节上文已经介绍,文中的"太(泰)山谏卿"中的"谏卿"即是羊士谔的字,而安定公即是皇甫政。孟简曾与羊士谔过从甚密,故记得羊士谔曾在贞元丁丑(797)撰过"彩章辉焕,物象飞动"的南镇碣。等到十八年后的元和甲午(814),孟简任浙东道都团练观察处置使(绍兴太守),在祭祀南镇时,他自然想到了羊士谔的旧文,进而从太(泰)山寻得羊士谔的旧本,并将其镌刻于南镇庙的石上,落款为唐元和十年(815),从而有了《建南镇碣记》。

宋代对南镇的祭祀,嘉泰《会稽志》只有"淳化二年……其后立夏日祀南镇会稽山永兴公于越州"一句,曾任绍兴太守的宋代王资深的《宋崇宁间(1102～1106)修庙》(参见清康熙二十二年(1683)《会稽县志》卷十四《祠祀志上》)则为我们提供了有关宋代南镇庙修缮的更多资料:

　　自帝畿东南至于海,名山以百数。而会稽为大禹会诸侯计功于此,而周官职方氏东南曰扬州,其山镇曰会稽。则会稽一方之镇,而永兴公其神也,神祀在山间。隋开皇十五年,置其庑。下有碣,洗而读之,唐贞元九年皇甫刺史建庙,有孟简文在碣之阴。又得大宋祥符二年碣,诏因茅山封内厉禁不严,下转运司戒诸灵祠,刻四至以谨侵盗。

　　庙广四十五丈,南北二百五十丈,门庑堂序,凡四十一楹。景祐四年,枢密直学士蒋堂重建。元祐五年,龙图阁待制钱勰重修。资深以崇宁四年孟夏到官,栋折梁摧,貌像将压,谋欲事事。适秋九月诏天下,祠祀必葺。乃出官钱五万,有进士诸葛恺愿出钱五十万,诸葛材又助十万钱,于是鸠工于能,贸材于良,命会稽县尉宋之珍董其事。自十月七日至明年二月九日成。凡百二十有二日。越十有二日,己丑知军州承议郎充显谟阁待制王资深、知会稽县事朝奉郎吴伖拜谒告成,因书于石。

"唐贞元九年皇甫刺史建庙，有孟简文在碣之阴。"王资深之文不仅上承唐羊士谔的《南镇永兴公祠堂碑》和孟简的《建南镇碣记》，而且提供了更多宋代对南镇的祭祀和修缮资料：一是宋祥符二年（1009）建有厉禁茅山侵盗碣，二是揭示了当时南镇庙的规模和结构，三是记述了宋代景祐四年（1037）、元祐五年（1090）、崇宁四年（1105）历时近七十年间，对南镇庙的修缮情况。

在历代隆重祭祀南镇的背后，我们也应看到祭祀活动的时断时续。对于五大镇山的祭祀，宋嘉泰《会稽志》借秘书监李至之言记："自唐乱离之后，有不在封域者，遂阙其祭。"其中又有"国朝乾德六年，诏问礼官五镇见祭、罢祭之由"和"淳化二年……其后立夏日祀南镇会稽山永兴公于越州"之句，说明唐以后至宋初，由于战乱，五大镇山的祭祀曾经中断过若干次。又元代大德二年（1298）年的《元成宗敕封南镇庙诏》（参见清嘉庆八年［1803］刻本《山阴县志》卷二十七《政事志》碑刻）云："上元眷命，皇帝圣旨，三代以降，九州皆有镇山，所以阜民生、安帝德也。五岳四渎先朝也尝加封，唯五镇之祀未举，殆非敬恭明神之义……"其中的"五岳四渎先朝也尝加封，唯五镇之祀未举"一句，也说明自宋至元初，对五大镇山的祭祀曾经中断过，并没有形成常态。这种祭祀活动时断时续的局面，一直要到元代才会有根本的好转。

三、南镇庙的道教化

作为中国传统国家祭祀的一部分，岳镇海渎祭祀也受到了蒙元统治者的重视，在元代曾盛极一时。从目前掌握的材料来看，历史上的各个朝代中，元代所提供的有关南镇庙的碑刻资料最为丰富和详尽。

清嘉庆八年（1803）刻本《山阴县志》卷二十七《政事志》碑刻中的《元成宗敕封南镇庙诏》和《元南镇庙记》，记载了元大德二年（1298）元成宗敕封南镇庙为昭德顺应王一事。自此之后，元代对南镇庙祭祀和修缮就不曾间断过。

杜春生《越中金石记》收录有元代祭祀南镇的十种碑刻，其中有至大二年（1309）的《皇元重建南镇庙碑》、延祐七年（1320）的《南镇降香之记》、泰定二年（1325）的《南镇庙置田记》、致和元年（1328）的《祭南镇昭德顺应王碑》和元统三年(1335)的《代祀南镇记》,以及至元二年(1336)、至元三年(1337)、至元五年(1339)的《南镇代祀记》,和至正四年(1344)的《重修南镇庙碑》、至正九年(1349)的《祀南镇残碑》。这十种碑刻,典型反映了元代1299年至1344年南镇庙的祭祀和修缮状况。

《皇元重建南镇庙碑》中记有:"大德己亥(1299),诏尊南镇会稽山为昭德顺应王,与岳渎同祀。……然而象饰弗严,梁倾栋桡,庭序榛薉,陛降裸荐,室不称仪。越十有一年,为至大己酉(1309),嘉议大夫臣朵儿赤来守兹土,进谒祠下,顾视兴慨曰:'守臣职在蕃宣,事神训民,曷敢不钦厥事?'乃集群议,将大撤而新之……"说明尽管在元代大德二年(1298)年,皇上已诏尊南镇会稽山为昭德顺应王,与岳渎同祀,但到大德己亥(1299)年,南镇庙依然是"象饰弗严,梁倾栋桡,庭序榛莠,陛降裸荐,室不称仪",一副破败不堪的景象。

这种景象一直要持续到十年后的至大己酉(1309)年,朵儿赤来任会稽守,"乃集群议,将大撤而新之",南镇庙才开始了真正的重新修理。

朵儿赤的南镇庙到底修得如何,十六年后的《南镇庙置田记》中有如下记录:

　　……庙在会稽郡东南十余里,无庙祝之守,尚方所锡藏之郡,币积无所用。泰定乙丑,金源王公克敬为会稽守,议买田以供庙之用,请于帅府。帅府如其请,乃会所藏,得楮币若干,白金为铤者若干,为香奁者若干,斥而卖之,又得楮币若干,买傍近田一百十七亩有奇。侯命列其丘亩,刻之石,使后有考,侯之虑事远哉!南镇,国重祀,庙之用度,有司所当虑,其最重者二焉。古之祭祀,预备以示严,神仓所以备粢盛也,掌牧所以备牲牷也,祭祀之物具,故临事而不扰。今南镇岁祀,责成有司,有司集事则已,牺牲粢盛,取具临时,有不能具,则赋之民,民以为病,一也。汉祀岳渎,始为宫室,若庙祏制,后以为常。今南镇之庙壮丽靓深,明宫斋庐,多至千础,岁岁修缮,劳民无已。时委而不修,必至隤圮。圮而更为民之扰滋甚,二也。今侯买田于庙,贮其租入,以供祭祀,以待修缮,至于香火之需,祝史之养,皆取乎其中,非独致力于神,其为斯民计远矣。或谓,一夫之田,所入无几,用之不周,犹之无益也。是不然。天下之事,莫难于创始。今侯倡之于前,继侯之理者,颇增益之,足用而后已。……

其中有"南镇之庙壮丽靓深，明宫斋庐，多至千础"一句，"础"指垫在房屋柱子底下的石头，千础自然指南镇庙建筑之多，说明朵儿赤对南镇庙的修建非常有成效。但《南镇庙置田记》一文的真正意义在于，它提出了如何使南镇庙长盛不衰的办法。《南镇庙置田记》指出，从长远来看，南镇庙始终存在着修缮之费、香火之需和祝史之养等问题。针对这些问题，当时的郡守王克敬认为，从长计议，南镇庙所费不应扰民。于是，他请于帅府拨款，乃会所藏，买傍近田一百十七亩有奇，从而开始解决管理南镇庙所需的日常费用问题。

《南镇庙置田记》是元代统治者重视岳镇海渎祭祀的一个缩影。元代岳镇海渎祭祀的实施，共有代祀、常祀两种形式。代祀是朝廷每年一度派出使者前往地方，祭祀岳镇海渎，为皇室祈福，常祀则是地方长官率领僚属举行祭祀，进行祈福。从延祐七年（1320）的《南镇降香之记》、致和元年（1328）的《祭南镇昭德顺应王碑》、元统三年（1335）的《代祀南镇记》，以及至元二年（1336）、至元三年（1337）、至元五年（1339）的《南镇代祀记》可以看出，由于路途遥远，元代统治者对南镇的祭祀主要采用了代祀的方式。

虽有良田供庙之用，又有朝廷的重视，然而，《南镇庙置田记》中也存在着另外一种声音："一夫之田，所入无几，用之不周，犹之无益也。"对用百多亩田能否彻底解决南镇庙的祭祀问题，提出了疑问。这种声音到至正四年（1344）的《重修南镇庙碑》变成了现实：

> 国朝加号王爵，以孟春之月，遣使赉香币祠一太牢，守吏斋宿，具三献礼，其崇报之典，视昔有加焉。独庙无守者，有司又少涉其地，风雨凌暴，久而不免于摧败倾压矣。至正四年春，庐陵夏君日孜来为尹，以故事谒庙下，顾瞻旁皇，曰："尚可缓乎？"亟诣郡白状。郡长贰咸是其议，俾更新之。……且命道士陈道盛守之，尽核故田奉祠事，余以给其食。……然则历世其事弗绝，何欤？盖山川能出云雨，则法当报祀。而其神明之会，非假屋室象设，宜无以寓其卷卷款款之诚。此南镇之庙，所以历千数百年而益盛也。况世传神禹之兴，朝诸侯于斯乎。……

文中述道，虽然朝廷对南镇庙重视有加，但由于"独庙无守者，有司又少涉其地"，因此，南镇庙"风雨凌暴，久而不免于摧败倾压矣"。从而提出了南镇庙该如何管理的问题。

　　蒙元时代,岳镇海渎祭祀开始之时,得力于全真教道士的鼓吹,由窝阔台汗至蒙哥汗即位之初,全真教发展达到鼎盛。当时,蒙古统治者接触最多的汉人,并不是儒士而是道士。据《元史》卷七十六《志第二十七·祭祀五》"岳镇海渎"条载:"……中统初(1260),遣道士,或副以汉官。至元二十八年(1291)正月,帝谓中书省臣言曰:'五岳四渎祠事,朕宜亲往,道远不可。大臣如卿等又有国务,宜遣重臣代朕祠之,汉人选名儒及道士习祀事者。'"因此,元代岳镇海渎的祭祀是通过祭祀的道教化得以实现的。然而,具体到是否派遣道士到南镇庙祭祀之事,却似乎一直没有解决,元泰定二年(1325)的《南镇庙置田记》中就有"无庙祝之守"之句,到元至正四年(1344)的《重修南镇庙碑》,依然是"独庙无守者"的状态。也是在至正四年(1344),夏日孜任会稽县令后[①],"且命道士陈道盛守之,尽核故田奉祠事,余以给其食"。南镇庙开始有了道士来管理日常事务。至正九年(1349)的《祀南镇残碑》中又记有:"以□月初一是至会稽,是夕偕□思丁……公□郡官□,宿祠下。诘旦,五鼓大合乐□神祠。……至正九年(1349)四□日立石,路吏董国祥,督工王泰、陈道盛。"其中立祀南镇碑的督工里有上文提及过的道士陈道盛。可见,从至正四年(1344)开始,南镇庙开始道教化,并由道士进行专门化管理。

　　从南镇庙的演化史中可以看出,元代南镇庙的道教化及由道士管理,是一项制度创新,由此导致了元及以后南镇庙的繁荣。

四、南镇庙的繁荣

　　万历《绍兴府志》卷十九《祠祀志一》之"坛、庙、祠、堂、亭"记载了明代祭祀南镇庙的繁荣盛况:

　　　　皇明洪武三年,诏去前代所封爵号,止称会稽山之神,每三岁一传制,遣道士赍香帛致祭,登极则遣官告祭,灾眚则以祈祷。祭,每岁则有司以春秋二仲月祭,后禹陵一日。田一百二十九亩七分三毫,地六十四亩一厘六毫,山三百三十亩六分五厘二毫,总之凡五百一十六亩四分二厘。

---

① 万历《绍兴府志》卷二十八所记录的会稽县县令中有"夏日孜,至正四年"之语。

说的是明洪武三年(1370)，去掉了前朝对南镇所封的各种爵号，只称会稽山之神，规定每三年一祭，像元代一般，具体事务也由道士负责。对比元代《南镇庙置田记》记载的南镇庙置田一百十七亩，万历《绍兴府志》所列的南镇庙资产，不仅田亩数超过元代，而且还有许多的旱地和山地供南镇使用，保障了南镇庙的日常需要。万历《绍兴府志》还记有南镇庙多位皇帝的"登极则遣官告祭"，洪武以后，宣宗登极、英宗登极、英宗改元、景帝登极、宪宗登极、孝宗登极、武帝登极、世宗登极、神宗登极、光宗登极、熹宗登极、思宗登极，均曾遣臣告祭会稽山。加上每岁有司的春秋二仲月祭，明代南镇庙的繁荣应该是空前的。

清代的南镇庙持续了明代的繁荣，据嘉庆《山阴县志》卷二十一《政事志第三之三》"坛庙"记载，顺治年间朝廷两次祭祀，康熙年间朝廷先后十一次遣臣祭祀，并御题匾额"秀带岩壑"，清乾隆年间朝廷先后十四次遣臣祭祀，乾隆御题南镇庙匾"表甸南疆"，嘉庆元年至八年，朝廷也曾遣官二次致祭南镇。

南镇庙不仅仅是朝廷的舞台，也是百姓的乐园。在绍兴的民间传说中，供奉在南镇庙大殿里的南镇爷爷，是专职司梦的"梦神"。明末张岱《陶庵梦忆》中的"南镇祈梦"，有"万历壬子(1612)，余年十六，祈梦于南镇梦神之前"之句，记述了张岱在南镇庙祈梦的场景。南镇庙里的南镇爷爷还是会稽山一带保护庄稼年岁的山神，周作人《药堂杂文》中的"关于祭神迎会"记述了人们对南镇爷爷崇拜的热闹场景：

> 站在南镇内殿的廊下，看见殿内黑压压的一屋的人，真是无容膝之地，只要有这一点隙地，人就俯伏膜拜，红烛一封封的递上去，庙祝来不及点，至多也只焦一焦头而已。院子里人山人海，但见有满装鸡与肉的红白大木盘高举在顶上，在人丛中移动，或进或出，络绎不绝。大小爆竹夹杂燃放，如霹雳齐发，震耳成聋，人声嘈杂，反不得闻。[1]

好一派摩肩接踵的热闹场景！

五、从阳明洞天到禹庙再到南镇庙

本书第七章《阳明洞天中的道教活动》所记述的阳明洞天道教活动，自

---

[1] 钟叔河编：《周作人文选》，广州出版社，1995年版，第441页。

六朝始,至宋末到达高潮后,似很少有文献再记载阳明洞天的道教活动,作为道教的第十小洞天,阳明洞天日趋冷清。这种冷清在清代宗稷辰1852年所作的《阳明洞天游记》中可见一斑。《阳明洞天游记》云:"问诸长老,辄言求洞天未得其处,或曰是犹禹穴,然名高而实邈也。"宗稷辰(1792~1867),浙江会稽九曲弄人,道光元年举人。为官清正,学问渊博,先后主持过湖南、群玉、濂溪、虎溪等书院。罢官回籍后,主持过余姚龙山书院,山阴蕺山书院,成就甚众。因此,连宗稷辰对阳明洞天和禹穴都已不甚清楚,说明至少到清咸丰年间,由于阳明洞天久未有人往,绍兴一带的长老们已很难说清阳明洞天的具体位置,对禹穴更已不甚了了。

对于宋以后为何阳明洞天少有道教活动一事,宗稷辰的《阳明洞天游记》一语道破了天机:"自南镇南移,旧时宫观久圮,阶碱柱础间有一二存者,所谓洞天,信乎?"将阳明洞天的没落与南镇庙的繁荣联系了起来。

笔者以为,阳明洞天没落的原因,从政和四年(1114)宋徽宗敕改禹祠(庙)为告成观时就已经埋下伏笔。因为随着禹庙敕改为告成观,加上禹庙比阳明洞天到绍兴城区更为近便,所以,宋以前原本在会稽山南阳明洞天举行的道教活动就慢慢转移到了会稽山北的禹庙。这可从本章第一部分《从禹庙到告成观》所引用的嘉泰《会稽志》卷十三之《节序》得到一些印证:"三月五日,俗传禹生之日,禹庙游人最盛,无贫富贵贱倾城俱出……"禹庙之所以游人最盛,除了祭祀大禹,也与阳明洞天的道教功能转移到禹庙有着紧密的联系。

对于南镇庙的具体位置,明万历《绍兴府志》卷十九《祠祀志一》中绘有"南镇图"(见图8-1)。其中有"东至会稽山,南至香炉峰,西至会稽山,北至涧溪"的图示,其中的"南至香炉峰"、"北至涧溪",为确定南镇庙的具体位置提供了依据。本书第二章第三节已经论述,南镇庙的具体位置,应在原永兴村南、现香炉峰下停车场所在的位置,1949年后即已不复存在。再结合本书第二章《会稽山的出现》中所列的"会稽山示意图"和"鉴湖图",禹庙和南镇庙同在会稽山西侧,一位于会稽山南之覆釜山麓,一位于会稽山北之石帆山麓。自隋朝在会稽开山立祠,南镇庙就与禹庙做起了邻居,但南镇庙的香火似乎一直不如禹庙兴旺。这种现象一直持续到元至正四年(1344)南镇庙的道教化及开始由道士管理后,自宋开始禹庙所含有的道教功能慢慢转移到了南镇庙,南镇庙由此繁荣了起来。

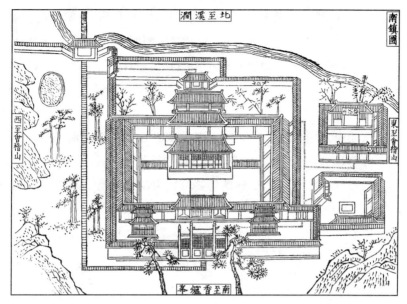

图 8 - 1　南镇图

本章第一节引嘉泰《会稽志》卷十三之《节序》有"三月五日，俗传禹生之日"之语，万历《绍兴府志》卷十九《祠祀志一》之"坛、庙、祠、堂、亭"又有"（南镇）每岁则有司以春秋二仲月祭，后禹陵一日"之语。因此，三月初五祭大禹，三月初六祭南镇，从每年二月开始，到会稽山下做生意的商贩就接踵而至，他们在禹庙到南镇庙之间的道路上搭起布账、竹篷，开设茶肆、菜馆，形成规模可观的"会市"。正值春暖花开的农闲时节，周围百姓既可去禹庙、南镇庙进香，又可顺便到集市去看热闹、买东西。此时，会稽山北麓的禹庙和南镇庙游客云集，香火旺盛，而会稽山南麓的阳明洞天则慢慢沉寂了下来。

第三节　王阳明与阳明洞天

本文所称的阳明洞天的沉寂，主要是从朝廷和民众参与和热闹程度来理解的，事实上，作为小众存在的阳明洞天，作为传统士大夫所向往的逍遥自由之处，阳明洞天一直存在着。

行文至此，有必要讨论一下明代著名思想家王守仁（字伯安，号阳明）与阳明洞天的关系了，因为王守仁的阳明之号便来自会稽山的阳明洞天。

　　王阳明与会稽山的关系,主要体现在王阳明与禹庙、阳明洞(天)[①]、南镇的关系上。如果浏览一下吴光等编校的《王阳明全集》中的相关文章,不难发现,虽然三教合一、儒道互补的王阳明在禹庙、南镇和阳明洞天均留有踪迹,但王阳明与禹庙、南镇的关系似乎并不密切,倒是与阳明洞天存在着千丝万缕的联系。

　　《王阳明全集》卷三十三《年谱一》中记:"先生尝筑阳明洞,洞距越城东南二十里,学者咸称阳明先生云。"[②]王阳明名守仁,字伯安,阳明是其号,《年谱一》告诉我们,阳明之号来自其尝筑室距越城东南二十里的阳明洞。对于王阳明为何要筑室阳明洞,《王阳明全集》卷三十三《年谱一》之"十有五年壬戌(1502)八月"条记:"遂告病归越,筑室阳明洞中,行导引术。"[③]即王阳明筑室阳明洞的主要目的,首先是为了治病,但若仅仅是为了治病,有必要以阳明为号吗?

　　由于冯梦龙《皇明大儒王阳明先生出身靖乱录》将王阳明筑室的阳明洞认定在四明山上,历史上对阳明洞到底在何处的问题,曾经多有争论,认为阳明洞并不在绍兴,而是在余姚的四明山上。近年来通过陈来、钱明等学者的论证[④],"会稽山之阳明洞即王阳明结庐其侧之所在"已是公论,但相关文章却只停留于此,没有进一步对王阳明与阳明洞天的关系展开讨论。

　　王阳明去世后,查继佐在《王守仁传》中称:"病归,辟阳明洞为书舍,更讲神仙之事。"[⑤]邵廷采在《明儒王子阳明先生传》中也称:"讲学于阳明洞,自号阳明子。"[⑥]说明王阳明筑室阳明洞,并不仅仅是为了治病,更有讲学和论道的意义在其中。本节将要论证:王阳明以阳明为号,体现了其浓厚的阳明洞天情结;王阳明不仅在弘治十五年筑室阳明洞,而且在其一生中的许多岁月里,曾多次在阳明洞天养生、会友、讲学,阳明洞天是阳明学说

---

①阳明洞是阳明洞天的简称,为行文的需要,本文将对两者混合使用。

②吴光等编校:《王阳明全集》,上海古籍出版社,1992年版,第1220页。本节中的相关引文,如无特别注明,均来自吴光等编校的《王阳明全集》。

③吴光等编校:《王阳明全集》,上海古籍出版社,1992年版,第1225页。

④陈来:《王阳明与阳明洞——王阳明越城活动考》,《孔子研究》1988年第2期。钱明:《阳明之"道场"——阳明洞考》,参见钱明:《王阳明及其学派论考》,人民出版社,2009年版,第3~16页。

⑤吴光等编校:《王阳明全集》,上海古籍出版社,1992年版,第1546页。

⑥吴光等编校:《王阳明全集》,上海古籍出版社,1992年版,第1549页。

的发端之处;王阳明对阳明洞天的梦萦魂牵,体现了王阳明行动上的儒道
互补特色,表现出阳明内在性格中出世—入世以及潜意识中介入—超然间
既矛盾又互补的张力。

一、筑室阳明洞天

查阅阳明相关文献,在弘治十五年(1502)阳明筑室阳明洞天前,由于
阳明一家在成化十七年(1481)其父王华中状元后即已居徙越城之光相坊,
因此,阳明洞天已是阳明经常光顾的场所。阳明的《书扇赠从吾》云:"君家
只在海西隈,日日寒潮去复回。莫遣扁舟成久别,炉峰秋月望君来。嘉靖
甲申(1524)冬二十一日再登秦望,自弘治戊午(1498)登后二十七年矣。"[1]
诗中的"炉峰"和"秦望"为阳明洞天附近的最高山峰,说明至迟在1498年
阳明已在阳明洞天附近活动。阳明对阳明洞天的兴趣,还体现在阳明的
《和九柏老仙诗》里,其中署有"弘治辛酉(1501)仲冬望日,阳明山人王守仁
识"[2]之句,说明阳明在1502年筑室阳明洞天前,便已以"阳明"为号。由
此,弘治十五年阳明筑室阳明洞天便成了顺理成章的事。

在王阳明的一生,至少有三个阶段曾经筑室会稽山之阳明洞天:第一
次在弘治十五年,第二次在正德七年(1512),第三次则在嘉靖元年(1522)
以后。

阳明筑室阳明洞不仅仅是为了治病,《王阳明全集》卷三十三《年谱一》
之"十有五年壬戌(1502)"在记述王阳明筑室阳明洞天的同时,还进一步
记有:

> (阳明)一日坐洞中,友人王思舆等四人来访,方出五云门,先生即
> 命仆迎之,且历语其来迹。仆遇诸途,与语良合。众惊异,以为得道。[3]

叙述了王阳明因修道而有了预知能力。对于其中所提及的王思舆,王阳明
的早期弟子季本有《王司(思)舆传》记述了王思舆与王阳明的交往:"余少
师黄𪩘子,黄𪩘子姓王氏,名文辕,字司舆,山阴人。厉志力行,隐居独善,
乡人慕其德者,皆乐亲之。少学为古文,级类庄、列,诗逼唐人,读书不牵章

---

① 吴光等编校:《王阳明全集》,上海古籍出版社,1992年版,第788页。

② 束景南:《阳明佚文辑考编年》,上海古籍出版社,2012年版,第110页。

③ 吴光等编校:《王阳明全集》,上海古籍出版社,1992年版,第1225~1226页。

句，尝曰：'朱子注说，多不得经意。'成化、弘治间，学者守成说，不敢有私议朱子者，故不见信于时，惟阳明先师与之为友，独破旧说，盖有所本云。及阳明先师领南赣之命，见黄璎子，黄璎子欲试其所得，每撼激之动，语人曰：'伯安自此可胜大事矣。'盖其平生经世之志，于此见焉。其后黄璎子殁，阳明先师方讲良知之学，人多非议之，叹曰：'使黄璎子在，于吾言必相契矣。'"①从季本的传记中可以看出，王思舆是一个"隐居独善"、"级类庄、列"、"乡人慕其德"混合着儒道气息的乡贤，又批朱子的注"多不得经意"，同当时王阳明的气质十分接近。因此，年谱中王思舆等四人的来访，问病之余，肯定会多及论道。

　　来访阳明洞天的，不仅有王思舆，还有许璋。《耿天台先生全集》卷五《先进遗风》道：

　　　　（阳明）先生养疴阳明洞时，与一布衣许璋者相朝夕，取其资益云。璋，上虞人，淳质苦行，潜心性命之学，其于世味泊如也。尝躔屩走岭南，访白沙陈先生，其友王司舆以诗送之，曰"去岁逢黄石，今年访白沙"云。璋故精于天文、地理、兵法、奇门九道之学。先生后擒逆濠，多得其力。成功归，赠以金帛不受。先生每乘笋舆访之山中，菜羹麦饭，信宿不厌。没后，先生题其墓曰"处士许璋之墓"，属知县杨绍芳立石焉。

从文中可看出，"精于天文、地理、兵法、奇门九道之学"的许璋与王司舆也是道友。王阳明养疴阳明洞时，曾与其朝夕相处，"取其资益"，应该从许璋那里学到不少道家的知识。

　　另外，黄绾的《阳明先生行状》记有：

　　　　养病归越，辟阳明书院，究极仙经秘旨，静坐，为长生久视之道，久能预知。②

其中称阳明洞为"阳明书院"，说明当时的阳明洞天，不仅是王阳明养生之处，更是其讲学的场所。

　　的确，来过阳明洞天的，除了王思舆、许璋，似乎还有其他道友。王阳

①《季彭山先生文集》（卷三），《北京图书馆古籍珍藏本丛刊》第 106 册，书目文献出版社，第 896 页。
②吴光等编校：《王阳明全集》，上海古籍出版社，1992 年版，第 1408 页。

明在阳明洞天养生、修学之时,曾作有《别友诗》:

> 千里来游小洞天,春风无计挽归船;柳花撩乱飞寒白,何异山阴雪后天。□年来访予阳明洞天,其归也,赋首尾韵。以见别意。弘治甲子四月朔,阳明山人王守仁书。①

其中所称弘治甲子四月,即弘治十七年甲子(1504)四月。查阳明年谱,称其弘治十五年壬戌(1502)八月告病归越后筑室阳明洞,弘治十七年甲子已在京师,但未注明何时回的京师。年谱又称弘治十七年秋,主考山东乡试,说明阳明并非弘治十七年都在京师,故弘治十七年甲子四月王阳明尚在阳明洞天是合理的。在这个柳花缭乱的时节,曾有朋友到阳明洞天访问王阳明,离别时友人吟诗作别,故有王阳明"赋首尾韵"的别友诗。这一时期,王阳明还有一首《若耶溪送友诗稿》:

> 若耶溪上雨初歇,若耶溪边船欲发;杨枝嫋嫋风乍晴,杨花漫漫如雪白。
>
> 湖山满眼不可收,画手凭谁写清绝;金樽绿酒照玄发,送君暂作沙头别。②

这是一首阳明在若耶溪边送友的诗,其中虽没有直接涉及阳明洞天,但本书第二、第七章已经说过,若耶溪就在阳明洞天谷地的边上流过。从绍兴城区到阳明洞天,一般得溯若耶溪南上而至望仙桥,然后再步行方能至。查阳明年谱,阳明一生中与若耶溪较近的住处,也只有阳明洞天。故《若耶溪送友诗稿》,也应是王阳明从阳明洞天送友人远行而作。从诗中所散发出的青春气息来看,时间或应在1502年到1504年之间的某个时间内。

王阳明第二次筑室阳明洞天,是在正德七年壬申(1512)。据阳明年谱记载,正德七年壬申,"十二月,升南京太仆寺少卿,便道归省"。阳明从南京一回到绍兴,似乎马上就去了阳明洞天。因为同是在正德七年壬申,在《与王纯甫》中,王阳明有如下数语:

> 甘泉近有书来,已卜居萧山之湘湖,去阳明洞方数十里耳。③

---

① 参见计文渊编:《王阳明法书集》,西泠印社,1996年版。
② 参见计文渊编:《王阳明法书集》,西泠印社,1996年版。
③ 吴光等编校:《王阳明全集》,上海古籍出版社,1992年版,第1235页。

王纯甫即王道,字纯甫,号顺渠,山东之武城人,正德辛未进士,阳明弟子。甘泉即湛若水(1466~1560),明代哲学家、教育家、书法家,字元明,号甘泉,广东增城(今广东省广州市增城区)人。少师事陈献章,后与王守仁同时讲学,各立门户。在与王纯甫的信中,王阳明告诉王纯甫,湛甘泉所卜居的萧山湘湖到会稽阳明洞的距离不远,可见写信之时王阳明已在阳明洞天居住。王阳明经常在阳明洞天居住,还可以从陆深的《海日先生行状》中得到一些线索:

> 深,先生南畿所录士也。暨于登朝,获从班行之末,受教最深;又辱与新建公游处,出入门墙最久。每当侍侧讲道之际,观法者多矣。正德壬申秋,以使事之余,迂道拜先生于龙山里第。扁舟载酒,相与游南镇诸山,乃休于阳明洞天之下。执手命之曰:"此吾儿之志也。大业日远,子必勉之。"临望而别。①

陆深(1477~1544)为明代文学家、书法家,海日是王阳明父亲王华晚年的别称。从《海日先生行状》中可以看出,陆深乡试时的主考官即是王华,故有"深,先生南畿所录士也"之句。而且,成为王华的学生后,陆深与王阳明也多有交往。《海日先生行状》记有:"正德壬申(1512)秋,以使事之余,迂道拜先生于龙山里第。扁舟载酒,相与游南镇诸山,乃休于阳明洞天之下。"正德壬申秋的时候,王阳明还没有回到绍兴,远道来绍兴拜访阳明父亲王华的陆深,就与海日公在阳明洞天居住了,可见阳明洞天并不只是偶然有人居住之处,而是一处经常有人居住的场所。如此,王阳明一回绍兴马上能去阳明洞天,也就不足为奇了。

王阳明第三次筑室阳明洞天,已经是在嘉靖元年壬午(1522)后的居越时期。《传习录》下记述道:

> 先生初归越时,朋友踪迹尚寥落。既后四方来游者日进。癸未年已后,环先生而居者比屋,如天妃、光相诸刹,每当一室,常合食者数十人;夜无卧处,更相就席;歌声彻昏旦。南镇、禹穴、阳明洞诸山远近寺刹,徙足所到,无非同志游寓所在。②

---

①吴光等编校:《王阳明全集》,上海古籍出版社,1992年版,第1400页。
②吴光等编校:《王阳明全集》,上海古籍出版社,1992年版,第118页。

然而，《传习录》只说阳明洞有阳明学说的崇拜者游寓，并没有特别说明阳明是否曾在阳明洞天讲学，阳明的弟子魏良器的回忆则说得明了：

> 壬癸甲乙之岁，坐春风于会稽，先生携某于阳明之麓，放舟于若耶之溪，徘徊晨夕，以砭其愚而指其迷。已而已而，今不可得而复矣！①

文中的"壬癸甲乙之岁"即嘉靖元年至四年（即壬午、癸未、甲申、乙酉）（1522～1525），这段时间里，在阳明洞天，王阳明经常为魏良器"砭其愚而指其迷"，可见阳明洞天是王阳明居越期间的一处主要居处。

记述居越期间王阳明在阳明洞天讲学的还有董沄。董沄的《从吾道人诗稿》卷上有《阳明洞有感》诗：

> 侍讲季季龙瑞宫，再来愁绝海边翁。山中下马英灵在，海内伤麟涕泗同。

显然，这是董沄悼念其先生王阳明的一首诗。其中的"侍讲季季龙瑞宫"，点出了董沄受道的地点，是在龙瑞宫。对于龙瑞宫的具体位置，本书在第三章《飞来石和窆石：会稽山南北的两个禹穴》中曾引用过万历《绍兴府志》卷六《山川志三》的记述："会稽阳明洞在宛委山，洞是一巨石，中有罅，长亘龙瑞宫旁。……石名飞来石，上有唐宋名贤题名。洞或称禹穴。"说明龙瑞宫在飞来石旁。明代祁彪佳《越中园亭记》之一"考古"中则进一步提供了王阳明讲学的具体位置：

> 阳明洞，向有书舍在洞之左，与龙瑞宫相近，为王文成讲学处。

邹守益《王阳明先生图谱》中也记：

> 遂告病归，辟阳明洞旧基为书屋，究仙经秘旨。②

其中的阳明洞旧基即是原龙瑞宫旧址。如今飞来石尚存，飞来石左有一由石块堆砌而成的平地，应该是龙瑞宫的核心区域，也就是王阳明筑室之处。但目前已无龙瑞宫和王阳明讲学处的痕迹可寻，只留下一块由人工堆砌而成的平地，给人以无限的想象。

《阳明洞有感》虽记录了董沄在阳明洞天受业于王阳明之事，但似乎并

---

① 吴光等编校：《王阳明全集》，上海古籍出版社，1992年版，第1437页。
② 引自冯梦龙原著、张昭炜编著的《皇明大儒王阳明》，九州出版社，2014年版，第19页。

没有说明具体的时间。据阳明年谱嘉靖三年甲申年(1524)的记载：

> 海宁董沄号萝石,以能诗闻于江湖,年六十八,来游会稽,闻先生讲学,以杖肩其瓢笠诗卷来访。入门,长揖上坐。先生异其气貌,礼敬之,与之语连日夜。沄有悟,因何秦强纳拜。先生与之徜徉山水间。[①]

由此可见,董沄在阳明洞天受道于阳明先生的时间,是在嘉靖三年甲申年(1524)以后,是时,正值王阳明居越期间。

以上的论证可知,王阳明筑室阳明洞天,并不只是在弘治十五年壬戌(1502)至弘治十七年甲子期间,至少在阳明归越的正德七年壬申(1512)至正德八年癸酉间和嘉靖元年壬午(1522)至嘉靖六年丁亥间,王阳明也曾多次在阳明洞天会友、讲学,阳明洞天是王阳明在绍兴的主要活动场所之一。

二、梦萦魂牵的阳明洞天

王阳明不仅居越期间经常居住在阳明洞天,就是在远离绍兴的日子,阳明洞天也是他梦萦魂牵的地方。

王阳明第一次离开绍兴、离开阳明洞天后,曾任兵部武选清吏司主事。武宗正德元年(1505),王阳明因疏忤逆刘瑾而下锦衣卫狱。狱中的王阳明作了许多的诗,其中的《读易》有云：

> 箪瓢有余乐,此意良匪矫。幽哉阳明麓,可以忘吾老。[②]

"箪瓢"典出《论语·雍也》："一箪食,一瓢饮,在陋巷,人不堪其忧,回也不改其乐。"意指一种安贫乐道的简朴生活。突然而至的政治打击使阳明感到层层的寒流和无限的倦意,尽管身在狱中不够自由,但此时王阳明的心却已经在向往阳明洞天岁月里曾经有过幽静忘老的简朴生活。

武宗正德三年(1507)春,王阳明被谪到龙场后暂无所居,他先是结草庵居之,后来发现了东洞。"古洞闷荒僻,虚设疑相待",因怀念绍兴的阳明洞天,王阳明遂改东洞为小洞天,长期居住下来,并赋有《始得东洞遂改为阳明小洞天三首》：

> 古洞闷荒僻,虚设疑相待。披莱历风磴,移居快幽垲。营炊就岩

①吴光等编校：《王阳明全集》,上海古籍出版社,1992年版,第1290页。
②吴光等编校：《王阳明全集》,上海古籍出版社,1992年版,第675页。

窦,放榻依石垒。穹窒旋薰塞,夷坎仍洒扫。卷帙漫堆列,樽壶动光彩。夷居信何陋,恬淡意方在。岂不桑梓怀? 素位聊无悔。

童仆自相语,洞居颇不恶。人力免结构,天巧谢雕凿。清泉傍厨落,翠雾还成幕。我辈日嬉偃,主人自愉乐。虽无荣戚荣,且远尘嚣聒。但恐霜雪凝,云深衣絮薄。

我闻莞尔笑,周虑愧尔言。上古处巢窟,抔饮皆污樽。互极阳内伏,古穴多冬暄。豹隐文始泽,龙蛰身乃存。岂无数尽椽,轻裘吾不温。邈矣箪瓢子,此心期与论。[①]

诗中描写了王阳明在阳明小洞天的生活状况。“夷居信何陋,恬淡意方在。岂不桑梓怀? 素位聊无悔”,“邈矣箪瓢子,此心期与论”,尽管居住在陋夷,王阳明心中却充满了怡然自得。

正德八年癸酉(1513)冬十月,王阳明被安排至安徽滁州督马政。尽管滁州山水佳胜、地僻官闲,王阳明日与门人遨游,却依然构起了其对故乡阳明洞天生活的怀念。其中最能体表其心态的是《送守中至龙盘山中》和《送蔡希颜三首》两诗。

《送守中至龙盘山中》云:

未尽师生六日情,天教风雪阻西行。茅堂岂有春风坐,江郭虚留一月程。客邸琴书灯火静,故园风竹梦魂清。何年稳闭阳明洞,榾柮山炉煮石羹。[②]

诗中的守中是王阳明的早期弟子朱节(1475～1523),字守中,号白浦,浙江山阴(今绍兴)人,正德八年进士。朱节来滁州看望老师小住了六日,走时风雪交加,临别王阳明作了此诗。

《送蔡希颜三首》的“序”云:

正德癸酉冬,希渊赴南宫试,访予滁阳,遂留阅岁。既而东归,问其故,辞以疾。希渊与予论学郎邪之间,于斯道既释然矣,别之以诗。

《送蔡希颜三首》中的第一首诗云:

---

①吴光等编校:《王阳明全集》,上海古籍出版社,1992年版,第695页。
②吴光等编校:《王阳明全集》,上海古籍出版社,1992年版,第727页。

匡时已无术，希圣徒有慕。倘入阳明峰，为寻旧栖处。①

诗中的蔡希颜即是王阳明的早期弟子蔡宗兖，字希渊，浙江山阴（今绍兴）人，正德十二年进士。从诗的序中可看出，正德八年癸酉（1513）冬，去南都（京）参加宫试的蔡希颜，来滁阳看望老师，师生俩论学琅琊之间，临别时王阳明以诗相送。

上两诗中的"何年稳闭阳明洞，榾柮山炉煮石羹"和"倘入阳明峰，为寻旧栖处"，均体现了王阳明与弟子相约家乡阳明洞天的愿望。

正德九年甲戌（1514）四月，王阳明升为南京鸿胪寺卿，依然没有隔断其对家乡的想念。其《书扇面寄馆宾》诗云：

湖上群山落照晴，湖边万木起秋声。何年归去阳明洞，独棹扁舟鉴里行？②

尽管到了南都，升了官，但"何年归去阳明洞，独棹扁舟鉴里行？"王阳明心目中依然充满了对故乡阳明洞天和鉴湖里一叶扁舟的向往。

王阳明对故乡阳明洞天的向往，在江西平乱时期达到高峰。

正德十二年丁丑（1517）至正德十三年戊寅（1518）间，王阳明在江西提督南赣军务，征横水、桶冈、三浰三地的匪乱。尽管军事繁忙，但他依然是忙里偷闲，表达着对故乡阳明洞天的想念。

正德十二年丁丑（1517）的《与黄诚甫》信中，王阳明写道：

区区正月十八日始抵赣，即兵事纷纷。二月往征漳寇，四月班师。中间曾无一日之暇，故音问缺然。然虽扰扰中，意念所在，未尝不在诸友也。养病之举，恐已暂停，此亦顺亲之心，未为不是。不得以此日萦于怀，无益于事，徒使为善之念不专。何处非道，何处非学，岂必山林中耶？希颜、尚谦、清伯登第，闻之喜而不寐。近尝寄书云："非为今日诸君喜，为阳明山中异日得良伴喜也。"吾于诚甫之未归亦然。③

黄诚甫即黄宗明，字诚甫，浙江宁波府鄞县人，正德九年进士，尝从王守仁论学。信中所写的"何处非道，何处非学，岂必山林中耶？"是王阳明事上磨

①吴光等编校：《王阳明全集》，上海古籍出版社，1992年版，第731页。
②吴光等编校：《王阳明全集》，上海古籍出版社，1992年版，第737页。
③吴光等编校：《王阳明全集》，上海古籍出版社，1992年版，第162页。

炼思想的表达。"然虽扰扰中，意念所在，未尝不在诸友也"，则表述了王阳明与诸友亲密无间的关系。对于蔡希颜等人的登第，王阳明闻之喜而不寐，他说这是"为阳明山中异日得良伴喜也"。虽兵事纷纷，"曾无一日之暇"，但故乡的阳明洞天却再次出现在王阳明的书信中。

在江西平乱期间作的《回军龙南小憩，玉石岩双洞绝奇，徘徊不忍去，因寓以阳明别洞之号，兼留此作三首》之第三首中，王阳明吟有：

> 阳明山人旧有居，此地阳明景不如。但在乾坤俱逆旅，曾留信宿即吾庐。行窝已许人先号，别洞何妨我借书。他日巾车还旧隐，应怀兹土复乡间。①

正德十三年戊寅，率军龙南小憩期间，王阳明看到龙南的玉石岩双洞绝奇。与其将龙场的东洞称作阳明小洞天一样，王阳明便以阳明别洞命名了玉石岩双洞。尽管"阳明山人旧有居，此地阳明景不如"，江西的阳明别洞不如家乡的阳明洞天，但"别洞何妨我借书"，因为"他日巾车还旧隐，应怀兹土复乡间"，在江西的阳明别洞里感受到了家乡阳明洞天的气息。

在这一期间，王阳明还留有《再至阳明别洞和邢太守韵二首》和《送德声叔父归姚》等与故乡阳明洞天有关的诗作。王阳明在《送德声叔父归姚》"序"中道：

> 今年夏，来赣视某，留三月。飘然归，兴不可挽，因谓某曰："秋风菁鲈，知子之兴无日不切。然时事若此，恐即未能脱，吾不能俟子之归舟。吾先归，为子开荒阳明之麓，如何？"②并在诗中吟有"何时却返阳明洞，萝月松风扫石眠"一句。戎马倥偬中的王阳明，故乡的阳明洞天始终是他心中的一份自在。

正德十三年戊寅（1518）八月，王阳明最得意的弟子徐爱去世，哀恸之余，他作了《祭徐曰仁文》：

> 曰仁尝语予："道之不明，几百年矣。今幸有所见，而又卒无所成，不亦尤可痛乎？愿先生早归阳明之麓，与二三子讲明斯道，以诚身淑后。"予曰："吾志也。"自转官南赣，即欲过家，坚卧不出。曰仁曰："未

---

① 吴光等编校：《王阳明全集》，上海古籍出版社，1992年版，第751页。
② 吴光等编校：《王阳明全集》，上海古籍出版社，1992年版，第752页。

可。纷纷之议方驰，先生且一行！爱与二三子姑为膳粥计，先生了事而归。"呜呼！孰谓曰仁而乃先止于是乎！吾今纵归阳明之麓，孰与予共此志矣！①

王阳明与徐爱师生俩的一种理想生活，竟然是"阳明之麓，讲明斯道"。可见阳明洞天在王阳明心目中的分量。

正德十四年己卯（1519）六月，王阳明奉敕勘处福建叛军，至江西丰城，闻朱宁王宸濠反，遂返回吉安，起义兵而平之。在这生死成败的紧要关头，故乡的阳明洞天始终是其心间的一份珍藏。王阳明写于这一期间的江西诗中，《江施二生与医官陶野冒雨登山人多笑之戏作歌》里有"归与归与吾与尔，阳明之麓终尔期"②，《游通天岩示邹陈二子》里有"采芝共约阳明麓，白首无惭黄绮俦"③，"相约阳明"是其中共同的主题。

宁王之乱平定后，王阳明在《答甘泉》道：

> 仆年未半百，而衰疾已如六七十翁，日夜思归阳明，为夕死之图，疏三上而未遂。欲弃印长往，以从大夫之后，恐形迹大骇；必俟允报，则须冬尽春初乃可遂也。④

其中竟然没有平乱后的喜悦，通篇的主题还是"日夜思归阳明"。

正德十六年辛巳（1521），王阳明在《与陆原静》道：

> 区区省亲本，闻部中已准覆，但得旨即当长遁山泽。不久朝廷且大赉，则原静推封亦有日。果能访我于阳明之麓，当能为原静决此大疑也。⑤

陆原静即陆澄，字原静，又字清伯，湖之归安人，正德丁丑进士，王学弟子。此信与《答甘泉》相比，由于省亲已得批复，故多了几分喜色，"果能访我于阳明之麓，当能为原静决此大疑也"，王阳明已在想象在阳明洞天与陆原静相聚的场景了。

嘉靖元年壬午（1522）后，王阳明终于回到绍兴，便有了前已引过的《传

①吴光等编校：《王阳明全集》，上海古籍出版社，1992年版，第955页。
②吴光等编校：《王阳明全集》，上海古籍出版社，1992年版，第769页。
③吴光等编校：《王阳明全集》，上海古籍出版社，1992年版，第779页。
④吴光等编校：《王阳明全集》，上海古籍出版社，1992年版，第174页。
⑤吴光等编校：《王阳明全集》，上海古籍出版社，1992年版，第187页。

习录》中的场景："癸未年（1523）已后，环先生而居者比屋，如天妃、光相诸刹，每当一室，常合食者数十人；夜无卧处，更相就席；歌声彻昏旦。南镇、禹穴、阳明洞诸山远近寺刹，徙足所到，无非同志游寓所在。"王阳明居越近六年，这段时光无疑是其一生中最快乐、最惬意的时光。

嘉靖六年丁亥（1527）九月，王阳明又从绍兴出发，前去巡抚两广，以平定广西思、田之乱。平乱期间的嘉靖七年戊子（1528）十月，王阳明去祀增城先庙，留有《答何廷仁》：

> 区区病势日狼狈，自至广城，又增水泻，日夜数行，不得止，今遂两足不能坐立。须稍定，即逾岭而东矣。诸友皆不必相候。果有山阴之兴，即须早鼓钱塘之舵，得与德洪、汝中辈一会聚，彼此当必有益。区区养病本去已三月，旬日后必得旨，亦遂发舟而东。纵未能遂归田之愿，亦必得一还阳明，与诸友一面而别，且后会又有可期也。①

何廷仁（1483～1551）初名泰，字性之，别号善山，江西雩都县（今江西于都县）人。少年时期崇敬陈献章，后师从王阳明。在这封信中，王阳明在记述了自己日益严重的病情后，"亦必得一还阳明"，依然表达了与诸友相聚阳明洞天的心愿。

嘉靖七年戊子（1528）十一月乙卯，王阳明留下"此心光明，亦复何言？"之言后，卒于江西南安，他再也没有能够回到梦萦魂牵的阳明洞天。

三、王阳明的儒道互补

与上文所描述的与阳明洞天存在千丝万缕的联系不同，王阳明与同处会稽山的禹庙、南镇的关系似乎并不密切。

在《王阳明全集》中，王阳明与南镇直接相关的文章只有两篇——《答佟太守求雨》和《南镇祷雨文》。两文均与南镇求雨有关，且写于他第一次筑室阳明洞天期间的弘治十六年癸亥（1503），属于应酬之作，与王阳明的思想并没有什么特别的关系。在《王阳明全集》中，王阳明与南镇间接相关的活动则只有一处：

> 先生游南镇，一友指岩中花树问曰："天下无心外之物，如此花树，

---

① 吴光等编校：《王阳明全集》，上海古籍出版社，1992年版，第225页。

在深山中自开自落,于我心亦何相关?"先生曰:"你未看此花时,此花与汝心同归于寂。你来看此花时,则此花颜色一时明白起来。便知此花不在你的心外。"①

在王阳明的思想发展中,游南镇论岩中花树是一重要事件,为阳明心学的特色之所在,但其中的南镇似乎只起到了背景的作用,也没有什么特别的含义在其中。

与南镇类似,在《王阳明全集》中,出现禹穴(陵)的也只有二处。一是《传习录》下记有:

先生一日出游禹穴,顾田间禾曰:"能几何时,又如此长了。"②

二是出现在王阳明的《从吾道人记》中:

嘉靖甲申春,萝石来游会稽,⋯⋯入而强纳拜焉。阳明子固辞不获,则许之以师友之间。与之探禹穴、登炉峰、陟秦望、寻兰亭之遗迹,倘佯于云门、若耶、鉴湖、剡曲。⋯⋯③

《王阳明全集》中出现的这二处禹穴,与王阳明论岩中花树中的南镇一样,也只起到了背景的作用,并没有什么特别的含义在其中。这与王阳明对阳明洞天浓郁、绵长的感情,形成了鲜明的对照。

王阳明一生钟爱阳明洞天,而对同处会稽山的禹穴(陵)、南镇则相对漠视,这一状况体现了王阳明怎样一种思想特征呢?

要回答上述问题,实际上需要回答以下两个问题:一是作为道教场所的阳明洞天和南镇庙分别在王阳明的心目中具有怎样的地位? 二是作为儒家的王阳明为什么对儒教圣地禹穴(陵)会视而不见?

首先必须要回答的是,同样是道教的胜地,王阳明为什么只选择了阳明洞天,而对南镇很少涉及? 这需要就王阳明对南镇庙和阳明洞天的态度作一比较。

在《答佟太守求雨》中,王阳明对佟太守南镇求雨,有如下数语:

昨杨、李二丞来,备传尊教,且询致雨之术,不胜惭悚! 今早谋节

---

① 吴光等编校:《王阳明全集》,上海古籍出版社,1992年版,第107~108页。
② 吴光等编校:《王阳明全集》,上海古籍出版社,1992年版,第101页。
③ 吴光等编校:《王阳明全集》,上海古籍出版社,1992年版,第248~249页。

推辱临，复申前请，尤为恳至，令人益增惶惧。天道幽远，岂凡庸所能测识？然执事忧勤为民之意真切如是，仆亦何可以无一言之复！

……仆之所闻于古如是，未闻有所谓书符咒水而可以得雨者也。唯后世方术之士或时有之。然彼皆有高洁不污之操，特立坚忍之心。虽其所为不必合于中道，而亦有以异于寻常，是以或能致此。然皆出小说而不见于经传，君子犹以为附会之谈；又况如今之方士之流，曾不少殊于市井嚣顽，而欲望之以挥斥雷电，呼吸风雨之事，岂不难哉！……

……一二日内，仆亦将祷于南镇，以助执事之诚。①

《答佟太守求雨》作于弘治十六年癸亥（1503），值王阳明在阳明洞天养生行导引术之时。或许王阳明在阳明洞天行导引术之事，在当时已经有很大影响，故有佟太守两次请求王阳明写文祷于南镇以致雨一事的发生。从文中可看出，妨于情面，王阳明虽答应"一二日内，仆亦将祷于南镇，以助执事之诚"，并留下有《南镇祷雨文》，但同时，王阳明在《答佟太守求雨》中指出："未闻有所谓书符咒水而可以得雨者也。"即没有听到过通过书符咒水等斋醮仪式能够求得雨，这是因为"天道幽远，岂凡庸所能测识？""如今之方士之流，曾不少殊于市井嚣顽，而欲望之以挥斥雷电，呼吸风雨之事，岂不难哉！"幽远的天道岂是凡夫俗子所能识破？王阳明进而认为，执事忧勤为民才是一切的根本。

王阳明之对于阳明洞天，本节的"筑室阳明洞天"和"梦萦魂牵的阳明洞天"部分中已经充分论述过，阳明告病归越、筑室阳明洞天后，曾经静坐行导引术，与精于天文、地理、兵法、奇门九道之学的好友讲学论道，究极仙经秘旨，王阳明因修道而有了预知能力。日后，他经常怀念阳明洞天的生活，既表现出逃离浊世、遁入山林的隐逸思想倾向，也表现了他深受道家影响而对自然山水和简单真朴、自由洒脱的田园生活的喜爱。

因此，尽管阳明洞天和南镇庙同属道教圣地，但道教并不是铁板一块。如果将王阳明所心仪的阳明洞天生活与其对南镇庙祈雨的态度作一比较，就能够发现，对于王阳明而言，阳明洞天和南镇庙存在着两个方面的明显不同：一是王阳明在阳明洞天的生活，重视自主的静修，强调主体的自觉和

---

① 吴光等编校：《王阳明全集》，上海古籍出版社，1992年版，第800页。

体悟,而南镇庙的祈雨则重视仪式,强调如何外求于具体人格色彩的大自然;二是本章第二节《南镇庙的兴起与繁荣》中曾经论述过会稽山中道教胜地的变迁过程,认为从元代开始的南镇庙道教化管理,是一项制度创新,导致了元以后会稽山的道教圣地从阳明洞天转移到了南镇庙,南镇庙成了老百姓进香祷求、祭神迎会的胜地,而阳明洞天则从此沉寂下来。所以,相对于南镇庙的大众式热闹,同为道教圣地的阳明洞天则显得更为超然和静谧。因此,对于喜欢静修,不甚喜欢道教热闹的斋醮科仪、具有隐逸思想倾向的王阳明来说,选择阳明洞天极其自然,而对南镇庙则不会有多少兴趣。或许,对于王阳明而言,沉寂下来的阳明洞天所体现的并非是纯粹的道教风格,而是有一种道家气质在其中,因此,从这一意义上说,王阳明更喜欢具有道家色彩的阳明洞天,而对纯粹道教风格的南镇庙则有一定程度的排斥。

接下来需要回答,作为儒学正脉,为什么王阳明一生钟爱阳明洞天,而对同处会稽山的禹穴(陵)常常视而不见?

要解决这一问题,先需要看到王阳明思想中以下两对矛盾的存在。

一是《王阳明全集》卷三十三《年谱一》之"十有五年壬戌(1502)"中,在记述王阳明筑室阳明洞的同时,还记有:

> 是年先生渐悟仙、释二氏之非。……久之悟曰:"此簸弄精神,非道也。"……明年遂移疾钱塘西湖,复思用世。[1]

显然,就在第一次筑室阳明洞天的时候,在儒道的对比选择中,王阳明最终似乎选择了更为入世的儒教,这与王阳明一生钟爱阳明洞天,而对同处会稽山麓、体现了儒教特色的禹穴(陵)的视而不见,存在着一定的矛盾。

二是钱德洪在整理乃师王阳明的著作时尝云:

> 盖师学静入于阳明洞,得悟于龙场,大彻于征宁藩。[2]

钱德洪把阳明洞修炼与龙场悟道、征宁藩大彻一起视为阳明思想演化过程中的三大关节点。由此,阳明洞修炼在阳明思想的形成过程中具有了重要的意义。但是,如果王阳明最终选择了入世的儒教,那么,在出世的阳明洞

---

[1] 吴光等编校:《王阳明全集》,上海古籍出版社,1992年版,第1225～1226页。
[2] 吴光等编校:《王阳明全集》,上海古籍出版社,1992年版,第1038页。

修炼能够成为阳明思想成熟过程中的重要一环，又该如何理解？阳明洞修炼到底在阳明的思想体系中能占有一个怎样的位置呢？这种带有浓厚道教色彩的修炼又是如何与儒教思想相融的？

解决以上两对矛盾的关键，均在王阳明儒道圆融互补的特色上。王阳明儒道圆融互补的特色，既体现在思想上，也体现在了行动上。

本书的《导言》部分曾特别指出，本书所称的儒道应放置于"天人合一"观下来理解，儒家的思想偏重于"以天合人"，道家的思想则偏重于"以人合天"，并引用李泽厚特别是吴重庆的观点指出，中国思想史上儒道相互冲突的实质，是儒家的"人为"与道家的"自然"之间的冲突，为了将儒家的"人为"与道家的"自然"调和统一起来，儒家经过汉代天人系统的建立，魏晋玄学对道家式一重化世界的论证，以及宋明理学的更为内在心性化处理，中国传统哲学完成了儒道互补理论体系的建构。作为宋明理学一部分的阳明哲学，自然也具有儒道互补的特征。本节前引《王阳明全集》卷三十三《年谱一》之"十有五年壬戌（1502）"，在记述王阳明筑室阳明洞的同时，有"是年先生渐悟仙、释二氏之非。……复思用世"之句，弘治十八年（1505），离开阳明洞天后的王阳明也曾在《赠阳伯》诗中诵过："长生在求丹，金丹非外待。缪矣三十年，于今吾始悔！"[1]这似可视为阳明发出的从慕仙养生的立场转向儒家经世路径的最明确声音。然而，王阳明从道教立场转向儒教立场，并不等于王阳明要放弃道教，事实上，作为儒学一员的王阳明从未停止从道家思想中汲取营养。王阳明在《大学问》中曾经说过："大人者，以天地万物为一体者也，其视天下犹一家，中国犹一人焉。……明明德者，立其天地万物一体之体也。亲民者，达其天地万物一体之用也。"[2]天地万物本为一体，应该能够也需要将儒道圆融贯通起来。王畿对其师的阳明洞修炼过程有过精彩的描述：

> 乃始究心于老佛之学，缘洞天精庐，日夕勤精修，炼习伏藏，洞悉机要，其于彼家所谓见性抱一之旨，非惟通其义，盖已得其髓矣。自谓尝于静中，内照形躯如水晶宫，忘己忘物，忘天忘地，与虚空同体，光耀

---

[1]吴光等编校：《王阳明全集》，上海古籍出版社，1992年版，第673页。
[2]吴光等编校：《王阳明全集》，上海古籍出版社，1992年版，第968页。

神奇,恍惚变幻,似欲言而忘其所以言,乃真境象也。①

认为王阳明对于道教的见性抱一之旨,"非惟通其义,盖已得其髓矣"。已经悟到与虚空同体的真境象,这与王阳明所称的天地万物一体有异曲同工之妙。因此,王阳明的学道,乃是欲以道家思想阐释、完善乃至改造儒学的理论,让"入世"的儒教兼有道教形而上的"超越"精神,让明明德与亲民统一起来,使儒学更臻圆融和完善。正是在这样一种语境下,钱德洪才会把阳明洞修炼视为阳明思想演化过程中的三大关节点之一,阳明洞修炼可视为儒道圆融互补的阳明学说的发端。

正是在这一背景基础上,王阳明强调:

> 二氏之用,皆我之用。即吾尽性至命中完养此身,谓之仙;即吾尽性至命中不染世累,谓之佛。但后世儒者不见圣学之全,故与二氏成二见耳。譬之厅堂,三间共为一厅,儒者不知皆我所用,见佛氏则割左边一间与之,见老氏则割右边一间与之,而己则自处中间,皆举一而废百也。圣人与天地民物同体,儒、佛、老、庄皆吾之用,是之谓大道。二氏自私其身,是之谓小道。②

王阳明一方面认为,儒道佛三教如一个厅堂中的三间房屋,都是有关尽性至命的学说,在本质上相通,道佛可为儒家所用,对三教合一持一种开放的态度。另一方面,王阳明又认为道佛"二氏自私其身",对佛老持一种批判的态度。这种批判,在《传习录》的另一段文字中表达得更为充分:

> 仙家说到虚,圣人岂能虚上加得一毫实?佛氏说到无,圣人岂能无上加得一毫有?但仙家说虚,从养生上来;佛氏说无,从出离生死苦海上来:却于本体上加却这些子意思在,便不是他虚无的本色了,便于本体有障碍。圣人只是还他良知的本色,更不着些子意在。良知之虚,便是天之太虚;良知之无,便是太虚之无形。日月风雷山川民物,凡有貌象形色,皆在太虚无形中发用流行,未尝作得天的障碍。圣人只是顺其良知之发用,天地万物,俱在我良知的发用流行中,何尝又有一物超于良知之外,能作得障碍?

①吴震编校整理:《王畿集》卷二《滁阳会语》,凤凰出版社,2007年版,第33页。
②吴光等编校:《王阳明全集》,上海古籍出版社,1992年版,第1180页。

　　……吾儒养心未尝离却事物，只顺其天则自然就是功夫。释氏却要尽绝事物，把心看作幻想，渐入空寂去了，与世间苦无些子交涉，所以不可治天下。①

　　在上述文字中，王阳明一方面借鉴佛老的虚与无，扩展了儒家良知的内涵，提升了良知的高度，进而又将良知与天地万物、治理天下结合起来，丰富了儒学思想的境界；另一方面，王阳明又批判佛老，认为其只讲养生，或将心看作幻想，渐入空寂，没有顾及世间的天地万物，并将虚无强加在本体上，有些刻意，显得不够自得。因此，在王阳明的儒道互补思想中，体察万物一体、强调经世致用的儒家，无疑是其中的主角。在此基础上，尽管王阳明批判了佛老的自私空寂和刻意，但又从形而上的意义上借鉴了佛老的虚与无，从而将"入世"的儒教与"超越"的道教佛教有机结合了起来。

　　王阳明不仅在思想上进行儒道互补，在行动上也体现了儒道互补的特征。王阳明行动上的儒道互补，通过以下两种比较特别的方式表达了出来。

　　尽管王阳明从小立志成圣，并未将登第入仕作为第一等事，但从王阳明一生的传奇经历来看，其具体的成圣途径，主要还是采用了入仕为官的方式。成化二十二年（1486），十五岁的王阳明，出游居庸三关，即慨然已有经略四方之志。弘治十年（1497）寓居京师、尚未及第的王阳明，即留心武事，凡兵家秘书，莫不精究。弘治十二年（1499）进士及第后，王阳明便上疏朝廷陈述边务事宜，表现出强烈的报国情怀。正德元年（1506），王阳明更因上疏论救而触怒刘瑾，被廷杖四十，进而谪贬至贵州龙场。正德五年（1510），王阳明复出后升任江西庐陵县知县，报国之心未变，他为政不事威刑，惟以开导人心为本，实践着儒家的经世哲学。正德十三年（1518），王阳明恩威并施，平定了为患江西数十年的民变祸乱；正德十四年（1519），王阳明在鄱阳湖仿效赤壁之战，平定洪都宁王朱宸濠之乱；嘉靖七年（1528），王阳明又平定了广西南部的思恩、田州土瑶叛乱和断藤峡盗贼。三乱的平定，是王阳明一生仕途的巅峰。因此，纵观王阳明的一生，表现出了强烈的儒家成圣的入世色彩。

　　在王阳明的成圣路上，如果说实践儒家思想是主旋律，那么，道教色彩

---

① 吴光等编校：《王阳明全集》，上海古籍出版社，1992年版，第106页。

就是其中的伴奏,始终伴随于王阳明的一生之中。阳明洞天是会稽山上的道教圣地,从本节之"筑室阳明洞天"中可知,从弘治十五年(1502)到嘉靖元年(1522)居越后,王阳明至少曾三度筑室阳明洞天,阳明洞天似乎是王阳明还乡后的必去之处。从本节之"梦萦魂牵的阳明洞天"可知,王阳明不仅在绍兴期间是阳明洞天的常客,而且在外地流放或平乱期间,也是对阳明洞天念念不忘。武宗正德元年(1505),狱中的王阳明吟有"幽哉阳明麓,可以忘吾老"。王阳明谪居龙场时,改龙场的东洞为阳明小洞天,正德十二年(1517)至正德十三年(1518),王阳明提督南赣军务期间,又以阳明别洞命名了龙南的玉石岩双洞。"何年归去阳明洞,独棹扁舟鉴里行?"王阳明不仅将他居住的山洞改名为"阳明小洞天"或"阳明别洞",而且在与其亲朋好友的书信往来中,不断表达着重返阳明洞天,共同枕月论道的心愿。阳明洞天是王阳明一生中梦萦魂牵的地方,阳明洞天里道教式的隐逸静谧和自由洒脱,始终是王阳明心中的一抹柔美。

　　但是,就算钟爱阳明洞天,作为儒家的王阳明也不该对同处会稽山体现儒教特色的禹穴(陵)视而不见吧?查王阳明全集,其中虽提及禹穴(陵)不多,却是多处论及了大禹,如"昔孟子论禹、稷之急于救民,而原其心以为大禹之平水土也,虽其所施,无非决川距海之功,而民可免于昏垫矣"[1],"胸中须常有舜、禹有天下不与气象"[2],多是论说大禹的经世济民。因此,对于王阳明钟爱阳明洞天却很少去禹穴(陵)的现象,笔者的理解是,也许王阳明在仕宦生涯实践儒家思想过程中身心疲惫了,需要有一休息和安顿,于是家乡的阳明洞天就成了他心灵的港湾,成了他修生养息之处。这是王阳明不常去禹穴(陵)的一个重要原因。一方面,王阳明在他乡实践着儒家的成圣之路。另一方面,王阳明又不断表达着他对故乡道教圣地阳明洞天生活的怀念:他乡与故乡,儒教与道教,经世致用的淑世精神和逃离浊世、遁入山林的隐逸倾向,典型表现出王阳明内在性格中出世—入世间既矛盾又互补的性格结构以及其潜意识中介入—超然的矛盾张力。

　　王阳明行动上的儒道互补,不仅通过他乡与故乡间的张力表达出来,而且也体现在他对入世儒家学说的特殊理解上。如果仔细体会一下本节

---

[1]吴光等编校:《王阳明全集》,上海古籍出版社,1992年版,第843页。
[2]吴光等编校:《王阳明全集》,上海古籍出版社,1992年版,第1287页。

之"梦萦魂牵的阳明洞天"中王阳明的心态，不难发现，越到晚年，王阳明在其中越呈现出一种欲致仕过上阳明洞天悠闲生活的色彩。这是否意味着晚年的王阳明有了一种脱儒入道的倾向？显然，纵观王阳明的一生，他始终处于介入—超然的矛盾张力之中，并没有要脱儒入道的倾向，只是对儒家的入世思想作出了自己的独到理解。余英时先生曾经指出：

> 他（王阳明）的意思显然是要通过唤醒每一个人的"良知"的方式，来达成"治天下"的目的。这可以说是儒家政治观念上一个划时代的转变，我们不妨称之为"觉民行道"。与两千年来"得君行道"的方向恰恰相反，他的眼光不再投向上面的皇帝和朝廷，而是转注于下面的社会和平民。①

余英时先生认为，王阳明龙场顿悟之后，政治态度发生显著变化，再也没有流露出在政治上"以身任天下"的意向，但阳明的儒家立场又不允许他"独善其身"，完全放弃孟子关于"平治天下"的理想。因此，由于政治环境的变化，王阳明一方面认识到宋儒"得君行道"的想法在明代已经完全行不通，另一方面又坚持"以道自任"，他直接用"良知"两字来达到"治天下"的目标，而与"外王"彻底分家，专注于社会和平民，开始"觉民行道"。或许，王阳明从"得君行道"转到"觉民行道"的基因早于龙场悟道就埋下了。本节曾引用过的《王阳明全集》卷三十三《年谱一》之"十有五年壬戌（1502）"中，在记述王阳明筑室阳明洞基础上，又渐悟仙、释二氏之非，复思用世的时候，还有以下一段文字：

> 已而静久，思离世远去，惟祖母岑与龙山公在念，因循未决。久之，又忽悟曰："此念生于孩提。此念可去，是断灭种性矣。"……往来南屏、虎跑诸刹，有禅僧坐关三年，不语不视，先生喝之曰："这和尚终日口巴巴说甚么？终日眼睁睁看甚么？"僧惊起，即开视对语。先生问其家。对曰："有母在。"曰："起念否？"对曰："不能不起。"先生即指爱亲本性谕之，僧涕泣谢。明日问之，僧已去矣。②

在这段记述王阳明复思用世的文字中，对于世间的描述，出现的是人世间

---

① 余英时：《宋明理学与政治文化》，吉林出版集团有限责任公司，2008 年版，第 190 页。
② 吴光等编校：《王阳明全集》，上海古籍出版社，1992 年版，第 1225～1226 页。

具体的父母之情,并没有提及国家、皇帝和朝廷等宏大叙事。加上本节所引用的王阳明的诗词与书信,多次提及的师友之谊,不难得出以下一个结论:王阳明对阳明洞天的梦萦魂牵,的确有对道教隐逸思想的认同在里面,但这并不是要脱儒入道,而是体现了王阳明对儒家思想的一种全新认识。在王阳明从"得君行道"到"觉民行道"的转变过程中,复思用世的关键词不再是"忠"与"孝",而是变成了"孝"与"义"。王阳明渴望回归家乡的阳明洞天,说明他的关注点已经不在皇上与朝廷,而是转移到了亲朋好友身上,更专注于唤起人们心中的良知,一种现代式的以平民为主体的思想已经开始在王阳明那里萌芽……

阳明的弟子魏良器在追记其先生时,曾经如此评价过王阳明:

> 振千年之绝学,发吾人之良知,靡用志以安排,曷思索而议拟,自知柔而知刚,自知显而知微。挽人心于根本,洗末学之支离。真韩子所谓功不在禹下,障百川而东之。使天假先生以年,大明此道,斯世殆将皞皞而熙熙。①

认为由于致良知思想的发扬光大,王阳明功绩不在大禹之下。其中的"功不在禹下"一语,一下将传说中越地的祖先大禹与王阳明联系了起来。不知道当年的王阳明是否明白,其号"阳明"的出处,他梦萦魂牵的阳明洞天,便是由大禹曾经藏金简玉书之处演化而来。穿越三千多年的历史,通过阳明洞天,中国历史上的两位伟人——大禹和王阳明,神奇地联系了起来。

王阳明去世二十六年后,阳明后学、泰州学派的重要传人邓豁渠曾经来到绍兴,到过阳明洞天。其《南询录》十八如此记载了阳明洞天:

> 甲寅春,过绍兴,居阳明祠堂,探得阳明消息,已见大意,故能洒手逍遥而无拘束。游阳明洞,见盛迹荒废,阳明之徒所谓画虎不成,反类狗者也。求不为名教中罪人不可得。

王阳明去世后,由于嘉靖帝停王阳明爵号和禁学之令,也由于阳明之徒的画虎不成,被斥为名教罪人,甲寅(1554)春,邓豁渠到绍兴时,阳明洞天已经荒废。

光绪癸巳(1893)三月,筑造东湖的会稽名士陶濬宣(1846~1912,字文

---

① 吴光等编校:《王阳明全集》,上海古籍出版社,1992年版,第1437页。

冲,号心云,别号东湖居士)在宛委山麓披丛莽访得飞来石,并刻石留文(见图 8-2)。

图 8-2 陶濬宣题记

　　文曰:此为宛委山阳明洞天,《吴越春秋》谓黄帝藏金简玉字之处。龙瑞宫久废,记存飞来石摩厓。贺秘监书海内乏真迹,唐人称其深得二王法。光绪癸巳三月,予披丛莽访得之。摩挲仰俛,如见山阴父子。且与荥阳郑氏诸刻足相证印,实宇内宝书也。即以此为金简玉字所在可矣。会稽陶濬宣记。

　　陶濬宣石刻的意义有二:一是十分明确地将禹穴、飞来石、阳明洞天确认为同一位置;二是以陶濬宣石刻为标志,从此,自六朝时期兴盛起来的阳明洞天沉寂了下去,不曾再有唐宋时期的辉煌。只有布满唐宋摩崖石刻的飞来石,孤独地立在那里,不再有新的摩崖石刻出现。

第九章　大禹传说、儒道互补
与一个城市的精神气质

　　本书的一个研究主题——会稽山儒道互补神圣意义的创造，是如何对一个地方的精神气质以及绍兴名士文化的形成产生重大影响的。在前八章对大禹传说的儒家(教)化和道家(教)化进行系统考论的基础上，本章将以会稽山上的两个文化符号——会稽山北麓的窆石和南麓的飞来石为背景，梳理出会稽山上以儒道共生互补为主的文化形态，进而以文化圣地会稽山为核心，论述大禹传说、儒道互补对绍兴的精神气质、绍兴历史文化名城形成所产生的重大影响。

第一节　儒道互补：会稽山上的主要文化形态

　　在大禹传说的儒家(教)化和道家(教)化的演化过程中，可以清晰地看出，会稽山上，不管是儒教禹庙的出现，还是道教阳明洞天和南镇庙的出现，均根植于大禹传说之中。由于大禹传说，会稽山上才出现了儒道共生的局面。然而，在会稽山大禹传说的流传过程中，又有许多分枝蔓延出来：一是由于贺知章的《龙瑞宫山界至记》既称大禹得书治水，又称阳明洞天为藏有长生药方的道教三十六小洞天之第十洞天，造成后世对大禹所得和所藏之书有了偏儒教的"治水之书"和偏道教的"长生药方"两种理解；二是宋代以后，由于会稽山南麓阳明洞天的道教功能先是转移至北麓的禹庙，后又转移至禹庙不远的南镇庙，从而造成会稽山上有南北两处道教(家)圣地的局面。加上大禹传说毕竟是非常久远的事，随着朝代的更迭，人们对大禹传说与道教阳明洞天和南镇庙的关系已未必清楚。因此，有必要对会稽山上因大禹传说产生的儒道共生文化形态作一梳理。

一、大禹传说与会稽山上的三种文化形态

　　以禹葬绍兴会稽山为大背景，结合尔后出现的有关大禹得藏书于会稽

山的传说,大禹传说在绍兴的流传过程中出现了以下三种文化形态。

(一)第一种文化形态

第一种文化形态,认为大禹先是在会稽山之宛委山发得含有治水之理的金简玉字之书,治水成功后又崩葬会稽山。因此,会稽山上的大禹典型体现了儒家的经世致用思想,并没有道教的一席之地,从而将会稽山南北麓的飞来石和窆石均纳入到儒教的范围之内。

一些文献对大禹的道教化问题提出了质疑。如宋代王阮《义丰集》之《禹穴》中,有以下一段序和诗:

> 昔鲧治水,汩陈五行。至禹反之,天赐九畴,得于龟负。儒教记述详矣。至《遁甲开山图》,乃谓宛委之神奏玉匮之书十二卷。禹未及持,其四入泉,其四上天,余乃图也,用以治水,已乃缄之洞穴。而道家者流谓为《灵宝玉札符经》,就使有之,按黄帝玄女兵法,载黄帝有负图之胜,六甲阴阳之遁,藏之会稽之山。坎深千尺,镇以盘石,又似非禹缄之。抑禹之缄者,又非此书耶?

> 绿字煌煌锡禹畴,厥初龟负即天休。转为玉札符经论,果有书藏此穴不?

王阮对藏有治水之书的禹穴转化成道教藏有灵宝玉札符经的说法,提出了质疑。认为禹穴应是藏治水之书之处,而不是藏什么道教的灵宝经之处。

这种会稽山大禹传说儒家(教)化的形态,也典型体现在大禹陵碑廊内一些碑刻对大禹传说的相关评述上。如清嘉庆《山阴县志》之阮元《大禹陵庙碑》记有:

> ……治水之终始,皆在会稽……

清宗稷辰的《大禹陵庙重修记碑》记有:

> 四海之内十二州,皆蒙夏后手足之烈,其生而过化,没而藏神者,独在会稽一山。

民国二十三年(1934)邵元冲的《重修会稽大禹庙碑》说得更为明了:

> ……会稽之山,宛委之穴,或传禹初于此发石篑获金简玉字,以知治水之要。《史记》又称:禹东巡狩,之于会稽而崩。《墨子》、《吕氏春秋》皆言禹葬会稽。则会稽者,实禹迹之所终始,故祀事尤严。……

这些以禹庙为核心的评述,已经模糊了禹庙和阳明洞天的区别,并没有提及禹藏长生药方于阳明洞天之事,认为大禹得治水宝书始至归葬终都在会稽山,会稽山中的禹庙就是大禹形象和精神的最集中体现。

现存于禹庙大殿的一副对联言说得明白:"绩奠九州垂盛世,统承二帝首三王。"第一种文化形态对大禹传说道教化隐而不论,认为禹庙和阳明洞天均是大禹治水功绩和精神的体现,强调大禹的救世济民伟业,体现了浓重的儒家色彩。

(二)第二种文化形态

第二种文化形态,是道家、道教对大禹传所做的解读,通过将大禹得藏的金简玉字之书阐释为道教灵宝长生之方,大禹渐渐为道教所遗忘,阳明洞天与大禹传说、禹庙分离开来,完全成为道教的洞天福地。

元代杨维桢的态度,典型反映了将大禹传说与道教相分离的倾向。清嘉庆《山阴县志》卷二十八载有杨维桢的《禹穴赋并序》,其中的序曰:

> ……禹穴在会稽山,见《皇览》,又见《太史公书》。人以葬衣冠为疑。考帝少康封庶子于会稽,以奉守禹之祀,则禹穴在会稽无疑也。《真诰》以禹醉钟山而仙去,此异说之谬也。又以穴藏禹治水秘策者,尤谬。……

认为传说中的禹穴就是大禹下葬之处,而"穴藏禹治水秘策者"之说尤谬,不可信之。然而,杨维桢所称的尤谬之事,现实中恰恰发生了。万历《绍兴府志》卷七有杨维桢的《镜湖》诗云:

> 与客携壶放画船,春波桥下柳如烟。林间好鸟啼长昼,席上高歌乐少年。醉里探书寻禹穴,醒来访隐过平川。樵风泾上神仙窟,知是阳明几洞天。

其中有"樵风泾上神仙窟,知是阳明几洞天"一语。对照上述《禹穴赋并序》和《镜湖》中的提法,杨维桢一方面不认可禹穴与道教的关系,一方面又认为与大禹没有关系的阳明洞天完全是道教的神仙窟。显然,杨维桢把阳明洞天与大禹传说作了切割,已将阳明洞天完全视为了道教的世界。唐方干的《题龙瑞观兼呈徐尊师》云:"或雨或云常不定,地灵云雨自无时。世人莫识神方字,仙鸟偏栖药树枝。远壑度年如晦暝,阴溪入夏有凌澌。此中唯有师知我,未得寻师即梦师。"(《全唐诗》第19册)龙瑞观位置在阳明洞天,方干对龙瑞观的描述,少了几分人间气象,充斥的是森森仙气。

再引康熙十三年(1674)《会稽县志》卷四《山川志下》"阳明洞"条中的两首诗。其一,为徐天祐诗:

> 何年灵石揩夸娥,洞穴云深锁碧萝。巨木千章阴翳日,阳明时少晦时多。

其二,为施钧诗:

> 谁扁阳明曰洞天,琼楼珠户万松寒。前山倩鹤收仙箭,古穴藏龙护法坛。欲对香炉分坐石,就开玉笥借书看。葛洪知我非凡子,来馈灵岩换骨丹。

从两首描写阳明洞天诗歌的内容中可以看出,其中已丝毫不见有关大禹传说的踪影,阳明洞天完全成了道家的气象。本书的第八章《晴禹祠、雨龙瑞:禹庙与阳明洞天的互补和融合》,曾讲述对于会稽山王阳明独钟阳明洞天之事,阳明在阳明洞天有过"幽哉阳明麓,可以忘吾老"的生活,似乎也不曾提及过大禹。与前述的两首诗一样,均体现了以得道成仙为终极目标的道教精神。

因此,第二种文化形态认为,禹庙是大禹治水功绩和精神的体现,阳明洞天则是得道成仙的道教圣地,两者之间没有任何交集,也不存在儒道互补的问题。

(三)第三种文化形态

第三种文化形态,既体现大禹治水的入世精神,又体现道家的超然气质,儒道共生互补,可视为两种形态的一种交叉和融合。第三种形态集中体现在唐宋以来对阳明洞天的阐述上。唐宋以来的许多文献,一方面,将阳明洞天描述为道教的洞天福地,另一方面,又将道教阳明洞天所得藏之书描述为大禹治水之书,而不再认为阳明洞天所藏之书就是道教曾经描述过的长生之方,阳明洞天出现了道中有儒的局面。

本书在第六章《从飞来石到道教圣地阳明洞天》中,曾引贺知章的《龙瑞宫山界至记》曰:"洞天第十,本名天帝阳明紫府真仙会处。黄帝藏书,盘石盖门,封宛委穴。禹至开,得书治水,封禹穴。"贺知章的《龙瑞宫图经篆山记》曰:"黄帝号为宛委穴,赤帝阳明之府,于此藏书焉。大禹始于此穴得书,复于此穴藏之。"可见,贺知章将道教阳明洞天里大禹所得藏书的内容,并没有认定为道教的长生之方,而是认定为了更具儒家经世致用色彩的治水之理。本书在第三章《飞来石和窆石:会稽山南北的两个禹穴》中,曾引用过比贺知章略晚的唐郑鲂(777~834)的《禹穴碑铭序》,《禹穴碑铭序》的一个主题就是强调"惟帝世圣时,必有符命",认为大禹探穴得到开世之符,成乎水功,是神人合谋的结果。因此,与贺知章一样,郑鲂心目中的禹穴,也是一种大禹得治水开世之符与道教洞天福地结合而成的一种形态。这种儒道共生互补形态,在曾任越州长史的宋之问的《祭禹庙文》(《全唐文》卷二百四十一)中说得更为明白:

> 昔者巨浸横流,下民交丧,惟后得流星贯昴之梦,受括地理水之符,底定九州,弼成五服。……当其葬也,上不通臭,下不及泉,棺绞葛兮坟收壤,鸟耘荒兮象耕田。先王为心,享是明德,后之从政,忌斯奸慝。酌镜水而励清,援竹箭以自直,谒上帝之休佑,期下人之苏息。

宋之问一方面强调大禹"受括地理水之符"以定九州的功绩,另一方面又强调大禹的德行,可"酌镜水而励清,援竹箭以自直",对后世的从政者有着积极的借鉴意义。宋之问的说法,既与贺知章、郑鲂儒道共生互补的说法一脉相承,又超越贺知章、郑鲂,将大禹受理水之符以定九州的功绩,上升到道德的高度,强调了对后世的影响。

唐代的这种认识,流传影响到了宋代。本书在第六章《从飞来石到道教圣地阳明洞天》中,曾引宋李宗谔编修的《龙瑞观禹穴阳明洞天图经》云:"会稽龙瑞观,在县东南一十五里,即大禹探灵宝五符治水之所。"其中也强调大禹在龙瑞观(阳明洞天)探得的是道教色彩的灵宝五符,而灵宝五符的内容则是治水之理。《会稽掇英总集》卷十一宋齐唐的《送张尊师监龙瑞宫》里诵道:

> 阳明洞天三月春,桃花艳艳迎笑人。仙官瑶裾翠羽裙,直上非烟骖紫麟。手把赤书秘玉文,朝谒太素三元君。琳房窈窕出青云,众真啸语林际闻。山精木魅知有主,敛戢鬼火摧飚轮。崇岩绝壑足清放,抗迹万里无埃尘。物不疵疠年谷熟,绰约曾潜姑射神。祈师努力学此道,下济泽国穷鳏民。

在这首描写阳明洞天神仙境界诗歌的结尾,齐唐还是没有忘记,让监龙瑞宫事务的张尊师"祈师努力学此道,下济泽国穷鳏民",分明有种儒家的入世情怀在其中。

阳明洞天既是道教圣地又是大禹得藏治水之书之地的结合形态,影响到了绍兴后世人们的行为方式。本书在第七章《阳明洞天里的道教活动》中,曾描述过绍兴城东南的禹陵乡望仙桥村村民所发现的钱镠银投龙简。投龙简本是道教斋醮仪式中的一个环节,但钱镠银投龙简的内容却是"愿两府封疆,永无灾难,年和俗阜,军庶康宁",希望名山洞府的神灵,能够保一方平安。同时,钱镠的银投龙简还希望保自己"不逢衰厄",保家眷"并乞平安",求得"寿龄延远,眼目光明,家国兴隆,子孙繁盛",将天上和人间结合了起来。本书在第七章所引阳明洞天飞来石上之《阳明洞天投龙简记》,赵宋王朝也云:"恭谢休征,为民祈福也。"本书第七章还引用过阳明洞天飞来石上两条宋代石刻:其一,"转运使、兵部员外郎直集贤院杜杞,议复鉴湖蓄水溉田。时与司封郎中知州事陈亚、左班殿直勾当检计馀元、太常寺太祝知会稽县谢景温、权节度推官陈绎,同定水则于稽山之下,永为民利。……"其二,"会稽守汪纲、通判蔡师仲、吴钥、会稽宰蒋如愚、山阴宰赵希□,以嘉定壬午(1222)二月既望,劝农于龙瑞宫,登射的亭,啜茗而归"。这两条石刻的内容有一共同特点,就是杜杞和汪纲等人,在道教圣地所强调的并不是如何能成仙,而是鉴湖如何能蓄水溉田、如何劝农的问题,其内容与大禹治水类似,少了一分仙气,多了几分人间治理之气。

本书在第八章《晴禹祠、雨龙瑞:禹庙与阳明洞天的互补和融合》曾经阐述过,北宋时期,有朝廷派内东头供奉官从山南的阳明洞天到山北的禹王庙设立道教道场的记载,宋徽宗政和四年(1114),禹庙更是改为道观,名曰"告成观",禹庙里的道教活动至少一直持续到宋代结束,儒道一直共生互补了下来。

由上可见,会稽山上,通过大禹传说,儒家、儒教和道家、道教,阳明洞天和禹庙,从来不曾真正分离,而是紧密结合在了一起。

二、儒道互补:会稽山上的主要文化形态

在上述三种文化形态中,第三种儒道共生互补的文化形态,是会稽山上的主要文化形态。

综合本书前八章的叙述,大禹传说与会稽山上禹庙、阳明洞天之间关系的演变,可分为四个阶段,现图示如下:

①战国时期:禹葬于会稽,后出现祭祀大禹的禹庙→②东汉时期:大禹得含通治水之理的金简玉字之书于会稽→③六朝时期:大禹藏含长生药方的灵宝五符天文于会稽→④唐宋时期:禹得藏含通治水之理的金简玉字之书于会稽之阳明洞天。

对照此图示,本节第一部分论述的会稽山因大禹传说衍生而来的三种文化形态中,第一种文化形态,即是图示的第一和第二阶段的结合形态,其所指向的会稽山上的大禹形象,体现了儒家的经世致用思想,与道教无涉,并没有道教的一席之地,因此,这种文化形态并不存在儒道互补相济的基础。

对照此图示,尽管本书曾在第八章《晴禹祠、雨龙瑞:禹庙与阳明洞天的互补和融合》之《王阳明与阳明洞天》中,论述过阳明洞天在王阳明式的儒道互补思想和行为中所起的特殊作用,但是,第二种文化形态,即图示的第三阶段为代表的形态,由于将道教的阳明洞天与传统的大禹传说相切割,完全独立于作为儒教的禹庙,因此,从整体而言,第二种文化形态只能说儒道共生于会稽山上,却不具有儒道互补相济的特性。

对照图示,在会稽山上因大禹传说衍生而来的三种文化形态中,既体现儒道共生,又体现儒道互补相济特性的是第三种文化形态,即图示第一阶段、第二阶段和第四阶段结合而成的文化形态。

从图示中可以看出,第三种形态并不是一开始就存在的。在战国、秦汉时期的第一和第二阶段,会稽山上儒家和儒教的经世致用色彩十分鲜明,而此时的道教尚在孕育之中。经过大禹传说的道教化洗礼,到六朝时期的第三阶段,脱胎于儒家、儒教的大禹传说一变成为道教学说的有机组成部分,从而在会稽山上出现了儒道共生的局面,但由于儒道互斥,因此,六朝时期儒道间的互补色彩并不明显。只有到了贺知章的唐代,通过将阳明洞天所藏灵宝五符的内容,由长生药方再次改为大禹治水之理,由此开始,阳明洞天不再是纯粹的道教洞天福地,而是成为藏有大禹治水之理金简玉字的道教阳明洞天。由此,由于大禹的共同存在,因为禹庙为大禹下葬之处,阳明洞天为大禹藏治水之理宝书之所,会稽山上的儒教禹庙和道教阳明洞天才能融合为一个有机整体,成为一对孪生兄弟,儒道方真正互补相济起来。

从本书第四章到第八章及本节第二部分之《大禹传说与会稽山上的三

种文化形态》的论述中可以看出,会稽山上的第一种文化形态和第二种文化形态,历代虽多有涉及,但始终是作为辅线而存在,并不是主要文化形态。从唐开始形成的会稽山上的第三种文化形态,即禹庙和阳明洞天共生、互补相济的形态,深深影响到了后世人们的思想观念和行为方式,才是唐宋以来会稽山的主要文化形态。

第二节　作为文化圣地的会稽山

王铭铭研究指出,法国著名社会学家和汉学家葛兰言研究古代中国文明时,是以自然主义、神话主义及封建式社会主义作为其理论基石的[①]。葛兰言所谓的自然主义,指的是以原始宗教混沌的大自然观念为基础,推导出来的宗教。葛兰言所谓的神话主义,指的是一种人类学的心态史研究。葛兰言认为,人们文明大多来自史前神话的思想世界,这一思想世界经通过文明早期人们的梳理、提炼和改造,逐渐变成一种对创新起到关键作用的心态,从而为文明的形成提供了基础。葛兰言所谓的封建式社会主义,指的则是一种分化式整合方式。其所言的"封建式的社会主义者",并不注重在实质权力基础上创造国家,而是主张以社会的文化符号体系来创设"符号性的政体",以此来维持"分权式的统一"。

绍兴的大禹传说,首先是基于原始宗教混沌的大自然观念发展起来的。本书第二章《会稽山的出现》之第四节《圣地:覆釜山成为会稽山核心的人类学分析》,曾引用葛兰言在《中国人的信仰》中提出的"圣地"概念,认为覆釜山之所以能够成为会稽山,首先是因为覆釜山是绍兴上古时期的一个圣地。覆釜山能成为绍兴上古时期的一个圣地,与卷转虫海侵后越族的迁徙路线有着紧密的关系。海侵让越族的生活被迫从平原聚落走向山麓冲积扇聚落,在经历山麓冲积扇聚落时期后,随着海水的退去,越族又重新开始回归平原聚落。由于覆釜山是越族由山麓冲积扇聚落而走向孤丘聚落和平原聚落的最后一座山脉,因此,在越族基于山麓冲积扇聚落而重新走向孤丘聚落和平原聚落的过程中,覆釜山逐渐成为绍兴上古时期的一个圣地。不管是生产经营,还是治水,覆釜山成为越族连接山麓冲积扇和孤

---

① 王铭铭:《葛兰言何故少有追随者》,《民族学刊》2010 年第 1 期,第 6 页。

丘及平原的一个重要节点,渐渐地,覆釜山成为越族经常聚会的圣地。在以覆釜山为圣地的节庆活动中,有着浓厚巫术色彩的越族,产生出了对神圣之地覆釜山的崇敬与祭祀。

作为原始宗教圣地的覆釜山之所以能够成为文化圣地会稽山,则是因为作为圣地的覆釜山引入大禹传说的结果。本书第一章《大禹传说与越族关系考》之第五节《大禹葬于会稽:越族对大禹传说的再度创作》和第二章《会稽山的出现》之第四节《圣地:覆釜山成为会稽山核心的人类学分析》曾经论述,随着大禹传说在夏、商之际由部分夏人南迁带入越地,越族人将大禹传说与当地的治水事业结合起来,进行沼泽平原的开发,越族逐渐把大禹视为了自己的治水英雄。由此,在以覆釜山为圣地的节庆活动中,越族对山川的崇敬与祭祀慢慢变成为对大禹的崇拜和祭祀。覆釜山经历了一个自然主义朝象征主义转化的过程,进而出现了与大禹关系密切的会稽山,从而让大禹传说的内容更加丰富多彩起来。

随着轴心时代的到来,大禹传说经历了历史化和宗教化的演变,一方面,以窆石为标志,会稽山上体现大禹匡世济民圣王形象的禹庙建了起来,另一方面,以飞来石为标志,会稽山上出现了体现大禹灵宝经派开宗祖师形象的阳明洞天。上节论证的第三种文化形态,既体现大禹治水的入世精神,又体现道家的超然气质,会稽山上形成了以儒道共生互补相济为主流特征的文化形态。

葛兰言说过:

> 中国的历史是一种文明的历史,这意义超过了一个政权、一个民族的历史。如果我们可以准确无误地指出它的要旨的话,那就是表现有关这一文化的观点、思想在如此悠久的历史中如何主流明确,基本上一脉相承,而且,文化概念始终超过了政权国家的概念。[①]

葛兰言的这段话,是对其"封建式的社会主义者"观点的一个注释,历史悠久的中华文化共同体构成了政权国家共同体的基础。从这一角度来理解,集南北麓道教阳明洞天和儒教禹庙于一体的会稽山,就是一个能够凝聚绍兴政治社会力量的文化圣地。从本书第四章到第八章的论述中可知,围绕

---

① 〔法〕葛兰言:《中国文明》,杨英译,中国人民大学出版社,2012年版,第142页。

着阳明洞天和禹庙开展的各种活动中,参与者不仅有官方,民间也是其中十分积极的一分子。笔者在本书写作材料的收集过程中发现,自有史料记载以来,绍兴的官民一直十分和谐地共处于会稽山南北麓的阳明洞天和禹庙以及南镇庙中,从来没有看到过会稽山上官民相冲突的材料。或许,中国正是因为有了如大禹传说这样共同的文化基础存在,才保证了中华文明五千年的绵延不断。因为不断从大禹传说中吸取营养,绍兴才创造出了灿烂的历史。

以会稽山为核心的自然主义、神话主义和封建式社会主义,三者之间具有连续的叠加关系。会稽山(覆釜山)原本是越族开展节庆活动、通过原始宗教对山川进行祭祀的圣地,随着大禹传说传入越地,越族对山川的崇敬与祭祀变成为对大禹的崇拜和祭祀,覆釜山变成了会稽山。让南北麓道教阳明洞天和儒教禹庙有机统一的会稽山,进而成为一个能够凝聚绍兴政治社会力量的文化圣地。在这中间,大禹传说的传入,无疑具有画龙点睛的作用。

第三节　大禹传说、儒道互补与一个城市的精神气质

一、作为中国历史文化名城的绍兴

作为 1982 年国务院公布的首批 24 个中国历史文化名城之一,绍兴历史上人才辈出、灿若星河,是中外闻名的名士之乡。

对于绍兴何以能成为中国历史文化名城,葛剑雄将越文化的发展与移民联系了起来。他认为,绍兴历史上越文化的发展,与东晋永嘉之乱和北宋末年靖康之乱后两次北方移民的南下有关。葛剑雄进而得出了以下结论:

> 绍兴有丰富的中国传统文化的底蕴,但从目前了解的情况看,这些文化并不是直接传自古代的越人,或者来自附近的河姆渡文化或良渚文化,而是来自黄河流域形成并传播开来的华夏文化。在全国大多数地方,特别是南方各地,一般都是如此。一个地方什么时候接受北方移民数量多,质量高,那一阶段就成为文化发展的黄金时期,成为从落后向先进转化的关键。今天在中国的汉族聚居区内,文字、语言、观念、礼仪、文学、历史、哲学、艺术等主流文化没有太大的区别,地方特

色主要反映在一些风俗习惯、民间文化、俗文化上,原因就在于不断地有移民把中原文化传播到各地。①

葛剑雄的上述结论,存在着两个问题:一是晋永嘉之乱和北宋末年靖康之乱以后,两次北方移民南下的中心分别在南京和杭州,绍兴只能是受到黄河流域文化影响的地区之一,并不是中心所在。如永嘉之乱后,当时南迁人数至少有七十万。一部分越过长江后,继续南进,到达今天的浙江和皖南地区,有的甚至深入闽广,但落户今江苏的较多,其中扬州所集南迁的人最多,几乎占全部南迁人总数的一半以上②。徐殳萍也论述过,永嘉南渡对嘉兴文化由尚武转为崇文所起的关键作用③。因此,只与移民文化挂钩,很难将绍兴何以能成为中国历史文化名城的原因完全说清楚。二是按照葛先生的观点,由于移民的影响,全国各地的雅文化大同小异,只是地方风俗文化有差异。然而,正如本书前面所论述的,以大禹传说为源头,绍兴文化虽然有与全国文化同质的一面,但也存在着显明的地域色彩。因此,葛先生的观点也很难解释雅文化中的绍兴地域色彩是如何形成的。

相对于葛剑雄的越文化移民形成说,对于绍兴历史文化的特质,杨义曾作过如下阐述:

> 《汉书·地理志》概述了吴越地理历史沿革之后,画龙点睛地提出了地域风气:“吴越之君皆好勇,故其民至今好用剑。”剑文化是古越文化的一大特色,堪与东晋衣冠南渡后的书文化并列为于越文化的千古二绝。④

杨义在将越文化解释为剑文化和书文化二绝的同时,实际上对越文化的形成做出了双源解释:剑文化来自古越文化,书文化则来自东晋衣冠南渡后的移民文化。

葛剑雄和杨义的观点虽有差异,但他们都认为,东晋衣冠南渡后出现

---

①参见葛剑雄:《移民与文化传播——以绍兴为例》,《绍兴文理学院学报(哲学社会科学)》2010年第4期,第4页。
②引自翦伯赞:《中国史纲要》,人民出版社,1983年版,第335～336页。
③徐殳萍:《永嘉南渡对嘉兴历史地理发展演变的影响》,《长江大学学报(社会科学版)》2010年第8期,第429～430页。
④杨义:《古越精神与现代理性的审美错综——鲁迅〈铸剑〉新解》,《绍兴师专学报》1993年第3期,第8页。

的移民文化,对越文化的形成,特别是书文化的形成产生了基础性的影响。本书则认为,北方移民的南迁虽然对越文化的形成和发展产生了重大影响,但从根源上来说,越文化本身内源式的演变更具有基础性的影响。战国以来,越地人民对大禹传说的不断阐释和完善,就是这种基础性影响的一个重要表达。

二、手执畚耜的大禹形象

彼得·贝格尔以宗教文化与人类活动的关系为主要线索,探讨了宗教文化对于人类"建造世界"和"维系世界"的作用以及这种作用的基础所在。贝格尔所谓的"建造世界",指的是人类构筑的自己生活其中的文化系统。贝格尔认为,在世界的原初时期,人与这个世界没有什么既定的关系,世界本身也无秩序和规律可言,人与这个世界的关系和秩序就是人类自己不断创造的结果。只有在人类自己创造的世界中,人才能确定自己的位置并进而实现其生命的闪光。这个人类自己创造的世界就是文化。贝格尔进而指出:

> 宗教是人建立神圣宇宙的活动。换一种说法,宗教是用神圣的方式来进行秩序化的。在此,神圣意指一种神秘而又令人敬畏的力量之性质,它不是人,然而却与人有关联,人们相信它处于某些经验对象之中。这种性质可以属于自然的或人造的对象,属于动物或者人,或者人类文化的客观化的结果。有神圣的岩石,神圣的工具,神圣的牛。酋长可以被神圣化,一种特定的习俗或制度也可以被神圣化。时间与空间可以被赋予神的特性,例如神圣的地方和神圣的季节等等。这种特性最后也可以体现在神圣的存在物之中——从极为局限的地方精灵到各种宇宙大神。而后者又可以转化为统治宇宙和终极力量或原则,人们不再根据人去设想它们,但仍然赋予了它们神圣的地位。……宗教所设定的宇宙既超越于人,又包含着人。神圣的宇宙作为超越于人的巨大有力的实在与人相遇。然而这个实在又向人发话,将人的生命安置在一种具有终极意义的秩序中。[1]

---

① 〔美〕彼得·贝格尔:《神圣的帷幕:宗教社会学理论之要素》,高师宁译,何光沪校,上海人民出版社,1991年版,第33~34页。

就像贝格尔所言的那样,绍兴会稽山上有关大禹的传说,便是一种神秘而又令人敬畏的力量,它将越地人们的生命安置在了一种具有终极意义的秩序之中。

本书在第一章《大禹传说与越族关系考》中曾经论述,夏、商之际部分夏人的南迁,给绍兴带来了有关大禹传说的故事。进而在远古时期的治水过程中,越族逐渐把大禹视为了自己的治水英雄。在中华文明有关大禹的传说中,大禹起于羌族西戎,兴于中原,但没有提及的归安之地。绍兴有关大禹传说的价值,在于让大禹葬在了绍兴,正是通过绍兴先祖的再度创作,为中华民族有关大禹的传说画上了一个完美的句号。

作为治水英雄,中华文明在对大禹形象的塑造过程中,作为治水工具的"耜"或"锸"具有重要意义。

《庄子·天下篇》载:

> 墨子称道曰:"昔者禹之堙洪水,决江河,而通四夷九州也。……禹亲自操橐耜而九杂天下之川,腓无胈,胫无毛,沐甚雨,栉疾风,置万国。禹大圣也,而形劳天下也如此。"

《韩非子·五蠹》曰:

> 禹之王天下也,身执木耒以为民先,股无完胈胫不生,虽臣虏之劳,不苦于此矣。

《淮南子·要略》曰:

> 尧之时,天下大水。禹身执畚锸,以为民心,疏河而导九支,凿江而通九路,辟五湖而定东海。

《史记·夏本纪》记:

> 禹伤先人父鲧功之不成受诛,乃劳身焦思,居外十三年,过家门不敢入。薄衣食,致孝于鬼神。卑宫室,致费于沟淢。陆行乘车,水行乘船,泥行乘橇,山行乘檋。左准绳,右规矩,载四时,以开九州,通九道,陂九泽,度九山。令益予众庶稻,可种卑湿。命后稷予众庶难得之食。食少,调有余相给,以均诸侯。禹乃行相地宜所有以贡,及山川之便利。

上文中所引的大禹所执的"耜"或"锸",是一种用于起土、穿土、培土的农业生产工具,形制为扁状尖头,后部有銎,用以装在厚实的长条木板上。木板肩部连接弯曲而前倾的长柄,柄与耜头连接处有一段短木末端,用来安放横木。使用时,手执横木,脚踩耜头短木,使耜头入土起土。上文中所引的"畚"则是指用木、竹等做成的用来撮垃圾、粮食等的器具。

从上述的引文中可以看出,手执畚耜的大禹形象,具有一种农耕文化的特征:他为民先、重大义,为治洪水过家门而不入;他劳身焦思,栉风沐雨,砺志自强,具有俭朴务实的农家之风。唐李绅的《禹庙》诗中有云:"削平水土穷沧海,畚锸东南尽会稽。"从大禹传说流传开始,手执农耜、为天下苍生平定水患的大禹形象,逐渐上升为一种耜文化,进而固化在越地人民的心中,具有了神圣的意义。到了当代,现存于绍兴大禹陵景区、治水广场等处的大禹像,大多还是执耜披蓑的形象。

更重要的是,越地先民对大禹传说的创作和传承,并没有止步于执耜披蓑的大禹形象。随着时代的变迁,一方面,在战国时代的中原逐鹿过程中,大禹所执的耜逐渐变成句践所持的那柄剑,开启了绍兴剑文化之源;另一方面,大禹所执的那杆耜又一变为笔,越地先民将大禹的形象与寻书联系起来,开启了以儒道互补为特征的绍兴书文化之源。

三、由大禹执耜到句践持剑

在《神圣的帷幕》中,彼得·贝格尔还认为,作为人们建造世界活动的产物,社会的形成是一个充满辩证关系的过程,这个过程包括了外在化、客观化、内在化三个阶段。贝格尔如是论述了外在化和客观化:

> 外在化,即人通过其肉体和精神的活动,不断将自己的存在倾注入这个世界的过程。客观化,是通过这种(肉体和精神两方面的)活动产物而达到一种实在,这种实在作为一种外在于其创造者并与之不同的事实性,而与其最初的创造者相对立。[1]

在绍兴先民通过精神活动,将自己的存在外在化,倾注于大禹,创造出执耜披蓑大禹形象的基础上,越地的人们又开始了大禹形象的客观化再创造过

---

[1]〔美〕彼得·贝格尔:《神圣的帷幕:宗教社会学理论之要素》,高师宁译,何光沪校,上海人民出版社,1991年版,第8~9页。

程。这种客观化再创造,首先表现在大禹精神由大禹执耜到句践持剑的转变上。

《越绝书》卷八云:"昔者,越之先君无余,乃禹之世,别封于越,以守禹冢。"说明大禹传说发展到战国时期,大禹已明确成为越族的祖先。在越为禹后说的传播过程中,远古时期的大禹精神开始和越地的原始气息结合起来,这种结合,体现在了越地剑文化的塑造上。

越地的剑文化是春秋战国时期群雄逐鹿过程中创造出来的一种文化。杨义曾如是总结过越地的剑文化特征:

> 所谓剑文化,蕴涵着复仇、尚武、砺志自强的精神素质。换言之,剑之在古越,乃是复仇雪耻,绝处求生的生命力量的象征。[①]

相对于远古时期基于耜文化的大禹精神,战国时期形成的越地剑文化,有了以下几个方面的传承与发展:

一是基于耜文化的大禹精神和越地的剑文化都有一种以天下为己任的使命感。

大禹为了治理洪水,可以"居外十三年,过家门不敢入"。越地剑文化中的复仇,也不是为了逞匹夫之勇。《国语》卷二十之《越语上》说得好:"越四封之内,亲吾君也,犹父母也。子而思报父母之仇,臣而思报君之仇,其有敢不尽力者乎。"说明越人的尚武,并不是一般的好勇斗狠,也不是"士为知己者用",而是以天下为己任,显示出一种重大义、讲气节的精神。

二是不管大禹执耜还是句践持剑,都有一种生生不息的意志存在其中。

尽管由于时代的变迁和环境的不同,在古越的历史长河里,大禹的执耜治水,到春秋战国时期,已变成句践的持剑称霸,古越的精神经历了从大禹执耜到句践持剑的转变,但中间的一种精神却从来不曾中断。《史记·夏本纪》记述大禹为治理洪水,劳身焦思,栉风沐雨,居外有十三年之久;《史记·越王句践世家》记述越王句践兵败从吴国回到越国后:"乃苦身焦思,置胆于坐,坐卧即仰胆,饮食亦尝胆也。"经过十年生聚,十年教训,最终打败强吴。从执耜的大禹到持剑的句践,都经历了较长时间的磨砺考验,

---

① 杨义:《古越精神与现代理性的审美错综——鲁迅〈铸剑〉新解》,《绍兴师专学报》,1993年第3期,第9页。

有种生生不息的意志存在其中。

三是越地的剑文化融合了越地的原始气息,体现出刚柔相济的特质。

《越绝书》卷八曰:"夫越性脆而愚,水行而山处;以船为车,以揖为马;往若飘风,去则难从;锐兵任死,越之常性……"本书第二章《会稽山的出现》中曾经论述,就算是在卷转虫海侵时期,越族的生活也不是一种单纯的山地聚落生活,而是"水行而山处",是一种有山有水的山麓冲积扇聚落生活。越地南靠会稽山,北临钱塘湾,域内峰峦叠嶂又水网交错,山水相依是其主要的生活方式,这种生活方式造就了越族独特的性格特征。

越族的"山处",是一种"随陵陆而耕种,或逐禽鹿而给食"式的生活,他们围绕会稽山地,从事着迁徙农业和狩猎业。越族的"水行"则是一种向水讨生存的生活方式,形成了"断发文身"这一越族特有的文化特征。《墨子·公孟》载:"越王句践,剪发文身。"《战国策·赵策》记:"被发文身,错臂左衽,瓯越之民也。"《庄子·逍遥游》云:"宋人资章甫而适诸越,越人断发文身,无所用之。"《淮南子·齐俗训》曰:"中国冠笄,越人短发文身,无用之。"从先秦众多文献的叙述可以看出,越族"断发文身"的习俗,在当时是众所周知的事实。对于如何进行"断发文身",《淮南子·泰族训》有云:"夫刻肌肤,镵皮革,被创流血,至难也,然越为之,以求荣也。"因此,越族的所谓断发,就是将发剪断,而不像中原华夏民族的束发带冠笄;所谓文身,即是用针刺或用一种锋利的器具在人身的不同部位刻画出各种图案花纹,并填以永不褪色的锅烟、丹青等颜色粉末。越人断发文身习俗的流行,由其所处的自然生态环境和经济形态所致。《韩诗外传》卷八记有:"廉稽曰:'夫越亦周室之列封也,不得处于大国,而处于江海之陂,与鼋鳝鱼鳖为伍,文身翦发而后处焉。'"《酉阳杂俎》记:"越人习水,必镂身以避蛟龙之意。"《淮南子·原道训》云:"九疑之南,陆事寡,而水事众,于是人民被发文身,以像鳞虫。"《汉书·地理志》曰:"(越国)其君禹后,帝少康庶子云。封于会稽,文身断发,以避蛟龙之害。"因此,由于古越多水乡泽国,又近海滨,人们常在水中捕捞,头发过长容易被江河中的鲨鱼、鳄鱼所抓或被障碍物所牵挂,于是,人们便将头发剪去,并在身上文上图案花纹,将自己打扮成蛟龙的形状,以避水中凶猛动物的伤害,从而出现了"断发文身"这一越族独特的文化特征。

由此,以"水行而山处"为日常生活的古越族,逐渐形成了一种刚柔相济的剑文化特质。

　　越地剑文化的"刚"主要体现在越族的"尚勇"上。越人之"越"字,由"走"和"戈"构成。"走"的古义是跑,"戈"的字意则为武器,因此"越"的意思就是拿着武器而跑。这一层意思就是如《越绝书》所云的"往若飘风,去则难从","越"的意思用现代军事学的话说,就是在运动中作战。许多古籍描述了越族的好斗、尚勇,《汉书·高帝纪》说:"越人之俗,好相攻击。"《越绝书》则说:"锐兵任死,越之常性也。"《汉书·地理志》更记有:"吴越之君皆好勇,故其民至今好用剑,轻死易发。"将越族的好斗、尚勇与剑联系了起来。的确,绍兴最早的地方志《越绝书》和《吴越春秋》,便将干将的师兄弟欧冶子认定为越人,并对欧冶子铸剑大为渲染,洋溢着剑文化精神的光芒。因此,剑就是春秋战国时期越文化"尚勇"的最好象征。越地剑文化的"尚勇",典型体现在公元前496年著名的吴越槜李之战中。《史记》卷三十一《吴太伯世家第一》:"十九年夏,吴伐越,越王句践迎击之槜李。越使死士挑战,三行造吴师,呼,自刭。吴师观之,越因伐吴,败之姑苏,伤吴王阖庐指,军却七里。吴王病伤而死。"在吴越槜李之战中,越军用敢死队,甚至以"自刭"震慑对方而取胜。可见越军的"锐兵任死"的确惊心动魄。

　　越地剑文化的"柔"则主要体现在越族的"幽微"上。据《吴越春秋·句践阴谋外传》记载,越地有越女,生长于会稽山南之林野中,精于剑术。句践誓报吴仇,以为虽有水战之舟,陆战之舆,而乏弓弩兵剑之利,乃以范蠡之荐,使使聘越女。越女应聘途中,逢一翁,自称袁公,欲与试剑。最后袁公不敌越女,变白猿而去。句践问以剑道,越女答曰:"其道甚微而易,其意幽而深……内实精神,外示安仪,见之似好妇,夺之似惧虎……"越女所称的剑道有"微而易"和"幽而深"两语,道出了越地剑文化的另一特征——"幽微"。南宋王十朋的《会稽风俗赋》以"慷慨以复仇,隐忍以成事"总结越地文化特征,因此,越地的剑文化虽尚勇,却远非蛮勇,而是"微而易"和"幽而深",有一种敏捷机灵在,有一种以屈求伸的心机在。夫差不识越人的"幽而深",结果付出了亡国的代价。

　　因此,刚柔相济体现了越地剑文化的双刃特质:其锋可削铁,其柔则可绕指。这种刚柔相济的剑文化,正是造就越地文化二千多年辉煌的原因之一。

　　必须要特别指出的是,古越文化由大禹执耜到句践持剑的转变,并不意味着大禹所代表的粗文化的消失,粗文化始终是越文化的基础所在。本书第一章《大禹传说与越族关系考》中曾经引用过陈桥驿先生的一个看法,认为“越为禹后说”是越王句践为了军事、外交和内政的需要而有意散布的。的确,尽管越是否为禹之后尚有不同的看法,但是越王句践大力宣传“越为禹后说”则是一个不争的事实。“禹葬会稽”“越为禹后”都是在春秋战国时期句践争霸时流行起来的。本书在第四章《从窆石到儒教圣地禹庙》中曾经论述,虽然《史记·越王句践世家》认为绍兴祭禹之典始于夏后帝少康之庶子,但并没有具体祭祀地点的描述。到了先秦的《越绝书》和东汉的《吴越春秋》,才有祭祀大禹于覆釜(鬴)山的描写。因此,绍兴的祭祀大禹,实际上兴起于春秋战国时期越王句践称霸以后。由此可见,越地的剑文化就是在句践大力宣传大禹所代表的粗文化中发展起来的。本书上文从三个方面对大禹精神和越地剑文化的传承与发展的论述中,也可以看出,战国时期形成的越文化是在远古大禹粗文化的基础上逐渐形成的,两者之间一脉相承,存在着清晰的血缘关系。

由此,由大禹执耜到句践持剑,在大禹粗文化基础上,至战国时期,越地发展形成了自己的剑文化特色。

四、大禹寻书的儒道互补式书写

在由大禹执耜到句践持剑,越地发展形成剑文化的基础上,大禹所执的那杆耜又变为笔,越地先民想象出了大禹寻书的故事。

葛剑雄和杨义都对越地书文化的形成与东晋衣冠南渡后出现的移民文化联系起来。的确,移民文化对越地书文化的形成产生过重大影响,而且,这种影响从越地的远古时期就开始了。本书在第一章《大禹传说与越族关系考》和第二章《会稽山的出现》中,综合董楚平等人的研究认为,绍兴有关大禹的传说,应是夏末至商代早期,部分夏人南迁入浙的结果,绍兴的“会稽”地名很有可能是山东夏裔从山东带来的。秦汉以后,北方的大战乱,又造成了几次南下的移民潮。比如,两汉之际,东汉末年到三国,晋永嘉之乱到南朝前期,唐安史之乱到五代,北宋靖康之乱至元朝初期,移民不断从北方迁移到包括绍兴在内的南方各地。在这些移民中,出现了绍兴历史上的许多名人。如《论衡》的作者、东汉杰出的思想家王充,绍兴东晋时期的王氏家族和谢氏家族中,更是涌现出了王羲之、谢安等一群名人。他们对越文化的形成和发展产生了重大影响。

北方移民的南迁虽然对越文化的形成和发展产生了重大影响,但是,切莫忘记,越地文化更是在融合外来文化中表现出了相当强的创造力。这种创造力,对越地书文化的产生和发展,对越文化内源式的演变,更具有基础性的影响,外来移民只有在吸纳越地文化精华的基础上,才能脱胎成为真正的绍兴名人。

越地人民对大禹传说的不断阐释和完善,是远古越地文化融合外来文化十分重要的一个方面。在禹葬会稽的基础上,《越绝书》又创作出了关于大禹在覆釜(会稽)山下寻书的故事。本书第一章《大禹传说与越族关系考》曾经论述,《越绝书》的成书年代至迟在西汉之前,在禹葬会稽的基础上,《越绝书》成书过程中,越地先民又将大禹的形象与书籍联系起来。《越绝书》卷八中云:"覆釜者,州土也,填德也。禹美而告至焉。禹知时晏岁暮,年加申酉,求书其下,祠白马。"记述了大禹在覆釜(会稽)山下寻书的故事。目前,尚没有材料可以说明,《越绝书》何以要让大禹寻书会稽。但是,大禹寻书会稽的记载说明,远在战国时期越地的书文化已经开始萌芽。尽管《越绝书》并没有言及大禹所寻之书的具体内容,却是为以后儒道各家对书内容的解释提供了想象的空间,绍兴的书文化之流从此开启,而不必等到东晋衣冠南渡,借助于北方移民之力,绍兴才能开启书文化之源。

对于《越绝书》大禹寻书的具体内容,本书在第六章《从飞来石到道教圣地阳明洞天》中曾经论述,在汉初开始的谶纬造神运动中,受纬书典籍特别是《遁甲开山图》的影响,《吴越春秋》将大禹所寻金简玉字之书的内容确定为治水之理。到了东晋时期的道教著作《太上灵宝五符序》,又将大禹所寻金简玉字之书的内容记述为含有长生药方的《灵宝五符天文》,从而让大禹传说与道教结合起来,使得会稽地区成为灵宝经之源和群仙聚集的圣地。受此影响,到了唐代贺知章的时候,再将会稽山之宛委山大禹得藏书的内容确定为治水之理,并称藏书之地为道教三十六小洞天中的第十洞天——阳明洞天。由于唐代既称大禹所寻之书的内容为治水之理,又称得藏书处是道教的阳明洞天,从而将道教的洞天福地与儒教的经世致用结合起来,开始了对大禹寻书内容的儒道互补式书写。

阳明洞天既是道教圣地,又是大禹藏治水之书所在的结合形态,典型反映在唐宋以来诗歌的创作之中。《全唐诗》卷四百八十一李绅之《禹庙》云：

削平水土穷沧海，奋锸东南尽会稽。山拥翠屏朝玉帛，穴通金阙架云霓。秘文镂石藏青壁，宝检封云化紫泥。清庙万年长血食，始知明德与天齐。

宋孔延之《会稽掇英总集》中张伯玉之《访禹穴至阳明洞》云：

宛委山前舣画船，攀萝渐入太霄边。因寻大禹藏书穴，深入阳明古洞天。万壑秋光含细籁，数峰寒玉立苍烟。宝函金篆久稀阔，欲就皇人讲数篇。

《会稽掇英总集》钱公辅之《禹穴》云：

一朵云根压众岚，古传深坎自天錾。藏书未必先王事，好怪惟闻太史探。洞府闲来何寂寞，龙髯垂处认虋鬖。近岩更剖知章字，谩识奇踪意自甘。

《全宋诗》卷一百六十三齐唐的《题禹庙》云：

削断龙门剑力闲，遗祠终古鉴湖边。昆墟到海曾穷地，石穴藏书不记年。春色门墙花滴雨，晓光台殿水浮烟。涂山万国梯航集，告禅录坛岂偶然。

明代《太师诚意伯刘文成公集·卷十六（下）》刘基的《谒夏王庙有感》云：

一片宫垣粉臄新，前王陵庙在松筠。玉书金简归天地，贝叶昙花诧鬼神。沧海波涛纤职贡，山川草木望时巡。苗顽未狎虞阶舞，空使忠良泪满巾。

清雍正《浙江通志·艺文》之明代郑善夫《禹陵》云：

脱屣行探禹穴灵，万年鸿室秘丹扃。梅梁窆石空山里，想见虞廷旧典型。

清雍正《浙江通志·艺文》之明代杜肇勋之《禹陵》云：

振壑松涛满，鸣春谷鸟同。山光青抱日，林气绿含风。金简苔痕没，雕梁梅影空。夕阳幽照里，樵背杜鹃红。

嘉庆《山阴县志》之清代毛奇龄《禹庙》云：

> 夏王四载告成功，别禅苗山起閟宫。玉帛千秋新祼荐，衣冠万国旧来同。金书瘞井封泥紫，窆石悬花映篆红。一自百川归海后，长留风雨在江东。

清乾隆《绍兴府志》记，乾隆四十五年遣内阁学士德明致祭夏禹王文云："……治光暨旋，高山留会计之名；烈著随刊，秘简想灵威之守。……"其中祭大禹所言的"高山留会计之名"和"秘简想灵威之守"，包括对大禹儒道两个角度的评价。这种儒道两个角度的评价，也是上述所引诗歌的共同特征。"秘文镂石藏青壁，宝检封云化紫泥。清庙万年长血食，始知明德与天齐。""脱屣行探禹穴灵，万年鸿室秘丹扃。梅梁窆石空山里，想见虞廷旧典型。"大禹的秘简始终是文人们的主题之一。这一切均意味着，会稽山上的儒道两家，从不互斥，而是有机融合在一起，共生互补于会稽山中，共同书写了灿烂的越地书文化。

五、大禹传说、儒道互补与一个城市的精神气质

本书在《导言》中曾经强调，要用文化社会学的方法研究绍兴会稽山之大禹传说与儒道互补的关系。文化社会学认为，一个地方文化中的故事、神话蕴含着一个地方的价值和理想，地方文化就产生于成员们所创造的、体现其价值所在的特殊符号和独有仪式之中。在《神圣的帷幕》中，对于社会形成的外在化、客观化、内在化三个过程中的内在化，彼得·贝格尔做了如是论述：

> 内在化，是指人重新利用这同一个实在，再次把它从客观世界的结构变为主观意识的结构。正是通过外在化，社会变成了人的产物，通过客观化，社会变成一个特殊的实在，而通过内在化，人则成了社会的产物。①

绍兴的先民通过其丰富多彩的精神活动，创造出了执耜披蓑的大禹形象。以此为基础，绍兴的先民既让大禹执耜转化为句践持剑，发展出绍兴的

---

① 〔美〕彼得·贝格尔：《神圣的帷幕：宗教社会学理论之要素》，高师宁译，何光沪校，上海人民出版社，1991年版，第8～9页。

剑文化特色,又让手执畚耜的大禹寻起书来,发展出绍兴的书文化特色,同时还将大禹传说客观化为会稽山上的禹庙和阳明洞天两处文化符号。尔后,越地的人们怀着对禹庙和阳明洞天的崇敬和向往,又将自己创造的传说内在化在自己的主观意识和实际行动之中,维系着这个世界的秩序和意义。

万历《绍兴府志》之《绍兴府志叙》说得妙:

> 绍兴,古越句践之遗墟。而东海之裔郡,肇自禹会诸侯于此。垂数千年矣! 圣哲之所创营,贤豪之所表竖,既已著之简册,辉映后先。而襟带江海,山川郁纡,往往又为海内名儒达士、仙释隐逸者所艳慕而游处……

越族,是大禹和句践的后裔,绍兴,是名儒达士和仙释隐逸者聚集的圣地。大禹陵碑廊内现存的民国二十三年中国水利工程学会的《会稽大禹庙牌》云:

> ……所谓众者,必有一致之目的,一贯之精神,群策群力,申于一途,乃可有济。唯目的趋于一致尚易,而精神统于一贯实难,必有一极高尚之人格,其德业可以为全国万世之所共同崇仰而不渝者以为师表,始可以合千万人而一之。吾华民族每一行业,必有其所祀之神,旨在乎斯,矧天下大业容有逾于平成者乎! 亘古人格容有过于大禹者乎!

认为大禹精神的意义在于让人们有了统一的目的和精神。公元前490年,句践为打败强吴,将会稽山中交通较为不便的都城"徙治山北",来到会稽山北的"四达之地",以作为越国的政治、经济、文化和军事中心。从此,虽历经战争风雨洗礼,绍兴的城址从来不曾有过大的变更,至今已有2500多年的历史。然而,生活在城区的人们,又常常会把目光投向南面的会稽山,因为那里有他们的祖先大禹,越地的人们每年都会到会稽山举行各种祭祀仪式,会稽山是他们的精神寄托之所在。

现实中的绍兴有一个令人迷惑的文化现象,许多看似矛盾的现象却是有机地统一在了一起:一是越地水网密布、风景秀丽,流行的是委婉缠绵、讲述才子佳人、富于阴柔美的越剧,但越地高亢激越、讲述英雄伟人、富于阳刚美的绍剧,也不乏听众的存在。二是历史上绍兴的普通百姓以"小气"、"精明"、"世故"著称,特别是"绍兴师爷",更为人们所诟病,绍兴百姓似乎成了中国小男人的代表。但当国家、民族危亡之际,越地历史上舍生取义者不乏其人,表现了绍兴人英雄无畏的一面。要理解绍兴的这一充满文化张力的矛盾现象,可以用绍兴的文化圣地会稽山上儒教禹庙和道教阳明洞天的互补相济来进行阐释。

基于文化圣地会稽山上儒教禹庙和道教阳明洞天的互补相济,本节第二部分《由大禹执耜到句践持剑》和第三部分《大禹寻书的儒道互补式书写》,以手执畚耜大禹形象所代表的农耕文化为基础,阐述了绍兴书文化和剑文化的产生发展过程。其中的农耕文化和书文化、剑文化,是绍兴历史文化的三个有机组成部分。

以手执畚耜大禹形象所代表的农耕文化,是绍兴文化的底色所在,这是一种日常生活中没有多少文化的平民阶层所表达出来的文化方式。越地平民阶层为求生计有着,多以农事、商贾、工匠为务,人性俭啬椎鲁,胆小怕事,唯求性命于乱世。他们的价值系统俭朴务实,首先是重实利,追求物质上而不是精神上的满足。因此,他们上会稽山,大禹、南镇土地爷爷什么都拜,只是在庸常生活中感知着朴素的儒道思想。绍兴的普通百姓和"绍兴师爷"都属于这一类。

由大禹寻书开启的绍兴书文化,是越地乡民社会中候补官僚、退任官僚及地主商人等所组成的乡绅阶层所表达出来的文化方式。他们一方面知晓生存的艰辛,另一方面又知书达礼,他们既肯定现世与人生的价值,又不否定来世的存在和重要性,兼有儒家的"入世"与道家"超越"的特点,在世俗生活中感知着神圣的境域,在"穷则独善其身、达则兼善天下"间寻找着一种平衡。绍兴历史上许多的文人骚客大多可归入这一类。

由大禹执耜到句践持剑发展起来的绍兴剑文化,是绍兴在非常时期的一种文化表达形式。手执畚耜的大禹形象代表了一种为民先、重大义和栉风沐雨、俭朴务实的精神,剑文化则是大禹精神在非常时期的一种延伸,就像当年句践的卧薪尝胆,只有在国家危亡的时候才会被激发出来。

这种"断发文身"的越地先民,在"水行而山处"中创造出来的带着浓浓血腥味的"尚勇任死"式的剑文化精神,在与绍兴的书文化精神相结合后,构成为绍兴历史文化史中最亮丽的一抹。从"卧薪尝胆"的句践开始,到魏晋时主张"越名教而任自然"、"审贵贱而通物情"的嵇康,因"刚肠疾恶"而为司马昭所不容,临刑一曲《广陵散》成千古绝唱。至于清末民初的徐锡麟、秋瑾,更为世人所知。绍兴历史文化史中,"尚勇任死"的剑文化精神,最典型的体现是在明末清初绍兴的乡绅阶层中。计六奇的《明季南略》第五卷记述了许多绍兴士绅的壮烈表现,其中的"思任又上士英书"记述了明礼部尚书王思任的振聋发聩之语:

> 吾越乃报仇雪耻之国,非藏垢纳污之区也。

非常明确地将明末清初的绍兴与句践报仇雪耻的越国联系了起来。王思任的《脚板赞》中,又有"脚底有文,脚心有骨"之语,表达了文化人应具有的风骨。因此,王思任的"吾越乃报仇雪耻之国,非藏垢纳污之区也"之语,代表了明末清初绍兴文化中剑文化与书文化交融的特质:清军南下浙江后,明总督苏松的兵部侍郎、山阴人祁彪佳坚拒投清,写下"含笑入九原,浩然留天地"的绝笔,投入水池中端坐而死。著名思想家、明工部侍郎、山阴人刘宗周在清军占领杭州后,推案恸哭,抱着"与土为存亡"的决心,辞别祖墓,留下绝命诗曰:"留此旬日生,少存匡济志;决此一朝死,了我平生事。慷慨与从容,何难亦何易!"绝食二十天而卒。清军兵临绍兴,明兵部尚书、山阴人余煌下令大启九门,放兵民出走后,自己朝服袖石,自沉于东郭门外渡东桥下深水处殉节,衣带间藏有绝命辞,曰:"穆骏自驰,老驹勿逝。止水汨罗,了吾事。有愧文山,不入柴市。"师事刘宗周的会稽诸生王毓耆,在清兵破杭州后,于其家大门上高悬字幅:"不降者,会稽王毓耆也。"闻刘宗周死节后,亦投柳桥河而亡。绍兴城破,王思任坚拒清吏的劝降,闭门大书"不降"二字,留下遗言:"社稷留还我,头颅掷与君。"在祖墓旁筑草舍居住,拒剃发,绝饮食,七日而卒。

绍兴有历代凿石留下的鬼斧神工般的曹山,明末清初山阴人张岱在《琅嬛文集·越山五佚记》之《曹山》中,针对其祖父张汝霖对曹山"谁云鬼刻神镂,竟是残山剩水"的感叹,有如此一段评价:

> 吾想山为人所残,残其所不得不残,而残复为山;水为人所剩,剩其所不得不剩,而剩还为水。山水倔强,仍不失故我。

张岱对祖父张汝霖所言"残山剩水"的一句"山水倔强"评价,道出了古越精神中的那一份"硬气"①,彰显出绍兴士人的气节。这一脉从句践开始的剑文化精神,通过与绍兴书文化精神的交融,经过人们口耳相传的故事,依托着禹陵、阳明洞天、越王台等历史遗迹,一路绵延流传下来,已沉淀于绍兴人的血液之中。

绍兴的这种文化,平日里波澜不惊:或是桑园阡陌里俭啬椎鲁百姓的埋头苦干,或是稽山镜水间文人雅士的渔舟唱晚;但一遇非常时期,便会崩出惊人的能量,涌出一股直冲天际的豪气。这就是越地文化的张力之所在。

越地文化中的这种特性,是越地人民借助大禹传说,自己创造出来的。按照彼得·贝格尔所言的社会形成之外在化、客观化、内在化三个阶段,本节前面已经指出,绍兴关于大禹会稽诸侯、下葬会稽和寻书会稽的传说,是越地人民将自己内心的精神世界用神圣方式来进行秩序化的产物。围绕会稽山,越地人民不仅将远古时期大禹执耜治水形成的耜文化,发展出用于春秋战国时期句践持剑争霸的剑文化,出现了越地文化耜剑文化并存的局面,而且通过对大禹寻书内容的不同解释,将道教的逍遥自在与儒教的经世致用结合起来,形成对大禹所寻之书内容的儒道互补式书写,开启了绍兴书文化的形成和发展之旅,出现了会稽山南北麓儒道并存互补的局面。接着,面对会稽山上的禹庙和阳明洞天,越地的人们怀着深深的崇敬和向往,又将自己创造出来的神圣精神内在化在了自己的主观意识和实际行动之中。这是一种吸纳了越地原始气息、糅合了儒道、圆融了书剑的精神气质,作为中国历史文化名城的绍兴,就是在越地这种文化氛围中慢慢练成的。

---

①陈越的《剑与书:越文化模式与鲁迅的精神结构》(《西南民族大学学报[人文社科版]》2006年第7期),对绍兴越文化中的"硬气"有精彩的论述。

结　语

　　本书在《导言》中曾经指出，要揭示源于先秦时期的大禹传说，与会稽山上禹庙和阳明洞天演化过程的关系，以及隐藏在会稽山文化背后的世界图像，首先需要厘清"天下"理论、"天人合一"和儒道关系、轴心时代的世界图像三个方面的关系。本书的《结语》将以此为基础，通过"巫术式宇宙图像基础上的儒道分流"、"大禹传说的历史化和宗教化演变"、"会稽山文化的起源与演化"三个部分进行总结，以个案的方式验证中国的轴心时代文明是如何影响中国古代文明走向的。

一、巫术式宇宙图像基础上的儒道分流

（一）轴心时代的儒道分流

　　虽然人类社会几乎同时进入到了雅斯贝斯所称的轴心时代，但由于各个区域传统的不同，形塑出的文明形态各有特点。在长期研究中国青铜时代的基础上，对于中国古代文明和西方文明的差异，张光直提出了著名的"连续性"和"破裂性"概念：

> 　　对中国、马雅和苏米①文明的一个初步的比较研究显示出来，中国的形态很可能是全世界向文明转进的主要形态，而西方的形态实在是个例外，因此社会科学里面自西方经验而来的一般法则不能有普遍的应用性。我将中国的形态叫做"连续性"的形态，而将西方的叫做"破裂性"的形态。②

张光直区分了"连续性"和"破裂性"两个概念。他认为，就世界范围而言，人类文明的产生有两种基本方式：一种文明以人与自然关系的改变为契机，通过技术突破，通过生产工具和生产手段的变化而引起社会的质变；另一种文明则是以人与人关系的改变为主要动力，在技术上并没有多大的突

①"苏米"大陆现一般译为"苏美尔"。
②〔美〕张光直：《美术、神话与祭祀》，郭净、陈星译，辽宁教育出版社，1988年版，第117~118页。

破,主要通过政治权威的建立与维持进行着社会的渐进式变化。前一种文明以古代两河流域的苏美尔文明为代表,其特征是金属工具在生产和灌溉中的大规模运用,贸易的扩展,文字对经济的促进,神权与国家的分立,这种文明成为近现代西方文明的主要来源。后一种文明以玛雅—中国文化连续体为代表,其特征为金属在政治与宗教活动中的广泛运用,政治分层系统与网状结构的形成,文字和艺术成为宗教的附属品,成为天人沟通的工具。前者的兴起突破了自然生态系统的束缚,并与旧时代之间产生了断裂;后者则从史前继承了各种制度、观点与仪式。因此,张光直所谓的中国古代文明"连续性"特征,主要表现在文明的演进是一种渐进式变化,认为中国文明从史前继承了许多的制度、观点与仪式。

雅斯贝斯论述的是包括中国在内的世界文明在轴心时代所取得的突破,强调了世界的同一性,张光直则通过区分"连续性"和"破裂性",强调了世界文明的差异性。以连续性为特征的中国古代文明的突破,是以巫术式宇宙图像为基础,升华而成的一种系统且合理化的知性形构。

中国古代文明的一个主要特征,是三代的统治带有强烈的巫术色彩。中国历史上,由巫来管理的中国上古时期,曾经历过家为巫史到绝地天通、政教合一的过程。在家为巫史阶段,人人均有自己的巫术行为,他们将自身无法克服的所有对象精神化、神灵化,巫术执行者是自己,巫术祈求的对象也是自造的神灵。到绝地天通、政教合一阶段,政治权力独占了天地人神沟通的手段。身兼太卜、太祝、太巫多种身份的君王,既是神灵与人之间的中介,更是政治和军事领袖。通过巫术神异力量的制度化,中国历史上出现了"神人合一"的君主制度。

中国的轴心突破是从三代的礼乐传统开始的。作为"事神致福"祭祀传统的重要组成部分,中国上古时期的礼乐一开始就是由巫创造的,礼乐的设计与执行也一直操在巫师集团的手中。虽然后来礼乐的领域不断扩大,但"事神致福"的祭祀传统依然是其中的核心。因此,从这一角度看,礼乐与巫始终保持着互为表里的关系,体现出浓烈的宗教功能。周公的"制礼作乐"就是以礼乐传统为背景而出现的礼乐史上一个划时代的大变动。通过对带有巫风的属于自然关系的亲属制度的理性化、政制化改造,原始的血缘组织逐渐发展成为宗法制,上古的"天道"逐渐向"人道"移动,周初以下的礼乐从宗教—政治扩展到伦理—社会的领域,开创出了儒家所谓的三代王道之治。与此同时,道家也从原始宗教的巫史文化中逐渐脱胎而出,与儒家一起开始占据中国文化的主导地位。

　　对于儒道思想从巫术礼仪中产生的具体时间,胡孚琛在《道家、道教缘起说》[①]中认为,儒道思想发端于西周初年。周武王以太公望吕尚为师,以周公旦为辅,代表了原始宗教的两种倾向。姜太公简政从俗、注重功利和效益、尊贤尚功的政治路线和顺应民间巫教的宗教政策,孕育了后世道家、墨家、法家、兵家等学说和神仙方士活跃的种子;周公"制礼作乐",将天人合一、政教合一的"巫"的特质制度化地保留下来,周公旦之子伯禽治鲁执行了一条以维系宗法血缘关系纽带为特征的"亲亲尚恩"政治路线,采取"变其俗,革其礼丧"的宗教政策,建立了一个以家为国,拘守官僚程序的政治体制。太公望治齐和伯禽治鲁的两条政治和思想路线,影响到了尔后出现的道家和儒家的思想特征。

　　从巫术礼仪中分流而出的道家,是三代文化的批判者,对传统的礼教采取了"超越"的方式,断定礼教的产生是社会和人性堕落的结果,以为人生应当顺从天地之道与万物合流同化,提出了"道"的范畴,并建立起一套包括宇宙论、本体论、认识论、辩证思维在内的形而上学体系。道家专注于超世和天道,儒家则专注于经世和人道。儒家顺应理性和人文主义的潮流,是夏商周三代文化的总结继承者,以维新的方式承接了宗法礼教的框架,温和地对宗法礼教的内部进行了改造。周公"制礼作乐"主要完成的是外在巫术礼仪的理性化,孔子则释"礼"归"仁",在将行之贵族的礼乐观念普化于大众的同时,也完成了内在巫术情感的理性化。以巫术礼仪中的神圣情感为基础,儒学创造性地将世俗生存中的夫妇、父子、兄弟、朋友、君臣之间的人际关系和人际情感,宗法制的"亲亲"、"尊尊"转化为了具有神圣价值和崇高效用的人间情谊。

(二)从儒家、道家到儒教、道教

　　尽管儒道从原始宗教中脱胎而出并占据主导地位,但作为原始宗教核心的巫史文化并未完全消失。巫史文化存在的证据首先表现在巫术思维上。"在思维结构与思维模式上,巫文化的结构与模式在轴心突破后的思

---

① 胡孚琛:《道家、道教缘起说》,《哲学研究》1991 年第 4 期,第 59~68 页。

想和文化史上仍有一脉相承之处。"①巫术的特征是对超自然力量的信仰，人可凭此种力量来控制世界。原始思维直观的经验常常以巫术性质的想象表现出来，这种通过想象的心理结构网过滤而来的表象和概念即是巫术思维，其中用巫术思维编制的故事是神话，而用巫术思维指导的实践即是巫术。轴心时代形成的儒道及诸子各家，虽通过对原始巫术观念的超越和扬弃获得了自己思想的本质规定性，但这种理性化并不彻底，它只是内容上的革命，而在思维方式上则一仍其旧。这是因为，轴心时代形成的儒道及诸子各家思想的形成，需要一种天人之间存在某种神秘联系作为逻辑前提或基础，而以"万物有灵"和"主客互渗"为特征的巫术思维就是这一前提或基础的提供者。正是在这样的思维框架里，中华文明呈现出了人与自然的连续性特征。而且，轴心时代以后，巫史文化也在民间小传统中继续存在着。春秋战国时期，尽管人本主义者批判放弃了许多古代的神话和习俗，古代宗教系统中的信念及礼仪的重要性也逐渐减退，巫的社会地位被文化程度较高的方士所取代，但是原始宗教并没有因此而消失。巫术活动只是不断从上层文化退缩到下层和民间，逐渐流入民间形成小传统，成为各种民间宗教的源头，一直存在于家庭、经济团体、村社团体、国家等各个层面之中。

因此，轴心时代的理性主义兴起之后，中国以巫术宗教为基础的信仰主义并没有因此消失。从中国文化发展的历史轨迹考察，理性主义思潮和信仰主义思潮总是以互补的形式出现，世俗文化和宗教文化常常呈现出此消彼长的趋势。三代时期宗教文化浓厚，世俗文化的理性色彩薄弱，春秋战国时期理性精神和人文思潮充斥世俗文化之中，宗教文化退居次要地位。到汉代，世俗文化又出现宗教化倾向，宗教文化得到了较大发展。正是在这一背景下，儒家、道家通过和巫术式思维结构与思维模式以及地方小传统的融合，产生出了中国的儒教和道教。

作为最具理性色彩的儒家学说，其在宗教方面并不否认天命，孔子虽不探究形而上的天命鬼神在本体论上的有无，但他从不否认其存在的可能性，而且明确维护作为古代礼乐制度的祭祀之礼，并借用巫术式世界图像实用主义地"神道设教"，以为儒学价值的诉求，争取尽可能大的现实效果。

---

① 余英时：《论天人之际：中国古代思想起源初探》，中华书局，2014 年版，第 51 页。

　　孔子敬鬼神而远之的态度在独尊儒术的历代封建社会中既是制裁巫术的依据，也为巫风之延续和弥漫提供了口实。汉代的谶纬学即是由孔子学说在巫风中炮制出来的。汉代儒学吸收了道法家和阴阳家的学说，承续并完成了自思孟、《周易》以来，以阴阳五行为构架、具有"相生相克"反馈机制的天人宇宙图式，"天地君亲师"构成了这一图式的主要支柱，成为人们崇拜、敬爱和服从的对象，一套以国家为中心的敬天拜祖的礼仪逐渐形成。这一礼仪吸收了许多原始宗教的观念，信奉至高无上的上帝，以自然界的各种力量为神祇，并对历史上的民族英雄进行了神化。最隆重的礼仪是由皇帝亲自主持的祭天和祭拜皇族祖先仪式，同时，这一礼仪还崇拜日、月和天地众神祇，山神、湖神、河神以及被封为城隍的历代忠良，受到人们的膜拜。虽然孔子没有被供奉为神，但一套以孔子为中心，连同其弟子及历代先儒所形成的崇拜传统却发展起来。孔子被尊为"至圣先师"，备受历代学者景仰。正因为如此，儒学常常被中国人视为"礼教"。

　　战国以后，轴心时代出现的百家之学呈现相互融会的趋势，产生了继承老庄思想、以阴阳五行而著名的黄老之学。西汉初的黄老之学尚是君王南面的政术，汉武帝罢黄老而用儒术后，黄老学中杨朱派的尊生全性说得到了发展，在西汉末逐渐演变为修身养性之学。在这一时期，春秋时期以古代巫教为基础、追求长生不死的神仙家，逐渐和阴阳家、方技家、术数家合流，在战国末期组成修习各类道术的方士集团，史家称为"方仙道"。到西汉，社会上形成庞大的方士阶层，专以各种神仙方术谋生，方仙道极为活跃。

　　新莽时期谶纬经学流行，神学信仰主义弥漫，黄老之学开始大量接纳神仙养生思想。东汉以后黄老学派和方仙道合流，神仙方士皆以黄老为宗，修黄老养性之术，方仙道一变而为黄老道，黄老之学和方仙道结合为黄老道信仰，从而成为汉末早期道教的先驱。东汉末年产生的道教文化，是将黄老之学宗教化和方术化，同时又将从巫史文化中脱胎出来的道家、墨家、阴阳家、神仙家、方技家、术数家，连同民间的原始宗教，包括部分的儒家伦理，进行重新消化和融合，最后产生了中国的道教。

二、大禹传说的历史化和宗教化演变

　　中国古代文明具有"连续性"的特征，作为中国轴心时代文明的一部分,大禹传说的演变,也应作如是观。作为原始意识统一体的神话传说,历史化和宗教化是大禹传说演变的主要趋势。

借助于想象来征服或支配自然力的神话传说,与借助于占卜、巫术来征服或支配自然力的原始宗教,同出一源,共生于一体,神话传说本来就含有许多的宗教因素。中国古代神话传说的宗教化,主要表现为神话演变为仙话,典型的有西王母神话和月亮神话变为仙话等例子。春秋战国时期,诸子为了宣扬各自的哲学观点、政治主张和伦理观念,从神话传说中选取自己所需要的内容进行加工和改造,或以寓言寄托其思想,或以古事寄托其理想。因此,神话传说演变为论说古事,是中国古代神话传说政治化、历史化的主要形式。神话传说的政治化、历史化,主要表现在祖先崇拜和英雄神话方面,人们不断将"古来建大功的英雄"朝着政治化的方向加以神化,对于他们的德行和政绩极尽美化,逐步建立起一个古史体系。

作为神话传说的一部分,大禹传说的历史化和宗教化演变,是中国神话传说历史化和宗教化趋势的一个有机组成部分。

《山海经》旧传为夏禹、伯益所作,自然不可信。然神话学家袁珂特别指出,《山海经》虽成书晚在战国至汉初时期,却是一部巫书,具有神话传说的原始性质:

> 《山海经》确可以说是一部巫书,是古代巫师们传留下来、经战国初年至汉代初年楚国或楚地的人们(包括巫师)加以整理编写而成的。……更为可贵的,是这些神话传说材料,比较接近原始状态,没有经过多少涂饰和修改。[1]

因此,本书将从极具巫术色彩和神话色彩的《山海经》开始,来论述大禹传说的演变过程。

关于禹的神话传说,《山海经》之《大荒南经》有"禹攻云雨",为"禹巫山治水之神话"的"原始状态"。《山海经》之《大荒北经》有"禹湮洪水,杀相繇。其血腥臭,不可生谷,其地多水,不可居也。禹湮之,三仞三沮,乃以为池,群帝因是以为台",《海内经》有"洪水滔天,鲧窃帝之息壤以堙洪水,不待帝命。帝令祝融杀鲧于羽郊。鲧复生禹。帝乃命禹卒布土以定九州"。

---

① 袁珂:《中国神话史》,上海文艺出版社,1988 年版,第 18 页。

对于这些说法,袁珂案曰:

> 　　然则鲧之被殛,乃因盗窃天帝息壤平治洪水,非如历史家所目之
> 为"方命圮族"(《书·尧典》)也。故屈原《离骚》云:"鲧婞直以亡(忘)
> 身兮,终然夭乎羽之野。"《九章·惜诵》云:"行婞直而不豫兮,鲧功用
> 而不就。"均有叹惋怜惜之意:盖鲧之功烈在古神话中犹未全泯
> 也。……《淮南子·坠形篇》径云:"禹乃以息土填洪水,以为名山。"知
> 禹治洪水初亦专用湮塞之一法,与其父同,非若历史记叙禹用疏而鲧
> 用湮也。逮后文明日进,反映于神话中治水之禹乃始湮疏并用……而
> 《海内经》所记"帝卒命禹布土定九州",乃专主于湮,是《海内经》之神
> 话,较《天问》更原始,犹存古神话本貌,洵可珍也。[①]

袁珂认为,在以更有神话传说原始性质和巫术性质的《山海经》为代表的众
多古籍中,禹治洪水用的也是湮塞之法,而并非如历史所记叙,禹用疏而鲧
用湮。鲧的被杀,则是因为其"窃帝之息壤以埋洪水",正因如此,《离骚》、
《九章》对鲧均有叹惋怜惜之意,鲧的行迹超过了希腊神话中的取火英雄普
罗米修斯。一言以蔽之,袁珂认为,在《山海经》等众多古籍中,更具原始性
质的禹,并不如后世所认为的那样,完全是一个英雄的形象。

　　本书上节曾引用胡孚琛的《道家、道教缘起说》指出,西周初期的太公
望吕尚和周公旦,代表了原始宗教的两种倾向:姜太公顺应民间巫教的宗
教政策,埋下了后世道家、神仙方士活跃的种子;周公"制礼作乐",执行了
一条以维系宗法血缘关系纽带为特征的"亲亲尚恩"政治路线,建立了一个
以家为国,拘守官僚程序的政治体制,预示了尔后儒家思想的出现。儒道
由此开始分流。在这一过程中,大禹传说既开始了历史化进程,体现出儒
家、儒教的精神气质;大禹传说也开始了宗教化进程,体现出道家、道教的
精神气质。

　　在《山海经》的基础上,对有关禹神话传说的历史化加工开始展开,主
要表现在以下两个方面:

　　首先,夸大和神化了大禹治水的事迹。

　　《楚辞·天问》如此记载了禹的神话:

[①] 袁珂:《山海经校注》,上海古籍出版社,1980年版,第473~475页。

> 洪泉极深,何以填之? 地方九则,何以坟之? 应龙何画? 河海何历? 鲧何所营? 禹何所成?

诗中吟道:洪水深得没有底,夏禹拿什么土壤去填好? 地上有九州,夏禹又拿什么土壤来加高? 应龙教夏禹疏通九河,它是怎样用尾巴画地? 这段诗歌说明,关于禹治水的神话传说,在屈原《天问》之前,禹治洪水的湮塞之法已经变成埋、疏并用。在大禹治水埋、疏并用的基础上,《墨子·兼爱中》有了"禹凿龙门"的说法:

> 古者禹治天下,西为西河、渔窦,以泄渠孙皇之水。北为防、原、孤,注后之邸、呼池之窦。洒为底柱,凿为龙门,以利燕、代、胡、貉与西河之民。

禹埋、疏并用成了能凿龙门的英雄,而《山海经》中因"窃帝之息壤以堙洪水"被杀于羽郊的鲧,经过《吕氏春秋·恃君览·达郁》的加工、改造,变成为以下形象:

> 尧以天下让舜,鲧为诸侯,怒于尧曰:"得天之道者为帝,得地之道者为三公。今我得地之道,而不以我为三公。"以尧为失论,欲得三公,怒甚猛兽,欲以为乱。比兽之角,能以为城,举其尾,能以为旌;召之不来,仿佯于野,以患帝。舜于是殛之于羽山,副之以吴刀。……

至此,鲧变为因与舜争天下而被杀,完全丧失了原来神话传说中的精神气质。

其次,在夸大作为治水英雄大禹治水功绩的同时,还将大禹塑造为以天下为己任,致力于匡世济民的一代圣王。

作为神话传说中的"英雄",《诗经》《尚书》中均有禹的记载。《诗经·文王有声》云:"丰水东注,维禹之绩。"《长发》有"洪水芒,禹敷下土方,外大国是疆"。《尚书·皋陶谟》记舜与皋陶、禹讨论如何继承尧的德政治理国家,禹在陈述自己治水的功绩时,不忘提醒舜,苗民尚未完全征服:"苗顽弗即工,帝其念哉!"《禹贡》虽然记述的主要是禹治水的事迹,却夸大了其政绩:一是夸大其治水的地域,让禹的足迹遍及东北、华北、华南。自"冀州"始,禹的行迹遍及"济河惟兖州"、"海岱惟青州"、"海岱及淮惟徐州"、"淮海惟扬州"、"荆及衡阳惟荆州"、"荆河惟豫州"、"华阳黑水惟梁州"、"黑水西河惟雍州"。二是称禹"导九山"、"导九川",夸大其治水工程,认为中国的大山都经过禹的开辟,大河都经过禹的疏浚。由于禹的功劳,中华大地变成为适合安居乐业、财源丰盛的地方:

> 九州攸同,四隩既宅。九山刊旅,九川涤源,九泽既陂。四海会同,六府孔修。庶土交正,厎慎财赋,咸则三壤成赋。中邦锡土姓:祗台德先,不距朕行。……朔、南暨声教,讫于四海。禹锡玄圭,告厥成功。

在夸大大禹治水功绩的基础上,《尚书·洪范》如此记述殷商遗老箕子所听到的有关禹的传闻:

> 我闻在昔,鲧堙洪水,汩陈其五行。帝乃震怒,不畀洪范九畴,彝伦攸斁,鲧则殛死,禹乃嗣兴,天乃锡禹洪范九畴,彝伦攸叙。

此处,禹如何治水已经不重要,只说禹继鲧之后,受到上帝赐予,得到了治国安民的要诀——"洪范九畴"。于是,《尚书·立政》中的周公,就要成王效法禹治理天下:

> 其克诘尔戎兵,以陟禹之迹,方行天下,至于海表,罔有不服。以觐文王之耿光,以扬武王之大烈。

至此,禹成为人们需要效法的圣王,禹在《尚书》中完全被历史化、政治化,最后演变成为历史上治水有功、受舜禅位建立夏王朝的第一代夏王。

余英时曾经说过:

> 朱熹有意将"道统"和"道学"划分为两个阶段:自"上古圣神"至周公是"道统"时代,最显著的特征是内圣外王合而为一。在这个阶段中,在位的"圣君贤相"既已将"道"付诸实行,则自然不需要另有一群人出来,专门讲求"道学"了。周公以后,内圣和外王分裂为二,历史进入孔子开创的"道学"时代。[①]

从中国儒学的发展历程来看,包括大禹在内的"道统"时代是儒家"道学"的最主要精神来源,孔子开创的"道学"保存与发明了上古"道统"中的精义。

孔子一生服膺周公,为纠正商代尚鬼尊神行刑戮之弊而提出了德教之

---

① 余英时:《宋明理学与政治文化》,吉林出版集团有限责任公司,2008 年版,第 21 页。

治,他按照自己的政治理念和道德标准塑造了大禹的形象。《论语》记载大禹,主要有以下四处:子曰:"禹,吾无间然矣。菲饮食而致孝乎鬼神;恶衣服而致美乎黻冕;卑宫室而尽力乎沟洫。禹,吾无间然矣。"(《论语·泰伯》)子曰:"巍巍乎!舜禹之有天下也,而不与焉。"(《论语·泰伯》)南宫适问于孔子曰:"羿善射,奡荡舟,俱不得其死然。禹、稷躬耕而有天下。"夫子不答。南宫适出。子曰:"君子哉若人!尚德哉若人!"(《论语·宪问》)尧曰:"咨!尔舜!天之历数在尔躬,允执其中,四海困穷,天禄永终。"舜亦以命禹。(《论语·尧曰》)从中可以看出,孔子关于大禹的论说,共有六个特点:第一,大禹是古代的一位贤明的君主;第二,大禹生活俭朴,不谋私利;第三,大禹孝敬祖先;第四,大禹重视农业生产,并以身作则,亲自参加农业劳动;第五,大禹修整沟渠,致力于水利事业;第六,大禹重视礼制。由此,大禹以天下为己任,致力于匡世济民的圣王形象完全确立了起来。

司马迁援引《尚书·禹贡》、《尚书·皋陶谟》等原文记入《史记·夏本纪》,作为对禹的事迹的追述,使禹的神话传说更趋历史化和政治化。然而,大禹传说的这种历史化和政治化毕竟是建立在巫术式宇宙图像基础上的,因此,到汉代,汉儒构建起一套以"天地君亲师"为支柱的敬天拜祖的礼仪后,经过历史化、政治化加工的治水英雄和一代圣君大禹,自然受到了人们的膜拜,各地的禹庙纷纷建立起来。

伴随着大禹神话传说的历史化进程,大禹神话传说的宗教化进程也从未停止过。

春秋战国时期,尽管以孔子为代表的人本主义者批判放弃了许多古代的神话和习俗,古代宗教系统中的信念及其礼仪的重要性逐渐减退,巫的社会地位也被文化程度较高的方士所取代,但是原始宗教并没有从此消失。《山海经》中大禹神话传说的宗教化过程,可从禹步的起源中得到证明。刘宗迪的《鼓之舞之以尽神——论神和神话的起源》[①]将神话、原始舞蹈和巫术礼仪联系起来,认为人类社会在用语言讲述神的故事以前,他们已在用肉体演示神的故事,原始舞蹈就是神话中诸神产生的最初源头,是人类最初领会到神性的场所。作为降神祈福之手段的巫术礼仪制度是原始舞蹈规范化的结果,神话则是由巫术礼仪活动叙述逐渐累积而成。刘宗

---

①参见《民间文学论坛》1996年第4期,第2～8页。

迪的《禹步·商羊舞·焚巫尫——兼论大禹治水神话的文化原型》[①]一文则将原始舞蹈与焚巫尫求雨、禹步三者联系了起来。他认为,大禹治水神话的原型,是由远古农耕时代季春雩祭仪式上,负责农田田间水利的司空之官舞蹈求雨,并教民疏沟渠治水利之事提炼而成。由于人们常于祈雨仪式上跳此舞,因此,这种舞蹈因而获得了祈雨救旱或祈晴祛潦乃至于征神役鬼的魔力,被称为禹步。西汉晚期扬雄的《法言·重黎》篇中云:"昔者姒氏治水土,而巫步多禹。"晋李轨注:"姒氏,禹也。治水土涉山川,病足,故行跛也。禹自圣人,是以鬼神猛兽蜂虿蛇虺,莫之螫耳,而俗巫多效禹步。"对于"巫步多禹",按照李轨的解释,就是巫行跛步以模仿禹步,表明禹步至汉代已为巫祝所采用。

巫步多禹后,道教徒大加附会。最早对禹步法做出描述的是东晋葛洪《抱朴子》内篇里的《登涉》和《仙药》篇。到南北朝时期的《洞神八帝元变经·禹步致灵》中,禹步已完全脱离原本的疾病概念,变成为"万术之根源,玄机之要旨"的道术。禹步已与大禹治水无关,变得日益道教化。《抱朴子》内篇之《辨问》篇,还进一步将禹与灵宝及神仙联系起来,将禹明确当作了灵宝神仙,禹在葛洪笔下已经完全成为灵宝经派的开宗祖师。

由此,随着大禹传说的历史化和宗教化演变,一方面,禹以天下为己任,致力于匡世济民、体现儒家特色的圣王形象确立起来,进而受到人们的膜拜,各地的禹庙纷纷建立起来;另一方面,巫步多禹,随着禹步变成为"万术之根源,玄机之要旨"的道术,禹进而成为道教灵宝经派的开宗祖师。大禹传说成为儒家和儒教、道家和道教中的有机组成部分。

三、会稽山文化的起源与演化

与全国一样,绍兴的大禹传说,也经历了历史化和宗教化的演变。

由于"禹敷土"的传说,大禹成为夏商周时期形成的文化天下观中的文化始祖,天下因此被定义为了"禹迹",由此,大禹传说随着禹分天下为九州而传播至全国各地。绍兴大禹传说的起源应放置在这一背景下来理解。大约在夏、商之际,夏人通过安徽巢湖、山东胶东半岛进入到马桥文化区,从而将有关大禹的传说带到了越地。通过与越地治水事业的结合,大禹逐

---

① 参见《民间艺术》1997年第4期,第113～124页。

渐变成越族心目中的治水英雄,加上战国时期句践的大力宣传,会稽山成为大禹下葬之处,大禹遂又成为越族的祖先。大禹起于羌族西戎,兴于中原,葬于绍兴。因此,绍兴有关大禹传说的价值,在于通过绍兴先祖的再度创作,为中华民族有关大禹传说,画上了一个完美句号。从此,越地的大禹传说具有了自己的特色。

会稽山文化的起源与大禹传说有着密切的关系。随着时间的推移,绍兴有关大禹的传说慢慢集中到了城东南的会稽山(覆釜山、宛委山)上。围绕着会稽山,祭祀大禹的相关活动渐次展开,禹庙、阳明洞天以及南镇庙就是祭禹活动的产物。

中国古代的国家祭祀活动有天神、地祇和人鬼三大类,会稽山的大禹祭祀首先体现在人鬼系统的先祖祭祀、历代帝王祭祀上。按照司马迁的说法,越族是大禹苗裔,少康时为奉守禹之祀而封于会稽,然已渺不可考。综合相关文献分析,越族的祭祀大禹应始于句践时期,至迟在东汉时期,以窆石为标志,禹庙已经存在于会稽(覆釜)山北。然而,自秦汉至南北朝时期,由于对先代帝王的崇祀尚未形成定制,中国的国家祭祀具有明显的随机性,因此,会稽山大禹的国家祭祀,自秦始皇祭大禹后,很少有文献记载。直到南北朝礼仪制度成熟,北魏孝文帝下诏祭祀夏禹于传说中的夏都山西安邑,南朝宋文帝亦遣使至会稽祭禹,大禹的祭祀方步入正轨。而后,隋唐时将对先代帝王的崇祀列为常祀,在传说中大禹始创基业的肇迹之地安邑建置庙宇进行祭祀,同时又在大禹下葬处会稽进行祭祀。北宋的祭祀与唐代有较大的不同,朝廷没有在先代帝皇始创基业的肇迹之地建置庙宇祭祀,而是遣官前往先代帝王名臣的陵庙致祭,一下提高了会稽山祭禹的地位。到南宋,由于偏安江南,故对历史上在江浙地区活动的一些帝王重点加以祭祀,从而进一步确立了会稽山祭禹在全国的核心地位。由此,自明清至当代,会稽山祭禹长盛不衰,一直是全国大禹祭祀的重心所在。

随着祭禹国家祭祀地位的逐渐确立,在禹庙的基础上,会稽山又演化出以姒氏宗族祭祀为主要形式的民间祭祀,以及以飞来石为标志的道教阳明洞天。

与会稽山禹庙隔河相望,有守护、奉祀大禹陵寝的禹陵村。一部《姒氏世谱》,记述了禹陵村姒氏家族,自汉初开始的艰辛而执着的守陵史。数千年来,尽管由于天灾人祸,姒氏家族经常族势式微,但因为"心怵而奉之以礼",禹陵村姒氏家族的守陵、祭禹活动顽强坚持了下来。

自《越绝书》记述大禹求书会稽山,到《吴越春秋》演变为禹在会稽发得金简玉字之书,再经道教化的洗礼,原来作为大禹治水得书处的禹穴,变成为大禹得藏长生药方——"灵宝五符天文"之处。又因东汉末年道教天师葛玄曾在飞来石下精思,至唐代,会稽山(宛委山)南的飞来石遂成为道教三十六小洞天之第十洞天——阳明洞天的象征。

由于宋代的道教化政策,宋徽宗政和四年,会稽山南麓阳明洞天的相关道教功能,转移至会稽山北麓的儒教圣地禹庙,禹庙由此敕改成为道教的"告成观"。列在观内东庑的大禹,作为高尚之士,与告成观西庑的真武神像等列仙之儒相对,一直被祭祀于告成观内,这种状况持续了很长一段时间。

会稽山的大禹祭祀,除了人鬼系统的先祖祭祀、历代帝王祭祀,还体现在地祇系统的岳镇海渎祭祀上。由于禹巡狩天下,会计修国之道,以会稽命山,会稽山遂成为中国传统的镇山之一。会稽山作为镇山的记载,最早见于《周礼·职方氏》,称会稽山为天下九大镇山之一。后郑玄《周礼注疏》之《春官·大宗伯》中又有会稽为四大镇山之一的说法。据万历《绍兴府志》的记载,会稽山祭祀始于晋成帝咸和八年(333)。隋代开创出完整的岳镇海渎国家山川祭祀制度,南镇会稽山成为四大镇山之一,隋开皇十四年(594)南镇会稽山就山立祠,成为以后南镇庙的雏形。唐承隋制,镇山格局由四大镇山向五大镇山转变,南镇会稽山是五大镇山之一。尽管国家已经有了完整的岳镇海渎国家山川祭祀制度,但隋唐宋时期的祭祀时断时续,一直到元代南镇庙的道教化及由道士管理,会稽山道教圣地在由阳明洞天转移到禹庙的基础上,进而又转移到因大禹传说而兴起的南镇庙,由此奠定元及以后南镇庙的繁荣。

综上所述,会稽山文化的起源和演化,可概括为一树开双花:一树指的是大禹的传说与祭祀,双花指的是儒教的禹庙及道教的阳明洞天和南镇庙。一树开双花意味着,会稽山文化的起源和演化均与大禹传说有密切关系,尽管会稽山上的禹庙和阳明洞天、南镇庙各有侧重,但它们均共生于大禹传说,因此能够圆融互补共存下来。

这种圆融共存,首先体现在禹庙国家祭祀与民间祭祀的圆融互补上。禹庙的国家祭祀虽然隆重,但一年至多春秋两次,平日的打理还得靠民间

来完成,禹陵村姒氏家族的历代守陵,就是禹庙国家祭祀的重要补充。从
《姒氏世谱》的记述可以看出,尽管姒氏家族的守陵历尽艰辛,但其中隐约
贯穿了一条姒氏家族由宋代"守陵户"到明代具有公职身份的"奉祠生",再
到清代成为以"八品官奉祀"的"奉祠官"的线索,为了禹庙的祭祀,朝廷一
直对姒氏家族关爱有加,禹庙祭祀中的官民关系比较和谐。

　　会稽山文化的圆融互补共存,更体现在儒道关系的处理上。对于历史
上的儒道互补,白奚认为,战国与宋明时期是儒道互补的两次高潮:

　　　　早期的儒家和道家主要是在互相批评中取彼之长补己之短,互补
　　的味道较浓;而在中国封建社会的中后期,由于儒家思想上升为官方
　　的意识形态,成为社会文化的主导和主流,道家思想则主要在民间和
　　在野的士人中开辟发展的空间,在这样的文化大背景下,后期的儒道
　　互补可以说主要是以道补儒,道家思想主要发挥着对儒家思想的补
　　充、调节、纠正和补救的作用。[1]

从本书前九章的论述中可以看出,尽管会稽山北以窆石为标志的禹庙祭祀
始于战国时期,会稽山南的飞来石成为道教圣地始于东汉末年葛玄石下的
精思,但阳明洞天在唐代方成为道教的三十六小洞天之一,因此,会稽山的
儒道互补应始于唐代,高潮在宋明,属于历史上儒道互补的第二个高潮,具
有以道补儒的特征。

　　从儒教禹庙、道教阳明洞天的精神内涵来看,由于均以大禹传说为基
础,会稽山的以道补儒具有道中有儒、儒中有道的特点。关于道中有儒的
特点,本书已在第九章第一节《儒道互补:会稽山的主要文化形态》中论述,
即,贺知章将大禹在道教阳明洞天里所得藏金简玉书,并没有认定为道教
的长生之方,而是更具儒家经世致用色彩的治水之理。关于儒中有道的特
点,主要体现在禹庙变更为道教告成观上。本书第八章第一节《从禹庙到
告成观》已经论述,宋代道教清醮道场从会稽山南阳明洞天转移到山北禹
王庙的过程中,禹庙容纳了许多道教功能,但儒道一直无滞共处了下来。

　　从儒教禹庙、道教阳明洞天和南镇庙的空间布局来看,会稽山的以道
补儒具有"儒显道隐"的特点:

---

[1]白奚:《孔老异路与儒道互补》,《南京大学学报(哲学·人文科学·社会科学版)》2000 年第 5 期,
　第 96 页。

　　一是从绍兴城区进入南部的会稽山,首先映入人们视野的是会稽山北麓的禹庙。"绩奠九州垂盛世,统承二帝首三王",大禹是以天下为己任、致力于匡世济民的一代圣王,仰望禹庙内的大禹塑像,人们"江淮河汉思明德,精一危微见道心",会更专注于今世人生的修德和社会事业,容易激发出积极参与、敢于担当的进取精神。然刚健易折,专注生倦,儒生们也需要休养生息。出禹庙兵分两路,其一,是往西南过观岭,会稽山南麓有阳明洞天。在此,人们以道家为调适,返朴归真,在净化心灵过程中得到了休养生息。其二,是往南行,不远处即是道教的南镇庙,这里老百姓祈福的所在地。因此,会稽山上儒为主道为补,儒道之间,一显一隐,很是明显。

　　二是宋以后会稽山东南麓阳明洞天举行的道教活动慢慢转移到会稽山西南麓南镇庙后,会稽山上道家和道教的功能开始分离,南镇庙主要体现道教的"得道成仙",更具民间性,而阳明洞天则保留了道家个人逍遥自在的特色,更多体现为士大夫简单真朴、自由洒脱的气质,对于这一点,在本书第八章第三节《王阳明与阳明洞天》中已经得到充分论述。尽管道家和道教均以"道"为核心,但道家追求个人的逍遥与自由,道教信仰"得道成仙,长生不死",具有更强的世俗性。从这个意义上说,脱离了道教功能的阳明洞天,更有了道家的清静幽远气象,从而让会稽山"儒显道隐"的特点更加显明起来。

　　会稽山文化的圆融互补共存,已经融入到绍兴民众的日常生活之中,典型体现在绍兴的春游禹庙、南镇上。万历《绍兴府志》卷十九《祠祀志一》有"(南镇)每岁则有司以春秋二仲月祭,后禹陵一日"之语。对于这一场景,清代岑振祖的《南镇春游竹枝词》咏道:

　　　　几日春光趁嫩晴,柳丝初吐绿盈盈。马衔金勒舟飞鹢,结伴招邀半出城。

　　　　稽山门外即长堤,鸟解窥人过水啼。山拥一祠红半角,游人指认路东西。

　　　　缓缓和风拂面时,不争来早与来迟。茶摊坐处闻闲话,近岸人家尚奉祠。

　　　　禹王庙下南镇路,数里山街映碧溪。听唤游人声似故,莺飞出谷上枝啼。

　　　　酒帘初扬天气晴,梅花竹外枝枝横。上山茹素心在佛,店头偏闹酒人声。

> 村头村尾社鼓迟,皈依大士降生时。一年一月人如海,于越风光在两祠。①

岑振祖(1754~1839),字端书,号镜西,清诸生,于清嘉庆、道光年间重修龙山诗巢而建有泊鸥吟社,著有《延绿斋诗存》等作品。在《南镇春游竹枝词》中,岑振祖描写了清嘉庆、道光年间绍兴城禹庙、南镇春游的热闹场景:"一年一月人如海,于越风光在两祠","结伴招邀半出城",春天里,半城的人都去游禹庙、南镇了。岑振祖还描述了春游禹庙、南镇的具体路线:"稽山门外即长堤,鸟解窥人过水啼","马衔金勒舟飞鹢",当时的人们是骑马坐船走稽山门外的长堤去的禹庙、南镇。岑振祖进一步描述了当年禹庙、南镇春游时的具体情景:"山拥一祠红半角,游人指认路东西",首先进入游人眼帘的是红墙矗立的禹庙,"禹王庙下南镇路,数里山街映碧溪"。然后再由禹庙去南镇庙,"听唤游人声似故,莺飞出谷上枝啼"。好一派祥和悠扬的春天景象。

遗憾的是,岑振祖的竹枝词只提到了禹庙和南庙,并未提及阳明洞天。对于未提及的原因,另一首由清代无名氏撰的《南镇竹枝词》中有说明:

> 嬉春来往竞喧阗,禹穴碑前我独来。玉简金泥何处是? 青山满眼长蒿莱。②

"玉简金泥何处是?"在当时普通民众眼里,只有禹庙和南镇,"青山满眼长蒿莱",大禹藏书的阳明洞天,似乎已经成为一个传说,不知该去何处找寻了。老百姓不春游,并不等于阳明洞天不存在。事实上,以王阳明的"幽哉阳明麓,可以忘吾老"为标志,明清时代的士大夫们一直存在着阳明洞天情结。本书第三章第三节《禹穴与飞来石》所引黄宗羲的《寻禹穴》、第八章第二节《南镇庙的兴起与繁荣》所引宗稷辰的《阳明洞天游记》、第九章第一节《儒道互补:会稽山的主要文化形态》所引徐天祜和施钧有关阳明洞的诗,均是士大夫们阳明洞天情结的一个明证。为证明阳明洞天情结的持续性,现再引马一浮的《阳明洞》诗:

> 在香炉峰下,去望仙桥三里许,阳明结庐处也。幽人不见见岩阿,片石深

---

①绍兴鲁迅纪念馆编:《越中竹枝词选》,上海文艺出版社,2011年版,第40页。
②绍兴鲁迅纪念馆编:《越中竹枝词选》,上海文艺出版社,2011年版,第42页。

山长绿莎。一语良知扶圣谛,三年静住得天和。土苴治世心传少,海国求知缪种多。此日扁舟成过客,门前春水尚微波。世俗尊阳明,每称其功业,而日本人尤好以"阳明学"自矜,真门外游人也。①

虽然阳明洞天已是"片石深山长绿莎",人迹罕至,但"一语良知扶圣谛,三年静住得天和"。阳明洞天一直存在于宛委山麓,也存在于人们的心中。而且与山北的禹庙有机一体,一直与治世、求知紧密联系在一起,从来不曾分离。

这是一个关于大禹传说与一座地方文化名山的起源和演化的故事。

大禹传说首先是中华民族的大禹传说。在会稽山的起源与演化过程中,丝毫见不到民间与精英、"大传统"与"小传统"二元对立的影子。相反,由于具有共同的祖先,尔后的共同体所有成员均与大禹建立起了超时空的关联,国家祭祀与民间祭祀、儒教禹庙与道教阳明洞天及南镇庙一直和谐共存下来。不由想起梁漱溟在《中国文化要义》所称的传统中国不是一个民族国家而是一种文化存在的观点,中华文化之所以能历数千年而长盛不衰,奥秘即在于我们有共同的文化祖先。炎黄子孙形成的文化传统,一直让古老的中国散发着勃勃生机。

作为天下九州的一分子,绍兴在将大禹安顿于会稽山之后,通过《越绝书》、《吴越春秋》等地方文献,一直在不断书写完善大禹的传说。公元前490年,句践徙治会稽山北,将越国的都城由会稽山区迁至水网密布的"平易之都",即今日的绍兴城区。虽然告别山区进入水乡,越族的性格中也多了许多水的气质,但会稽山永远是他们的精神家园,越族性格中始终存在着山的精神。以手执木耜的大禹为原型,至战国时期,大禹手中的耜演化出笔和剑,大禹寻书开启出绍兴书文化之源,句践持剑又开创了绍兴的剑文化。这种文化外化为禹庙和阳明洞天两个符号。于是,儒道互补,儒显道隐,儒家的"入世"与道家"超越"、社会与个人、人道与天道之间动态平衡的绍兴文化由此产生了。

---

①马镜全等点校:《马一浮集》(第三册),浙江古籍出版社、浙江教育出版社,1996年版,第51~52页。

主要参考文献

一、古籍部分

〔日〕安居香山、中村璋八辑:《纬书集成》(全二册),上海古籍出版社,1994年版。

[宋]陈振孙撰,徐小蛮、顾美华点校:《直斋书录解题》,上海古籍出版社,1987年版。

[清]杜春生编:《越中金石记》(十卷),清道光十年(1830)刻本。

〔日〕吉四忠夫、麦谷邦夫编:《真诰校注》,朱越利译,中国社会科学出版社,2007年版。

[南朝宋]孔灵符:《会稽记》,李新宇、周海婴主编:《鲁迅大全集(学术编)》第21卷,长江文艺出版社,2011年版。

[北魏]郦道元著,陈桥驿校证:《水经注校证》,中华书局,2007年版。

[清]李亨特总裁,平恕等修:《绍兴府志》(八十卷),清乾隆五十七年(1792)刻本。

[清]梁玉绳:《史记志疑》,中华书局,1981年版。

[清]吕化龙修,董钦德纂:《会稽县志》(二十八卷),清康熙十三年(1674)刻本。

[清]毛奇龄:《西河文集》,商务印书馆,1937年版。

[清]平步青:《霞外攟屑》,上海古籍出版社,1982年版。

[清]阮元主编:《两浙金石志》,浙江古籍出版社,2012年版。

[宋]沈作宾修,施宿等纂:《嘉泰会稽志》(二十卷),明正德五年(1510)刻本。

[宋]石介:《徂徕石先生文集》,中华书局,1984年版。

[清]《姒氏世谱》,光绪元年(1875年)刊本。

[宋]王辟之、陈鹄撰,韩谷、郑世刚校点:《渑水燕谈录·西塘集耆旧续闻》,上海古籍出版社,2012年版。

［宋］王十朋：《王十朋全集》，上海古籍出版社，1998 年版。

［清］王谟：《汉唐地理书钞》，中华书局，1961 年版。

王明：《抱朴子内篇校释》，中华书局，1985 年版。

吴光等编校：《王阳明全集》，上海古籍出版社，1992 年版。

［清］西吴悔堂老人撰：《越中杂识》（二卷），清抄本。

［明］萧良干修，张元忭、孙鑛纂：《绍兴府志》（五十卷），明万历十五年
  （1587）刻本。

［明］许东望修，张天复、柳文纂：《山阴县志》（十二卷），明嘉靖三十年
  （1551）刻本。

［清］徐元梅等修，朱文翰等辑：《山阴县志》（三十卷），清嘉庆八年（1803）
  刻本。

［明］杨维新修，张元忭、徐渭纂：《会稽县志》（十六卷），明万历十五年
  （1587）刻本。

［汉］袁康：《越绝书》（十五卷），明嘉靖三十三年（1554）刻本。

［汉］袁康撰，李步嘉校释：《越绝书校释》，中华书局，2013 年版。

［宋］张淏纂：宝庆《会稽续志》（八卷），明正德五年（1510）刻本。

［清］张三异修，王嗣皋纂：《绍兴府志》（五十八卷），清康熙十二年（1673）
  刻本。

张继禹主编：《中华道藏》第四册（《太上洞玄灵宝五符序》、《洞神八帝元变
  经》）、第二十八册（《三洞珠囊》）、第二十九册（《云笈七签》）、第四十八册
  （《洞天福地岳渎名山记》、《龙瑞观禹穴阳明洞天图经》），华夏出版社，
  2004 年版。

［汉］赵晔撰、［元］徐天祜音注：《吴越春秋》（十卷，补注一卷），明弘治十四
  年（1501）刻本。

［宋］赵明诚：《金石录》，中华书局，1983 年版。

周生春：《吴越春秋辑校汇考》，上海古籍出版社，1997 年版。

［清］朱彝尊：《曝书亭全集》，吉林文史出版社，2009 年版。

邹志方：《〈会稽掇英总集〉点校》，人民出版社，2006 年版。

二、论著部分

〔美〕艾兰等主编：《中国古代思维模式与阴阳五行说探源》，江苏古籍出版

社,1998 年版。

安继民:《秩序与自由:儒道互补初论》,社会科学文献出版社,2010 年版。

〔美〕保罗·蒂利希:《文化神学》,陈新权、王平译,工人出版社,1988 年版。

〔美〕彼得·贝格尔:《神圣的帷幕:宗教社会学理论之要素》,高师宁译,何光沪校,上海人民出版社,1991 年版。

〔美〕C·恩伯、M·恩伯:《文化的变异》,杜杉杉译,辽宁人民出版,1988 年版。

陈瑞苗、周幼涛主编:《大禹研究》,浙江人民出版社,1995 年版。

陈国符:《道藏源流考》,中华书局,2012 年版。

丁煌:《汉唐道教论集》,中华书局,2009 年版。

董楚平等:《广义吴越文化通论》,中国社会科学出版社,2012 年版。

范丽珠等:《中国与宗教的文化社会学》,时事出版社,2012 年版。

〔法〕葛兰言:《古代中国的节庆与歌谣》,赵丙祥、张宏明译,广西师范大学出版社,2005 年版。

〔法〕葛兰言:《中国人的信仰》,汪润译,哈尔滨出版社,2012 年版。

〔法〕葛兰言:《中国文明》,杨英译,中国人民大学出版社,2012 年版。

顾颉刚:《古史辨》(一),上海古籍出版社,1982 年版。

顾颉刚、刘起釪:《尚书校释译论》(第一册),中华书局,2005 年版。

胡文炜:《会稽山志》,中国戏剧出版社,2010 年版。

黄帝与中国传统文化学术讨论会文集编委会编:《黄帝与中国传统文化学术讨论会文集》,陕西人民出版社,2001 年版。

金春峰:《汉代思想史》,中国社会科学出版社,1987 年版。

〔德〕卡尔·雅斯贝斯:《历史的起源与目标》,魏楚雄、俞新天译,华夏出版社,1989 年版。

〔英〕克利福德·格尔茨:《文化的解释》,韩莉译,译林出版社,1999 年版。

雷闻:《郊庙之外:隋唐国家祭祀与宗教》,生活·读书·新知三联书店,2009 年版。

李泽厚:《美的历程》,文物出版社,1981 年版。

李泽厚:《华夏美学》,广西师范大学出版社,2000 年版。

李泽厚:《历史本体论·己卯五说》,生活·读书·新知三联书店,2003 年版。

李零:《李零自选集》,广西师范大学出版社,1998年版。

李零:《中国方术续考》,中华书局,2006年版。

连晓鸣主编:《天台山暨浙江区域道教国际学术研讨会论文集》,浙江古籍
　　出版社,2008年版。

梁漱溟:《中国文化要义》,上海人民出版社,2005年版。

林惠祥:《中国民族史》,商务印书馆,1936年版。

卢蓉:《中国墓碑研究》,社会科学文献出版社,2015年版。

马衡:《凡将斋金石丛稿》,中华书局,1977年版。

〔德〕马克斯·韦伯:《韦伯作品集V——中国的宗教·宗教与世界》,康乐、
　　简惠美译,广西师范大学出版社,2004年版。

钱明:《王阳明及其学派论考》,人民出版社,2009年版。

卿希泰:《中国道教史(修订本)》(第一卷),四川人民出版社,1996年版。

绍兴市政协文史委编:《绍兴大禹陵》,中国文史出版社,2011年版。

绍兴鲁迅纪念馆编:《越中竹枝词选》,上海文艺出版社,2011年版。

沈建中:《大禹陵志》,研究出版社,2005年版。

盛鸿郎主编:《鉴湖与绍兴水利》,中国书店,1991年版。

汤一介:《儒学十论及外五篇》,北京大学出版社,2009年版。

〔英〕王斯福:《帝国隐喻:中国民间宗教》,赵旭东译,江苏人民出版社,2009
　　年版。

卫聚贤:《吴越文化论丛》,上海文艺出版社,1990年版。

吴重庆:《儒道互补——中国人的心灵建构》,广东人民出版社,1993年版。

吴岩、李晓涛编:《古史辨派》,长春出版社,2013年版。

夏商周断代专家组编著:《夏商周断代工程1996—2000年阶段成果报告
　　(简本)》,世界图书出版公司,2000年版。

〔日〕小林正美:《六朝道教史研究》,李庆译,四川人民出版社,2001年版。

〔日〕小林正美:《中国的道教》,王皓月译,齐鲁书社,2010年版。

许宏:《最早的中国》,科学出版社,2009年版。

徐中舒:《徐中舒历史论文选辑》,中华书局,1998年版。

〔美〕杨庆堃:《中国社会中的宗教》,范丽珠译,上海人民出版社,2007
　　年版。

杨宽:《杨宽古史论文选集》,上海人民出版社,2003年版。

杨宽:《中国古代陵寝制度史》,上海人民出版社,2008 年版。

杨鸿年:《汉魏制度丛考》,武汉大学出版社,1985 年版。

〔苏〕叶·莫·梅列金斯基:《神话的诗学》,魏庆征译,商务印书馆,1990
　　年版。

袁珂:《山海经校注》,上海古籍出版社,1980 年版。

袁珂:《中国神话史》,上海文艺出版社,1988 年版。

余英时:《宋明理学与政治文化》,吉林出版集团有限责任公司,2008 年版。

余英时:《论天人之际:中国古代思想起源初探》,中华书局,2014 年版。

詹鄞鑫:《神灵与祭祀——中国传统宗教综论》,江苏古籍出版社,1992
　　年版。

张广保:《道家的根本道论与道教的心性学》,巴蜀书社,2008 年版。

〔美〕张光直:《美术、神话与祭祀》,郭净、陈星译,辽宁教育出版社,1988
　　年版。

周幼涛主编:《绍兴文史百题》,中国档案出版社,2003 年版。

朱剑心:《金石学》,文物出版社,1981 年版。

邹衡:《夏商周考古学论文集》,文物出版社,1980 年版。

邹衡:《夏商周考古学论文集(续集)》,科学出版社,1998 年版。

三、论文部分

白奚:《孔老异路与儒道互补》,《南京大学学报(哲学·人文科学·社会科
　　学版)》2000 年第 5 期。

陈淳、龚辛:《二里头、夏与中国早期国家研究》,《复旦学报(社会科学版)》
　　2004 年第 4 期。

陈明:《儒道互补人格结构的可能性、必然与完成:对古代知识分子的文化
　　心理学考察》,《北京社会科学》1989 年第 2 期。

陈平:《说釜》,《考古与文物》1982 年第 5 期。

陈桥驿:《关于〈越绝书〉及其作者》,《杭州大学学报(哲学社会科学版)》
　　1979 年第 4 期。

陈桥驿:《历史时期绍兴地区聚落的形成与发展》,《地理学报》1980 年第
　　1 期。

陈桥驿:《"越为禹后说"溯源》,《浙江学刊》1985 年第 3 期。

陈桥驿:《越族的发展与流散》,《东南文化》1989 年第 6 期。

陈越:《剑与书:越文化模式与鲁迅的精神结构》,《西南民族大学学报(人文社科版)》2006 年第 7 期。

董平:《"儒道互补"原论》,《浙江大学学报(人文社会科学版)》2007 年第 9 期。

方光华:《略论儒道的对立与互补》,《孔子研究》1990 年第 3 期。

甘怀真:《秦汉的"天下"政体——以郊祀礼改革为中心》,《新史学》2005 年 12 月第 16 卷第 4 期。

甘怀真:《天下概念成立的再探索》,《北京大学中国古文献研究中心集刊》第 9 辑,北京大学出版社,2010 年版。

葛国庆:《越国故都新探》,《绍兴文理学院学报(哲学社会科学)》2003 年第 5 期。

葛剑雄:《移民与文化传播——以绍兴为例》,《绍兴文理学院学报(哲学社会科学)》2010 年第 4 期。

胡孚琛:《道家、道教缘起说》,《哲学研究》1991 年第 4 期。

蒋炳钊:《"越为禹后说"质疑——兼论越族的来源》,《民族研究》1981 年第 3 期。

乐祖谋:《历史时期宁绍平原城市的起源》,《中国历史地理论丛》1985 年第 2 期。

李刚:《论黄老道》,《宗教学研究》1984 年第 5 期。

李零:《论燹公盨发现的意义》,《中国历史文物》2002 年第 6 期。

李宗桂:《儒道对立互补之比较》,《学术月刊》1988 年第 9 期。

梁满仓:《论魏晋南北朝时期的五礼制度化》,《中国史研究》2001 年第 4 期。

梁志明:《"水府告文"考释》,《东南文化》1993 年第 3 期。

林华东:《绍兴会稽与禹无涉》,《浙江学刊》1985 年第 2 期。

林华东:《再论绍兴会稽与大禹》,《浙江学刊》1995 年第 4 期

林同奇:《格尔茨的"深度描绘"与文化观》,《中国社会科学》1989 年第 2 期。

刘宗迪:《鼓之舞之以尽神——论神和神话的起源》,《民间文学论坛》1996 年第 4 期。

刘宗迪:《禹步·商羊舞·焚巫尪——兼论大禹治水神话的文化原型》,《民间艺术》1997 年第 4 期。

孟文镛、方杰:《越国古迹钩沉》,《绍兴师专学报》1993 年第 3 期。

牟钟鉴等:《论儒道互补》,《中国哲学史》1998 年第 4 期。

欧阳健:《〈有夏志传〉与〈山海经〉之双向探考》,《中国人民大学学报》1988 年第 6 期。

钱穆:《中国文化对人类未来可有的贡献》,《中国文化》1991 年第 4 期。

石霏:《大禹神话与孙悟空形象》,《寻根》2005 年第 4 期。

孙国江:《大禹治水传说的历史地域化演变》,《天中学刊》2012 年第 4 期。

王靖泰、汪品先:《中国东部晚更新世以来海面升降与气候变化的关系》,《地理学报》1980 年第 4 期。

王勇:《郑善夫研究》,2010 年暨南大学硕士学位论文。

王育成:《考古所见道教简牍考述》,《考古学报》2003 年第 4 期。

吴从祥:《纬书政治神话与禹形象的演变》,《齐鲁学刊》2009 年第 3 期。

徐德明:《绍兴禹庙窆石考》,《东南文化》1992 年第 2 期。

徐旭生:《1959 年夏豫西调查"夏墟"的初步报告》,《考古》1959 年第 11 期。

杨义:《古越精神与现代理性的审美错综——鲁迅〈铸剑〉新解》,《绍兴师专学报》1993 年第 3 期。

周幼涛:《禹穴新探》,《浙江学刊》1995 年第 4 期。